„Mit dem Wissen wächst der Zweifel"

Johann Wolfgang von Goethe

(„Maximen und Reflexionen")

Zu diesem Buch

Zum dritten Mal hinterleuchten die Initiatoren, Organisatoren und Hauptautoren der NachDenk-Seiten, Wolfgang Lieb und Albrecht Müller, in einem zusammenfassenden Rückblick die politisch wichtigsten Themen des Jahres 2009, das geprägt war von Finanzkrise, weiterer Hinwendung zum Neoliberalismus und dem Niedergang der sozialen und demokratischen Kultur in Deutschland.

Dieses Buch wird aufregen und will anregen. Anregen zum Nachdenken mit dem Ziel, dass immer mehr Bürgerinnen und Bürger immer weniger bereit sind, sich von skrupelloser Manipulation und willfähriger Meinungsmache bevormunden zu lassen. Wenn Sie „Das kritische Jahrbuch 2009/2010" gelesen haben, dann sprechen Sie bitte darüber auch mit anderen, damit kritisches Nachdenken wieder heimisch wird im Land der Dichter und Denker.

Wolfgang Lieb (66) ist promovierter Jurist.
Er arbeitete als Wissenschaftler an den Universitäten Essen und Bielefeld und danach in der Planungsabteilung des Bundeskanzleramtes. Später war er viele Jahre Regierungssprecher in Nordrhein-Westfalen unter Johannes Rau und darauf von 1996 bis 2000 Staatssekretär im Wissenschaftsministerium NRW. Seit seinem Ausscheiden arbeitet er als Publizist und Mitherausgeber der NachDenkSeiten.

Albrecht Müller (71) ist Industriekaufmann und Diplom-Volkswirt.
Er war Ghostwriter von Bundeswirtschaftsminister Karl Schiller, verantwortlich für den Wahlkampf Willy Brandts 1972, Leiter der Planungsabteilung im Bundeskanzleramt bei Brandt und Schmidt, Bundestagsabgeordneter, Autor der Bestseller „Die Reformlüge", „Machtwahn" und „Meinungsmache". Heute Mitherausgeber der NachDenkSeiten und Publizist.

Nachdenken über Deutschland

Das **kritische Jahrbuch** 2009/2010

Wolfgang Lieb / Albrecht Müller

Helmut Schmidt Medien

Wir haben zu danken und tun dies gerne. Unser Dank gilt vor allem den Autoren Wolfgang Lieb und Albrecht Müller, die bei der Textauswahl eine große Hilfe waren. Dank auch an Brigitte Baetz, die mit sicherem Gespür aus den vielen Tausend NachDenkSeiten des Jahres 2009 jene zusammengestellt hat, die das vergangene Jahr am treffendsten ausleuchten. Andrea Bendzko hat in bewährter Weise dafür gesorgt, dass sich „Das kritische Jahrbuch 2009/2010" auch optisch gut einfügt in die Reihe der kritischen Jahrbücher der NachDenk-Seiten.

Der Verlag

Inhalt

In den 9 Kapiteln des „Kritischen Jahrbuchs 2009/2010" ist eine Auswahl von Artikeln aus der Internetzeitung www.nachdenkseiten.de zusammengefasst. Die unterstrichenen Textpassagen weisen auf Links hin, die Sie zu den entsprechenden Quellen führen, wenn Sie die jeweils am Ende der einzelnen Beiträge angegebene Artikel-Adresse im Internet aufrufen.

Die meisten Beiträge in diesem Buch sind im Original wiedergegeben. Bei einigen musste aus Platzgründen gekürzt werden. Über die jeweils angegebenen Artikel-Adressen gelangen Sie im Internet zu den vollständigen Texten.

Die **NachDenkSeiten** sind über die im „Kritischen Jahrbuch" enthaltenen Kapitel hinaus eine unerschöpfliche Quelle von Beiträgen und Hinweisen zu einer Vielzahl wirtschafts- und gesellschaftspolitischer Themen.

Vorwort

Und wieder ist ein Jahr ins Land gegangen, dessen Verlauf nach-
denklichen und kritischen Menschen die Zornesröte ins Gesicht
treiben müsste: ein Jahr, in dem der Staat im Zuge der Finanzkrise
ausgeplündert worden ist, ein Jahr, in dem unsere Eliten nichts,
aber auch gar nichts aus der Wirtschaftsmisere gelernt haben, ein
Jahr, in dem wieder Meinungsmache und Vernebelung herrschten
statt Kritik und Aufklärung.

Steuerzahler und Geringverdiener zahlen die Zeche für eine kopf-
lose Politik, die von ahnungslosen Medien nicht ausreichend hinterfragt wird. Das Bildungssystem ist seinen Namen nicht mehr
wert, die Privatisierung breiter Lebensbereiche schreitet voran. Der
Staat wird weiter von denen verteufelt, die bei Bedarf nichts dagegen haben, sich an ihm gesund zu stoßen. Und die SPD arbeitet
sich immer noch an den Folgen der heillosen Agenda 2010 ab, statt
endlich einen personellen wie inhaltlichen Schlussstrich unter eine
verfehlte und nicht-sozialdemokratische Politik zu ziehen und eine
wirkliche Alternative zum neoliberalen Einheitsbrei zu bieten.

Die Wahlbeteiligung ist auf einen historischen Tiefpunkt gefallen,
da gerade die Verlierer der derzeitigen Politik entmutigt wurden
und im Parteienspektrum kein Angebot fanden, das sie ausreichend
überzeugen konnte, zur Wahl zu gehen. Die Chance auf einen Poli-
tikwechsel weg vom eindimensionalen Neoliberalismus hin zu einer
vernünftigen und durchdachten Politik ohne Scheuklappen scheint
nach dem Wahlsieg von Schwarz-Gelb weiter entfernt als je zuvor.

Gerade deshalb sind aber die NachDenkSeiten wichtiger denn
je. Sie zeigen Alternativen auf und widersprechen dem Zeitgeist-

Gerede, nach dem die Politik eben keine andere Wahl habe als sich einem entfesselten Wirtschafts- und Finanzmarkt zu unterwerfen und bestenfalls die schlimmsten Verwerfungen durch einen „Ordnungsrahmen" in Grenzen halten könne.

Auch in diesem Jahrbuch werden Sie Anderes lesen. Wir bieten Ihnen Fakten und Analysen, die sie kaum in einem anderen Medium als hier im Kritischen Jahrbuch und in den NachDenkSeiten finden werden. Wir klären auf über die Verflechtungen zwischen Politik, Wirtschaft und Medien und stellen unbequeme Fragen, die sich kaum noch jemand zu fragen traut. Dabei gilt der Dank auch unseren Leserinnen und Lesern, die sich mit großem Einsatz und Aufwand an unserem Versuch zur politischen Aufklärung beteiligen.

Das meiste Gewicht kommt in diesem Jahrbuch, wie sollte es anders sein, der Finanzkrise zu. Obwohl sich der Neoliberalismus durch diesen Finanzcrash selbst ad absurdum geführt hat, erleben wir, wie weder die Verantwortlichen zur Rechenschaft gezogen werden noch dass überhaupt Lehren und vor allem die notwendigen Konsequenzen aus dem Desaster gezogen werden. Und gerade in Deutschland gehen wirtschaftspolitische Geisterfahrer wie Steinbrück & Co. ohne jeden Kratzer aus der mitverschuldeten Pleite hervor. In unserer angeblichen Mediengesellschaft fehlt es an kritischem Hinterfragen, nur wenige Journalisten werden ihrem Auftrag, den Mächtigen auf die Finger zu sehen, gerecht. Und nur wenige können es überhaupt aufgrund der immer schlechter werdenden Arbeitsbedingungen.

Umso wichtiger ist eine Gegenbewegung kritischer und engagierter Menschen. Die NachDenkSeiten wie das Kritische Jahrbuch wollen diese weiter anstoßen und unterstützen. Wer jetzt resigniert, tut denen einen Gefallen, die in der derzeitigen Situation beständig auf die richtige Seite fallen, weil sie das Spiel bestimmen. Wer sich heraushält aus der politischen Diskussion und Beteiligung, unterstützt die weitere Entmutigung breiter Kreise unserer Bevölkerung. Die Politik, hat der Soziologe Max Weber einmal gesagt, ist das Bohren dicker Bretter. Je mehr sich am Bohren beteiligen, desto eher kann und wird sich etwas ändern.

Dezember 2009   *Wolfgang Lieb, Albrecht Müller*

1. Selbstbedienungsladen Staat – die Wirtschaft bedient sich bei den Steuerzahlern

Obwohl von ihnen seit Jahren verteufelt, kommt der Staat unseren Wirtschaftseliten dann recht, wenn sie selbst in Schwierigkeiten geraten sind. Was sie anderen verweigern – die staatliche Hilfe in Not – nehmen sie gern in Anspruch. Notfalls auch am Rande des Gesetzes.

Wie die Führung der Deutschen Post AG auf unsere Kosten dem Josef Ackermann entgegenkommt, wäre wieder einmal ein Fall für die Justiz

14. Januar 2009 | Rubrik: Kapitalmarkt | Von Albrecht Müller

Heute kreuzten sich zwei Nachrichten, die wie so oft in letzter Zeit die Absurdität der öffentlichen Debatte schlaglichtartig aufzeigen: Im Bundestag pochten MdB Solms (FDP) und MdB Ramsauer (CSU) einvernehmlich darauf, dass (sinngemäß) der Staat in der Wirtschaft nichts zu suchen hätte, weil die Wirtschaftsführer kompetenter seien. Gleichzeitig wurde ein 4,8-Milliarden-Loch bei der Deutschen Bank bekannt (siehe Anhang B) – einer der vielen Belege für die „besondere Kompetenz" unserer „Wirtschaftsführer". Die Debatte ist deshalb besonders absurd, weil das Interessante an der heutigen Situation gerade die Verfilzung von Wirtschaft und Staat ist. Man kann Staat und Privatwirtschaft nicht mehr auseinanderhalten.

Weite Teile der Finanzwirtschaft konnten von 25% Rendite schwärmen und die entsprechenden Bezüge in ihre Taschen stecken, weil die Vertreter des Staates ihnen die Plünderung des öffentlichen Eigentums erlaubt haben. Die Plünderung geht weiter. Das zeigt jetzt auch der Postdeal (siehe Anhang A und Kommentar zum Hinweis Nummer 9 von heute).

Norbert Lohrke (Globalyze KG) analysiert (siehe Anhang C), wie die Führung der Deutschen Post AG der Deutschen Bank auf Kos-

9

ten des Steuerzahlers beim Postbankdeal entgegenkommt. Meines Erachtens wäre das wieder ein klarer Fall für den Staatsanwalt. Aber unsere Justiz kümmert sich offensichtlich um die Rechtsverstöße der Führungsschicht nicht.

Auch dieser neue Fall zeigt, dass <u>Finanzwirtschaft und Politik unter einer Decke stecken</u>. Im konkreten Fall hilft die Deutsche Post dem Josef Ackermann dabei, sein Gesicht zu wahren.

In der New York Times erschien Anfang Januar ein einschlägiger, interessanter Artikel über den Unterstaatsanwalt und Chefberater des US-Senats Ferdinand Pecora. Dieser hatte die geheime finanzielle Geschichte der 1920er Jahren aufgedeckt und die diversen Betrügereien und Missbräuche, die im Crash von 1929 gipfelten. *„Wo ist unser Ferdinand Pecora?"*, fragt die New York Times. Den Link dazu und eine Übersetzung ins Deutsche von Roger Strassburg finden Sie in Anhang D.

Anhang A

13. Januar 2009
SPEKTAKULÄRER POST-DEAL
Ackermann lässt den Staat in die Deutsche Bank
Von Anne Seith und Jörn Sucher
Ausgerechnet bei der Deutschen Bank steigt jetzt indirekt der Staat ein: Größter Aktionär soll künftig die vom Bund mitkontrollierte Post sein. Möglich macht es eine Neuverhandlung des Postbank-Kaufs – die spektakuläre Wendung kommt Bankchef Ackermann sehr gelegen.
Quelle: <u>SpiegelOnline</u>

Anhang B

14. Januar 2009
DEUTSCHE-BANK-QUARTALSZAHLEN
Finanzkrise reißt 4,8-Milliarden-Loch in Ackermanns Bilanz
Die Finanzkrise trifft die größte Privatbank der Republik mit voller Wucht: „Sehr enttäuscht" hat Deutsche-Bank-Chef Ackermann

einen 4,8-Milliardenverlust im vierten Quartal bekannt gegeben – und offen Schwächen seines Instituts eingeräumt.
Quelle: SpiegelOnline

Anhang C

14. Januar 09
Widerwärtiger Kuhhandel
Von Norbert Lohrke
Nehmen wir einmal an, dass Sie im letzten Jahr etwas zu einem fest vereinbarten Preis verkauft haben. Z.B. ein Haus. Die Verträge wurden unterschrieben. Der Deal ist unter Dach und Fach. Und nehmen wir weiter an, dass Sie – wie üblich – den damaligen Marktpreis zugrunde gelegt haben. Und nehmen wir weiter an, dass ihr Gegenüber den Immobilienmarkt falsch eingeschätzt hat und der bis heute enorm eingebrochen ist. Würden Sie dann nachverhandeln, ihrem Gegenüber den Preis deutlich reduzieren und dem anderen darüber hinaus noch einen Teil seines eigenen Hauses als Gegenleistung annehmen?
Niemals würden Sie das tun! Warum auch. Sie würden die Kohle einstecken und sich freuen, dass Sie ihr Haus noch so gut verkauft haben.
Jetzt gehen Sie und ich wahrscheinlich davon aus, dass wenn schon Privatleute so handeln, Geschäftsleute um so mehr so handeln müssten. Da würde ich Ihnen Recht geben. Es sei denn, es werden Geschäfte zwischen der Deutsche Bank AG und der Deutsche Post AG, respektive dem Deutschen Staat gemacht. (…)
Quelle: ARIVA.DE

Anhang D

Published: January 5, 2009
Where Is Our Ferdinand Pecora?
By RON CHERNOW
BARACK OBAMA has assigned a top priority to financial reform when the new Congress assembles today. If history is any guide, legislators can perform a signal service by moving beyond the myriad details of the rescue plans to provide a coherent account

of the origins of the current crisis. The moment calls for nothing less than a sweeping inquest into the twin housing and stock market crashes to create both the intellectual context and the political constituency for change.

For inspiration, Congress should turn to the electrifying hearings of the Senate Banking and Currency Committee, held in the waning months of the Hoover presidency and the early days of the New Deal. In historical shorthand, these hearings have taken their name from the committee counsel, Ferdinand Pecora, a former assistant district attorney from New York who, starting in January 1933, was chief counsel for the investigation. Under Pecora's expert and often withering questioning, the Senate committee unearthed a secret financial history of the 1920s, demystifying the assorted frauds, scams and abuses that culminated in the 1929 crash.

Quelle: The New York Times

Gekürzte Übersetzung Roger Strassburg:

Wo ist unser Ferdinand Pecora?

Barack Obama hat Finanzreform zur obersten Priorität für den Kongress gemacht. Wenn die Geschichte uns den Weg zeigen kann, dann können Abgeordnete ein Signal setzen, indem sie über die unzähligen Details der Rettungspläne hinausgehen, und eine kohärente Erklärung für die jetzige Krise finden. Wir brauchen jetzt nichts Geringeres, als eine umfassende Untersuchung des Immobilien- und Aktienmarkt-Crashes, um sowohl das intellektuelle Umfeld als auch das politische Mandat für Veränderung zu schaffen.

Zur Inspiration sollte der Kongress sich den spannenden Anhörungen des Senat-Banken- und Währungskomitees widmen, die in den letzten Monaten der Hoover-Regierung und in den frühen Zeiten des New Deals stattfanden wurden. Dieses Komitee wurde nach Ferdinand Pecora genannt, dem ehemaligen Unterstaatsanwalt von New York, der ab Januar 1933 Chefberater der Untersuchung war. Unter Pecoras sachkundigem und hartnäckigem Verhör deckte das Senats-Komitee eine geheime finanzielle Geschichte der 1920er Jahren auf, und entzaubert die diversen Betrügereien und Missbräuche, die im Crash von 1929 gipfelten.

Die spannende Konfrontation zwischen Pecora und den großen Herren von Wall Street war hollywoodreif. Der kämpferische Pecora war der perfekte Gegner für die feschen Bankiers, die vor die Mikrofone traten. Als Sohn eines sizilianischen Schusters hatte Pecora für Teddy Roosevelt Wahlkampf gemacht, und vertrat leidenschaftlich die progressive Ära. Als Staatsanwalt schloss er in den 20er Jahren mehr als hundert „bucket shops" – zwielichtige, unseriöse Investmenthäuser – und hatte damit die dunkle Seite von Wall Street kennen gelernt.

Für 255 Dollar im Monat beim Senats-Komitee angestellt, verdiente Pecora weniger als die meisten Wall-Street-Herren wöchentlich an Kleingeld ausgaben.

Pecora war akribisch bei der Vorbereitung und legendär im Durchhaltevermögen. Er blieb halbe Nächte vor Verhören auf, um sich vorzubereiten, mit der Hilfe von John T. Flynn, einem irisch-amerikanischen Journalisten, und Max Lowenthal, einem jüdischen Anwalt.

Foto: AP

Ferdinand Pecora

Der Bezirksstaatsanwalt in New York entmystifizierte ab Januar 1933 die Geschichte des Wirtschaftsbooms und das Treiben der Wirtschaftsbosse und Bankmanager der 20er Jahre, das 1929 zum größten Börsenkrach der Geschichte geführt hatte. Er leitete das unter Präsident Franklin D. Roosevelt vom US-Kongress eingesetzte „Currency Committee" und wies den Halbgöttern der Wall Street schonungslos und unerbittlich ihre Gaunereien und Betrügereien nach. Pecora hatte damit den Boden für die Neuordnung des Bankensystems und die staatliche Bankenaufsicht bereitet, was die amerikanische Finanzwelt bis zur Deregulierung in der neoliberalen Reagan-Ära für Jahrzehnte von Skandalen verschonte.

Als Pecora unaufhörlich die berühmtesten Namen der Finanzwelt verhörte, vergegenwärtigte sich die Nation erneut den Boom der

1920er Jahre. Pecora beleuchtete einen von Spekulanten manipu-
lierten Markt zum Nachteil von Kleininvestoren.

Die Banker waren die Halbgötter der 20er Jahre, deren Tun eifrig nachgeahmt, deren Marktanalysen mit Andacht zitiert wurden.
Sie bewohnten eine gemütliche Welt aus Limousinen, Chauffeuren
und holzverkleideten Räumen, abgeschottet von gewöhnlichen
Amerikanern. Jetzt stieß Pecora diese Hohepriester von ihren Po-
desten.

Am Schwarzen Donnerstag 1929 erlebte die Nation den scheinbar
heroischen Versuch der wichtigsten Banker, einschließlich Albert
Wiggin von Chase und Charles Mitchell von National City, den
Marktniedergang einzugrenzen. Pecora zeigte, dass Wiggen eigentlich Chase-Aktien leerverkauft hatte, und von fallenden Preisen profitiert hat. Er deckte auf, dass Mitchell und obere Manager von National City sich 2,4 Millionen Dollar in unverzinsten
Darlehen von der Bank genehmigt hatten, um den Crash leichter
verschmerzen zu können. Wie sich herausstellte, hatte National
City faule Kredite an lateinamerikanische Länder verbrieft und an
ahnungslose Investoren verkauft. Bis Pecora mit den Bankern fertig war, verglich der Montana Senator Burton Wheller sie mit Al
Capone, und sie wurden in der Öffentlichkeit „Bankster" genannt,
gereimt auf Gangster.

Wall Street beschwerte sich, Pecora würde Vertrauen zerstören.
Präsident Franklin Roosevelt erwiderte, die Banker „hätten daran
denken sollen, als sie das gemacht haben, was jetzt offenbar wird".

Mit Unerbittlichkeit brachte Pecora die Partner der Morgan-Bank
dazu, zuzugeben, dass sie 1931 und 1932 keine Steuern gezahlt
hatten – eine brisante Offenbarung, als das Land gerade gigantische öffentliche Projekte in Angriff genommen hatte, um die
Arbeitslosigkeit zu bekämpfen. Dass die Morgan-Männer Steuern
wegen Aktienmarktverlusten vermieden hatten, ging im ganzen
Stimmgewirr verloren.

Nicht weniger brisant war die Offenbarung von Morgans „Vorzugs-
liste", wodurch die einflussreichen Freunde der Bank an Aktien-
emissionen zu stark vergünstigten Preisen teilnehmen konnten.

Die berühmten Namen auf der Liste einschließlich des ehemaligen Präsidenten Calvin Coolidge und Owen J. Roberts, Richter am obersten Gericht, schockierten wegen der ungehörigen Vermengung von Geld und Macht die ganze Nation.

Ein Morgan-Partner, George Whitney, erklärte verlegen, dass die Absicht war, die Kleinanleger zu schützen, indem sie gehindert wurden, solch ein Risiko einzugehen. Dazu schrieb Pecora in seinem Bestseller „Wall-Street Under Oath" [„Wall-Street unter Eid" - RS], *„Es gab viele, die ihnen gerne geholfen hätten, dieses entsetzliche Risiko zu tragen!"*

Die Wut über die Morgan-Aussage war so, dass Senator Carter Glass von Virginia den Kopf schüttelte und stöhnte: *„Hier haben wir einen Zirkus, und das Einzige was fehlt, sind Erdnüsse und gefärbte Limonade."* Auf den Kommentar eingehend nutzte ein Presseagent des Ringling Brothers Zirkus die Pause, um Lya Graf, eine Kleinwüchsige in einem blauen Satin-Kleid, auf den Schoß des überraschten J. P. Morgan Jr. zu platzieren. Der Committee-Vorsitzende Senator Duncan Fletscher appellierte an die Zeitungen, diese Bilder nicht zu veröffentlichen, was diese um so rascher taten.

Das Foto von Morgan mit einem Zirkus-Kleinwüchsigen auf dem Schoß wurde zum bezeichnenden Bild der Anhörungen, symbolisch für die verfallenen Sitten an der Wall Street. Der erbitterte J. P. Morgan Jr. sagte, dass Pecora *„die Manieren eines Anklägers, der einen Pferdedieb überführen wollte"*, hat.

Die Pecora-Anhörungen legten den Grundstein für Finanz-Reform-Gesetze. Bis zu ihrem Ende 1934, produzierten sie 12.000 gedruckte Seiten Zeugenaussagen, gesammelt in mehreren dicken Bänden. Diese Dokumente dienten Generationen von Historikern.

Auch heute sucht eine von der finanziellen Führung schwer enttäuschte Bevölkerung nach Antworten. Der neue Kongress hat die Chance, die Nation Schritt für Schritt über alle Machenschaften, die zum gegenwärtigen Debakel geführt haben, aufzuklären und mit einer klugen Gesetzgebung eine Wiederholung zu verhindern.

Artikel-Adresse: http://www.nachdenkseiten.de/?p=3702

Hornberger Schießen

6. März 2009 | Rubrik: Das kritische Tagebuch | Von Wolfgang Lieb

Da werden von Müntefering, Steinbrück über Merkel bis hinauf zum Bundespräsidenten die „übertriebenen Managergehälter" gegeißelt. Der EZB-Chef Trichet, Politiker, Kirchenleute, ja selbst Unternehmer werfen sich in Pose und beklagen die sich öffnende Schere zwischen Manager- und Durchschnittsgehältern und da wird vor dem Koalitionsausschuss ein großes Getöse gemacht. Herausgekommen ist fast nichts. Vor allem CDU/CSU müssen wohl ihre Geldspender und Unterstützer in den Chefetagen gerade in Wahlkampfzeiten bei Laune halten und blockierten jede Regelung, die die Obszönitäten bei der Selbstbedienung der Manager einschränken könnten.

Die Debatte um die Managergehälter wird von vielen Managern und ihren Lautsprechern oft als eine für Deutschland typische „Neiddebatte" abgetan. Dabei dürften Neid und Missgunst im Wesentlichen nur unter den Einkommensmillionären selbst herrschen. Für die Managerkaste ist die Höhe ihrer Vergütung schon längst keine Frage ihres „Verdienstes" mehr, sondern allenfalls ein Prestigewert zur eigenen Selbstbeweihräucherung. Ein Normalverdiener kann sich gar nicht vorstellen, was ein Millionengehalt überhaupt bedeutet. Er kann gar nicht ausrechnen, wie viele Jahrzehnte er arbeiten muss, um auch nur ein einziges Jahreseinkommen eines Top-Managers zu verdienen. Nein, wenn wir überhaupt die Unterschiede zwischen Manager- und Durchschnittsgehältern an moralischen Kategorien messen, so an der Frage der Gerechtigkeit – oder ökonomisch gesprochen an der Leistungsgerechtigkeit.

Sind die Leistungen der Manager tatsächlich um so viel mehr gestiegen, dass sie im Vergleich zum Durchschnittsgehalt der Beschäftigten im Jahr 1987 noch das 14-fache, im Jahre 2006 aber das 44-fache betrugen. Einschließlich Aktienoptionen beträgt das Verhältnis bei der Telekom 47, bei Siemens 59, bei Volkswagen 61, bei Lufthansa 94.

Sind Manager japanischer Automobilkonzerne etwa schlechter als ihre deutschen Pendants? *„Dort verdient der Chef nur ungefähr das Zwanzigfache eines Arbeiters"*, darauf wies sogar die Kanzlerin hin.

Die konservative Tageszeitung DIE WELT, der man gewiss nicht nachsagen kann, sie hätte ein Interesse daran, eine Neiddebatte zu schüren, hat dankenswerterweise einmal das Einkommen von 27 Topmanagern aufgelistet.

Das Top-Gehalt bezieht danach Porsche-Chef Wendelin Wiedeking mit einem in Branchenkreisen geschätzten Jahreseinkommen von 60 Millionen Euro. Bei den DAX-Managern führt Josef Ackermann, der Chef der Deutschen Bank, mit knapp 14 Millionen Euro im Jahr 2007 die Liste an. Der Siemens-Boss Peter Löscher hat laut Unternehmensberatung Towers Perrin ein Jahreseinkommen von 11,5 Millionen Euro. Daimler-Chef Dieter Zetsche soll im vergangenen Jahr 10 Millionen Euro in bar oder in Form von virtuellen Aktien erhalten haben.

Zeichnung: Til Mette

Es folgen Karl-Ludwig Kley vom Pharmariesen Merck mit 8,6 Millionen, Linde-Chef Wolfgang Reitzle mit rund 8 Millionen Euro. E.on-Chef Wulf Bernotat mit 5,3 Millionen Euro, der Chef von BASF, Jürgen Hambrecht bekam 2007 5,2 Millionen Euro, er steigerte damit sein Gehalt im Vergleich zum Vorjahr um 25,8 (!) Prozent. Der Vorstandsvorsitzende des Chemie- und Pharmakonzerns Bayer, Werner Wenning, verdiente 2007 mit 4,4 Millionen Euro rund 28 (!) Prozent mehr als im Vorjahr. Der Chef von TUI, Michael Frenzel, steigerte sein Einkommen 2007 im Vergleich zum Vorjahr gar um 124,2 (!) Prozent und kam auf 4,5 Millionen Euro.

So viel „verdienten" die Vorstandsvorsitzenden der 30 DAX-Konzerne im Geschäftsjahr 2008 (in Euro)

Die im September 2009 veröffentlichten Einkommen der DAX-Vorstände im Jahr 2008 haben sich ebenso wie die Reihenfolge im Vergleich zu 2007 verändert. Trotz Finanz- und Wirtschaftskrise liegen die Durchschnitts-„Verdienste" der DAX-Vorstandsvorsitzenden 2008 bei stolzen 3.690.000 Euro pro Jahr, das sind monatlich 307.500 Euro. Die Herren (es sind alles Herren) bekommen somit das 123-fache eines Durchschnittsverdieners in Deutschland. Der verdient laut Statistik der Deutschen Rentenversicherung Bund 2.507 Euro monatlich und muss demnach über zehn Jahre arbeiten, um ein einziges durchschnittliches Monatseinkommen eines DAX-Vorstandsvorsitzenden zu erzielen

Vorstands-vorsitzender	Gesellschaft	Gesamt-vergütung
Peter Löscher	Siemens	9.839.000
Prof. Dr. Wolfgang Reitzle	Linde	8.009.000
Dr. Jürgen Großmann	RWE	7.082.000
Martin Winterkorn	Volkswagen	6.137.000
Dr. Wulf H. Bernotat	E.ON	5.059.000
Dr. Dieter Zetsche	Daimler	5.036.000
Dr. Jürgen Hambrecht	BASF	4.399.000
Prof. Dr. Henning Kagermann	SAP	4.320.000
Karl-Ludwig Kley	Merck	4.177.000
Hakan Samuelsson	MAN	3.866.000
Michael Diekmann	Allianz	3.799.000
Werner Wenning	Bayer	3.656.000
Dr. Ekkehard D. Schulz	Thyssen Krupp	3.641.000
Dr. Eckhard Cordes	Metro	3.596.000
Reto Francioni	Deutsche Börse	3.560.000
Dr. Ben Lipps	FMC	3.453.000
Herbert Hainer	Adidas	3.436.000
René Obermann	Deutsche Telekom	3.216.000
Kasper Rorsted	Henkel	3.025.000
Dr. Ulf M. Schneider	Fresenius	2.819.000
Norbert Steiner	K+S	2.782.000
Wolfgang Mayrhuber	Deutsche Lufthansa	2.668.000
Dr. Frank Appel	Deutsche Post	2.413.000
Dr. Norbert Reithofer	BMW	2.266.000
Dr. Nikolaus von Bomhard	Münchener Rück	2.142.000
Dr. Ing. Wolfgang Leese	Salzgitter	1.789.000
Dr. Josef Ackermann	Deutsche Bank	1.390.000
Thomas-B. Quaas	Beiersdorf	1.333.000
Wilhelm Zeller	Hannover Rück	1.157.000
Martin Blessing	Commerzbank	629.000
DAX Durchschnitt		3.690.000

Quelle: DSW/TUM

Besonders delikat: 6,1 Millionen Euro bekam Klaus Kleinfeld von Siemens dafür zugeschoben, dass er seinen Job im Verlauf der Schmiergeldaffäre beim Elektrokonzern verlor. Usw. usf., es ist ganz interessant die übrigen Zahlen einmal nachzulesen.

Was oftmals noch nicht einmal einberechnet ist, das sind die Boni und vor allem noch die in zukünftig erfolgenden Abfindungszahlungen oder Ruhestandsbezüge nebst kleinen Vergünstigungen, wie Büro, Sekretariat, Dienstwagen und Fahrer etc.

Beschwichtigend wird immer wieder angeführt, dass die Top-Manager ja gar nicht nach Leistung, sondern im Wettbewerb unter ihresgleichen bepreist werden. Zum Vergleich werden dann meist Manager- oder Investmentbankergehälter in den USA oder England herangezogen. Einmal abgesehen davon, dass es eine Internationalisierung des Spitzenmanagements real gar nicht gibt (Michael Hartmann, Elitesoziologie), meiden deutsche Manager tatsächlich eher das Ausland. *„Nur 17 Prozent der deutschen Führungskräfte setzen sich mit dem Gedanken auseinander, eines Tages im Ausland zu arbeiten. Das ergab eine Befragung von 1000 Managern durch die Freiburger Unternehmensberatung Saaman. Gleichzeitig weisen 82 Prozent der deutschen Führungskräfte den Gedanken an einen Wechsel über die Grenze von sich"*, schreibt etwa die FAZ.

In Wirklichkeit findet eine solche Abwanderung auch gar nicht statt, *„denn sehr begehrt sind deutsche Vorstände im hochbezahlten Ausland überhaupt nicht – das Land verlassen hingegen ganz andere, die eher der Mittelschicht angehören: junge und hochtalentierte Wissenschaftler, Informatiker und Ingenieure."*

Jedenfalls ist bis auf wenige Einzelfälle (etwa der geschasste Siemens-Chef Kleinfeld) kaum ein deutscher Topmanager in die USA oder nach Großbritannien abgeworben worden.

Es untergrabe das Vertrauen in das soziale Gleichgewicht des Landes, wenn ein Abschied vergoldet werde, sagte die Kanzlerin noch im Dezember 2008 auf dem CDU-Parteitag in Hannover. *„Liebe Aufsichtsräte, glauben Sie, Ihre Mitarbeiter lesen keine Zeitungen oder beherrschen die Grundrechenarten nicht?"*, fragte die CDU-Vorsitzende Angela Merkel rhetorisch. Solche *„Exzesse, Übertreibungen* *und Unwuchten"* würden die Grundlage des Wirtschaftssystems bedrohen, meinte Finanzminister Peer Steinbrück. *„Die Tatsache, dass es in Deutschland sittenwidrig niedrige und sittenwidrige hohe Gehälter gibt, kann so nicht bleiben"*, polterte Müntefering.

Die explodierenden Managergehälter waren ein beliebtes Thema für Politiker aller Couleur, um sich publikumswirksam in die Robin-Hood-Pose zu werfen und sich als Vorkämpfer für soziale Gerechtigkeit zu profilieren, die angeblich den Reichen nehmen und den Armen geben wollen. Mehr als Populismus war das jedoch offenbar nicht. Das Getöse um die Begrenzung der Managergehälter ging aus wie das sprichwörtliche Hornberger Schießen.

Schon das Ergebnis der Arbeitsgruppe von Fachpolitikern von SPD und CDU vom Januar 2009 und der abgestimmte Gesetzentwurf aus dem Hause der Justizministerin Brigitte Zypries (SPD) ließen den Mut vor den Managerthronen vermissen. Wenige Tage vor dem Koalitionsausschuss bliesen zwar Steinbrück und Steinmeier mit einem überraschend vorgelegten, gemeinsamen Papier die Backen noch einmal ein wenig auf, und wetterten gegen *„nicht leistungsgerechte Vergütungen"*, doch im Koalitionsausschuss selbst ging ihnen offenbar die Luft aus. Statt selbst zu pfeifen, wurden sie von CDU und besonders von CSU zurückgepfiffen.

Nach dem im Koalitionsausschuss verabredeten Konzept für Spitzenverdiener sollen Manager ihre Aktienoptionen künftig frühestens nach vier statt bisher nach zwei Jahren einlösen können. Zudem soll der gesamte Aufsichtsrat und nicht nur ein kleiner Ausschuss über die Gehaltshöhe entscheiden, teilten die Fraktionschefs von Union und SPD, Volker Kauder und Peter Struck, am frühen Donnerstagmorgen nach siebenstündigen Beratungen des Koalitionsausschusses in Berlin mit.

Die Aufsichtsräte sollen verpflichtet werden, je nach wirtschaftlicher Lage des Unternehmens Vorstandsvergütungen zu kürzen. Geschieht dies nicht, sollen sie dafür haftbar gemacht werden. Auch die Vorschriften für den Wechsel vom Vorstand in den Aufsichtsrat will die Koalition verschärfen. Ansonsten hat man eine weitere gemeinsame Arbeitsgruppe aus Union und SPD beauftragt, weitere Vorschläge wie die Begrenzung der steuerlichen Absetzbarkeit von Vergütungen zu prüfen. Dazu gehöre auch die von der SPD geforderte Einführung einer Börsenumsatzsteuer, die die Union bislang ablehnt.

- Dass Aktienoptionen nun zwei Jahre später eingelöst werden dürfen, ändert nichts daran, dass auch künftig das undurchschaubare Geschäft mit dieser Zusatzhonorierung weiter betrieben werden kann. Mit den umfangreichen Aktienoptionspaketen, mit denen die Vorstände etwa bei Daimler-Chrysler über knapp 10 Prozent der Aktien des Unternehmens verfügten (Michael Hartmann), machen sich die Manager selbst zu wichtigen Aktionären. Die Bonusvergütungen als solche blieben unangetastet, so dass sich auch künftig das an den Börsenwerten ausgerichtete „Anreizsystem" für die Manager nicht ändern wird. Noch nicht einmal zu einer Begrenzung der Aktienoptionen oder zur Einführung eines mehrjährigen Bonus-Malus Pools hat man sich durchgerungen. Geschweige denn, dass auf solche Forderungen, wie sie etwa im Steinmeier/Steinbrück-Papier und vom DGB erhoben werden, eingegangen wurde, nämlich den §76 des Aktiengesetzes so zu ändern, dass nicht nur die Interessen der Shareholder, sondern auch die Interessen des Gemeinwohls und der Arbeitnehmer bei der Führung eines Unternehmens zu berücksichtigen sind. *„Dass ausgerechnet die CDU das Gemeinwohl als Kernbegriff der sozialen Marktwirtschaft nicht in das Aktiengesetz schreiben will, beweise, dass sie aus der Krise nichts gelernt habe und an der bisherigen verfehlten Art des Wirtschaftens nichts ändern wolle"*, kritisiert das DGB-Vorstandsmitglied Dietmar Hexel.

- Dass nunmehr der gesamte Aufsichtsrat und nicht länger kleine Mauschelgremien über die Gehaltshöhe der Vorstände beschließen soll, nimmt zwar in Unternehmen mit Mitbestimmung auch die Arbeitnehmerbank in die Verantwortung, doch an der Mehrheit der Unternehmerseite ändert das nichts. Zwar ist damit ein Stück Transparenz gewonnen, doch die Erfahrungen der Vergangenheit (etwa bei Mannesmann) zeigten, dass auch die Gewerkschaftsseite kaum ernsthafte Widerstände gegen die von den Vorständen meist selbst vorgeschlagenen Vergütungen entgegensetzen konnte. Wie eine Haftung der Aufsichtsräte für zu großzügige Vergütungen aussehen sollte, steht in den Sternen.

- Von einer Begrenzung der Managergehälter oder von einer Kappung der Boni, wie das etwa US-Präsident Barack Obama zumindest für <u>staatlich gestützte Unternehmen</u> vorsieht, ist im Koalitions-„Kompromiss" keine Rede mehr. Noch nicht einmal die von Angela Merkel ins Gespräch gebrachte Orientierung am japanischen Vorbild, wonach sich die Vergütung der Manager am Zwanzigfachen des Durchschnittslohns der Mitarbeiter des Unternehmens ausrichten sollte, wurde in Erwägung gezogen.

  Auch die Bindung der Einkommenssteigerung der Manager an die prozentualen Lohnerhöhungen der Arbeitnehmer kommt nicht vor. Damit hätte sich das „Anreizsystem" der Manager wenigstens ein Stück weit auch an den Einkommensinteressen der Mitarbeiter ausgerichtet.

- Nicht einmal verschärfte Regeln zur nachträglichen Kürzung der Vorstandsbezüge, wenn sich die wirtschaftlichen Verhältnisse des Unternehmens wesentlich verschlechtert haben (§87 II AktG), sind vorgesehen.

- Auch von einer Änderung des geltende Körperschaftsteuerrechts, das für Aufsichtsratsvergütungen derzeit bereits ein hälftiges Abzugsverbot vorsieht, auf Vorstandsgehälter und -abfindungen auszudehnen, soweit diese den Betrag von 1 Mio. Euro übersteigen – wie kurz zuvor noch von der SPD gefordert – ist nicht mehr die Rede. Dass es keinerlei Begrenzung der Abzugsfähigkeit der Managergehälter am Betriebsergebnis geben soll, ist für die Gemeinschaft der Steuerzahler besonders ärgerlich, mindern doch die Vorstandsgehälter die Steuerpflicht der Unternehmen und entziehen damit dem Fiskus Millionenbeträge.

- Weder ist der Verlust von Abfindungen bei schlechter Unternehmensführung oder wenigstens bei Entlassung von Managern wegen sonstiger Verfehlungen vorgesehen noch eine allgemeine Obergrenze für die „goldenen Fallschirme".

- An eine höhere Besteuerung (über den Satz der sog. „Reichensteuer" von 45% hinaus) der Managergehälter (viele Top-Manager gehören zu den obersten 0,1 Prozent der Einkommensbezieher) mag man schon gar nicht mehr denken.

Obwohl die SPD-Seite in der Koalitionsrunde ein weiteres Mal klein beigeben musste, zeigte sich Finanzminister Steinbrück mit der Einigung bei den Managergehältern *„zufrieden"*. Auch das Bedauern des SPD-Fraktionschefs Peter Struck hielt sich in Grenzen.

Im Gegensatz dazu sieht der CSU-Landesgruppenchef nach dem Koalitionsgespräch, obwohl sich die Union weitgehend durchgesetzt hat, *„lange Schatten"* über der Großen Koalition.

Daran mag man ablesen, dass die Union nach der Bundestagswahl mit Macht auf eine schwarz-gelbe Koalition zustrebt. Die Lobeshymnen der SPD-Seite über ihre – selbst gemessen am eigenen Positionspapier – Niederlage im Koalitionsausschuss lassen sich nur so erklären, dass die SPD-Führung kein anderes Ziel mehr hat, als sich als (kleiner) Juniorpartner in eine erneute Große Koalition zu flüchten. So meinte denn auch der Parlamentarische Geschäftsführer Thomas Oppermann: *„Wer jetzt das Ende der Großen Koalition beschwört, der irrt."*

Dass die SPD nun auch noch das Thema Managergehälter als Abgrenzung zu Union und FDP aus der Hand gegeben hat, belegt nur ein weiteres Mal, dass der angekündigte „Richtungswahlkampf" von der SPD-Führung offenbar unter Preisgabe der eigenen Richtung geführt werden soll.

Artikel-Adresse: http://www.nachdenkseiten.de/?p=3810

Interessenkollisionen und Eigeninteressen als „systemisches Risiko"

31. Juli 2009 | Rubrik: Finanzkrise | Von Wolfgang Lieb

Wie das Handelsblatt berichtet, befanden sich sowohl die Bundesbank als auch die Finanzaufsichtsbehörde BaFin bei den Entscheidungen über die Rettung der Hypo Real Estate in einem *„schweren Interessenkonflikt"*. Die Bundesbank selbst hatte nämlich noch im September 2008 (!) rund 2,3 Milliarden bei der HRE angelegt. Neben Bundesbankpräsident Weber und BaFin-Präsident Sanio hatten auch andere an den Gesprächen vom 26.09 bis 28.09.2009 zur Rettung der HRE Beteiligten, so etwa Martin Blessing von der Commerzbank, Josef Ackermann von der Deutschen Bank oder die Vertreter der HypoVereinsbank erhebliche Eigeninteressen. Wenn also die Vertreter dieser Institutionen nun vor dem Parlamentarischen Untersuchungsausschuss auftreten und wie Sanio das _„Weltfinanzsystem am Abgrund"_ sehen oder wie Commerz-Chef Blessing die Entscheidungen der Bundesregierung unterstützen, dann dürften sie vor allem die Eigeninteressen ihrer Häuser vertreten haben. Dass für sie die Pleite der HRE ein „systemisches Risiko" darstellte, ist nur nahe liegend. Ihre Aussagen vor dem Untersuchungsausschuss, sind deshalb nichts anderes als parteilich. Eine objektive Aufklärung ist von solchen Zeugen nicht zu erwarten.

Geradezu grob fahrlässig muss man die Anlage von 2,3 Milliarden durch die Bundesbank (darunter offenbar auch Pensionsrückstellungen der BaFin selbst) bei der HRE bewerten – wohlgemerkt noch nach der Lehmann-Pleite und kurz bevor zur Rettung der HRE vom Bund Milliardenbeträge abgepresst wurden.

Entweder war die Bundesbank _„nicht so schrecklich gut informiert, oder auf ihr Urteil ist wenig Verlass"_ kommentiert Frank M. Drost gleichfalls im Handelsblatt. Schon in ihrem Prüfbericht vom 24. Juni 2009 habe nämlich die Bundesbank zahlreiche Mängel bei der HRE aufgespießt, die Ordnungsmäßigkeit der Geschäftsorganisation als _„nicht gegeben"_ angesehen und ein Liquiditätsrisiko erkannt. Wer, wenn nicht die (neben der BaFin) für die Bankenaufsicht verantwortlich Bundesbank hätte also das Risiko dieser Anlage erkennen müssen.

Noch problematischer ist allerdings die Interessenkollision, in die die Bundesbank mit dieser Anlage bei der HRE geraten ist: nämlich den Konflikt zwischen dem eigenen Interesse an der Rettung von Anlagen als Treuhänder ihrer Anleger und ihrer Funktion als neutrale, vom Staat per Gesetz beauftragte Bankenaufsicht.

Die Bundesbank bestreitet einen solchen Konflikt zwischen Ihrer (staatlichen) Aufsichtsfunktion und ihrer Rolle als Treuhänder von Anlagen, weil sie das Geld im Auftrag von Bund und Ländern angelegt und sich strikt nach deren Vorgaben gerichtet habe. Sie sei in den Anlageausschüssen, mit denen die Kapitaldeckung von Pensionsansprüchen im öffentlichen Dienst verwaltet wird, nicht stimmberechtigt, heißt es in der FAZ.

Dass die Bundesbank nicht stimmberechtigt ist, mag wohl zutreffen, aber heißt das auch, dass man als Treuhänder seinen Kunden nicht abraten kann, eine hochriskante Anlage zu betätigen? Wie hätte die Bundesbank dagestanden, wenn sie kaum eine Woche nach der Anlage ihren Auftraggebern hätte mitteilen müssen, dass das Geld leider weg ist, weil die HRE pleite ist? Eine dünnere Ausrede hätte dem Bundesbankpräsidenten kaum einfallen können.

Dieses Eigeninteresse an der (staatlichen) Rettung der HRE hatten aber nicht nur die Bundesbank und (zur Verteidigung ihres Versagens) auch die BaFin, sondern auch die meisten anderen Beteiligten, die an dem Krisenwochenende in Frankfurt, die Bundesregierung mit der Drohung erpressten, *„der Tod des deutschen Bankensystems"* (Protokoll der BaFin) stehe bevor.

Wie man einer in der ZEIT veröffentlichten Aufstellung der Bundesbank entnehmen konnte, hatte nämlich die Deutsche Bank rund 1 Milliarde Kredite und die Commerzbank rund 1,4 Milliarden Kredite an die HRE vergeben. Der Commerzbank sitzt aus der Übernahme der Dresdner Bank zusätzlich ja nach wie vor die Allianz im Nacken und dieser Versicherer hatte rund 5,6 Milliarden bei der HRE liegen. Blessing und Ackermann hatten also gleichfalls Eigeninteressen an der Rettung und waren keinesfalls nur kompetente Ratgeber der Kanzlerin oder des Finanzministers, als die sie sich gerne darstellen wollen. Noch viel mehr trifft dies auf die Vertreter der HypoVereinsbank in der Frankfurter Runde zu, gegenüber deren „Mutter", die Unicredit, die HRE mit rund 3 Milliarden verschuldet war. Gerade die HypoVereinsbank musste ein besonderes Interesse an der Risikoübernahme des Staates haben.

Die Gründung der HRE ging ja vor allem auf die Auslagerung schlechter Risiken gerade aus der HypoVereinsbank zurück, damit diese Bank fünf Jahre zuvor risikofrei an die italienische Bank Uni-CreditGroup verkauft werden konnte. Die HypoVereinsbank hätte bis einen Tag vor der Rettung durch den Steuerzahler am 28. September für Ansprüche (Risiken) der HRE gehaftet.

Da saßen sie nun alle in einem Boot und bangten in der Frankfurter Krisenrunde um ihre eigenen Verluste und um die anderer Banken. Vor allem mussten die Banker ihre vorausgegangenen Geschäfte und die Bankenaufsicht ihre Versäumnisse (oder ihre Unfähigkeit) bei der Kontrolle der Banken vertuschen. Wer wundert sich da noch über die Horrorszenarien, die da von Bankern und Bankenaufsicht an die Wand gemalt wurden, um den Bund und damit den Steuerzahler ins Boot zu ziehen, damit die HRE vor dem Untergang gerettet werden konnte. Wenn aber nur Leute mit den gleichen Interessen kollaborieren, kann es nur zu einer Lösung zu Lasten Dritter, der Masse der Steuerzahler kommen.

Das „systemische Risiko" entpuppt sich mehr und mehr als ein System, mit dem die Banker und die Bankenaufsicht den Staat erpressten und ihr systematisches Versagen auf den Steuerzahler abwälzen konnten.

„Weltuntergang des Finanzsystems", „Weltfinanzsystem am Abgrund" (Sanio), „Untergangsstimmung" (Weber), „Tod des deutschen Bankensystems" (Ackermann), das war die Drohkulisse und die Banker tun heute so, als hätten sie – falls das Horrorszenario real war – damit nichts zu tun. Sie spielen sich sogar noch als Retter der Nation und als Wahrer der Interessen der Steuerzahler auf.

Der Staat darf nun schon für über 100 Milliarden allein für die HRE gerade stehen, und Deutschland regt sich nicht etwa über die Banker und die Bankenaufsicht auf, sondern über eine läppische Dienstwagenaffäre.

Ein erschreckendes Beispiel dafür, wie die Bevölkerung hinters Licht geführt wird und mit welchen plumpen Tricks die Medien dabei mitspielen, die Menschen vor den wirklichen Skandalen abzulenken.

Artikel-Adresse: http://www.nachdenkseiten.de/?p=4103

2. Das Versagen der Medien – Meinungsmache statt Aufklärung

Wer wissen will, warum es in unserem Land so läuft, wie es läuft, muss die Kritiklosigkeit unserer Medien betrachten – und die fatale Wirkung auf die politische Debatte und die politische Entscheidungsfindung.

Die Redaktion von Anne Will schadet Wills Image. Und eine Anmerkung zur Rolle und wirtschaftspolitischen Kompetenz Klaus von Dohnanyis

28. Januar 2009 | Rubrik: Anne Will | Von Albrecht Müller

Als Anne Will Sabine Christiansen ablöste, dachten wir, es werde sich Einiges bessern. Die NachDenkSeiten waren zu Beginn freundlich mit der neuen Moderatorin umgegangen, zum Beispiel im Beitrag: „Thema Bahn bei Anne Will – ganz gut, aber es fehlte der Blick hinter die Kulissen". Aber offensichtlich ist der Redaktion insgesamt nicht zu helfen. Die Sendung vom 25.1. war wieder einmal von einer seltsamen Personenauswahl gekennzeichnet. Worin liegt zum Beispiel die Kompetenz von Dohnanyis für das Thema „Verbrannte Milliarden – mit Vollgas in den Staatsbankrott"?

Die Redaktion ist auch nicht sonderlich großzügig im Umgang mit kritischen Beiträgen für den Anne-Will-Blog. Von seiner Odyssee, dort einen Beitrag unterzubringen, berichtet ein NachDenkSeiten-Leser. Als Teil I hier sein Erfahrungsbericht vom 26.1., als Teil II Anmerkungen zu Klaus von Dohnanyis Wirtschaftskompetenz:

Teil I:

99 Liebe Herausgeber,
seit vielen Monaten lese ich mit großem Interesse (nahezu täglich) Ihre Seiten, mit denen oft erst „das ganze Bild" mög-

lich wird. (…) Ebenfalls mit Interesse habe ich immer Ihre kritische Begleitung von TV-Gesprächsrunden (Presseclub, Anne Will u.a.) verfolgt. Nun scheint es, dass ich mit einem „pointierten" Beitrag zum Anne-Will-Blog (zum Thema der jüngsten Sendung „Verbrannte Milliarden") Opfer der dortigen redaktionellen Zensur geworden bin. Mein geposteter Beitrag von gestern 22:20 Uhr (während der Sendung) wurde mit dem Zusatz *„Achtung: Der Kommentar muss erst noch von der Redaktion freigegeben werden."* versehen. Heute um 17:00 Uhr war mein Eintrag nicht mehr aufzufinden. Um 17:17 Uhr postete ich ihn mit einem kleinen Zusatz noch einmal. Wiederum wurde die o.g. Bemerkung hinzugefügt – und gg. 19:00 war mein Eintrag abermals aus der Liste verschwunden. Ich dachte, das könnte Sie interessieren! Mein Text liegt als Word-Dokument bei und darf von Ihnen zu Dokumentationszwecken dieses Vorgangs veröffentlicht werden.
Mit freundlichen Grüßen
HUS, FL

Das ist der gepostete Beitrag:

453
HUS, FL
Achtung: Der Kommentar muss erst noch von der Redaktion freigegeben werden.
26. Januar 2009 17:17 Uhr

Gestern um 22:10 Uhr postete ich den folgenden Beitrag, der von der „Redaktion" zensiert wurde, d.h. er wurde nicht veröffentlicht…!!! Na so was! Daher nun noch einmal – in nahezu unveränderter Form:

Muss denn dieser alte Mann, der schon Teile der DDR-Wirtschaft nachträglich endgültig zu Grunde gerichtet hat (Herr Dohnanyi), immer wieder als vermeintlich Wirtschaftskundiger in die Talk-Shows gezerrt werden. Oder soll er von den Redakteuren als SPD-Schreckbild vorgeführt werden…???!

Und dann darf auch wieder CDU-Röttgen da sitzen und pseudoakademisch in die Kameras lügen. Dass niemand von der herannahenden sog. „Finanzkrise" gewusst oder sich über die Konsequenzen im Klaren gewesen sein soll, kann nur der behaupten, der wirklich noch nie etwas wusste – oder der die Öffentlichkeit für dumm verkaufen will…! Schon Ende 2007 hat Oskar Lafontaine im Bundestag sehr begründet vor einer Weltwirtschaftskrise gewarnt und die Haltung der Bundesregierung zu Hedgefonds und ähnlichen (für die Allgemeinheit sehr kostspieligen) Taschenspieler-Tricks des Großkapitals scharf kritisiert. Aber nein – das sei ja alles nur „Populismus", tönt es dann in dümmlicher Weiter-so-Manier aus den etablierten Parteien… Röttgen ist der personifizierte Populismus, der auch jetzt noch der Öffentlichkeit den Sand gleich säckeweise in die Augen streut. Doch die Claqueure im Publikum scheinen bei jedem Blödsinn zu applaudieren. Vielleicht auch, weil sie es nicht begreifen – oder begreifen wollen! Und man glaubt es nicht: Die Mehrheit der BRD-Bürger soll sich nach „ausgewählten Meinungsmanipulatoren" eine CDU/FDP-Regierung wünschen! Na, dann gute Nacht: …die dümmsten Kälber wählen ihre Metzger selber!!! Und das Geschwätz bei Will und Konsorten soll das auch noch untermauern! Selbst das Testbild hat einen höheren Bildungswert als diese Geschwätz-Shows!

Nun, der Eintrag ins Forum ist nicht gerade freundlich formuliert. Aber solche deutlich als Teil einer Kampagne erkennbaren Talkshows sind eben auch nicht freundlich. Wenn man zum Beispiel dem Abgeordneten Röttgen von der CDU unkritisch ein Forum für die erkennbar manipulative Strategie bietet, die Finanzkrise hätte man nicht früher erkennen können, dann kann man darauf eigentlich nur mit einem zornigen Kommentar antworten.

Teil II: Anmerkungen zu Klaus von Dohnanyis Wirtschaftskompetenz

Vermutlich gibt es so etwas wie ein Register oder eine Liste von Personen, die von den Vertretern und Betreibern der neoliberalen Ideologie für Talkshows angeboten werden. Auf dieser Liste stehen offenbar solche Personen wie Christine Scheel und Klaus von Dohnanyi. Früher gehörte auch der Parteiwechsler Oswald Metzger dazu. Klaus von Dohnanyi ist in letzter Zeit mehrmals aufgetaucht, obwohl eigentlich nicht erkennbar ist, worin seine Kompetenz für die Behandlung des Themenbereichs Konjunk-

Klaus von Dohnanyi, 1968 bis 1969 beamteter Staats-
sekretär im Bundeswirtschaftsministerium, saß bei
Karl Schiller am Katzentisch. Seine wirtschaftspolitische
Kompetenz überzeugte den Minister nicht.

Foto: DPA

turprogramme, Finanzkrise, Staatsverschuldung liegen soll. Ein
Experte für Wirtschaft ist er nicht. Was er als Beauftragter der
Treuhandanstalt „geleistet" hat, ist mehr als fragwürdig. Freunde
der NachDenkSeiten wissen darüber mehr. Ich hoffe, sie dokumentieren gelegentlich ihre Erfahrungen.

Ich kann hier nur von meinen eigenen Erfahrungen mit dem
„Wirtschaftsexperten" von Dohnanyi berichten. Das Fazit vorweg:
Wenn der frühere Bundeswirtschaftsminister Schiller 1969 in einer
kritischen ökonomischen Situation dem Rat seines Staatssekretärs von Dohnanyi gefolgt wäre, dann wäre unser Land nicht einer kritischen Währungsspekulation entronnen, der SPD wäre ein
ausgezeichnetes Profilierungsthema entgangen und Willy Brandt
wäre damals nicht Bundeskanzler geworden.

Dohnanyi war 1968 und 1969 einer von zwei beamteten Staats-
sekretären bei Karl Schiller. Der Bundeswirtschaftsminister hatte sehr früh gemerkt, dass er sich auf das Urteil von Klaus von
Dohnanyi nicht verlassen kann. Wenn sich Schiller damals über
wichtige wirtschaftspolitische Entscheidungen beraten wollte,
dann gehörte von Dohnanyi nicht zu seinem Küchenkabinett.

Im Sommer 1968 war für jeden Volkswirt klar, dass die D-Mark im
Vergleich zum Dollar extrem unterbewertet war. Das zeigte sich in
einer beginnenden massiven Spekulation auf die Aufwertung der
D-Mark. Der damalige Bundesfinanzminister Franz Josef Strauß
(CSU) und infolgedessen auch sein Parteifreund Bundeskanzler
Kiesinger (CDU) waren gegen die Aufwertung. Genauso und aus
ähnlichen Gründen wie Strauß auch Klaus von Dohnanyi. Beide
wollten der in Bayern konzentrierten Flugzeugindustrie ihren aus

der Dollar-Überbewertung folgenden Wettbewerbsvorteil erhalten. Klaus von Dohnanyi, von München kommend, war damals ein Fan der Flugzeug- und Rüstungsindustrie und stritt für den Währungsvorteil wie für andere staatliche Subventionen zu Gunsten dieses Wirtschaftszweigs.

Im März 1969 kam es dann zum Schwur: Schiller stellte in seinem „Küchenkabinett", zu dem ich als Redenschreiber gehörte, jedem reihum persönlich die Frage, ob er dem Bundeskanzler die Aufwertung der D-Mark auch formell und mit einer Kabinettsvorlage vorschlagen solle. Zu einer solchen formellen Kabinettsvorlage war er als für die Währungspolitik Zuständiger berechtigt.

Die vergleichsweise zahlreich vertretenen Sympathisanten der CDU/CSU und Kiesingers (Staatssekretär Schöllhorn, Tietmeyer und Schlecht) waren zwar sachlich von Schillers Vorschlag überzeugt, hielten aber einen solchen Vorstoß nicht für sinnvoll, weil ein solcher den konservativen Teil der damaligen Großen Koalition gnadenlos in die Defensive bringen würde. Sie wären auf eine sachlich nicht mehr haltbare Position festgelegt und bekämen massiven Gegenwind auch von Medien, die ihnen nahe stehen - zum Beispiel von der FAZ und dem Handelsblatt. Ich war sowohl sachlich als auch politisch von der DM-Aufwertung und dem Vorstoß Schillers überzeugt und votierte entsprechend.

Schiller schloss die Sitzung ohne seine Entscheidung zu erkennen zu geben und schlug dann acht Wochen später, am 9. Mai 1969 im Kabinett die Aufwertung der D-Mark vor. Das führte zu einer vergleichsweise großen politischen Explosion und zu einem großen Konflikt zwischen den beiden Koalitionspartnern, der dann nach der Wahl im September 1969 durch einen anderen Bundeskanzler, Willy Brandt, und die Entscheidung für die Aufwertung endgültig gelöst wurde.

Die Notwendigkeit zur Aufwertung der D-Mark war selbst in konservativen Medien unbestritten. Schiller hatte auch dort für seinen Vorstoß die volle Sympathie. Das brachte der SPD im Bundestagswahlkampf endgültig den Vorsprung bei der Wirtschaftskompetenz. Das Thema Aufwertung war deshalb ein geradezu fantastischer Konflikt für die Wahlauseinandersetzung und hat neben der Person Willy Brandts und den Vorstellungen zu einer neuen Ostpolitik und sozialen Reformpolitik die Wahl entschieden.

Hätte sich die SPD damals nach dem Rat des „großen Wirtschaftsexperten" von Dohnanyi gerichtet, der zur damaligen Sitzung nicht eingeladen worden war, wäre nach meiner Überzeugung der damalige politische Wechsel nicht zu Stande gekommen – mit allen Folgen auch für die Ost- und Entspannungspolitik.

Ich verbinde mit Klaus von Dohnanyi noch eine weitere „Großtat" im Sinne der gedeihlichen Entwicklung unseres Volkes im allgemeinen und der Sozialdemokratie im besonderen: Bis 1982 war die Mehrheit der SPD und insbesondere ihr Bundeskanzler Helmut Schmidt gegen die Kommerzialisierung der elektronischen Medien. Nach der Wende von 1982 hat Kanzler Kohl mit seinem Postminister Schwarz-Schilling diese allerdings durchgesetzt. Die SPD stand damals vor der wichtigen Entscheidung, wie sie sich zu dieser Weichenstellung verhalten wolle. Es gab aus meiner Sicht sachlich keine Gründe, eine Wende im Sinne der Union zu vollziehen. Klaus von Dohnanyi hat sie dennoch aus durchsichtigen eigenen Interessen betrieben. Beim Essener Parteitag von 1984 – die passende Jahreszahl siehe Orwell – kippte die SPD um. Klaus von Dohnanyi hatte ein Interesse daran, weil ihm dies als Hamburger Bürgermeister zumindest das teilweise Wohlwollen des in Hamburg besonders vorherrschenden Springerkonzerns sicherte. Springer hatte damals ein besonderes Interesse an der Kommerzialisierung von Hörfunk und Fernsehen.

Dass Klaus von Dohnanyi inzwischen für den „Konvent für Deutschland" und damit für eine neoliberale Kampfeinheit tätig ist, überrascht mich nicht. Als solcher und nur als solcher müsste er in Talkshows präsentiert werden, wenn überhaupt.

Artikel-Adresse: http://www.nachdenkseiten.de/?p=3728

Geburten: Tagesthemen, SpiegelOnline, BILD und eine Reihe anderer Medien erweisen sich wieder als Teil der PR-Industrie

17. Februar 2009 | Rubrik: Demographie | Von Albrecht Müller

Wolfgang Lieb hat schon auf die tollen Erkenntnisse der Familienministerin von der Leyen hingewiesen: *„Wenn die Wirtschaft wankt, hat die Familie Konjunktur…"* Beachtlich viele Medien sind unkritisch wie immer in demographischen Fragen auf die PR-Geschichte der Ministerin eingestiegen (siehe Anhang A). Sie können an diesem Fall Ihre eigenen Medien, Ihre Lokalzeitung und den Rundfunk testen. Meine Regionalzeitung, Die Rheinpfalz, brachte die Meldung im Sinne der Ministerin auf der ersten Seite, SWR3 machte sich lustig über die Tagesthemen.

Nicht nur die These von der Leyens über den Zusammenhang von wirtschaftlicher Entwicklung und Familie/Geburtenrate ist absurd und müsste wegen der miserablen Qualität unserer Ministerin beunruhigen, auch die demographische Seite ist eine einzige Groteske. In Anhang B weisen wir auf einen Beitrag zu den *„statistischen Tricks der Ursula von der Leyen"* hin.

Die Entwicklung der absoluten Ziffern, die in Folge der Luftsprünge von Frau von der Leyen in vielen Medien gefeiert wurde, sagt wenig. Es sagt ein bisschen mehr, wenn man sie bezieht auf die Zahl der gebärfähigen Frauen. Das ist dann die Geburtenziffer.

Die Entwicklung der Geburtenziffer zeigt, wie leichtfertig es ist, einen Zuwachs von 5000 Geburten als gravierende Veränderung zu interpretieren.

Im Folgenden ist zunächst eine Tabelle des Statistischen Bundesamtes mit Angaben zur durchschnittlichen Kinderzahl je Frau (Geburtenziffer) in den letzten 18 Jahren wiedergegeben. In den drei Spalten wird unterschieden zwischen den Geburtenziffern in Gesamtdeutschland, im früheren Bundesgebiet und in den neuen Bundesländern:

33

Durchschnittliche Kinderzahl je Frau
Zusammengefasste Geburtenziffer[1]

Jahr	Deutschland	früheres Bundesgebiet[2]	Neue Bundesländer[3]
1990	1,454	1,450	1,518
1991	1,332	1,422	0,977
1992	1,292	1,402	0,830
1993	1,278	1,393	0,775
1994	1,243	1,347	0,772
1995	1,249	1,339	0,838
1996	1,316	1,396	0,948
1997	1,369	1,441	1,039
1998	1,355	1,413	1,087
1999	1,361	1,406	1,148
2000	1,378	1,413	1,214
2001	1,349	1,382	1,231
2002	1,341	1,371	1,238
2003	1,340	1,364	1,264
2004	1,355	1,372	1,307
2005	1,340	1,355	1,295
2006	1,331	1,341	1,303
2007	1,370	1,375	1,366

[1] Berechnet nach Geburtsjahrmethode
[2] Seit 2001 ohne Berlin-West
[3] Seit 2001 ohne Berlin-Ost

Quelle:destatos-de

Die Veränderung um 5000 Geburten, die Frau von der Leyen und mit ihr BILD, SPIEGEL und die Tagesthemen feiern, schlägt sich in den Geburtenziffern allenfalls in der zweiten Stelle hinter dem Komma nieder. Dabei ist zu beachten, dass wir im Jahr 2000 eine höhere Geburtenrate hatten als 2007 und im Jahr 1990 auch eine höhere. Dazwischen gab es niedrigere, insbesondere 1992-1995. Die gesamtdeutsche Geburtenziffer wurde damals von einer Reduzierung in den neuen Bundesländern gedrückt.

Wenn man noch weiter zurückgeht, nämlich in die Achtzigerjahre, dann kann man noch ganz andere Schwankungen beobachten.

Mitte der Achtzigerjahre lag die Geburtenziffer in den alten Bundesländern schon einmal unter 1,3 Geburten pro Frau, bei 1,28 Geburten. Wenn ich so leichtfertig und politisch tendenziös interpretieren wollte, wie dies die heutige Ministerin tut, dann würde ich anmerken, dass das Absacken der Geburtenziffern nach 1982 offenbar auf den Schock zurückzuführen ist, den die Wende von Helmut Schmidt zu Helmut Kohl auslöste. Eine ernsthaftere Interpretation könnte auf die schlechte Konjunktur, die geschwundenen Berufschancen junger Leute und die Missachtung der ökologischen Frage nach der Wende verweisen.

Viel wichtiger und richtiger ist jedoch, sich zu merken, dass man solche kleinen Veränderungen innerhalb kurzer Zeiträume von einem, von zwei oder auch fünf Jahren nicht interpretieren sollte. Das sollte die Ministerin wissen und das sollten schon in jedem Fall die Medien wissen. Sie alle halten uns zum Narren. Dass so viele Medien bei diesem Spiel mitmachen, ist schlicht unverständlich.

Anhang A:

Tom Buhrow: Kinder im Kommen –
In Deutschland steigt die Geburtenzahl
Geburtenrate steigt und mehr Väter nutzen Elternzeit

Quelle: Tagesthemen 15.2.2009

15. Februar 2009
FAMILIENKONJUNKTUR –
Zahl der Geburten in Deutschland steigt an
Der Geburtentrend geht nach oben: In Deutschland kommen wieder mehr Kinder zur Welt, 2007 waren es rund 12.000 mehr als im Jahr davor. Gerade Paare ab 30 sind häufiger zur Familiengründung bereit.
Berlin - „Besonders bei Frauen zwischen 30 und 40 Jahren hat die Zahl der Kinder zugenommen", sagte Bundesfamilienministerin Ursula von der Leyen (CDU) der „Bild am Sonntag". 2007 seien 12.000 Kinder mehr als 2006 geboren worden. Im vergangenen Jahr habe der Trend angehalten. Von Januar bis September 2008

stieg die Zahl der Geburten nach einem Bericht der Zeitung um 3.400 auf 517.549. Das Statistische Bundesamt schätzt die Gesamtzahl der Geburten 2008 auf bis zu 690.000, im Jahr zuvor waren es 684.862.

Quelle: spiegel.de

Bundesfamilienministerin Ursula von der Leyen
„Wenn die Wirtschaft wankt, hat die Familie Konjunktur …"
Von ANGELIKA HELLEMANN und CHRISTOPH VON UNGERN-STERN-BERG
Bundesfamilienministerin Ursula von der Leyen (50) erklärt in BamS, warum in Deutschland die Zahl der Geburten wieder steigt und die der Abtreibungen sinkt. Sie spricht über ihre Großfamilie, das Älterwerden und verrät, ob eine Schönheitsoperation für sie jemals infrage kommt.

Quelle: bild.de

Anhang B:

„Babyboom" & „Neue Väter":
Die statistischen Tricks der Ursula von der Leyen
Es gibt wieder mehr Geburten in Deutschland, frohlockt die geburtenstarke Familienministerin. Und die Medien frohlocken mit. Denn selten gibt es so viel Gutes zu berichten. Kritische Nachfragen stören nur.

Quelle: carta.info

Artikel-Adresse: http://www.nachdenkseiten.de/?p=3777

Das Spiel des SPIEGEL.
Oder: Die unkritische Postille der Herrschenden.

22. März 2009 | Rubrik: Spiegel/SpiegelOnline | Von Albrecht Müller

Wir weisen auf zwei Artikel bei SpiegelOnline hin. Sie sind zwei weitere gute Belege für den Niedergang dieses Spiegel-Ablegers.

Am 20. März erschien bei SpiegelOnline eine Lobeshymne auf Angela Merkel und ihre Regierung: *„GIPFEL IN BRÜSSEL – Merkel diktiert der EU ihre Krisen-Agenda"*. Das ist maßlos übertrieben, vermutlich von Spindoktoren in den Laptop diktiert und rundum unkritisch. Die Lobeshymne soll offensichtlich das Meinungsbild prägen. Dafür spricht nicht nur der flache Text sondern auch, dass Volkerys Propagandastück (Bericht und Kommentar siehe Teil A) garantiert 15 Stunden, vermutlich sogar 17,5 Stunden die Spitzenmeldung bei SpiegelOnline blieb. Das ist selbst am Wochenende ungewöhnlich. Die nächste Meldung (zu Opel) blieb gerade mal zweieinhalb Stunden unverändert. In anderen Medien waren die Meldungen zum Brüsseler Gipfel schon am Freitag von Obamas Gesprächsangebot an den Iran und Irans Reaktion verdrängt.

Am 21. März erschien ein weiteres äußerst unkritisches Produkt der SpiegelOnline-Redaktion: *„DER STAAT UND DIE KRISE – Retter in Not"* (Bericht und Kommentar siehe Teil B).

Teil A – Bericht und Kommentar zu:

GIPFEL IN BRÜSSEL –
Merkel diktiert der EU ihre Krisen-Agenda
Aus Brüssel berichtet Carsten Volkery
Quelle: SpiegelOnline vom 20.3.2009

Autor Volkery hat offensichtlich niedergeschrieben, was die drei deutschen Gipfelteilnehmer Merkel, Steinmeier und Steinbrück auf einer Pressekonferenz vorgetragen haben. Selbst der billige Trick der Meinungsmache, die Übertreibung, wird wortwörtlich übernommen. In der Bildunterschrift zum Foto von Kanzlerin Merkel heißt es: ,Ziele „übererfüllt"'.

Die angeblich der EU von den Deutschen diktierte Krisenagenda ist ausgesprochen dünn, jedenfalls erfährt man in dem Artikel nichts wirklich Genaues. Die Deutschen hätten eine weitreichende Regulierung der Finanzmärkte durchgesetzt – *„die Kanzlerin und ihre Minister jubeln."* Autor Volkery erklärt die weitreichende Regulierung so: Es solle *„kein Hedgefonds, keine Private-Equity-Firma, keine Steueroase mehr unbeaufsichtigt sein"*. Das schreibt der Autor einfach unkritisch hin. Wie das geschehen soll bei einem Aufsichtspersonal, das offensichtlich eng mit der Finanzwirtschaft verflochten ist, löst keine Fragen aus. Schon gar nicht kommt der Autor auf die Idee zu fragen, ob man die vielen Hedgefonds, die Steueroasen und Private-Equity-Firmen überhaupt noch braucht. Dass der Finanzmarkt weit überdimensioniert ist und es eigentlich das Ziel der Bundesregierung und der EU sein sollte, ihn auf das notwendige Maß zu reduzieren, fällt dem SpiegelOnline-Autor natürlich nicht ein. Das fällt ja auch der Bundeskanzlerin und den beiden vertretenen Ministern Steinmeier und Steinbrück nicht ein. In der Frankfurter Rundschau konnte man am 21. März lesen, dass bei einer anderen Veranstaltung, die Gegenstand des Berichtes des zweiten SpiegelOnline-Artikels ist (siehe Teil B), der heutige Aufsichtsratsvorsitzende und frühere Deutsche Bank-Vorstand Michael Endres gesagt habe, in einer heutigen Bankbilanz seien nur 10 bis 20% auf das eigentliche Kreditgeschäft zurückzuführen. Alles andere sei *„artifiziell"*. (Siehe dazu auch den NachDenkSeiten-Beitrag Teil I zur Finanzkrise vom 7. Januar.)

Der SpiegelOnline-Autor muss die Notwendigkeit der Konversion der Finanzindustrie nicht in allen Details erfassen. Er müsste aber verstehen und artikulieren, dass eine bessere Aufsicht auch nicht die Andeutung der Lösung des Problems darstellt.

Wenn man in dem SpiegelOnline-Beitrag dann weiter sucht, worin eigentlich der große Erfolg der deutschen Bundesregierung in Brüssel gelegen haben soll, dann stößt man im dritten Absatz des Textes auf die Anmerkung, die Forderungen nach mehr Regulierung der Finanzmärkte nähmen in der 22-seitigen Erklärung des EU-Rates (dem deutschen Wunsch entsprechend, offensichtlich) einen breiten Raum ein, während die Passagen über die Konjunkturhilfen vergleichsweise kurz ausfallen. *„Pflichtschuldig"* werde zu Anfang der Erklärung erwähnt, dass die EU für einen *„beträchtlichen Sti-*

mulus" sorge. Mit weiteren Stimulus-Ankündigungen halte sich die EU zurück, stattdessen werden die Mitgliedstaaten aufgefordert, sobald wie möglich zu *„nachhaltigen öffentlichen Finanzen"* zurückzukehren. *„Der Wachstums- und Stabilitätspakt, das alte deutsche Steckenpferd"*, solle unverändert der Maßstab für das Wirtschaften in Europa sein. Und dann wird noch berichtet, die *„Wiederherstellung des Kreditwesens"* habe Vorrang vor konjunkturpolitischen Maßnahmen.

Auch diese unsinnige Prioritätensetzung, überhaupt die Missachtung der konjunkturpolitischen Notwendigkeiten, veranlasst den Spiegel-Autor nicht zu einer kritischen Randnotiz. Angesichts der Meldungen über die Einbrüche bei den Auftragseingängen und der Produktion ist das eine beachtliche Fehlleistung eines medialen Beobachters. Es ist eine Fehlleistung der Bundesregierung, die sie nach Brüssel transportiert hat. Von einem einigermaßen unabhängigen und kritischen Journalisten müsste dies als Fehlleistung aufgespießt statt belobigt werden.

Dann wird noch lobend erwähnt, dass sich die EU-Staaten mit weiteren 75 Milliarden Euro an der Verdoppelung der IWF-Kreditlinie auf 500 Milliarden beteiligen. Auch der EU-Krisenfonds soll von 25 auf 50 Milliarden Euro verdoppelt werden, um finanzschwachen Ländern in Osteuropa zu helfen. Auch hier keinerlei kritische Anmerkung. Das wäre aber fällig gewesen. Schließlich widersprechen alle diese zusätzlichen Ausgaben dem, was in Bezug auf konjunkturpolitische Maßnahmen an *„nachhaltigem öffentlichen Finanzgebaren"* angemahnt wird. Offenbar sind Milliarden, die an osteuropäische Staaten gehen und dort nach Meinung von Kennern zum messbaren Teil auf den Konten mafiöser Strukturen landen, gut angelegt, Milliarden zur Sicherung der Beschäftigung der Menschen hierzulande sind schlecht angelegt. So der Tenor des Textes.

Insgesamt ist der Text

- inhaltsleer,
- liebedienerisch,
- unkritisch.

So, wie SPIEGEL und SpiegelOnline heute eben sind.

Teil B – Bericht und Kommentar zu:

DER STAAT UND DIE KRISE – Retter in Not
Von Hasnain Kazim
Quelle: SpiegelOnline vom 21.3.2009

In diesem Stück wird über eine Veranstaltung der Hertie School of Governance in Berlin mit *„Polit-Insidern, Wirtschaftsprofis und dem Bundesbank-Chef"* berichtet. Der Autor berichtet mit glänzenden Augen über den Auftritt von Jörg Asmussen, dem Staatssekretär Steinbrücks, den er Jens Asmussen nennt. Das ist eine lässliche Sünde, das kann passieren. Aber es darf nicht passieren, dass bei einem solchen Bericht über eine Diskussionsveranstaltung zum Thema „Staat und Finanzmarktkrise" nicht einmal in einer Fußnote vorkommt, welch traurige Rolle Asmussen bei der Kontrolle der IKB, bei der 10-Milliardensubvention für die IKB und ihre Verschleuderung für 150 Millionen an den Hedgefonds Lone Star gespielt hat. Und dass Asmussen von seiner Funktion her eigentlich verantwortlich dafür ist, dass die Bundesregierung die Schieflage der HRE zu spät erkannt und sich die zig Milliarden tranchenweise aus der Nase ziehen ließ.

Der Autor berichtet darüber, dass Asmussen sich über einen (erfundenen) *„Fachhochschulprofessor aus Lüneburg"* lustig machte, der *„im Nachhinein behauptet, dass er schon 2002 geschrieben habe, die Immobilienmärkte seien irgendwie riskant"*. Ein Journalist mit ein bisschen kritischem Verstand hätte hier wenigstens anmerken müssen, dass der zuständige Staatssekretär und frühere Abteilungsleiter im Bundesfinanzministerium Asmussen spätestens seit Jahresanfang 2003 von faulen Forderungen in den Bankbilanzen wissen musste, als der damalige Bundesfinanzminister und frühere Chef von Asmussen, Hans Eichel, sich mit Schröder und Clement mit den Spitzen der Banken traf, um über die Gründung einer Bad Bank zu sprechen. Und er hätte anmerken müssen, wie rührig sich Asmussen für neue Finanzprodukte auf dem „Finanzplatz Deutschland" engagiert hat.

Auch das unglaubliche Gerede von Bundesbankpräsident Axel Weber lässt der Autor unkritisch durchgehen und berichtet darüber sogar: die Finanzkrise war die Folge eines *„unguten Cocktails"*. *„Es* war eine ungute Verknüpfung und Verstärkung mehrerer Probleme", meint Weber. „Schon (!) seit Sommer 2007 habe man sich mit der Krise befasst, als es schlechte Nachrichten von der IKB und der Sachsen LB gab." Der Bundesbankpräsident gibt offen zu, dass er alle Warnzeichen, wie z.B. die Gründung von Zweckgesellschaften, verschlafen hat. Die Bundesbank hat Vertreter in den USA. Diese haben mit Sicherheit von den schon lange erkennbaren Risiken auf dem dortigen Immobilienmarkt berichtet.

Die Bundesbank musste auch mitbekommen haben, dass die HypoVereinsbank in München schon 2003 ihre schlechten Risiken auf die HRE verlagert hat. Die Bundesbank musste auch beobachten, hätte jedenfalls beobachten müssen, dass die Depfa nach Irland verlagert wurde. Warum wohl? Das hätte man in Frankfurt doch fragen müssen. Angesichts all dieser Fakten, die deutlich machen, dass es nicht ein „unguter Cocktail" sondern ungute Ingredienzen waren, dem Bundesbankpräsidenten abzunehmen, man habe sich schon seit Sommer 2007 mit der Krise befasst, zeugt von absolut oberflächlicher journalistischer Tätigkeit. Es muss „ersl" und nicht „schon" heißen.

Es kommt dann in diesem Artikel noch dicker: Kurt Biedenkopf labert unkritisiert vor sich hin. (Lesen Sie bitte selbst, wenn Ihnen mein Urteil ungerecht erscheint). Und das Mitglied des Sachverständigenrats Beatrice Weder di Mauro schlägt vor, „man könne eine Krise wie die jetzige vermeiden, wenn man vorher den Boom abflache. Wenn der

Jörg Asmussen, Staatssekretär bei Bundesfinanzminister Steinbrück, musste schon 2003 über die heraufziehende Finanzkrise informiert gewesen sein. Damals schon sprachen die Bundesminister Eichel (Finanzen), Clement (Wirtschaft) mit Bundeskanzler Schröder und den Spitzenmanagern der deutschen Banken über die Notwendigkeit der Einrichtung einer deutschen „Bad Bank".   Foto: DPA

Bundesbankpräsident Axel Weber sieht als Grund für die aktuellen Finanzkatastrophen „einen negativen Cocktail". Auch er hat alle Frühwarnzeichen verschlafen – oder nicht sehen wollen.   Foto: DPA

41

Aufstieg nicht so rasant sei, erfolge später auch kein so tiefer Fall." Lächerliche zwei bis drei Prozent Wachstum sind aus der Sicht dieses Sachverständigenratmitglieds ein *„rasanter"* Boom. Und wo ist der Zusammenhang zwischen diesem angeblichen Boom und der Spekulation mit neu erfundenen Finanzprodukten auf den Finanzmärkten?

Armes Deutschland. Das sind deine Eliten. Angeglichenes Mittelmaß in Wissenschaft und Wirtschaft, in Politik und Medien. Sie alle sorgen gegenseitig dafür, dass es nicht auffällt.

Artikel-Adresse: http://www.nachdenkseiten.de/?p=3838

Wer Herr über sein eigenes Denken bleiben will, muss die Methoden der Meinungsmache kennen

24. März 2009 | Rubrik: Das kritische Tagebuch | Von Albrecht Müller

Im Folgenden werden ohne Anspruch auf Vollständigkeit einschlägige Beispiele von Manipulationsversuchen beschrieben und belegt. Nutzen Sie bitte diese Zusammenstellung, wenn Sie Ihnen einleuchtet, zum Gespräch mit anderen, zur Weiterleitung über Ihren E-Mail-Verteiler, zum Ausdrucken und Weitergeben.

Über einige aktuell zu beobachtende Methoden der Meinungsmache:

1. Wiederholen, wiederholen, wiederholen

Das ist vermutlich die gängigste Regel. Ein aktuelles Beispiel: Die Bundeskanzlerin, die Bundesregierung, die Koalition und die ihr treuen Medien erzählen uns unentwegt, die Finanzkrise sei über uns gekommen, sie komme aus den USA, wir seien unschuldig.

Ein weiteres gutes Beispiel ist die Behauptung, man dürfe hierzulande keine Bank eingehen lassen. Die Hypo Real Estate (HRE) in München sei eine systemische Bank.

Wenn Sie genauer hinschauen, dann werden Sie entdecken, dass diese Behauptung in der Regel nicht belegt wird. Es wird auch nicht der Frage nachgegangen, ob mit dem ungeheuer großen Betrag von inzwischen über 102 Milliarden Euro nicht sinnvoller verfahren hätte werden können – indem man zum Beispiel bestimmte Geschäfte und Gläubiger der HRE absichert, andere nicht.

2. Verschweigen ist ein wichtiges Element der Meinungsmache

So haben wir bisher noch nicht erfahren, wer die Gläubiger der HRE sind, die wir mit über 102 Milliarden absichern.

3. Die gleiche Botschaft aus sehr verschiedenen Ecken aussenden

Die Abschiebung jeglicher Verantwortung der hierzulande in der Politik und in der Finanzwirtschaft Verantwortlichen ist auch deshalb besonders gut gelungen, weil der Hinweis auf die USA und die dortige Kredit- und Geldpolitik nicht nur aus dem Lager der Regierungsparteien kam. Auch eher linke Gruppen verbreiten bis heute, die Finanzkrise gehe nahezu ausschließlich auf die Hypothekenkredite in den USA und die dortige Zinspolitik zurück.

4. Haltet den Dieb

Meisterhaft hat der Oberbürgermeister von Köln, Schramma, vor kurzem einen Versuch nach der Methode „Haltet den Dieb" gestartet. Er beklagte sich darüber, von seiner eigenen Verwaltung und den ihm untergebenen Kölner Verkehrsbetrieben (im Zusammenhang mit dem Einsturz des Kölner Stadtarchivs, bei dem zwei Menschen ums Leben kamen) nicht richtig informiert worden zu sein. Dabei sollte untergehen, dass die Stadt und der Oberbürgermeister mit der Auflösung des U-Bahn-Amtes selbst wesentlich dazu beigetragen haben, die Kontrolle über das Bauprojekt an den Betreiber selbst, die Verkehrsbetriebe zu verlagern. Ob der Oberbürgermeister mit dieser Linie durchkommt, ist fraglich, versucht hat er es jedenfalls sehr offensiv.

5. Einen Konflikt inszenieren

Bundesfinanzminister Steinbrück heizt den Konflikt mit den Steueroasen an. Er profiliert sich damit als progressiv und gewinnt den bisher fehlenden Stallgeruch in seiner eigenen Partei. Die Kritik von Seiten der CDU/CSU und von Seiten der Schweiz und Liechtensteins braucht ihn dabei nicht zu scheren, zumal auch unklar ist, ob er wirklich etwas verändern will.

6. Übertreibung

Wir kennen die alten Fälle: CDU-Generalsekretär Geißler nannte die SPD die *„fünfte Kolonne Moskaus"*. Das war übertrieben. Aber es blieb hängen, dass die SPD ein unsicherer Kantonist ist. Nach dem gleichen Prinzip verfuhr jetzt Bundeskanzlerin Merkel bei der Kommentierung des Ergebnisses des letzten Gipfels in Brüssel. Sie erklärte, die deutsche Seite habe ihr *„Ziel übererfüllt"*. Das trug mit dazu bei, dass SpiegelOnline in einer Schlagzeile melden konnte: *„Merkel diktiert der EU ihre Krisen-Agenda"*.

7. Umfragen zur Meinungsbildung nutzen

Ein wunderschönes Beispiel für die manipulative Nutzung von Umfragen lieferte uns die Tagesschau/ARD frei Haus. Hier der Original-Text und der Link:

War Merkels TV-Auftritt überzeugend?
Als richtige Bundeskanzlerin für die Krise – so wollte sich Angela Merkel in der ARD-Sendung „Anne Will" präsentieren. Knapp sechs Monate vor der Bundestagswahl nahm sie gestern Abend mit deutlichen Worten Stellung zu den aktuellen Herausforderungen für Deutschland. Was meinen Sie? Konnte Merkel Sie mit ihrem Auftritt bei „Anne Will" von ihrer Führungsstärke überzeugen?" Quelle: Tagesschau

Diese Worte prägen natürlich die Meinung von Menschen, die die Frage lesen und an der Umfrage mitmachen. So kann man es machen. Im konkreten Fall ist übrigens interessant, dass die Zustimmung, die gestern noch 56,2% betrug, inzwischen (Stand 24.3. 13:40 Uhr) auf 51,9% abgesunken ist.

8. Die Visualisierung eines Images

Bundesfinanzminister Steinbrück hat offenbar eine gute PR-Beratung. Er soll als „Der Energische" erscheinen. Dazu dient nicht nur ein Konflikt wie der mit der Schweiz um die Steueroasen, sondern auch die Auswahl der Fotos und vermutlich auch seine dafür verwendete Gestik. Einschlägige Fotos liefern alle Nachrichtenagenturen. Hier nur ein Beispiel von vielen:

Typische Steinbrück-Pose, wie sie in Printmedien und Fernsehen immer wieder präsentiert wird: Hart, energisch, zupackend, durchsetzungsfähig.   Foto: AP

Artikel-Adresse: http://www.nachdenkseiten.de/?p=3846

Sind Hopfen und Malz schon verloren?
Die Abwesenheit von kritischem Verstand und das Versagen der Medien ist zum Verzweifeln.

3. April 2009 | Rubrik: Finanzkrise | Von Albrecht Müller

Manchmal beschleicht mich das Gefühl, unsere NachDenkSeiten-Arbeit sei vergebens. Mehdorn hat die Bahn saniert; die HRE ist eine systemrelevante Bank; 480 Milliarden für die Banken stehen bereit, aber 14 Milliarden des Bundes für ein Investitionsprogramm verteilt über zwei Jahre führen zu Schulden; abwarten, bis die bisherigen Konjunkturprogramme wirken und so weiter und so fort.

Ein dumpfes, schräges Vorurteil nach dem anderen. Orwell hätte 60 Jahre nach Erscheinen von „1984" furchtbar viel Stoff. Unser Land versinkt in einer Orgie der Lügen und der Vernebelung, dem Gegenteil von Aufklärung. Das ist nicht gerade ermutigend. Wenn es nicht unsere Leser gäbe, müssten wir sagen, es lohnt sich nicht.

Einer der Freunde der NachDenkSeiten hat uns gestern einen interessanten und zugleich kritischen Bericht von seinen Aufklärungsversuchen geschickt. Er schildert sowohl die Vergeblichkeit als auch die Notwendigkeit dagegen zu halten. Sie finden diesen Bericht als Teil I, dann als Teil II einige Überlegungen zu den gerade grassierenden Legenden und Manipulationen sowie zur Abwesenheit kritischer Medien. Die Überlegungen betreffen vor allem die Finanz- und Wirtschaftskrise. Deshalb auch die Zuordnung dieses Textes in die Reihe der Analysen der Finanzkrise.

Teil I – Ein farbiger Bericht über schwierige Aufklärungsversuche (aus einer Mail vom 1.4.2009 an die Redaktion):

Zunächst vielen Dank für die umfangreichen Ausführungen zum Rücktritt von Herrn Mehdorn und die vielen Argumentationshilfen. Ich hätte jedoch nicht für möglich gehalten, wie nötig diese Hilfen sind.

Im heute-journal hat Steffen Seibert den Bericht über den Rücktritt mit den Worten eingeleitet *„Trotz großer Erfolge…"* Und da war es bei mir schon aus. Meine Frau und ich schauten uns an und fragten gleichzeitig: *„Welche Erfolge?"*

In den letzten beiden Tagen musste ich dann feststellen, dass in meiner Umgebung (egal ob in der Arbeit, im Verein, bei Verwandten) so ziemlich jeder an die Mär vom großen Sanierer Mehdorn glaubt. Exemplarisch möchte ich Ihnen von einer Unterhaltung mit einem guten Freund am gestrigen Abend erzählen. Einige andere Gespräche verliefen ähnlich.

Unser Gespräch drehte sich zunächst um den Auftritt der Bundeskanzlerin bei Opel. Mein Bekannter vertrat die Auffassung, dass sich der Staat auf keinen Fall bei Opel einmischen dürfe, weil das zulasten der anderen Hersteller gehen würde und damit der Wettbewerb verzerrt würde. Meine Gegenfrage, wie er das denn dann bei den Banken wie HRE, Commerzbank, IKB usw. sehen würde, meinte er, das wäre etwas anderes, weil diese Banken seien *systemrelevant*. Auf meine Frage, warum diese Banken so wichtig wären, wusste er keine Antwort. Er hatte halt einfach das nachgeplappert, was in fast allen Medien zu lesen und zu hören ist. Er konnte oder wollte mein Argument nicht gelten lassen, dass wenn der Staat und damit wir alle Hunderte von Milliarden für marode Banken und die dort lagernden Giftpapiere berappen müssen, dann sicherlich noch ein paar Euro für Opel übrig wären. Ob eine ganze oder teilweise Übernahme von Opel durch den Staat volkswirtschaftlich gesehen Sinn macht, kann ich letztlich nicht beurteilen. Ich vertrat aber die Ansicht, dass das allemal besser wäre, als den Banken irrwitzige Summen hinterher zu werfen.

Von der Antwort auf dieses Argument war ich einigermaßen schockiert, obwohl ich sie eigentlich auch irgendwie erwartet hatte: *„Ja glaubst Du denn, dass der Staat tatsächlich ein Unternehmen führen kann? Das haben wir doch bei der Deutschen Bahn gesehen, dass er das nicht kann! Die Bahn ist ja erst profitabel und erfolgreich, seit sie privatisiert worden ist."*

Ich kam mir vor, als hätte ich gerade den Herrn Seibert wieder gehört. *„Ja"*, habe ich entgegnet, *„genau das glaube ich. Glaubst Du alles, was in der Zeitung steht oder in den Fernsehnachrichten verzapft wird? Der Mehdorn hat die Deutsche Bahn kaputt saniert."* Die Antwort darauf war kurz und lapidar: *„Das stimmt doch nicht. Die Bahn macht heute Milliardengewinne."*

Ich versuchte, meinem Bekannten zu erklären, wie die Milliardengewinne der Bahn zustande gekommen sind: Fahren auf Verschleiß, Lohndumping, Auslagerung von Personal in Servicegesellschaften, Ausdünnung des Netzes usw., und dass schließlich der Gewinn nur durch Zuschüsse des Bundes erzielt wurde.

Das alles ließ er nicht gelten. Trotzig meinte er, das liege doch alles daran, dass der Mehdorn nicht all das tun durfte, was notwendig gewesen sei. Die Bahn müsse unbedingt an die Börse gebracht werden, damit sie weiter erfolgreich sein könne und auf dem Welt-markt konkurrieren könne. Ja, Weltmarkt hat er gesagt.

Zum Schluss fragte ich ihn nur noch: *„Weißt Du eigentlich, dass der Börsengang vielleicht vier, fünf Milliarden einbringt? Und weißt Du, dass die Deutsche Bahn mit allen Anlagen und allen Einrichtun-gen ein Vielfaches dieser paar Kröten wert ist?" „Nein"*, meinte er, *„das glaube ich nicht, dass die Deutsche Bahn mehr wert ist."*

Was fällt einem denn da noch ein? Es ist zum Verzweifeln. Die Men-schen in diesem Land sind gleichgeschaltet, quatschen den Unsinn nach, der ihnen jeden Tag von gleichgeschalteten Medien präsen-tiert wird, hinterfragen nichts und niemanden mehr und begreifen nicht, dass die Merkels, Steinmeiers, Münteferings, Pofallas, Kochs, Köhlers und wie sie alle heißen die Totengräber unserer Gesell-schaft und der Demokratie in Deutschland sind. Mich beschleicht das schreckliche Gefühl, dass es für eine radikale Kehrtwende mehr braucht als gute Argumente. Wenn das so weiter geht, dann braucht es die totale wirtschaftliche Katastrophe. Das kann es aber doch nicht sein, oder? Ich finde, der seit Jahren bereits andauernde Angriff auf unsere freiheitlich-demokratische Grundordnung muss ein Ende haben. Für einen solchen Fall sieht das Grundgesetz in Art. 20 Abs. 4 das Recht zum Widerstand vor. Dass jetzt auch Be-amte zu streiken beginnen, ist ein Anfang.

Viele Grüße und lassen Sie in Ihren Bemühungen bitte nicht nach!

C. B.

Teil II – Einige Beobachtungen und Überlegungen zur Ma-nipulation und zum Versagen der meisten Medien in der Fi-nanzkrise:

In der Debatte um die Wirtschafts- und Finanzkrise zeigt sich eine erstaunliche Bereitschaft zur Anpassung an gängige Denkmuster. Wenn die politische Führung und die Hauptmedien die gleichen Pa-rolen verkünden und Denkmuster anbieten, dann wird das auch in breiten Kreisen geglaubt, selbst dann, wenn an jeder Ecke Zweifel-haftes sichtbar ist. Im Bericht des NachDenkSeiten-Lesers ist von

Nachplappern und Gleichschaltung die Rede. Das entspricht auch meiner Beobachtung.

Im Bericht wird auch die trotzige Reaktion auf Zweifel und Kritik beschrieben. Auch das entspricht meiner Erfahrung. Man will sich ungern die gerade angelernten Erklärungen aus der Hand nehmen lassen.

Vermutlich spielt bei der bereitwilligen Konzentration auf die angebotenen Denkmuster auch eine Rolle, dass man sich in kritischen Situationen gerne mit der Mehrheit um die Führung versammelt.

Diese Neigung wird zunehmend zu einem großen Problem: Die demokratische Kontrolle setzt aus, es gibt keine Sanktionen mehr auf Fehler, selbst auf schlimmes Versagen nicht. Das hat viel mit der Ausbreitung von PR-Agenturen und ihrem Einfluss auf die Medien zu tun.

Sanktionen wären spätestens beim Wahltermin Ende September fällig. Wenn die beobachteten und beschriebenen Vorgänge weiter so ablaufen, dann wird auch dieser ganz konkrete Mechanismus eines einigermaßen demokratisch organisierten Landes kläglich versagen.

Und dennoch machen wir weiter, hier zunächst mit einer stichwortartigen Auflistung der gängigen Denkmuster, Klischees, Legenden und Lügen. Was man uns so alles erzählt, bis der Tag zu Ende geht:

1. Die Finanzkrise hat uns überrascht. In vielen Köpfen ist verschwommen hängen geblieben, dass sie erst in der zweiten Hälfte des Jahres 2008 über uns kam.

2. Die Finanzkrise kam eigentlich aus den USA und sie hat auch damit zu tun, dass dort mit viel zu niedrigen Zinsen eine zu expansive Geldpolitik betrieben worden ist.

3. Bei uns sind die Hauptbeteiligten und Hauptversager die öffentliche Banken, die KfW, die Landesbanken und andere Banken im Einflussbereich des Staates. Sie alle haben sich verzockt.

4. Hier wie an anderer Stelle, bei der Bahn zum Beispiel, kann man sehen, dass der Staat keine Unternehmen führen kann.

5. Jetzt, in dieser Notlage, muss der Staat helfen. Aber er muss sich sofort wieder zurückziehen, wenn die Hilfe wirkt.

6. Die Banken müssen alle gerettet werden. Keine darf mehr in Insolvenz gehen. Denn die Insolvenz von Lehman Brothers hat gezeigt, wie groß der Schaden ist.

7. Banken sind systemrelevant. Auch die HRE ist systemrelevant, man kann auch sagen: systemisch. Deshalb ist es richtig, 112 Milliarden und mehr für diese einzige und vergleichsweise kleine Bank bereitzustellen. Opel ist offensichtlich nicht systemrelevant.

8. Wir brauchen mehr Transparenz und mehr und bessere Regeln auf den Finanzmärkten.

9. 480 Milliarden Euro für den Banken-Rettungsschirm sind vertretbar, 14 Milliarden, also gerade der 34. Teil davon, für Investitionen des Bundes im Rahmen des Konjunkturpakets II sind das Äußerste, wenn wir nicht wieder der Schuldenmacherei verfallen wollen. Konjunkturprogramme bringen Schulden, Banken-Rettungsschirme nicht.

10. Wir müssen jetzt schon festlegen, wie wir die Schulden später wieder abbauen. Deshalb haben wir eine Schuldenbremse verabredet.

11. Ob wir weitere Konjunkturprogramme brauchen, sehen wir erst, wenn die bisherigen ihre Wirkung entfalten konnten. Also abwarten.

12. Wir werden gestärkt aus dieser Krise hervorgehen.

13. Wir wollen wieder Exportweltmeister werden.

14. *„Soziale Marktwirtschaft macht's besser"* (Initiative Neue Soziale Marktwirtschaft)

Das sind im Wesentlichen die Botschaften und Aussagen, mit denen man uns malträtiert – leider mit Erfolg. Denn ein Großteil dieser Botschaften wird geglaubt. Es gab am Beginn der Offenlegung der Finanzkrise im Netz eine kleine Debatte darüber, ob die politisch führenden Personen und die in der Finanzindustrie maßgeblichen neoliberalen Kreise diese Krise politisch überstehen werden. Es gab Stimmen, die meinten, jetzt wären sie zu packen; Merkel *„im Schraubstock"*, wie ein Blogger schrieb. Ich habe daran nie geglaubt. Es war eigentlich klar,

- dass die herrschenden Kreise über so viel Geld und so viel publizistische Macht verfügen, um auch die Verantwortung für eine so massive Schädigung unseres Gemeinwesens und der hier und überall auf der Welt lebenden Menschen von sich abzuschieben,

- dass Finanzindustrie und Medienindustrie eng verflochten sind und sich auch in einer solchen Situation gegenseitig helfen werden,

- dass die personelle und finanzielle Ausstattung zur schnellen Erarbeitung von Manipulationsstrategien, wie sie in den Ziffern 1-14 sichtbar werden, in der Politik, in der Finanzwirtschaft selbst, in den beauftragten PR-Agenturen und in den Medien vorhanden, auf jeden Fall organisierbar ist,

- und dass unser Land nicht mehr über eine messbar vorhandene, kritische Intelligenz verfügt, die als Gegenkraft aktiv werden könnte.

Die Mehrheit der Medien hat im Verein mit der Wissenschaft jämmerlich versagt. Sie haben ungeprüft nachgebetet, dass die Finanzkrise maßgeblich in den USA entstanden und plötzlich über uns gekommen sei. Sie erkennen und beschreiben nicht, dass schon die Vervierfachung der DAX-Werte zwischen 1995 und dem März 2000 keine wunderbare Wertschöpfung, sondern das Ergebnis maßloser Spekulation gewesen ist. Sie berichten nicht darüber,

- dass sich einige Banken und Versicherungen damals schon verzockt haben,

- dass Hans Eichel als seinerzeitiger Bundesfinanzminister der deutschen Versicherungswirtschaft so nebenbei 5 Milliarden zugeschoben hat,

- dass die Spitzen der Banken und Versicherungen schon Anfang 2003 von der Bundesregierung die Unterstützung einer so genannten Bad Bank zur Sammlung schlechter Risiken verlangt haben,

- dass im gleichen Jahr die HypoVereinsbank dann ihre schlechten Risiken auf die neu gegründete HRE verlagert hat,

Das alles ist in den meisten deutschen Medien kein Thema. Dass die bei der HRE inzwischen angehäuften Risiken in dreistelliger Milliardenhöhe hausgemacht sind und nicht aus den USA herübergeschwappt – dies alles wird geschluckt.

Die Mehrheit der Medien hat nicht kritisch beschrieben, in welch hohem Maße die Bundesregierung selbst die Türen für Hedgefonds und Private Equity, für Verbriefungen und Zweckgesellschaften geöffnet und die Transaktionen steuerlich gefördert hat – und wie sehr die Bankenaufsicht und die Deutsche Bundesbank alle Augen zugedrückt haben. Der Bankenaufsicht hätten die Zweckgesellschaften doch auffallen müssen. Der Bundesfinanzminister selbst hätte intervenieren müssen, wenn öffentliche und halböffentliche Banken sich in Steueroasen tummeln und dem deutschen Staat Steuern vorenthalten.

Die Medien haben mehrheitlich auch das dreiste Spiel mitgemacht, den öffentlichen Banken, den Landesbanken und Sparkassen die Hauptrolle zuzuschieben. Sie haben, obwohl dies glatt gelogen ist, die Botschaft weiter getragen, die gescheiterte IKB sei eine öffentliche Bank gewesen. In den NachDenkSeiten konnten sie schon 2007 lesen, wie die massiven Manipulationsversuche in dieser Sache gestrickt waren.

Das Elend der Mehrheits-Medien beginnt schon damit, dass sie seit Jahren den absonderlichen ökonomischen Theorien der Neoliberalen verfallen sind. *„Konjunkturprogramme sind Strohfeuer"* war ein anerkannter Glaubenssatz.

Die Medien haben uns im Verein mit Politik, Wirtschaft und der Mehrheit der Wissenschaft seit Jahren erzählt, es gäbe keine Konjunkturprobleme mehr, es seien alles Strukturprobleme, und mit Reformen, mehr Flexibilität, niedrigeren Löhnen und sinkenden Lohnnebenkosten würden wir unsere Probleme lösen können. Wer beim Niedergang der Konjunktur antizyklische Maßnahmen und Programme verlangte, wurde mit dem Schimpfwort „Keynes" belegt. „Keynes ist out", hieß es. Keynesianer hieß so viel wie „von gestern", Traditionalist, die Zeichen der Zeit nicht erkannt habend.

Ich selbst habe mehrere öffentliche Debatten mitgemacht, auch im Fernsehen, bei denen man mitleidig belächelt wurde, weil man den Einsatz aller möglichen Instrumente der Wirtschaftspolitik forderte und vor allem eine antizyklische Politik anmahnte.

Als auswärtige Wissenschaftler wie der Nobelpreisträger Robert Solow und der Ökonom Jim O'Neille 2004 beklagten, in Deutschland würde keine vernünftige Makropolitik gemacht, als sie warnten vor dem Niedergang der Binnennachfrage und dem Risiko eines sinkenden Dollar, da wurden sie schlicht und einfach ignoriert. Ein Interview in der ZEIT oder in der Wirtschaftswoche, basta. Das war's dann auch. Den NachDenkSeiten und meinen Büchern erging es nicht viel anders Heute erkennen immerhin eini-

John Maynard Keynes (1883-1946)

gehört zu den bedeutendsten Ökonomen des 20. Jahrhunderts. Der nach dem britischen Wissenschaftler benannte Keynesianismus ist als Gegenpol zum markttradikalen Neoliberalismus noch heute eine der einflussreichsten ökonomischen und politischen Theorien. Im Mittelpunkt der Keynes'schen Botschaft steht der aktive Staat, der die gesamtwirtschaftlichen Abläufe durch Planung und Kontrolle vor den Auswüchsen eines ungezügelten Kapitalismus in Schutz nimmt.

ge, dass sie sich getäuscht haben, dass es wichtig gewesen wäre, die Binnennachfrage zu stärken. Heute erkennen einige, dass es so etwas wie eine konjunkturelle Bewegung gibt, nach unten und nach oben. Und während nahezu alle in der Vergangenheit riefen: *„Konjunkturprogramme sind Strohfeuer!"*, nimmt eine wachsende Zahl immerhin schon das Wort Konjunkturpaket in den Mund. Und auch den Namen Keynes darf man wieder aussprechen.

Bis heute hält sich jedoch in Deutschland auch dank der Meinungsführerschaft des Bundesfinanzministers Steinbrück der Glaube, Konjunkturprogramme führten zu mehr Schulden. Dieses eingeübte Denken in einzelwirtschaftlichen Schemata lässt sich wohl nicht ausrotten. Das wird zum Problem, weil wir hierzulande zur Überwindung der Talsohle zu wenig tun, und dieses auch noch zu spät. Wenn Steinbrück sagt, er wolle nicht mehr Schulden und deshalb auch kein drittes Konjunkturprogramm, dann steht ein maßgeblicher Teil der Medien stramm. Und wenn Frau Merkel sagt, wir wollen erst abwarten, dann erscheint dies trotz aller schlechten Erfahrung mit den schrägen Theorien schlüssig. Das Vorurteil gegen Konjunkturprogramme ist tief eingeübt. Es fehlt am Denken in gesamtwirtschaftlichen Zusammenhängen. Hierzulande wird ein Bundesfinanzminister dann populär, wenn er dem Volk mitten im Niedergang sagt, er sei der Sparkommissar und er wolle weiter sparen. Dass er den Sparerfolg damit selbst zunichte macht, haben in Deutschland immer noch nur wenige Medien begriffen.

Auf der Basis des Vorurteils, Konjunkturprogramme seien Strohfeuer und brächten nur Schulden, sind inzwischen äußerst eigenartige Theorien akzeptiert: 480 Milliarden Rettungsschirm für die Banken und die dafür aufgenommenen Schulden sind gute Schulden, 14 Milliarden vom Bund für ein armseliges Konjunkturprogramm sind gefährlich.

Es wird behauptet, alle Banken seien systemrelevant, systemisch, ein tolles Wort. Keine einzige Bank dürfe mehr eingehen. Das haben wir fast durchgehend geglaubt.

Die Medien haben diese Formeln bereitwillig transportiert. Nur wenige haben sie hinterfragt:

- Ist das wirklich so? Was wäre passiert, wenn wir die HRE gleich im September hätten insolvent gehen lassen, bei Sicherung der normalen Einlagen und der normalen Geschäfte? Nach Aussagen des Aufsichtsratsvorsitzenden Endres zählen 10 bis 20 Prozent der Bilanzsumme zu den normalen Kreditgeschäften, die anderen 80 bis 90 Prozent sind *„artifiziell"*, was das auch immer heißen mag. Warum sind die Medien dieser Aussage nicht nachgegangen? So eine Recherchevorlage bekommt man doch nicht jeden Tag auf den Tisch.

• Die Medien haben auch nicht verlangt, was die amerikanischen Parlamentarier von dem großen Versicherer AIG (American International Group) verlangt haben, nämlich offen zu legen, wer die Gläubiger sind, deren Forderungen an die AIG der amerikanische Steuerzahler beglichen hat, darunter zum Beispiel 12.000.000.000 Dollar an die Deutsche Bank. Warum darf man das bei uns nicht wissen? Warum lassen sich die Medien dieses Schweigen gefallen? Diese Zurückhaltung ist besonders absurd angesichts der Tatsache, dass viel kriminelle Energie in den Zockerbuden tätig war, für die wir jetzt als Steuerzahler zahlen dürfen.

• Was wäre passiert, wenn man im Falle der Commerzbank oder der HRE eine geplante Insolvenz der *„artifiziellen"* Teile der Bank hingenommen und den Rest mit öffentlichem Geld gerettet hätte?

• Selbst der Hinweis auf den Fall von Lehman Brothers, der sich angeblich nicht wiederholen darf, wird von den Medien nicht nachgeprüft. Schon die Behauptung, dass die Insolvenz von Lehman Brothers eine Kettenreaktion ausgelöst habe, scheint mir nicht so ganz schlüssig zu sein. Die anderen leben doch alle noch. Und die Schieflage der IKB oder der HRE oder der Commerzbank folgt ja nicht aus der Insolvenz von Lehman Brothers. Also, auch hier stimmt nahezu nichts. Aber die Mehrheit der Medien geht dem nicht nach.

Der Begriff Systemrelevanz und seine Anwendung in der staatlichen Politik führt zu einer Art Zwei-Klassen-Wirtschaft.

Die Banken und Versicherungen bekommen Hunderte von Milliarden, ohne die Kanäle und die dahinter steckenden Akte, auch kriminelle Akte, offenlegen zu müssen. Die Finanzwirtschaft wird zu einem besonderen Wirtschaftssektor erkoren. Der ist sie eigentlich nicht. Sie ist ein Sektor wie andere Sektoren auch. Im Kern nicht wichtiger als der Maschinenbau oder die Chemie oder das Handwerk oder die Müllwerker. In einer arbeitsteiligen Wirtschaft haben alle ihren prinzipiell gleichen Stellenwert.

Die wertschöpfende Wirtschaft ist zweitrangig, so wird suggeriert. Innerhalb ihrer Reihen geht es dann wieder nach Größe und der angeblich zentralen Relevanz für die Branche. Der eigentliche Coup aber ist der Ritterschlag für die Finanzbranche. Das ist schon ein unglaublicher Vorgang, wenn man bedenkt, dass dieser Wirtschaftssektor geadelt wird für ein Verhalten, bei dem man eigentlich den Staatsanwalt losschicken müsste. Die Mafia erhält das Adelsprädikat. Das ist eigentlich auch nichts Neues: Auch die mittelalterlichen Raubritter waren später die Geadelten.

Gut und intensiv geplante Meinungsbeeinflussung.

Vermutlich sind die Begriffe „systemrelevant" und „systemisch" die Erfindung von PR-Agenturen oder der Stäbe in den Spitzen der Finanzwirtschaft. Wer sich diese beiden Begriffe ausdachte, hat sich vermutlich eine goldene Nase verdient. Jedenfalls haben diese Inspiratoren ihren Auftraggebern Milliarden eingebracht.

Es sieht so aus, dass das Geflecht von Botschaften – siehe Punkt 1-14, Seite 49ff. – sorgfältig geplant und geknüpft worden ist und dass dann auch mit den entsprechenden Mitteln die Vervielfältigung und die Penetranz der Vermittlung der immer gleichen Botschaft gefördert wurde. Dafür spricht auch die Tatsache, dass einige Botschaften ausgesprochen eigenartig sind – typische Beispiele aus dem Katalog der „Methoden der Meinungsmache".

Zum Beispiel: Die neoliberalen Macher wissen, dass die Krise der sozialen Marktwirtschaft sie ein ordentliches Quäntchen Image kosten wird. Also übernehmen sie den Begriff und tun so, als ob es ihnen um eine Verbesserung der sozialen Marktwirtschaft ginge. Das ist der jedenfalls versuchte Trick, die eigene Verantwortung zu vertuschen.

Zum Beispiel: Die völlig unmotivierte Behauptung Angela Merkels, wir kämen gestärkt aus der Krise. Diese eigenartige Botschaft soll unterschwellig nur vermitteln, dass diese Frau es schaffen wird.

Zum Beispiel: Das wie im Gebetbuch immer wieder vorkommende Anhängsel an die staatliche Hilfe und Intervention, der Staat ziehe sich so schnell wie möglich wieder zurück. Das ist eine auf eigentümliche Weise unbegreifliche Einlassung, jedenfalls in der ständigen Wiederholung. Sie soll aber vermitteln, dass der Staat eigentlich der Schuldige ist.

Der Manipulationsprozess läuft hier ganz ähnlich wie bei früheren Aufforderungen von Merkel und Steinbrück an die Banken, diese möge doch bitte unser Geld nehmen. Diese Attitüde hatte, worauf ich schon hinwies, die Funktion, die Banken aus der Bittstellerrolle herauszubringen und den Staat in diese Rolle hineinzudrängen.

Gut geplant scheint mir auch die Konzentration der Vorschläge und Forderungen nach „Transparenz" und „Regulierung".

Damit ist es gelungen, die grundsätzliche Infragestellung des Casinobetriebs und die Diskussion seiner Schließung zu vermeiden. Tatsächlich hat der Finanzsektor in einigen Ländern einen absonderlich großen Umfang angenommen. Er beschäftigt sich mit dem Transfer von Vermögenswerten, mit Spekulationen, mit Wetten, mit der Erfindung immer neuer Produkte – lauter Dinge, die für das Gedeihen einer Volkswirtschaft nicht wichtig sind. Wer das Glücksspiel sucht, kann zur nächsten Spielbank fahren.

Das Problem der Konversion der Finanzwirtschaft ist mit Merkels Konzentration der Vorschläge auf Transparenz und Regulierung aus dem Blick. Und unsere unkritischen Medien und die Wissenschaft diskutieren und hinterfragen diesen Vorgang von sich aus leider nicht, wenn auch mit ganz wenigen Ausnahmen.

Die Medien lassen sich mit ihrer Anpassung an die Meinungsführer von Politik und Finanzwirtschaft reizvolle Felder der Recherche und der Debatte entgehen.

In der bei uns laufenden Debatte um die Finanzkrise und die Wirtschaftskrise insgesamt werden eine Fülle von spannenden Themen und Fragen einfach übergangen. Totschweigen, was nicht genehm ist, scheint die Parole zu sein. Welch ein fantastisches Feld für die Arbeit von Journalisten. Ich will ein paar Beispiele dafür nennen:

- Die Verstrickung der Deutschen Bank in den Niedergang der Industriekreditbank (IKB). Wurden noch rechtzeitig schlechte Papiere an die IKB verkauft?

- Wie war das mit der Dresdner Bank, der Allianz AG und dem neuen Käufer der Dresdner Bank, der Commerzbank? Hat die Allianz AG bei der Dresdner Bank schlechte Risiken abgeliefert, deren Kosten dann über die Subvention für die Commerzbank von uns Steuerzahlern beglichen werden?

- Was steckt hinter dem schnellen Verkauf der Postbank an die Deutsche Bank?

- Wird die Hilfe für die Allianz AG auch geleistet, um nicht offenbar werden zu lassen, wie teuer die Privatvorsorge ist und wie wenig rentabel? Hätten wir nämlich als Steuerzahler jetzt nicht über Commerzbank und Dresdner Bank der Allianz AG geholfen, dann hätte es vermutlich um die Renditen und die Sicherheit der Privatvorsorge noch schlimmer ausgesehen – so die Hypothese. Heißt das, wir zahlen inzwischen als Steuerzahler doppelt für die Privatvorsorge – einmal die Förderung für die Fördererrente, also Zulagen und Steuervorteile, und dann auch noch das Geld zur Rettung der Betreiber der Privatvorsorge? Das sind lauter fantastische Felder für Recherchen und Artikel von Journalisten. Wo bleiben sie?

Fotos: Allianz AG, Deutsche Bank AG

Sitzen in den gläsernen Palästen der Versicherungen, Finanzdienstleister und Banken Trickser, die ihre wahren Geschäfte auf Kosten der Steuerzahler verschleiern und vertuschen? Agieren in den Bürotürmen Betrüger, die mit faulen Krediten reich werden – ebenfalls auf Kosten der Steuerzahler? Treptower der Allianz AG in Berlin (links), Deutsche Bank-Zentrale in Frankfurt am Main (rechts).

- Gab es einen Deal zwischen dem heutigen Staatssekretär im Bundesfinanzministerium Jörg Asmussen beziehungsweise anderen Stellen der Bundesregierung und dem neuen Eigentümer der IKB Lone Star? Es sieht so aus, dass an Lone Star für 150 Millionen ein Unternehmen verkauft wurde, in das der Bund und einige Banken kurz vorher 10 Milliarden investiert hatten. Was war die Gegenleistung von Lone Star dafür?

- Wie kam es zu der Regelung, einen kleinen Zirkel mit Geheimnisverpflichtung 480 Milliarden an die Finanzwirtschaft vergeben zu lassen?

- Warum wurden die Bankenaufsicht Bafin und die Bundesbank nicht tätig, als die ersten Zweckgesellschaften gegründet worden sind? Das geschah schon 2003, wenn nicht noch früher.

- Wie kommt Angela Merkel auf die seltsame Idee, das Mitglied des Aufsichtsrats bei der in besonderer Weise Not leidenden Bank HRE, Hans Tietmeyer, zum Vorsitzenden der Expertengruppe zur Erarbeitung von Vorschlägen für eine neue Welt-Finanzordnung zu machen? Und wieso kommt sie auf den Berater von Goldman Sachs, Otmar Issing? Das ist so absurd, dass man als Journalist doch Verdacht schöpfen muss! Ich habe bisher auch nichts darüber gelesen, was eigentlich der Kuratoriumsvorsitzende der Initiative Neue Soziale Marktwirtschaft, Hans Tietmeyer, im Aufsichtsrat einer so eigenartigen Bank wie HRE zu tun hat?

- Beim Recherchieren könnte man auch noch genussvoll ein paar Jahre zurückgehen. Ich will zwei Beispiele nennen:

Zum Ersten: Der Verkauf der ostdeutschen Banken an die westdeutschen Banken für Bruchteile des echten Wertes. Wie viel Milliarden haben die westdeutschen Banken dabei gutgemacht? Was war die Rolle von Horst Köhler genau? Was ist der detaillierte Inhalt des Gutachtens des Bundesrechnungshofes, das immer noch nicht offen zugänglich ist?

Zum Zweiten: Ende April 2004 gab es eine eigenartige Begegnung. Bundeskanzler Schröder hatte den Professor für Ökonomie, Peter Bofinger, zu einem Gespräch mit ihm und den beiden für die Belange der Bundesbank zuständigen Ministern für Wirtschaft und Finanzen, Clement und Eichel, eingeladen. Erklärtes Ziel der Einladung: mit Bofinger seine Ernennung zum Präsidenten der Deutschen Bundesbank zu besprechen. Das geschah wohl auch. Am Ende weigerte sich Eichel, als zuständiger Minister eine Kabinettsvorlage für diese Entscheidung vorzulegen. Provokant für Bofinger, peinlich für Schröder. Dann wurde auf Vorschlag Eichels der „Lehrer" des damaligen Abteilungsleiters im Bundesfinanzministerium, Jörg Asmussen, der Professor Axel Weber zum Bundesbankpräsidenten erkoren. Schröder ließ das mit sich machen, was schon etwas eigenartig ist. Wahrscheinlich schien ihm das einen Konflikt nicht wert. Interessant daran ist, dass wir bis heute diesen Deal zu spüren bekommen. Jedenfalls erscheint es lohnenswert nachzuforschen, ob die mangelnde Kontrolle durch die Bundesbank etwas mit diesem Beziehungsgeflecht zu tun hat.

Die Medien beschäftigen sich nahezu nicht mit dem kriminellen Charakter vieler Finanzgeschäfte.

Wer faule Forderungen verpackt und sie als Wertpapiere weiterverkauft, ist aus meiner Sicht ein Betrüger. Diese Ansicht wird auch von Fachleuten geteilt. Wer solche Wertpapiere kauft, wie die IKB, ist ein Hehler. Dieser kriminelle Charakter der Hintergründe und Ursachen der Finanzkrise wird von den Medien nicht recherchiert und auch von der Wissenschaft mit Ausnahme einiger weniger Fachleute nicht hinterfragt.

Dieses Versagen der Medien ist ein wichtiger Grund für die Unsicherheit und die Nachplapperei, von welcher der Leser der NachDenkSeiten in seinem zu Anfang wiedergegebenen Text berichtet. Die Mehrheit der Menschen ist Opfer dieses Versagens, und die Mehrheit hat vermutlich weder die Zeit noch die Kraft, ausreichend Widerstand gegen die tägliche Gängelung und Manipulation zu leisten. Das macht die Perspektive so wenig rosig.

Artikel-Adresse: http://www.nachdenkseiten.de/?p=3869

Verschwörungstheoretiker? Die Realität der Manipulation ist schlimmer als die Theorie

2. Juni 2009 | Rubrik: Strategien der Meinungsmache | Von Albrecht Müller

In Kenntnis der bisherigen Tätigkeiten von Berlinpolis und der Person Dettling sowie unter Beachtung der „gestalterischen Möglichkeiten" des Umfrageinstituts Forsa hätte man sich ohne Mühe und mit ziemlicher Sicherheit ausdenken können, was jetzt über die Dienstleistungen dieser beiden Einrichtungen für die Deutsche Bahn AG ruchbar wurde. Ergebnisse, wie von den Auftraggebern gewünscht. Hätte man dies als Vermutung geäußert, dann wäre man als Verschwörungstheoretiker abgetan und abgelehnt worden. Jetzt hat sich die „Verschwörungstheorie" als real erwiesen. Da lohnt es sich festzuhalten, was heute alles möglich ist: PR auf allen Ebenen und mit allen Mitteln, die auftragsgemäße „Pflege" von Internetseiten und Foren, mithilfe von kleinen und von großen Unternehmen wie Arvato, der Einsatz von bestellten Umfragen zur Meinungsbeeinflussung, die „Pflege" von Wikipedia. Der Glaube an Pressefreiheit und insbesondere an Freiheit und Pluralität im Netz schrumpft zwangsläufig.

Am 14.5. hatten wir geschrieben: „Auch die Mund-zu-Mund-Propaganda auf den Foren im Netz kann man sich gegen Geld organisieren" lassen. Dieser Eintrag löste eine Reihe von Erfahrungsberichten von NachDenkSeiten-Leserinnen und Lesern aus. Sie berichteten von ihren Erfahrungen mit den Foren bei SpiegelOnline, bei der Tagesschau, bei Welt Online, etc. Einen Bericht zu Erfahrungen mit WELT Online finden Sie im Anhang A.

Die Pflege solcher Foren und Internetseiten können Sie kleinen und großen Anbietern überlassen – gegen Honorar. Einem Unternehmen wie Berlinpolis zum Beispiel oder auch einem großen Unternehmen wie dem Bertelsmann Dienstleistungsunternehmen Arvato. Von beiden hatten wir schon berichtet. Im Anhang B finden Sie einen Bericht über das Angebot von Arvato.

Berlinpolis nennt sich Think Tank. Das ist das Firmenschild, das jedoch einen gänzlich falschen Eindruck vermittelt. Mir sind das Unternehmen und auch sein Chef Daniel Dettling bisher vor allem als PR-Unternehmen aufgefallen. Berlinpolis zählt zu der Gruppe von Initiativen und Aktionsgemeinschaften, die sich auf der Linie der Initiative Neue Soziale Marktwirtschaft in den letzten Jahren aufgetan haben. Viele von ihnen haben sich wie zum Beispiel die Stiftung für die Rechte zukünftiger Generationen oder der Autor Jörg Tremmel in die PR-Arbeit zum Anheizen der Demographie-debatte und des Generationenkonflikts eingeschaltet. Die Stiftung firmiert übrigens auch unter dem Label Think Tank.

Da die meisten Menschen sowohl als Leser von Zeitungen und Zeitschriften als auch als Zuhörer und Zuschauer von Hörfunk und Fernsehen und auch als Nutzer des Internets in der Regel glauben, die Medienbeiträge der verschiedensten Art stammten von Auto-ren oder Personen, die ihre eigene Meinung schreiben oder sa-gen, entsteht ein großes Problem, wenn immer mehr Medien- oder Internetbeiträge auf Interessen zurückgehen. Jedenfalls reicht die Kennzeichnung beziehungsweise Nichtkennzeichnung solcher Beiträge nicht mehr aus. Sie schützen die Mehrheit der Nutzer nicht vor der Täuschung, im Gegenteil: die Täuschung wird zur Regel.

Man muss deshalb über neue Regeln nachdenken und diese so schnell wie möglich einführen. Warum sollten nicht solche Beiträ-ge, wie sie im Auftrag der Deutschen Bahn auf Foren des Internets untergebracht wurden und auch die Berichte über die Forsa-Umfra-ge klar gekennzeichnet werden müssen: als Auftragsarbeit und PR-Arbeit. Wenn dieses Gebot kombiniert wäre mit einer entsprechen-den Strafandrohung, dann könnte man die schlimmsten Auswüchse verhindern. Es wäre auch wichtig, das Gemeinnützigkeitsrecht zu überarbeiten, beziehungsweise entschlossener anzuwenden. Dass Berlinpolis als gemeinnützig firmiert, ist ein Witz.

Anhang A:

E-Mail E. Neumann vom 14.5.2009:

,, Gestern passierte mir Folgendes – ich äußere mich sehr selten öffentlich im Internet, lebe eher in der Welt der Bücher, dies vorneweg –: bei WELT Online wurde die Forderung eines Ärzte-funktionärs von Lesern kommentiert, man solle für jeden Praxisbesuch 5 Euro fordern, da die Menschen *„kein Gefühl dafür hätten, Kosten zu verursachen"*. Dazu gab es zu meiner Überraschung einige Stellungnahmen von Lesern (?), die sagten, das amerikanische Gesundheitssystem sei wesentlich besser, hier bekäme man eine Top-Behandlung, würde dafür bezahlen – und fertig.

Meine gemäßigt formulierte Kritik, die Menschen seien nicht ewig 30, man solle unser Gesundheitssystem nicht madig machen, außerdem hätte ich den Eindruck, hier würden gar keine Leser, sondern bezahlte Auftragsschreiber am Werke sein, verschwand bald spurlos. So etwas hatte ich bisher nicht für möglich gehalten.

Ich schrieb daraufhin, es müsse sich bei WELT Online wohl tatsächlich um Manipulation handeln, denn leider sei mein Beitrag verschwunden, und auch dieser neue Beitrag verschwand sehr schnell. Ich schrieb dann ein drittes Mal, wobei ich dem Wunsch Ausdruck gab, mal alle gelöschten Beiträge zu lesen… Ich habe dann nicht mehr nachgesehen, was damit nun passiert ist. Jedenfalls habe ich viel gelernt gestern Abend.

Mit herzlichen Grüßen
E. Neumann

Anhang B

Soziale Netzwerke beobachten und richtig reagieren: arvato online services bietet ab sofort Social Media Monitoring

München (ots) – arvato online services, Full-Service-Dienstleister für Onlinc Marketing und Loyalty-Services, hat sein Portfolio um Social Media Monitoring erweitert. Unternehmen erhalten damit die Möglichkeit, relevante Foren, Blogs und Communities zu beobachten und die Darstellung des eigenen Portfolios und Images im Netz zu überwachen. Bei negativen Ergebnissen bietet arvato online services seinen Kunden die richtige Strategie, um dem aktiv entgegenzuwirken. Mit ihrem umfangreichen Portfolio können die Münchner Online-Experten zielgruppengenaue Marketing-Aktionen planen und durchführen und Unternehmen dabei helfen, die Eigendarstellung im Netz kontrollieren und steuern zu können.

„Das Internet ist inzwischen für 98 Prozent der Nutzer ein entschei-dendes Recherche-Instrument. Konsumenten informieren sich im Netz vorab über Produkte und Dienstleistungen, die sie interes-sieren und reagieren dabei stark auf die Erfahrungen anderer", so Stephan Wolfram, Geschäftsführer arvato online services GmbH. *„Darum ist es für Unternehmen unverzichtbar, Entwicklungen in sozialen Netzwerken zu beobachten und, sollten negative Bewer-tungen oder falsche Einschätzungen überhand nehmen, entspre-chend darauf zu reagieren."*

arvato online services vertreibt zu diesem Zweck ein intelligentes Tool, das Social Media Monitoring ermöglicht. Das Angebot besteht aus drei Bausteinen:

1. Situationsanalyse: Das Unternehmen erhält einen Überblick, was in sozialen Netzwerken innerhalb der vergangenen Wochen und Monate über das eigene Angebot sowie über Wettbewerber geschrieben wurde.

2. Live-Screening durch tägliches Update: Das Netz wird laufend auf bestimmte Keywords wie „Produktlaunch" oder „neue Tech-nologie" hin überprüft. Diese können auch nach und nach neu hinzugefügt werden. Der Auftraggeber erhält regelmäßige Re-portings zu Erwähnungen in relevanten Blogs, Foren, Bewer-tungs- und Videoportalen, Newsgroups sowie via Twitter. So-wohl die Quantität als auch die Tonalität der Kommunikation wird festgestellt.

3. Social Media Marketing: Optional bietet arvato online services dem Unternehmen Marketingmaßnahmen an, die sich aus den Beobachtungen ableiten und die zu einem positiveren Bild inner-halb der Web2.0-Welt verhelfen.

„Mit dieser Erweiterung unseres Portfolios bieten wir unseren Kun-den einen interessanten Mehrwert. Social Media Monitoring liefert Unternehmen einen authentischen Überblick zum Feedback der Endkonsumenten und kann somit optimal für Marktforschung, Mar-keting, PR und Produktmanagement genutzt werden. Zudem ist das Tool ein geeignetes Mittel zur Beobachtung des Wettbewerbs. Die Analyse der Markenwahrnehmung verhilft zu einem Informa-

*tionsvorsprung und ermöglicht eine frühzeitige und proaktive Re-
aktion auf negative Tendenzen"*, stellt Wolfram fest.

Pressekontakt:
arvato online services GmbH
Nicole Vesting
Senior Public Relations Manager
Telefon: +49 89 4136-7148
nicole.vesting@bertelsmann.de

Artikel-Adresse: http://www.nachdenkseiten.de/?p=3981

„Ordnungspolitik", „Für alle die gleichen Maß-stäbe", „Der Staat soll sich möglichst weit heraus halten" – ein Bündel verlogener Floskeln

16. Juni 2009 | Rubrik: Manipulation des Monats | Von Albrecht Müller

Gestern berichteten die Tagesthemen über den Tag der Deutschen
Industrie und Report München feierte zuvor den Bundeswirtschaftsminister zu Guttenberg als einen, der *„konsequent für Gerechtigkeit"* eintrete. BDI-Präsident Keitel wandte sich gegen Rettungspakete für einzelne Firmen und Guido Westerwelle sah mit den
Rettungspaketen schon kommunistisches Gedankengut am Werk.
In den beiden genannten Sendungen wurde diese gezielte Meinungsmache ohne jeden kritischen Unterton transportiert. Die beiden Sendungen verdienen den Preis der Manipulation der Monats.

Dazu im Einzelnen:

- In den Sendungen wurde kein einziges Wort auf die Milliarden ver-
  wendet, die der Staat, das sind wir Steuerzahler, den Banken (!)
  zur Verfügung stellt. Sind Banken keine einzelnen Firmen? Wieso gelten für sie nicht die gleichen Maßstäbe? Wenn über 100
  Milliarden einer einzelnen Bank, der HRE in München, zur Verfügung gestellt werden, dann kann man doch darüber nicht zur
  Tagesordnung übergehen und so tun, als hätten wir eine unbe-
  rührte Ordnungspolitik. Wo war denn der Ordnungspolitiker zu
  Guttenberg, als dieses entschieden wurde? Wo ist er denn mit

Dass die Hypo Real Estate (HRE) eine systemische Bank ist, wird von interessierter Seite (inkl. den Medien) gebetsmühlenartig wiederholt. Belegt wird diese Behauptung in der Regel nicht: HRE-Zentrale in München.   Foto: DPA

seiner Forderung nach Fairness und gerechter Behandlung geblieben? Report München ist gerade das richtige Sendeformat, um über Gerechtigkeit zu schwadronieren.

- Weder beim BDI noch in den Sendungen wurden wir davon unterrichtet, dass einzelne Industrien und Unternehmen sehr unterschiedliche Subventionen für Forschung und Entwicklung zur Verfügung gestellt werden. Jahrelang wurden besondere Wirtschaftszweige wie die Werften und die Filmindustrie durch besondere Abschreibungsmöglichkeiten gefördert. Für die Flugzeugindustrie gilt das immer noch. Der BDI sollte es unterlassen, einen falschen Eindruck zu erwecken.

- Wir wurden nicht davon unterrichtet, wie stark der Staat bei der Exportförderung engagiert ist.

- Auch die systematische Vernachlässigung der Binnennachfrage hat sich nicht als fair erwiesen.

- Die Exportwirtschaft nimmt schweigend die Subventionen durch die Besonderheiten der Mehrwertsteuer hin. Die Mehrwertsteuer wird beim Export erstattet. Bei der letzten Mehrwertsteuererhöhung auf 19% wurde die Exportwirtschaft wiederum tendenziell entlastet und die Binnenwirtschaft zusätzlich belastet, weil sie einen höheren Anteil der öffentlichen Lasten zu tragen hat, während die Exportwirtschaft fein raus ist. Von gerechter Behandlung und gleichen Maßstäben kann ganz und gar nicht die Rede sein.

- Staatliche Stellen, vor allem Kommunen, sind in der Ansiedlungspolitik engagiert und leisten sehr unterschiedliche Hilfen. Mit Recht finden sich manche existierenden Betriebe unfair behandelt, weil die Neuansiedler besser bedient werden.

So zu tun, als wäre der Staat nicht vielfältig im Spiel, zeugt von Unkenntnis oder vom Versuch der Manipulation.

Der Bundeswirtschaftsminister zu Guttenberg kommt übrigens auch mit seiner so „klaren Haltung" zu den Insolvenzen viel zu gut weg. Auch übrigens bei Medien, die ich ansonsten schätze, beim Freitag und bei Strobl weissgarnix auf FAZnet zum Beispiel. Da wird zu Guttenberg gelobt und so getan, als wäre Insolvenz eine faire und damit willkommene Lösung des Problems von Unternehmen, die in Schwierigkeiten geraten sind. Viele Insolvenzen sind überhaupt nicht fair gegenüber den Arbeitnehmern. Sind wir außerdem dessen sicher, dass die hochgelobte Einrichtung „Insolvenz" nicht benutzt wird, um den forcierten Ausverkauf deutscher Unternehmen und ihre Zerschlagung zu erleichtern? Ich habe den Verdacht, dass das Instrument der Insolvenz benutzt wird, um den Akteuren auf den und am Rande der Kapitalmärkte neues Futter zu bieten: den Anwälten, den Insolvenzverwaltern, den Banken, Steuerberatern etc.

Artikel-Adresse: http://www.nachdenkseiten.de/?p=4006

Doppelte Asymmetrie – Warum wehren sich die Linken nicht?

17. Juli 2009 | Rubrik: Berlin direkt | Von Albrecht Müller

Der frühere Chefredakteur des ZDF, Klaus Bresser hat einmal davon berichtet, dass er vom CDU-Generalsekretär Dr. Geißler regelmäßig angerufen worden sei, wenn der CDU ein Sendebeitrag nicht in den Kram passte. Die SPD sei sehr viel zurückhaltender gewesen. Heute ist das nicht viel anders. Davon können die wenigen Journalisten, die bei Monitor, ZAPP, beim Saarländischen Rundfunk und wenigen anderen gelegentlich die Union, beziehungsweise den Einfluss wirtschaftlicher Interessen kritisieren, ein Lied singen. Nicht nur die Union, auch die Verbände der Wirtschaft reagieren prompt mit Beschwerden bei den Intendanten und in den Fernsehräten. Wie früher schon die SPD hält sich heute auch die Linkspartei offensichtlich vornehm zurück.

So muss man es verstehen, wenn von Seiten der Linkspartei angesichts der miesen Behandlung ihres Partei- und Fraktionsvorsitzenden Oskar Lafontaine durch das ZDF im Zusammenhang mit dem Sommerinterview durch Peter Frey kein Sterbenswörtchen verlautbart wird.

Weil die Kampagne im Zusammenhang mit dem Sommerinterview beispielhaft ist für die Asymmetrie der Behandlung der verschiedenen politischen Parteien durch unsere Medien und im konkreten Fall auch durch einen öffentlich-rechtlichen Sender hatten wir schon auf die bisherigen Vorgänge hingewiesen. Heute ist noch einmal ein Nachtritt das interviewenden Journalisten und Leiters des Berliner ZDF-Büros Peter Frey hinzugekommen. Wer meint, diese Art von Kampagnen gäbe es nicht, sollte sich vielleicht dieses Bündel anschauen:

- Am 9. Juli erschien eine Vorschau auf das Interview. Es war von vorn bis hinten gespickt mit den gängigen Parolen gegen Lafontaine.

- Am 12. Juli dann das Sommerinterview selbst mit einer erstaunlichen Konzentration auf einen Vorgang von 1999, den Rücktritt von Lafontaine als Finanzminister und als Vorsitzender der SPD, neben allen anderen üblichen Vorwürfen.

- Am 12. Juli, dem Tag des Interviews, dann schon der erste Nachtritt von Peter Frey persönlich. Ein ungewöhnlicher Vorgang.

- Am 17. Juli dann der zweite Nachtritt.

Würde dies der CDU-Vorsitzenden oder dem CSU-Vorsitzenden oder auch Herrn Westerwelle passieren, es gäbe schon lange eine heftige Intervention beim Intendanten des ZDF, im Verwaltungsrat und im Fernsehrat. Wo bleibt der Protest der Linkspartei beim ZDF? Hat der Vertreter der Linkspartei im Fernsehrat irgend etwas unternommen? Gibt es einen Brief an den Intendanten oder den Chefredakteur? Was dem Generalsekretär Heiner Geißler recht war, dürfte dem Bundesgeschäftsführer der Linkspartei billig sein.

In den Pressemitteilungen des Parteivorstandes der Linkspartei vom 9. Juli (dem Tag des Erscheinens der Vorschau im ZDF) bis zum 17. Juli, also heute, gibt es keine einzige Zeile zum Thema. Da geht es um das Bombodrom, um die Streitereien in der Union und um Mehdorn zum Beispiel, aber es erscheint kein einziges Wort zur Unterstützung des eigenen Vorsitzenden. Das erinnert mich ungemein an die Umstände des Rücktritts von Willy Brandt im Jahr 1974. Er war damals einer infamen, rücksichtslos ins Persönliche gehenden Kampagne der Bild-Zeitung und anderer Medien ausgesetzt. Die Verteidigung von Seiten seiner Parteifreunde war mit wenigen Ausnahmen ausgesprochen lau.

Offenbar haben die verantwortlichen Personen bei der Linkspartei nicht verstanden, was hier vorgeht. Hier soll jemand rausgebrochen werden, der dem neoliberalen Mainstream sachlich gefährlich ist. Hier soll Einfluss genommen werden auf die innere Willensbildung der Linken und es sollen selbstverständlich ihre Wahlchancen reduziert werden.

Offenbar erkennt man auch nicht das Zusammenspiel mit anderen Medien. Einige wenige Beispiele dafür werden hier per Link angefügt:

a. sueddeutsche.de berichtet nur etwas sachlicher
b. Verstärkung durch die BILD-Zeitung
c. Der Westen/WAZ
d. WELT Online

Wenn man sich das Sommerinterview angeschaut hat, dann wird man nicht mehr verstehen, was diese Berichte und Kommentare mit der Sendung zu tun haben.

Die Linkspartei wird wie die SPD und die Grünen in früheren Zeiten von den Mehrheitsmedien asymmetrisch schlecht behandelt. Sie lässt sich das anders als die rechtskonservativen Parteien, gefallen ohne zu murren. Sie verhält sich hier defensiver und schlimmer, als ich das bei der SPD je erlebt habe. Bei dieser gab es wenigstens immer einige, die sich diese Art von Behandlung nicht haben gefallen lassen. Übrigens war bei der SPD früher immer erkennbar: wer zu der einseitigen Behandlung durch die BILD-Zeitung oder die

Welt oder andere Medien schwieg, der wurde von diesen Medien hochgelobt und als der bessere Teil der SPD promoviert. Vielleicht spekulieren die Schweiger bei der Linkspartei auf einen ähnlichen Effekt. Das hätte dann die gleiche Wirkung für den Wahlerfolg wie bei der SPD früher und heute auch: die Anpasser werden beliebter und dürfen gelegentlich am Tisch der Herren Platz nehmen, die Partei selbst wird erfolgloser.

Warum interessiert mich das? Warum hat das uns zu interessieren? Unser Volk bräuchte eine politische Alternative. Diese hat es nicht, wenn auch die Parteien auf der Linken, wenn SPD, wenn die Linkspartei und die Grünen von Anpassern geprägt werden.

Artikel-Adresse: http://www.nachdenkseiten.de/?p=4074

Der klassische Fall einer Fremdbestimmung mithilfe der Springer Medien u.a.m.

7. Oktober 2009 | Rubrik: Strategien der Meinungsmache | Von Albrecht Müller

Nur wer beachtet, wie stark die konservativen Kräfte über die Medien auch die innere Willensbildung der gegnerischen linken Parteien beeinflussen, wird begreifen, warum die fortschrittlichen Kräfte in Europa sich im Niedergang befinden. Wie die Entscheidungen über Strategien, Programme und sogar über Personen fremdbestimmt sind, kann man an aktuellen Vorgängen beobachten.

Vorweg bemerkt: es geht hier nur beispielhaft vor allem um die SPD. Im Kern geht es um die Suche nach einer demokratischen Willensbildung, um die Suche nach den Bedingungen für die Existenz beziehungsweise die Wiederbeschaffung einer politischen Alternative.

Wir sind zurzeit Zeuge der Wiederholung eines klassischen Falls: Die Springer-Presse greift in die innere Willensbildung der SPD und jetzt auch der Linkspartei ein. Sie wird dabei – das gab es vor 30 Jahren noch nicht so – unterstützt von Medien, die einmal als eher kritisch gelten konnten, von SpiegelOnline und der Süddeutschen Zeitung zum Beispiel.

Hier nacheinander einige Beispiele:

WELT Online bietet am 3. Oktober dem ehemaligen Spitzenkandidaten und neuen Fraktionsvorsitzenden der SPD, Frank-Walter Steinmeier das Forum für einen Namensbeitrag unter dem Titel *„SPD. Gegen einseitige Festlegung auf linkes Spektrum"*. Dort heißt es im Vorspann:

> *„Eine Woche nach der dramatischen Niederlage der SPD bei der Bundestagswahl ruft ihr Spitzenkandidat und neuer Fraktionschef dazu auf, den* „Wettlauf um die populistischste Forderung" *zu verweigern und* „Verantwortung für Deutschland" *zu übernehmen. Die SPD müsse Volkspartei bleiben."*

Steinmeier verweist in diesem Beitrag darauf, die SPD habe fast 1,4 Millionen Wähler an die Union und FDP verloren. Er warnt davor, sich nur um soziale Gerechtigkeit, also um die sozial Schwachen, um die *„Resignierten und Abgehängten"*, zu kümmern. Sie würde dann absinken zur *„Klientelpartei"*. (Das ist als solches schon eine beachtliche Einlassung: wer sich um die Schwachen kümmert, wird zur Klientelpartei.)

Steinmeiers Hauptlinie ist die historisch erprobte Warnung vor dem Linksruck, die auch ohne Fakten auskommt und funktioniert. Auch die BILD-Zeitung kennt diesen Trick und beginnt mit der Neuauflage am 3. Oktober:

> *„Tricksilanti" weiter an SPD-Spitze?*
> *Ypsilanti dementiert Bericht –*
> *Steinmeier warnt die Genossen vor Linksruck*
> Quelle: BILD

Im Text des Artikels in der BILD-Zeitung wird auf den Artikel Steinmeiers in der Welt verwiesen und ausführlich zitiert. Die beiden Springer-Medien stützen sich also gegenseitig. Die Passagen im Artikel der BILD-Zeitung sind interessant, weil sie das Muster der Kampagne zeigen:

> *„Die SPD rückt jeden Tag einen Schritt weiter nach links. Und nach dem großen Rundumschlag an der SPD-Spitze möchte eine*

Linke nach Informationen des „Spiegel" die Sozialdemokraten weiterhin mit anführen: Die ehemalige hessische SPD-Vorsitzende Andrea Ypsilanti bemüht sich offenbar um eine Wiederwahl ins SPD-Präsidium. ..."

Das Dementi von Andrea Ypsilanti wird dann so kommentiert:

„Wie es auch kommt – SPD-Fraktionschef Frank-Walter Steinmeier dürfte daran gar keinen Gefallen finden. Er hat seine Partei vor einem Linksruck gewarnt."

Auch der SPIEGEL stützt die Warnung vor dem angeblichen Linksruck mit Rückgriff auf den STERN und den dort zitierten und einschlägig bekannten Forsa-Chef Güllner. Dieser interpretiert den (statistisch völlig unbedeutenden) Rückgang des SPD-Zustimmungswertes in der Sonntagsfrage um einen Prozentpunkt tatsächlich als Reaktion auf die Linkspartei-Debatte in der SPD:

„Der Chef des Forsa-Instituts, Manfred Güllner, führt den Wert der SPD auf die innerparteilichen Diskussionen über den Umgang mit der Linkspartei zurück. „Sucht die SPD ihr Heil im Linksrutsch, könnte sie bald schon unter die 20-Prozent-Marke fallen", sagte Güllner dem ‚Stern'."

Jeder seriöse Meinungsforscher ist sich der Fehleranfälligkeit seiner Umfragen bewusst. Bei dieser Art der Umfrage wird regelmäßig von einer Fehlerspanne von 3 bis 5 Prozent ausgegangen.

Zum immer wiederkehrenden Vorwurf des Linksrucks und der Nutzung dieser Schimäre im politischen Kampf wie auch zur Fremdbestimmung der linken Parteien gibt es ausführliche Passagen in „Meinungsmache"*.

Die Warnung vor dem angeblichen Linksruck wird in den Medien mit Analysen des Niedergangs der SPD kombiniert. Steinmeier wiederholt in seinem Beitrag in WELT Online seine bekannten Thesen zum großen Erfolg der Schröderschen Reformpolitik. Vor Ausbruch der Finanzkrise war danach alles gut.

---

* „Meinungsmache" von Albrecht Müller, 2009, Droemer Verlag München

Die Süddeutsche Zeitung vom 1. Oktober unterstützt mit einem Interview mit dem Soziologen Heinz Bude die gleiche Behauptung:

„Schröder trägt keine Schuld" meint er zu den Gründen des SPD-Fiaskos. Er nennt die Politik der Regierung Schröder den *„unbewältigten Erfolg"*. Und er plädiert dafür, diese ihre Erfolgsgeschichte nicht zu dementieren. Er behauptet, die SPD vor Schröder sei die schlimmste Sozialdemokratische Partei Europas gewesen. Und der Interviewer Oliver Das Gupta darf das notwendige Stichwort geben für die innerparteiliche Willensbildung: *„Soll heißen: Das Falsche wäre ein Rollback zur SPD vor 1998."*

Dieses Interview voller nicht belegter Behauptungen ist eigentlich als solches nicht lesenswert. Es ist aber als klassisches Beispiel für aktive Public Relations und die Einbindung der Medien in diese PR interessant; und obendrein als Beleg für die unfassbare Oberflächlichkeit eines Wissenschaftlers. Wir halten und bezahlen solche Professoren: Bude, Nolte, Raffelhüschen, Sinn, Zimmermann, Franz.

Auch in diesem Beitrag wird wie bei der BILD-Zeitung und der Welt Personalpolitik betrieben. Bude wirbt für Fortsetzung der Politik mit dem rechten Teil der SPD, er wirbt für Gabriel und meint, die Wahl Steinmeiers zum Fraktionschef sei eine clevere Wahl gewesen. Er stehe für den Anschluss an ein Erfolgskapitel der SPD.

Diese Versuche, auf die innere Willensbildung der SPD zur Schröderschen Reformpolitik wie auch auf das Personal von außen Einfluss zu nehmen, haben Erfolg. Die konservativen Kräfte und ihre Helfer aus dem SPD-Milieu verhindern den Neuanfang.

Außer der SPD stehen die Grünen im Einflussbereich der konservativen Medien. Jetzt wird diese Arbeit vermehrt auf die Linkspartei ausgedehnt werden. Ein klassisches Beispiel findet sich ebenfalls bei Welt Online. Dort bekommt der Linken-Chef Ramelow aus Thüringen das notwendige Forum für seine Attacken auf die Festlegung der Parteispitze auf einen sofortigen Abzug aus Afghanistan. Am 4. Oktober erschien ein Interview unter der Überschrift *„Die Linke hat Regierungsanspruch"*.

Der darin enthaltene Satz *„Uns geht es nicht um einen sofortigen Abzug. Das wäre wie eine Flucht damals aus Vietnam"* gibt das Stichwort für die nächsten Angriffe auf die Fraktions- und Parteiführung der Linkspartei. Ramelow spielt hier das klassische trojanische Pferd. Wir kennen dies aus den letzten 40 Jahren im Umgang mit SPD und Grünen. Auch da fanden sich immer wieder Personen aus diesen Parteien, die zum Beispiel den Linksruck bezeugten oder vor den Fundis warnten.

Diese Stichwortgeber wurden oft fürstlich belohnt. Sie konnten auf die Unterstützung der interessierten Medien setzen und wurden damit immer populärer. Das galt schon für Karl Schiller in Auseinandersetzung mit Willy Brandt und es gilt zum Beispiel für Klaus von Dohnanyi in der aktuellen Debatte.

Zur Ehre der Medien muss ich zum Abschluss einen ihrer alten Hasen zitieren, Michael H. Spreng, früher einmal Berater von Edmund Stoiber mit einem Text aus seinem Sprengsatz: *„SPD – die vertane Chance"* vom 06. Oktober 2009.

Artikel-Adresse: http://www.nachdenkseiten.de/?p=4246

3. Profiteure der Privatisierung – Politik, Rundfunk und Bildung in den Händen interessierter Kreise

McKinsey macht die Politik

12. Januar 2009 | Rubrik: Das kritische Tagebuch | Von Wolfgang Lieb

Staat und zentrale Planung „bringen es nicht" – angeblich. Merkwürdig, dass es da erst interessierter Kreise bedarf, um Privatisierung auf allen Ebenen durchzusetzen. Mit negativen Folgen für die Mehrheit.

Jürgen Rüttgers ist dafür berüchtigt, dass er knallharte konservative Politik betreibt und sich durch populistische Vorstöße ein dynamisches, meist noch soziales Image gibt. Vor einer Woche machte er mal wieder mit der tollen Idee eines „Deutschlandfonds", einem 100-Milliarden-Euro-Schutzschirm für krisengeschüttelte Unternehmen, einen publizistischen Vorstoß. Wer nun denkt, Rüttgers hätte einen so riesig dimensionierten Fonds intensiv mit Fachleuten diskutiert oder Gutachten eingeholt, um ein durchdachtes wirtschaftspolitisches Konzept vorzulegen, der irrt gewaltig. Nichts dergleichen ist geschehen. Jetzt erfahren wir, dass ihm die Unternehmensberatungsfirma McKinsey in Person von Jürgen Kluge diesen Floh ins Ohr gesetzt hat.

„Ich bin ein überzeugter Marktwirtschaftler, ich sehe aber auch durch meine Klientengespräche, in welcher Größenordnung eine Pleitewelle auf uns zukommt. Deshalb habe ich Anfang Dezember bei NRW-Ministerpräsident Jürgen Rüttgers den Deutschlandfonds angeregt", sagte Jürgen Kluge, Chef der Sparte „Öffentlicher Sektor" der internationalen Unternehmensberatung McKinsey, <u>auf Anfrage der WAZ</u>.

„Für das alles benötigt man professionelle Entscheidungsprozesse. Der Staat kann nicht mit der Gießkanne durchs Land laufen und normale Marktprozesse behindern. Deshalb brauchen wir eine

75

Treuhand II, mit einem Vorstand, einem Aufsichtsrat und einer Charta", so der frühere Deutschland-Chef von McKinsey.

Kluge hat sich damit wohl verplappert, verrät er damit nämlich nicht nur wer der Urheber dieser Idee war, sondern auch noch worum es McKinsey mit seiner „Anregung" eines „Deutschlandfonds" nach der Art einer „Treuhand II" in Wirklichkeit geht: nämlich vor allem um das eigene Geschäft.

Zur Erinnerung: Die „Treuhand I", an die sich der McKinsey-Vorschlag anlehnt, ist nach der Wiedervereinigung gegründet worden, um die angeblich maroden Betriebe der DDR zu privatisieren.

Das Ergebnis kennen wir. Das Vermögen der DDR wurde verschleudert. Der Staat durfte die Schulden der Treuhand übernehmen. Die meisten Betriebe wurden „abgewickelt". Der industrielle Niedergang Ostdeutschlands wurde willentlich oder aus Dummheit verschärft. Fast alles wurde platt gemacht und musste mit Hunderten von Milliarden Steuergeldern mühselig wieder aufgebaut und neu angesiedelt werden. Vor allem die westdeutschen Banken und die Wirtschaftsberater haben sich eine goldene Nase verdient.

Treuhandchefin Birgit Breuel verwaltet die größte Industrie-Gesellschaft der Welt: 8000 volkseigene Betriebe (VEB) mit 4 Millionen Beschäftigten. Korruption, Untreue, Subventionsschwindel und Betrug begleiten die Treuhand. Die überstürzte Privatisierung ist ein Segen – für viele westdeutsche Investoren. „Entscheidend ist was hinten rauskommt" (Helmut Kohl) – blaue Briefe. Nur ein Drittel der Arbeitsplätze in den Treuhandbetrieben bleibt erhalten. Die Arbeitslosigkeit im Osten steigt rasant und nachhaltig.

Zeichnung: Barbara Henninger

Mit der Treuhand I gelang Anfang der 90er Jahre den Wirtschafts-
beratern der Einstieg in das öffentliche Beratungsgeschäft. *„Die
Bundesregierung unter Helmut Kohl berief – nach Rücksprache mit
Roland Berger – je einen Vertreter von McKinsey, von KPMG und
von Treuarbeit, einer deutschen Wirtschaftsprüfungsgesellschaft,
in den vierköpfigen Leitungsausschuss der Treuhandanstalt... Der
Aufwand war gewaltig: Allein im Jahr 1992 kassierten die Bera-
tungsfirmen zusammen 450 Millionen Mark für die Beratung der
Treuhandanstalt."* (Aus: Thomas Leif, beraten & verkauft, S. 29)

Ein tolles Geschäft. Die Berater konnten Millionen absahnen, angefangen von der Entwicklung von Konzepten für den Aufbau einer
solchen Anstalt. Danach konnte man endlos Wirtschaftsprüfungs-
aufträge zur Bewertung von Firmen kassieren, Abwicklungs- oder
Verkaufsgutachten machen, usw...

Was liegt für diese so genannten „Wirtschaftsberater" also näher,
diese Idee noch einmal aufzugreifen, um damit endlich wieder eine
Goldader anzuzapfen. Also bietet der Chef der McKinsey-Sparte
„Öffentlicher Sektor" (also ein Lobbyist) einem Politiker, von dem
bekannt ist, dass er eine gute PR macht, diesen Plan an. Und wie
mit einem pawlowschen Reflex sprang Rüttgers spontan darauf an.
Der Spiegel bot ihm am 3. Januar gleich die geeignete publizistische Plattform. Und Seehofer sprang gleich mit: *„Wir unterstützen
die Idee des Deutschlandfonds mit 100 Milliarden."*

Auch die Kanzlerin wollte nicht gleich ablehnen. Und nun finden
wir eine Woche später den „Deutschlandfonds" in einer „Erfurter
Erklärung" des CDU-Vorstandes, einem „Zehn-Punkte-Programm"
gegen die Wirtschaftskrise. (Nebenbei: Mit „Erfurter Erklärung"
wird sicher nicht ungewollt auch der Titel eines Aufrufs von Gewerkschaftern, Linken, Künstlern und Wissenschaftlern aus dem
Jahre 1998 gegen die Kohl-Regierung „Bis hier und nicht weiter"
besetzt.)

*„Rüttgers bemühte sich in Erfurt mit zahlreichen Interviews seinen
Erfolg darzustellen"* und startete eine *„Medienoffensive"*, schreibt
die FTD. *„Punktsieg für Jürgen Rüttgers: Der NRW-Regierungschef
hat sich in der CDU mit seinem Vorschlag für staatliche Hilfen für
angeschlagene Unternehmen durchgesetzt – auch Kanzlerin Merkel*

hält sich damit im Kampf gegen die Wirtschaftskrise alle Optionen offen", schreibt der SPIEGEL.

Der „Deutschlandfonds" ist also kein durchdachtes ökonomisches oder wirtschaftspolitisches Konzept, sondern von einem auftragshungrigen Unternehmensberater initiiert, um Aufträge und Beratungshonorare zu kassieren.

So wird in Deutschland Politik gemacht: Die Politiker als Hampelmänner von geld- und auftragsgierigen Beratern!

Artikel-Adresse: http://www.nachdenkseiten.de/?p=3697

Der Staatsvertrag über Internetangebote der Rundfunkanstalten – ein Bürokratiemonster und ein neues Geschäftsfeld für private Berater

6. Februar 2009 | Rubrik: Das kritische Tagebuch | Von Wolfgang Lieb

Mit dem 12. Rundfunkänderungsstaatsvertrag wurde ein Bürokratiemonster aufgebaut, das die Internet-Angebote von ARD und ZDF massiv einschränkt und damit die Meinungsvielfalt gesetzlich begrenzt. Das Ganze nur deshalb, damit die kommerziellen Interessen der privaten Rundfunkveranstalter und der Verleger im Wettbewerb nicht geschmälert werden. Wenn es um den Profit von Verlegern und Kommerzsendern geht, wird die Informationsfreiheit der Gebühren zahlenden Bürgerinnen und Bürger beiseite geschoben. Mit dem Hebel „Wettbewerb" soll so das Internet zu einer Plattform gemacht werden, die von den kommerziellen Anbietern beherrscht wird. Dazu wird ein weiteres Einfallstor für das Beratungs-un-wesen im öffentlichen Sektor aufgemacht.

Zensur durch den Markt

Am 1. Juli 2009 soll der Zwölfte Rundfunkänderungsstaatsvertrag in Kraft treten. Darin wird die Zukunft der öffentlich-rechtlichen Online-Angebote geregelt. Auf die besondere Problematik dieses Staatsvertrages haben wir auf den NachDenkSeiten schon früher hingewiesen: Nämlich dass hier eine „Zensur durch den Markt" stattfindet, weil künftig selbst auf eine „konkrete Sendung bezogene" Materialien und Quellen in der Regel nur noch 7 Tage über das Internet abgerufen werden dürfen (bei Großveranstaltungen, wie etwa Fußballspielen sogar nur 24 Stunden). Dabei soll der Sendungsbezug viel enger ausgelegt werden als bisher.

Ich bleibe bei meinem Urteil, dass damit, dass eine schon einmal verbreitete Information nach kurzer Zeit der Öffentlichkeit wieder entzogen werden muss, die so genannte passive Informationsfreiheit (also der freie Zugang zu Informationen) mit Füßen getreten wird. Und das alles im Namen einer von der Europäischen Union als höherrangig eingestuften Wettbewerbsfreiheit im Interesse vor allem der Internetangebote der privaten Verleger und der kommerziellen Rundfunkveranstalter. Hier wird ein elementares, demokratiekonstituierendes Grundrecht unseres Grundgesetzes, nämlich die Meinungsbildungsfreiheit mittels des freien Zugangs zu Informationen zugunsten der Markt- und Wettbewerbsfreiheit privater „Dienstleistungsangebote" massiv eingeschränkt.

Der Konflikt zwischen europäischem Wettbewerbsrecht und dem deutschen Grundgesetz

Der neue Staatsvertrag wurde angeblich nötig, weil ein „Kompromiss" zwischen der von unserem Grundgesetz vorgeschriebenen und von der von der Verfassungsrechtsprechung entwickelten „Rundfunkfreiheit" nach Art. 5 Abs. 1 Satz 2 GG und der von der Europäischen Kommission als höherrangig eingestuften „Dienstleistungsfreiheit" gefunden werden musste.

> Grundgesetz für die Bundesrepublik Deutschland vom 23. Mai 1949
>
> Artikel 5
> (1) ... Die Pressefreiheit und die Freiheit der Berichterstattung durch Rundfunk und Film werden gewährleistet...

Die EU-Kommission betrachtet – anders als das Bundesverfassungsgericht – den Rundfunk als eine (gewerbliche) Dienstleistung und nicht als öffentlichen Auftrag, wonach der Rundfunk als „Medium" und „Faktor" der öffentlichen Meinungsbildung und damit als konstituierend für eine Demokratie angesehen wird.

Der Verband Privater Rundfunk und Telemedien (VPRT) sah in der Erhebung der Rundfunkgebühr eine gegen die Wettbewerbsregeln verstoßende und deshalb unzulässige (staatliche) „Beihilfe" (nach Art. 87 Abs. 1 EGV) und erhob im Jahr 2003 Beschwerde bei der EU-Kommission. Prompt sah die Generaldirektion Wettbewerb (!) die „staatliche Garantie und die Gebührenfinanzierung... der öffentlich-rechtlichen Rundfunkanstalten als staatliche Beihilfe" an und schickte zwei Jahre später einen „Blauen Brief" an die Bundesregierung. Dabei ist der Bund nach der Kompetenzzuteilung des Grundgesetzes gar nicht zuständig, denn Rundfunk ist Ländersache. Leider – und hier zeigte sich einmal mehr die Schwäche des Föderalismus im europäischen Gefüge – gab es in den Ländern keinen Aufstand gegen diesen Eingriff aus Brüssel. Wie üblich fanden die Länder keine einheitliche Gegenposition. Was sich daraus erklärt, dass in verschiedenen Staatskanzleien sich längst die Interessen der privaten Rundfunkveranstalter und Verleger eingenistet haben.

Damit konnte die innerdeutsche Verfassungsrechtsprechung zum Rundfunk locker beiseite geschoben werden. Noch in seiner Gebührenentscheidung vom 11.9.2007 hatte das Bundesverfassungsgericht entschieden, dass der Funktionsauftrag des öffentlich-rechtlichen Rundfunks grundsätzlich auch die Internetangebote umfasse und auch insoweit eine grundgesetzliche „Bestands- und Entwicklungsgarantie" bestehe. Karlsruhe hatte sogar den Gesetzgeber aufgefordert, dass zur Erfüllung dieses Auftrags, die dafür erforderlichen technischen, organisatorischen, personellen und finanziellen Vorbedingungen geschaffen werden müssten. Auch in einer Entscheidung zum Hessischen Privatrundfunkgesetz noch am 12.3.2008 hat das Gericht dem öffentlich-rechtlichen Rundfunk eine Entwicklungsgarantie auch im Internet zuerkannt und zwar vor allem aufgrund dessen besonderen Bedeutung für die Sicherung der Vielfalt und verlässlicher Information.

Dieser Grundrechtsschutz wurde durch den neuen Staatsvertrag dem europäischen Wettbewerbsrecht untergeordnet, so als stünden die Verträge der Europäischen Gemeinschaft schon längst über dem deutschen Grundgesetz.

Wenn die Rundfunkordnung in Deutschland den Ländern oder ggf. dem Bund wirklich wichtig gewesen wären, warum haben sie die-

sen Grundsatzstreit nicht vor dem Europäischen Gerichtshof aus-
getragen? Dann wäre jedenfalls auch geklärt worden, inwieweit
das Grundgesetz gegenüber dem EU-Recht noch an Bedeutung
hat. Vielleicht hat man auf diese Klage aus Angst vor einer Niederlage vor dem EuGH, dieser sich mehr und mehr als Exekutor
des wirtschaftsliberalen Europas verstehenden Instanz (siehe dazu
Fritz Scharpf „Der einzige Weg ist, dem EuGH nicht zu folgen", in
Magazin Mitbestimmung 07+08/2008) verzichtet. Vielleicht aber
auch, weil man in den Ländern den Verlegerinteressen und den
Interessen der kommerziellen Rundfunkveranstalter nur zu gerne
entgegen kommen wollte.

Sicherung des Geschäftsfeldes von privaten Internet-„Dienstleistern"

Schaut man sich die Regelungen des Rundfunkänderungsstaats-
vertrages genauer an, so muss man den Eindruck gewinnen, dass
es vor allem darum ging, den privaten Internet-„Dienstleistern"
das Geschäftsfeld zu sichern und für die öffentlich-rechtlichen Internetangebote möglichst hohe, um nicht zu sagen, unüberwind-
bare Hürden aufzustellen.

Man muss sich einmal praktisch vor Augen führen, welche Barrieren eine Rundfunkanstalt zu überwinden hat, um über die schon
erwähnte 7-Tage-Frist ein „Telemedienangebot" verbreiten zu dürfen.

Der Sender muss zunächst prüfen, ob es sich um ein neues oder
verändertes Angebot handelt (§ 11 f Abs. 3 StV), dazu muss er in
Satzungen oder Richtlinien Kriterien entwickeln, um sie auf Einzelfälle anwenden zu können (§ 11 Abs. 3 S. 1 StV).

Die ARD hat schon Kriterien für ein Prüfverfahren für neue oder
veränderte Aufgaben ihres Telemedienangebots erarbeitet. Die Angebote müssen etwa „journalistisch-redaktionell veranlasst" und
„gestaltet" sein, sie dürfen keine Werbung oder Sponsoring enthalten, es dürfen bei Filmen nur eigene oder Auftragsproduktionen
eingestellt werden, lokale Berichterstattung ist nur eingeschränkt
zulässig und alle Serviceangebote, wie etwa Veranstaltungskalen-
der oder z.B. die Lehrstellenvermittlung des WDR sind unzulässig.

Wenn die in den Satzungen aufgelisteten „Positiv- oder Negativkriterien" nicht greifen und wenn die 7-Tage-Frist überschritten werden soll, dann geht die Prüferei erst richtig los.

Bürokratiemonster „Drei-Stufen-Test"

Dann folgt erst das richtige Bürokratiemonster, nämlich der sog. „Drei-Stufen-Test". (Der im so genannten Beihilfekompromiss mit der EU übrigens gar nicht vorgesehen ist und sogar weit über die Anforderungen der EU-Kommission hinausgeht.) Zunächst muss der Intendant oder die Intendantin dem Rundfunkrat eine Beschreibung des Internetangebotes zuleiten.

Danach hat der Rundfunkrat den Test in eigener Regie durchzuführen. Er muss dazu z.B. „Dritten in geeigneter Weise, insbesondere im Internet Gelegenheit zur Stellungnahme" geben und diese „prüfen" (§11 f Abs. 6 StV).

Zu seiner Entscheidungsfindung kann der Rundfunkrat „gutachterliche Beratung durch unabhängige Sachverständige" auf Kosten der jeweiligen Rundfunkanstalt in Auftrag geben. Vor allem ist zu den „marktlichen Auswirkungen" gutachterliche Beratung zwingend hinzuzuziehen. Danach entscheidet der Rundfunkrat mit einer Mehrheit von zwei Dritteln der anwesenden Mitglieder und er muss seine Entscheidung – sozusagen gerichtsfest – begründen.

Damit aber immer noch nicht genug der Bürokratie: Danach muss auch noch die Rechtsaufsicht (also im Regelfall die zuständige Staatskanzlei) ihr Plazet geben und prüfen, ob die Verfahren auch wirklich alle ordnungsgemäß durchgeführt wurden.

Weitere bürokratische Hürden: Rechtsaufsicht, Rechtsweg, Einschaltung der EU-Kommission

Nach Abschluss des „Drei-Stufen-Tests" durch den Rundfunkrat muss dann noch die Rechtsaufsicht, dessen Entscheidung überprüfen; vor allem ob auch alle Verfahren korrekt eingehalten wurden. Passt den privaten Anbietern das neue Angebot der öffentlich-rechtlichen Rundfunksender dann immer noch nicht, bleibt selbstverständlich der Rechtsweg offen.

Als letztes Druckmittel bleibt den kommerziellen Anbietern schließlich immer noch der Weg zur EU-Kommission. Sie könnte dann noch überprüfen, ob der Drei-Stufen-Test ihren europäischen wettbewerblichen Vorstellungen entspricht und, wenn der Kommissar für Wettbewerb es für nötig erachtet, könne er weitere Nachbesserungen verlangen. In letzter Instanz würden dann Streitigkeiten vor dem Europäischen Gerichtshof landen – und dessen wirtschaftsliberale Haltung ist ja bekannt.

Das Damoklesschwert einer Überprüfung der Rundfunkgebühr durch die EU-Kommission schwebt weiter über der ganzen Prozedur. Das allein dürfte für die Rundfunkräte Druckmittel genug sein, den privaten Anbietern bloß keinen Anhaltspunkt für eine Beanstandung zu bieten.

Im Internet liegt den Rundfunkanstalten die Schlinge um den Hals

Ich habe den Eindruck, dass ein Großteil der Rundfunkratsmitglieder ihren Bedeutungs- und Funktionszuwachs durch das Monster 3-Stufen-Test inzwischen nachdrücklich begrüßt und als Chance für ihre Aufwertung begreift. Man wird davon ausgehen müssen, dass die neu aufzubauende Bürokratie sich selbst legitimierend aufblähen wird. Die beträchtlichen Kosten werden aus den Etats der Rundfunkanstalten geschnitten werden müssen. Damit wird ein neuer und zusätzlicher bürokratischer Wasserkopf geschaffen, der Finanzmittel vom eigentlichen Auftrag der Sender abzieht, nämlich Programmangebote zu machen.

Die Intendantinnen und Intendanten werden es sich aufgrund dieser bürokratischen Barrieren künftig hundert Mal überlegen, ob sie ein Internetangebot in dieses Prüfverfahren geben wollen. Es kostet die Rundfunkanstalten nur eine Menge Geld, einen hohen personellen Aufwand und das alles bei unsicherem Ausgang des Verfahrens. Der neue Rundfunkstaatsvertrag ist somit das Gegenteil einer Förderung der Meinungs- und Informationsvielfalt, er hat eher eine verhindernde Wirkung.

Da redet die EU, da redet in Deutschland jeder von Entbürokratisierung und mit dem Zwölften Rundfunkänderungsstaatsvertrag wird sehenden Auges ein neues Bürokratiemonster aufgebaut. Man kann jetzt schon prognostizieren, dass bei der nächsten Rundfunkgebührendebatte wieder einmal gegen den aufgeblähten Verwaltungsapparat der Rundfunkanstalten Stimmung gemacht wird. Niemand wird sich dann allerdings noch daran erinnern, wer der Verursacher war.

Artikel-Adresse: http://www.nachdenkseiten.de/?p=3749

Hochschulzulassung
oder das Chaos der Hochschul-Autonomie

4. März 2009 | Rubrik: Hochschulen & Wissenschaft | Von Wolfgang Lieb

Im Zuge der Einführung der „unternehmerischen" Hochschulen ist bei der Zulassung zum Studium das Chaos ausgebrochen. Weil die ach so sehr auf ihre Autonomie versessenen Hochschulen ihre Studierenden selbst auswählen wollen – und das zu Lasten der Studienanfänger. Obwohl fast zwei Drittel der neuen BA/MA-Studiengänge zulassungsbeschränkt sind, blieb jeder fünfte dieser Studienplätze frei, weil sich die Hochschulrektoren einem angeblichen

Studienwillige junge Menschen, die keinen Studienplatz bekommen, werden enttäuscht und entmutigt.

Zeichnung: Marie Marcks

84

„Zulassungszentralismus" verweigern. Dabei stünde bei der Zentralstelle für die Vergabe von Studienplätzen (ZVS) ein funktionsfähiges Portal auch für dezentrale Bewerbungs- und Zulassungsverfahren zur Verfügung. Doch bei den sich als „Vorstandsvorsitzende" aufspielenden Hochschulrektoren hat die Wettbewerbsideologie die Funktion des Verstandes übernommen. Durch unausgeschöpfte Kapazitäten werden nicht nur Steuergelder vergeudet, sondern es werden tausende von studierwilligen jungen Menschen, die keinen Studienplatz bekommen, enttäuscht und entmutigt.

Mit der Einführung der Auswahl von Studienanfängern durch die Hochschulen und vor allem nach der Abschaffung des zentralen Vergabeverfahrens auf Druck der Hochschulrektorenkonferenz sind in den letzten Jahren tausende von Studienplätzen unbesetzt geblieben. Im *„Wettbewerb um die besten Köpfe"* drängten die Hochschulen darauf, ihre Studierenden selbst auswählen zu dürfen.

Seit dem Wintersemester 2005/2006 vergibt die ZVS nur noch 20 Prozent der Studienplätze nach der Abiturnote (das ist die sog. „Turboquote" der besten der Besten). Weitere 20 Prozent werden nach Wartezeiten der Bewerber vergeben. Die restlichen 60 Prozent wollten die Hochschulen selbst auswählen. Das führte zu einem kolossalen Bewerbungsdurcheinander.

Ein größer werdender Teil der rund 300.000 Studienbewerber musste von da an das Studienangebot unter knapp 9.000 grundständigen Studiengängen an 345 Hochschulen auswählen und sich direkt an den Hochschulen bewerben. Um die Chancen auf einen Studienplatz zu optimieren, war es für die Studienbewerber nur rational, sich an einer Vielzahl von Hochschulen zu bewerben. D.h. mehrere Hochschulen bekommen von ein und demselben Studienanfänger Bewerbungen. In vielen Fällen erhielten die Bewerber gleich mehrere Zusagen und haben logischerweise nur ein Angebot annehmen können. Im Prinzip müssten die Hochschulen, deren Angebot nicht angenommen wurde, dann in einem Nachrückverfahren andere Bewerber aufnehmen. Doch da war mangels eines Datenabgleichs das Chaos programmiert. Viele Studienbewerber benachrichtigten die Hochschulen, deren Angebot sie ausgeschlagen haben, nicht. Auch unter den Hochschulen fand kein Datenaustausch statt. Jedenfalls fehlt ein geregeltes Verfahren.

Nach einer Umfrage des Handelsblatts blieben z.b. an der Goethe-Universität Frankfurt im Wintersemester 807 Plätze in zulassungsbeschränkten Fächern unbesetzt – das waren rund 19 Prozent ihrer Kapazität. Sogar mehr als 30 Prozent blieben z.b. in den Fächern Wirtschaftspädagogik oder Biologie unbesetzt.

An der TU Dresden sind die Erstsemesterplätze lediglich zu 82 Prozent ausgelastet.

„An der Elite-Uni FU Berlin und an der Universität Duisburg-Essen blieben im Winter fünf Prozent der an beiden Universitäten zusammen insgesamt fast 8 000 Erstsemester-Studienplätze unausgelastet, weil zu viele Bewerber letztlich doch anderswo hin gingen und die Zulassungsbeschränkungen offensichtlich zu hoch angesetzt waren" berichtet das Handelsblatt. Ähnliches dürfte auf zahllose andere Hochschulen zutreffen.

Als die Misere allmählich offenbar wurde, schlossen sich einzelne Hochschulen zu einem Datenabgleich zusammen, doch das führte allenfalls zu einem Flickenteppich der Zulassungsverfahren. Bis heute fehlt ein bundesweiter Datenabgleich. Und das Durcheinander wird auch auf absehbare Zeit so bleiben.

Zwar trafen sich gestern die Rektoren der Universitäten und Fachhochschulen und Ländervertreter bei Bundesbildungsministerin Schavan. Sie verkündete im Anschluss an das Treffen entscheidende Verbesserungen beim Zulassungsverfahren.

Zunächst soll es bis zum Wintersemester 2009/2010 ein „Übergangsverfahren" geben. Diese besteht darin, dass möglichst (?) alle Hochschulen einen einheitlichen Bewerbungsschluss auf den 15. Juli festlegen und Mitte August die Zulassungsbescheide erteilen. Die danach noch freien Studienplätze sollen in den ersten Septembertagen über das Internet in einer „Börse" bekannt gegeben werden. Darauf können sich die Studierenden, die bis dato leer ausgegangen sind, erneut unmittelbar bei den Hochschulen mit frei gebliebenen Studienplätzen bewerben. Ob die Hochschulen bei diesem „Übergangsverfahren" mitmachen, steht in ihrem Belieben. Letztlich wird jedoch mit dieser Übergangslösung dem Durcheinander nicht abgeholfen, denn auch in dieser zweiten Stufe dürften

„Erfolg" des neuen Zulassungsverfahrens: An der Frankfurter Goethe-Universität (Campus Westend auf dem ehemaligen IG Farben-Gelände) blieben im Wintersemester 2005/06 über 800 Studienplätze (19%) in zulassungsbeschränkten Fächern unbesetzt.

Foto: Goethe Universität Frankfurt/ Elke Födisch

sich viele Studienbewerber sinnvollerweise wiederum an mehreren Hochschulen bewerben. Es drohen also weitere Bewerbungsrunden, die bis in das schon begonnene Semester hineinreichen oder es bleiben – wie bisher – Studienkapazitäten ungenutzt.

Ein endgültiges System soll zum Wintersemester 2010/2011 starten. Das *„kann erreicht werden, wenn sich möglichst alle Hochschulen daran beteiligen"*, schreibt die Bildungsministerin. Denn zu entscheiden hat sie nach der Dezentralisierung der Hochschulzuständigkeit im Zuge der Föderalismusreform und nach der „Befreiung" der Hochschulen vom Staat nichts mehr.

Genauer müsste man allerdings sagen: Schavan will gar nichts zu sagen haben. Sie könnte die Kompetenz zur Regelung einer einheitlichen Hochschulzulassung an sich ziehen, wenn Sie nur wollte. Aber auch sie opfert eine vernünftige und sachliche Lösung für den Hochschulzugang dem neuen Fetisch der Hochschulfreiheit.

Dabei stünde ein (jedenfalls weitgehend) funktionsfähiges dezentralisiertes Vergabeverfahren durch die ZVS zur Verfügung. Die RWTH Aachen hat das Angebot der Service-ZVS zum Wintersemester 2007/08 für drei Fächer getestet. Außer ihr taten das drei weitere Unis sowie acht Fachhochschulen in Nordrhein- Westfalen. Ergebnis: Der ZVS wurde gute Arbeit bescheinigt. Das kapazitätsorientierte Verfahren der ZVS wird jedoch durch die Hochschulrektoren schon seit längerer Zeit und zuletzt im Dezember 2008 durch ständig neue Anforderungen torpediert und als zu zentralistisch verdammt.

Mit der ideologischen Wende vom kooperativen Föderalismus zum Wettbewerbsföderalismus wurden wichtige Kompetenzen für die Hochschulgesetzgebung vom Bund auf die Länder verlagert. Der Kleinstaaterei in der Hochschulpolitik war die „Zentral"-Stelle für die Studienplatzvergabe ein Dorn im Auge. Hinzu kam noch, dass die nunmehr für die Hochschulen weitgehend allein zuständigen Länder die in der letzten Dekade vorherrschende Wettbewerbsideologie auch noch auf die Hochschulen ausdehnten. Die Hochschulen wurden aus der staatlichen Verantwortung „entlassen" und zu „unternehmerischen" Hochschulen umgewandelt, die vom Wettbewerb um Studiengebühren und um Drittmittel gesteuert werden sollen. Die Hochschulrektoren spielen sich seither auf wie Duodezfürsten und verteidigen, wie das Chaos bei der Hochschulzulassung beweist, mit aller Macht ihre winzigen „Fürstentümer" gegen alle Vernunft und gegen staatliche Regelungen wie etwa für ein einheitliches Hochschulzulassungsverfahren.

Einer weit verbreiteten Stimmung unter den unter der Überlast tatsächlich leidenden Hochschullehrern über die angeblich „mangelnde Studierfähigkeit" vieler Abiturienten folgend, drängten die Hochschulen darauf, nicht nur über die Zahl der Studienplätze an ihren Hochschulen selbst entscheiden zu können, sondern auch „die besten Köpfe" unter den Studierwilligen selbst auswählen zu können.

Letzteres haben sie inzwischen bis zu 60 Prozent durchgesetzt. Das Prinzip der Verteilung von Studienplätzen wurde vom Prinzip der Selektion der Studierenden abgelöst.

Einmal davon abgesehen, dass viele Hochschulen gar nicht den Aufwand für vernünftige Auswahlverfahren betreiben können und wollen, sind viele der eingeführten Verfahren teuer und teilweise völlig willkürlich. Ziemlich viele Auswahlverfahren dürften bis heute nicht gerichtsfest sein. Aber mit dieser – im Wortsinne – Flickschusterei bei der Hochschulauswahl entstand das oben beschriebene Chaos bei der Hochschulzulassung.

Angesichts der Überfüllung der Hochschulen durch die Übernachfrage nach Studienplatzen ist es nur natürlich, dass die Hochschullehrer kein übertriebenes Interesse daran haben, dass ihre (noch staatlich regulierten) Kapazitäten voll ausgelastet werden.

Die jungen Studienbewerber, die vor der Tür bleiben müssen, haben aber leider keine Lobby. Die Frage ist nur, ob diese Blockadehaltung der Hochschulen von den Steuerzahlern und vor allem von den Studierwilligen und ihren Eltern auf Dauer hingenommen wird. Es ist ein Trauerspiel mitzuerleben, wie viele junge Menschen, die eine hohe Motivation für ein Studium haben, in lange Warteschleifen gedrängt werden und gleichzeitig die vorhandenen Kapazitäten nicht ausgeschöpft werden. Und es ist ein Drama für die zukünftige Entwicklung unserer Gesellschaft und des wirtschaftlichen Erfolges unseres Landes, dass viele Studierwillige keinen Studienplatz bekommen, weil Ihnen eine völlig falsch verstandene Wettbewerbsideologie den Weg dahin verbaut.

Artikel-Adresse: http://www.nachdenkseiten.de/?p=3804

Das Scheitern der Wettbewerbsideologie bei einer zukunftsfähigen Entwicklung der Bildungs- und Hochschullandschaft

2. April 2009 | Rubrik: Hochschulen & Wissenschaft | Von Wolfgang Lieb

Chaos bei der Hochschulzulassung, keine Einigung beim Hochschulpakt, bei Stipendien oder bei der Exzellenzinitiative, Abwerbung von Lehrern durch die reicheren Länder; kaum eine Woche vergeht, in der wir nicht das Scheitern des Wettbewerbsföderalismus in der Bildungspolitik erleben müssen.

In Deutschland wurde die Verheißung von der Weisheit der Märkte und der Überflüssigkeit des Staates in den letzten zwei Jahrzehnten zur absolut herrschenden Lehre und zum politischen Leitbild, das sämtliche Reformen der letzten Jahre prägte. Immer lautete die Botschaft: Wettbewerb, Deregulierung, Privatisierung, Beschneidung der Arbeitnehmerrechte, Abbau der Mitbestimmung sowie der Selbstverwaltungsrechte und weniger Staat.

Die Finanzmarktkrise sollte allen die Augen geöffnet haben, dass Wettbewerb und freier Markt keineswegs Garanten für Effizienz und optimale Ergebnisse sind, sondern dass Deregulierung und Entstaatlichung auch geradewegs in die Katastrophe führen können.

Auf dem Weg zur Privatisierung der Bildungs- und Hochschullandschaft: Professoren bei der Einwerbung von Drittmitteln.

Zeichnung: Ironimus

Das zeigt sich gerade bei einem nicht unmittelbar marktgängigen „Produkt" wie der Bildung und der Wissenschaft.

Damit kein Missverständnis aufkommt, ich rede nicht gegen einen Wettbewerb um die besten Forschungsleistungen. Einen solchen Wettbewerb unter Wissenschaftlern hat es immer gegeben. Wissenschaft ist genuin auf den Wettstreit um die richtige Antwort, pathetisch gesagt, auf den Wettstreit um Wahrheit angelegt.

Die Frage ist, ob der Wettbewerb unter den Hochschulen auf dem Ausbildungs- und Drittmittel-„Markt" und der Wettbewerb unter den Ländern in der Bildungspolitik geeignete Steuerungsinstrumente für die Entwicklung der Schul- und Hochschullandschaft sein können.

Erst vor vier Jahren, Ende 2005, wurde die „Mutter aller Reformen", die Föderalismusreform, verabschiedet. Ein wichtiger Bestandteil dieser Reform war, dass die Rahmengesetzgebungskompetenz des Bundes im Hochschulwesen zugunsten der Länderzuständigkeit weitgehend abgeschafft wurde. Es war der Systemwechsel vom kooperativen Föderalismus zum Wettbewerbsföderalismus.

Als Begründung für die Vermehrung der Länderzuständigkeiten hörte man landauf landab, dass die größere Autonomie mehr Wettbewerb zwischen den Ländern und zwischen den Hochschulen ermögliche und dass dies unser Land – endlich – voranbrächte.

Schon vier Jahre später muss man aber nun erkennen, dass der Wettbewerb zu Partikularismus und Kleinstaaterei führte, z.B. zu einem Verlust der Vergleichbarkeit der Abschlüsse und zu einem Chaos bei den Zugangsbedingungen. Man beginnt zu begreifen, dass nationale Standards und Rahmensetzungen unumgänglich sind.

Ende Oktober 2008 fand in Dresden der so genannte Bildungsgipfel statt. Neben dem wichtigen Thema einer erhöhten „gemeinsamen Bildungsfinanzierung" standen „gemeinsame Leitlinien" von Bund und Ländern im Bereich der Bildung an erster Stelle der Agenda. Also etwa die Forderung nach nationalen Bildungsstandards, nach vergleichbaren Zugangsregeln zu den Hochschulen, nach einem bundesweiten Stipendiensystem, nach der Fortentwicklung des nationalen Hochschulpakts.

Kurz: Es hat sich offenbar ein dringender Bedarf nach Gemeinsamkeit und länderübergreifenden staatlichen Rahmensetzungen herausgestellt.

Es ist geradezu ein Schildbürgerstreich: Zuerst mauern die Länder die Tür zum Bund zu und jetzt will der Bund z.B. im Rahmen des Konjunkturprogramms Geld auch in Bildung investieren. Aber das darf er eigentlich gar nicht. Also muss man die so dringend notwendigen Investitionsmittel in Schulen und Hochschulen als „energetische" Sanierung umdefinieren. Das ist zwar nicht schlecht, aber die Hochschulen brauchen mehr und anderes als Fassadendämmung und wärmeisolierte Fenster.

Es ist schon ziemlich grotesk: Da bietet der Bund auf dem Bildungsgipfel im letzten Herbst für die Fortführung des Hochschulpakts Milliarden für den Ausbau der Hochschulen um 275 000 Studienplätze an, damit der demografisch bedingte Anstieg der Studierendenzahlen und die doppelten Abiturjahrgänge aufgefangen werden können.

Doch die im Wettbewerb stehenden Länder haben zwischenzeitlich kein Konzept zustande gebracht, wie sie die Mittel verteilen wollen.

„Wir erleben mittlerweile im Wochentakt, wie sich Bund und Länder in Bildungsfragen nicht einigen können und am Ende mit einer

schlichten Vertagung der kritischen Punkte verbleiben" sagt <u>Florian Keller vom freien Zusammenschluss von StudentInnenschaften</u>.

Die Gemeinsame Wissenschaftskonferenz (GWK) von Bund und Ländern hat diese Woche sämtliche wichtigen Beschlussfassungen verschoben. Vertagt wurde nicht nur der Hochschulpakt, sondern auch die Fortführung der so genannten Exzellenzinitiative. Auch der Versuch der Wissenschaftsminister aus Bund und Ländern, sich auf ein einheitliches Stipendien-Fördersystem zu verständigen, ist diese Woche kläglich <u>gescheitert</u>.

Oder ein Beispiel aus der Schulpolitik: Früher gab es bundesweit eine weitgehend einheitliche Besoldung. Dann wurde beschlossen, dass die Länder die Höhe der Vergütung jeweils selber festlegen sollen. Reiche Bundesländer können aber mehr zahlen als arme Länder. Deshalb werden jetzt in Zeiten des Lehrermangels die Lehrerinnen und Lehrer mit Geld und sonstigen Vergünstigungen wie etwa der Möglichkeit, später ins Beamtenverhältnis eintreten zu können, aus den armen Ländern weggelockt.

Jetzt gibt es in den armen Ländern noch weniger Lehrerinnen und Lehrer. Das ist Wettbewerb auf dem Rücken der Schulkinder.

Man könnte noch mit vielen Beispielen belegen, dass Markt und Wettbewerb als Steuerungsinstrument für Hochschulen, Lehre und Forschung zu Fehlsteuerungen, wenn nicht gar ins Chaos führen.

Was wir an den Hochschulen in Deutschland nicht brauchen, ist Ellbogenmentalität und die Wertblindheit der „invisible hand"; was Forschung und Lehre brauchen, ist Vernunft und Sachverstand und eine der Wissenschaft angemessene Organisationsform, zu der am besten diejenigen beitragen können, die Forschung und Lehre betreiben.

Artikel-Adresse: http://www.nachdenkseiten.de/?p=3865

CHE:
Zwei Jahre Hochschulpakt – eine Halbzeitbilanz

28. April 2009 | Rubrik: Hochschulen & Wissenschaft | Von Wolfgang Lieb

Das Bertelsmann-dominierte Centrum für Hochschulentwicklung (CHE) hat eine Studie über „Herausforderungen, Maßnahmen und (Miss-)Erfolge" nach zwei Jahren des Hochschulpaktes 2020 vorgelegt. Die Studie birgt viele Informationen über die Umsetzung in den 16 Ländern. Sie ist insofern spannend, weil das CHE in vielen Punkten mit den von ihm selbst propagierten Vorschlägen konfrontiert wird.

Die Befunde müssten eigentlich auch für das CHE an vielen Stellen Anlass zu Selbstkritik sein. Doch das vorausgegangene Tun und die ideologischen Scheuklappen verstellen besserer Einsicht den Blick.

Interessant ist etwa, dass das CHE inzwischen die „gesamtstaatliche Perspektive" der höheren Bildung wieder betont:

> *„Man wird festhalten müssen, dass die Mehrzahl der Länder nicht oder nicht in diesem Ausmaß auf die Herausforderungen reagiert hätte, wenn der Bund nicht mit erheblichen finanziellen Vorleistungen in diesen Pakt eingestiegen wäre. Gerade in diesem Teil des Hochschulpaktes, um den es hier in erster Linie geht – die Realisierung von zusätzlichen Studienanfänger/-innen – engagiert sich der Bund etwa zur Hälfte auf einem Gebiet, auf dem ihm die Föderalismusreform I just die Kompetenzen entzogen hatte, nämlich der Mitfinanzierung der Lehre."*

Das CHE war ja bisher ein glühender Verfechter des Wettbewerbsprinzips zur Steuerung der Hochschulen und die Bertelsmann Stiftung hat mit allen ihren Mitteln den Wandel vom kooperativen Föderalismus zum Wettbewerbsföderalismus und die Dezentralisierung auch der Bildungspolitik vorangetrieben.

Als Ausweg aus der Kleinstaaterei in der Hochschulpolitik soll nun die Konkurrenz um Bundesmittel wieder korrigieren, was vorher zerstört wurde…

Zustimmen kann man der Studie auch bei ihrer Kritik an der nach wie vor bestehenden Planungsunsicherheit:

„Der Pakt ist in Phasen zerlegt" und man verhalte sich noch immer so, als gehe es um eine *„Notmaßnahme zur Bewältigung eines vorübergehenden Problems…Die deutschen Hochschulen und die dahinter stehende Finanzierungslogik verhalten sich im Wesentlichen noch immer so, als müssten sie eine überbordende Nachfrage nach Studienangeboten verwalten und könnten mit Hilfe von Zulassungsbeschränkungen den Einlass kontrollieren."*

Durch diese Zerlegung des Paktes in Phasen bleibe das Finanzierungsrisiko für eine Lebenszeiteinstellung von Professoren oder für längerfristige Investitionsvorhaben bei den Hochschulen:

„Die so genannten hochschulspezifischen Aufwuchsplanungen in einzelnen Ländern zeigen, dass der Hochschulpakt stärker als Prämienmodell zur Verbesserung der Auslastung bereits vorhandener Kapazitäten interpretiert wird. Ein systematischer Kapazitätsaufbau tritt demgegenüber teilweise deutlich in den Hintergrund."

Zurecht befürchten die Autoren, dass die Finanzkrise *„Einsparungen bei den konsumtiven Mitteln im Hochschulsektor zur Folge haben könnte."*

Berechtig ist auch die Kritik, an den viel zu geringen Kostenansätzen je neuen Studienplatz. Bei der Ermittlung der Werte sei darüber hinaus von vorneherein die Medizin unbeachtet geblieben. Offenbar sollte die Medizin nicht ausgebaut werden: *„Das ist vor dem Hintergrund des akut drohenden Ärztemangels nicht recht verständlich"*, heißt es dazu in der Studie. Zu beachten sei ferner,

„dass die Hochschulen für die Umstellung auf die Bachelor- und Masterstrukturen keinerlei finanziellen Ausgleich erhalten hatten – obgleich der Wissenschaftsrat einen finanziellen Mehrbedarf in Folge der Reform von mindestens 15% feststellt."

Das CHE war der Sturmtrupp für die Einführungen von Studiengebühren. Kein Wunder, dass nun die Studie um diese Frage herumeiern muss:

94

„Immerhin könnte man meinen, dass Rheinland-Pfalz gerade deshalb die Zielzahlen des Hochschulpaktes so deutlich über-erfüllt hat, weil es eben keine Studienbeiträge erhebt und von Ländern umgeben ist, die solche Gebühren eingeführt haben (…)

In der Summe geht aus dieser Befragung (durch das <u>Hochschul-informationssystem HIS</u>) *also ein zu vernachlässigender Effekt auf die Studieninteressenten hervor. Allerdings wurde die Befragung zu einem Zeitpunkt durchgeführt, als erst zwei Länder Gebühren eingeführt hatten (…)*

Gleichzeitig werben die neuen Länder zurzeit massiv mit der Gebührenfreiheit – und dem entspricht ein vergleichsweise höherer Anteil von westdeutschen Studienanfängern an ostdeutschen Hochschulen, die angeben, die Gebührenfreiheit sei für sie ein relevantes Motiv gewesen."

Selbst wenn man den Verzicht von 18.000 Studierenden (meist aus sozial schwächeren Schichten, so die HIS-Befragung) für vernachlässigbar hält, so muss sich das CHE fragen lassen, wie es die Barriere Studiengebühren mit der nachdrücklichen Forderung nach verstärkter Werbung für ein Studium in Einklang bringt.
Der Blick auf die Entwicklung der Humankapitalrate (diese Kenngröße misst den zeitlichen Verbleib im Bildungssystem) zeige,

„dass Deutschland hier seit Mitte der 1990er Jahre gegenüber den meisten Industrie- und Schwellenländern an Boden verliert." Deutschland könne die Akademikerquote *„seit etwa 40 Jahren nicht mehr steigern, während in den meisten Vergleichsländern ein deutlicher Anstieg zu beobachten ist."*

Dieser nüchternen Bilanz hochschul- und bildungspolitischen Versagens ist nichts hinzuzufügen.

Artikel-Adresse: http://www.nachdenkseiten.de/?p=3909

Rhetorik der Sozialverträglichkeit – zum Studiengebühren-Urteil des Bundesverwaltungsgerichts

4. Mai 2009 | Rubrik: Hochschulen & Wissenschaft | Von Wolfgang Lieb

Das Bundesverwaltungsgericht in Leipzig hat in letzter Instanz die Klage der Studierendenschaft der Universität Paderborn abgewiesen, mit der diese in einem Musterprozess die Rückzahlung eines Semesterbeitrages in Höhe von 500 Euro durchsetzen wollte. Die politische Allerweltsformel von der „sozialen Verträglichkeit" musste als „juristische" Begründung für das Urteil herhalten. Die obersten Verwaltungsrichter haben sich nicht etwa mit der in Artikel 5 GG verankerten Wissenschaftsfreiheit, die ja die Studierfreiheit mit erfasst, oder mit dem Recht auf freie Berufswahl nach Artikel 12 GG oder dem Sozialstaatsprinzip nach Artikel 20 GG auseinandergesetzt, sondern sie haben sich kritiklos die Argumente des nordrhein-westfälischen „Innovationsministeriums" zu eigen gemacht. Das Urteil ist ein politisches und kein juristisches. Aber nicht einmal die politische Rhetorik von der „Sozialverträglichkeit" wurde hinterfragt.

Die landesrechtlichen Grundlagen der Studienbeitragserhebung *„verletzen nicht das aus Art. 12 Abs. 1 GG in Verbindung mit dem Gleichheitssatz des Art. 3 Abs. 1 GG und dem Sozialstaatsprinzip ableitbare Recht auf chancengleiche Teilhabe an den staatlichen Ausbildungsressourcen. Der nordrhein-westfälische Gesetzgeber war sich der Problematik bewusst, dass allgemeinen Studienabgaben grundsätzlich eine abschreckende bzw. verdrängende Wirkung im Hinblick auf Studienberechtigte aus einkommensschwachen Bevölkerungsschichten und bildungsfernen Elternhäusern zukommen kann. Zur Vermeidung dieses Effekts hat er insbesondere den Anspruch auf Gewährung eines Studienbeitragsdarlehens vorgesehen. Zwar können sich nicht nur wegen der Rückzahlung der Darlehenssumme, sondern vor allem auch wegen der für das Darlehen zu zahlenden Zinsen beachtliche Belastungen für die betroffenen Studierenden ergeben. Das Recht auf chancengleiche Teilhabe an den staatlichen Ausbildungsressourcen fordert jedoch nicht, dass Erschwernisse, die mit der Erhebung von Studienabgaben verbunden sind, durch soziale Begleitmaßnahmen vollständig kompensiert werden. Diese Maßnahmen müssen nur hinreichend sicher verhindern, dass die Abgabenerhebung zu unüberwindlichen so-*

zialen Barrieren für die Aufnahme oder die Weiterführung eines Studiums bzw. zu einer sozialen Unverträglichkeit führt. Diesen Anforderungen werden die durch den nordrhein-westfälischen Landesgesetzgeber vorgesehenen Studienbeitragsdarlehen auch im Hinblick auf die Zinsregelung – noch – gerecht." So heißt es in der Pressemitteilung des Bundesverwaltungsgerichts zum Urteil vom 29. April 2009 BVerwG 6 C 16.08.

Die Entgelterhebung durch die Studiengebühr müsse nämlich nur *„sozialverträglich ausgestaltet"* sein, heißt es in der Begründung.

Die Frage ist allerdings: Kann es überhaupt sozialverträgliche Studiengebühren geben?

„Sozialverträgliche" Gebühren sind eine beschönigende Umschreibung einer sozial belastenden staatlichen Maßnahme. Notwendig wären aber eher „sozial förderliche" Maßnahmen, um mehr Chancengleichheit bei der Aufnahme eines Studiums und damit ein höheres allgemeines Qualifikationsniveau zu erreichen.

„Sozialverträglichkeit" wird eindimensional verengt auf die Frage, was finanziell noch zumutbar ist, um keinen Abschreckungseffekt bei der Entscheidung für die Aufnahme eines Studiums zu bewirken.

Das Leipziger Bundesverwaltungsgericht: „Der nordrhein-westfälische Gesetzgeber war sich der Problematik bewusst, dass allgemeine Studiengebühren grundsätzlich eine abschreckende bzw. verdrängende Wirkung im Hinblick auf Studienberechtigte aus einkommensschwachen Bevölkerungsschichten und bildungsfernen Elternhäusern zukommen kann."

Zeichnung:
Thomas Plassmann

97

Der Begriff „sozialverträglich" – in seiner ursprünglichen Bedeutung, wie er vor Jahren in die sozialwissenschaftliche Debatte eingeführt worden ist, nämlich in Form einer Sozialverträglichkeitsprüfung – würde eine viel breitere, differenziertere Diskussion und einen komplexeren Abwägungsprozess verlangen. Nämlich wie die Einführung einer „Sozialtechnik" – und Studiengebühren sind eine Sozialtechnik – negativ oder positiv auf definierte, allgemein anerkannte Oberziele wirkt.

Der Begriff „soziale Verträglichkeit" kam auf, als sich in den 70er Jahren im Ruhrgebiet infolge der Schließung von Zechen und Stahlwerken Massenentlassungen ereigneten. Damals wurde nach Lösungen gesucht, wie der Strukturwandel „sozial verträglich" gestaltet werden könnte. Es ging vor allem darum, wie verhindert werden kann, dass die Kumpel im Pütt und an den Stahlöfen ins „Bergfreie" fallen.

Der Begriff „Sozialverträglichkeit" hat zwischenzeitlich auf vielen gesellschaftspolitischen Konfliktfeldern Eingang gefunden. Heute gehört dieser Begriff zur Alltagssprache der Politiker – meistens in politischen Zusammenhängen, bei denen es um belastende Maßnahmen oder um soziale und finanzielle Einschnitte für größere Bevölkerungsgruppen geht.

Der Rechtswissenschaftler und Soziologe Wolfgang van den Daele (Sozialverträglichkeit und Umweltverträglichkeit, Politische Vierteljahreschrift Nr. 34, S. 219ff., 1993) sprach daher warnend davon, dass es bei der Benutzung der Wortverbindung *soziale Verträglichkeit"* zunehmend eher um *„Verträglichkeitsrhetorik"* als um eine aussagekräftige Begriffsbildung gehe.

Die Forderung nach „sozialer Verträglichkeit" wurde auch regelmäßig im Zusammenhang mit der Debatte um die Einführung der Studiengebühren erhoben. Kaum einer der Befürworter von Studiengebühren vergisst darauf hinzuweisen, dass die Gebühr selbstverständlich „sozial verträglich" sein müsse. Fragt man genauer nach, was darunter zu verstehen ist, so findet man eine Vielzahl von beliebigen Argumenten und Vorschlägen, die – wie auch immer – begründen sollen, dass die Einführung von Studiengebühren keine sozial selektiven Abschreckungswirkungen auf individuelle Entscheidungen für die Aufnahme eines Studiums haben dürfe.

Vergleicht man aber die Einführung von Gebühren mit den Angeboten, wie eine „soziale Verträglichkeit" – etwa durch die Einführung eines Stipendiensystems – praktisch gewährleistet werden könnte, so wird offenkundig, dass es sich dabei meist um „Verträglichkeitsrhetorik" handelt.

Ähnlich wie beim „Unwort des Jahres 1998" – nämlich dem „sozialverträglichen Frühableben" – handelt es sich beim Gebrauch der Wortverbindung „sozialverträgliche Studiengebühr" meist um eine beschönigende, man könnte sogar sagen: manipulative Umschreibung einer politisch unangenehmen und konfliktträchtigen Entscheidung.

Die Studiengebühr ist eine Art „Kopfpauschale", eine Abgabe, die alle gleich trifft, unabhängig von den jeweiligen Einkommens- oder Vermögensverhältnissen; ein sozialer Ausgleich wie bei der Steuer etwa über die Progression der Belastung nach der Einkommenshöhe findet im „Gebührenstaat" nicht statt. Jeder bezahlt dasselbe für das Angebot einer Leistung – sofern er sich dieses leisten kann. Soziale Gesichtspunkte bleiben somit gerade außen vor, schon allein deshalb ist die Einführung von gleich hohen „Studienbeiträgen" für alle unsozial.

Der Nettomonatsverdienst eines Arbeiterehepaares mit Kindern lag 2006 im Westen bei 2.271,51 Euro und im Osten bei 1.888,77 Euro (Statistisches Bundesamt zitiert nach SPIEGEL, das sind die aktuellsten verfügbaren Daten). Selbst wenn man einen BaföG-Höchstsatz von 643 Euro für das studierende Kind unterstellt, sind 1.000 Euro zusätzliche Ausbildungskosten pro Jahr für die betreffende Familie ein hoher Anteil am Einkommen.

Wer für Chancengleichheit oder soziale Chancengerechtigkeit eintritt, dürfte nicht über „soziale Verträglichkeit" fabulieren, sondern er müsste vielmehr über „sozial förderliche" Maßnahmen nachdenken, mit denen der Anteil von jungen Menschen aus sozial schwächeren und bildungsferneren Bevölkerungsgruppen an den Hochschulen auf ein sozial verträglicheres Maß angehoben werden könnte.

Wer meint, dass die sog. „nachgelagerte Gebühr" – also die Rück-zahlung eines Kredites nach dem Studium – die Geldbarriere weg-nähme, sollte sich daran erinnern, dass in der Regierungszeit Kohl das Bafög auf Darlehen umgestellt wurde; das führte von 1982 bis 2000 zu einem Rückgang des Anteils der Studierenden aus „bil-dungsfernen Schichten" von 23 auf 13%.

Wer solche Argumente nennt, dem wird oft vorgehalten, dass man die soziale Fürsorglichkeit zu weit treibe und dass derjenige, der studieren möchte, eben auch ein gewisses Opfer dafür bringen müsse. So auch das Bundesverwaltungsgericht: *Das Recht auf chancengleiche Teilhabe an den staatlichen Ausbildungsressourcen fordert jedoch nicht, dass Erschwernisse, die mit der Erhebung von Studienabgaben verbunden sind, durch soziale Begleitmaßnahmen vollständig kompensiert werden."* Auch dieser Satz offenbart ein typisches Oberschicht-Denken.

Es ist nachweislich so, dass aufgrund der geringeren verfügbaren Einkommen für statusniedrigere Familien die erwarteten Kosten schwerer wiegen als für statushöhere, meist besser verdienende. Sowohl die Eltern als auch die Kinder, vor allem, wenn sie in der ersten Generation an eine Hochschule gehen, schätzen die Erfolgs-aussichten geringer ein, als das in Akademikerfamilien üblich ist, so dass eine kosten- und zeitintensive Bildungsinvestition riskanter erscheint. Es ist also kein Wunder, dass bei statushöheren Familien „der Apfel nicht weit vom Stamm fällt". Bildungskredite benach-teiligen darüber hinaus in besonderer Weise Frauen. Die Rückzah-lungsverpflichtungen vor dem Hintergrund nach wie vor schlech-terer Einkommenserwartungen von Frauen oder deren (biologisch und kulturell bestimmter) Unterbrechung der Erwerbstätigkeit in der „Kindererziehungsphase" haben für weibliche Studierwillige ei-nen noch höheren Abschreckungseffekt.

Die „nachgelagerte Gebühr" ist also nicht nur eine nach hinten ver-schobene, aber dafür um so höhere soziale Barriere für ein Studi-um, sie ist darüber hinaus ein schwerer Rückschlag für die Aufhol-jagd junger Frauen bei der Bildungsbeteiligung.

Artikel-Adresse: http://www.nachdenkseiten.de/?p=3918

Das CHE-Hochschulranking 2009/10 ist alles andere als ein Studienführer

11. Mai 2009 | Rubrik: Hochschulen & Wissenschaft | Von Wolfgang Lieb

Der „ZEIT-Studienführer" liegt im Graubereich zwischen Journalismus und PR. Er dient eher der Imagepflege des CHE und der Bertelsmann-Stiftung als neutralen und gemeinnützigen Einrichtungen. Das Ranking selbst dient dem CHE, um seine Ideologie vom Wettbewerb als Steuerungsinstrument für die Hochschulen zu propagieren. Die dem Ranking zugrunde liegenden Kriterien werfen mehr Fragen als Antworten auf, aus kaum einem Kriterium lässt sich wirklich auf die Qualität des Studienangebotes schließen. Darüber hinaus ist höchst fraglich, ob die Bewertungen repräsentativ sind. Der „ZEIT-Studienführer" ist für die weit überwiegende Zahl der Studierwilligen irrelevant, ja sogar eine Frust auslösende Irreführung, denn angesichts der um sich greifenden Zulassungsbeschränkungen kann sich ohnehin kaum noch ein Studienanfänger seinen Studienort auswählen.

Wieder einmal dient DIE ZEIT als Medienplattform für das Hochschulranking des Centrums für Hochschulentwicklung (CHE) der Bertelsmann Stiftung. Für diese Kooperation der nicht zum Bertelsmann Konzern gehörenden ZEIT mit dem privaten Think-Tank CHE gibt die Wochenzeitung folgende Gründe an:

• das CHE-Ranking sei der größte Hochschulvergleich; die Urteile von 15.000 Professoren und rund 200.000 Studierenden an 2.000 Fachbereichen in mehr als 250 Hochschulen seien *„getestet"* worden,

• es sei der *„seriöseste Hochschulvergleich, weil er in enger Zusammenarbeit mit Professoren aus den jeweiligen Fachgebieten entstehe und von Jahr zu Jahr weiterentwickelt werde"*,

• es sei der differenzierteste Hochschulvergleich, denn bis zu 34 Kriterien flössen in die Bewertung ein,

• zudem bürgten *„die Träger des CHE, die Hochschulrektorenkonferenz und die Bertelsmann Stiftung, für Qualität"* (so schreibt Thomas Kerstan).

Wer den „ZEIT-Studienführer" ausschließlich als hilfreiches Angebot und objektive Information für Studierende und Studierwillige betrachtet, sollte Folgendes mit bedenken:

1. Die sich einen ach so seriösen Anstrich gebende Wochenzeitung DIE ZEIT begibt sich mit ihrer Berichterstattung, mit der Herausgabe der Broschüre eines „ZEIT- Studienführers" und mit ihrem Internetportal www.zeit.de/hochschulranking in den Graubereich der Vermischung von Journalismus und PR.

2. Die ZEIT fördert das gezielt gepflegte Image von CHE und Bertelsmann-Stiftung als gesellschaftpolitisch neutralen, gemeinnützigen Think Tanks, die sich angeblich für das Gemeinwohl engagieren und mit dem Hochschulranking der großen Gruppe der Studierenden eine großmütige Hilfestellung bei der Auswahl ihres Studienortes anbieten.

Bis auf den einschränkenden Hinweis, dass das Ranking *„natürlich nicht andere Informationsquellen"* ersetze, gibt es keinen relativierenden oder kritischen Hinweis auf Sinn und Unsinn von Rankings generell oder auf den Stellenwert von Rankings für die Mission der Bertelsmann-Stiftung.

Für die Übernahme der Rolle einer Medienplattform für das CHE ist es für die ZEIT offenbar eine ausreichende Legitimation, dass der „ZEIT-Studienführer" eine *„große Nachfrage"* erfährt.

Ein eher kommerzielles Interesse also – und warum verkauft eigentlich das CHE dieses Ranking nicht unter seinem Namen?

Außerdem stützt sich die ZEIT auf das Urteil *„internationaler Experten"* und zitiert eine Studie der Vereinigung Europäischer Hochschulen. Dieser „Association of European Universities" (EUA) gehört auch die deutsche Hochschulrektorenkonferenz (HRK) an, und diese hat wiederum als ihren „wissenschaftlichen" Schreibtisch das CHE. HRK und CHE veröffentlichen etwa ihre Reformvorschläge unter einem Kopfbogen. So schließt sich der Kreis…

Aussagen kritischer Experten gegenüber dem CHE-Ranking wie etwa Alexander Kohler, dem Geschäftsführer der Austrian Agency for Quality Assurance (AQA), führt DIE ZEIT selbstredend nicht an. Kohler hat wesentlich dazu beigetragen, dass die österreichischen Hochschulen sich nicht mehr an dem CHE-Hochschulranking beteiligten. Er führte methodische Kritikpunkte als Grund für den Ausstieg an. Über Uni-Rankings sagte er: *„Sie bieten keine umfassende Information über die Qualität einer Universität. Sie stellen nur einen Ausschnitt des Leistungsspektrums dar."*

Die Schweizer Rektorenkonferenz hat sich schon längst wieder aus dem grenzüberschreitenden CHE-Ranking verabschiedet. Dass auch unter Deutschlands Studierenden das CHE-Ranking keineswegs unumstritten ist und vielerorts – wie etwa in Berlin – <u>zum Boykott aufgerufen wird</u>, ist der ZEIT auch keinen einschränkenden Hinweis wert.

In den USA haben sich mehrere Elitehochschulen, wie etwa Harvard und Wharton, den dort üblichen Hochschulrankings entzogen. Über die kritische Debatte bei uns (Vgl. etwa Konrad Liessmann, Theorie der Unbildung) über die Manie der Rankings findet sich in der ZEIT gleichfalls kein Wort.

Wozu CHE-Hochschulrankings?

Das CHE hat die aus den USA stammenden Hochschulrankings in Deutschland hoffähig gemacht. Zusätzlich zu den Hochschulrankings gibt es noch ein CHE-ForschungsRanking, ein CHE-Länder-Ranking und sogar noch ein CHE-AlumniRanking.

Überall, wo sich Bertelsmann und das CHE einmischen, geht es um Wettbewerb als Steuerungsinstrument für mehr Effizienz und für die Ausrichtung der Angebote der jeweils „gerankten" Institutionen auf den Markt. Da Wettbewerb und Konkurrenz nach der Grundphilosophie der Bertelsmann-Stiftung die besten und effizientesten Steuerungsinstrumente sind, muss mit Ranglisten auch dort ein Wettbewerb fingiert und inszeniert werden, wo – wie etwa bei den Hochschulen – gar kein Markt existiert.

Die Hochschulrankings kommen aus den USA und haben dort einen gewissen Einfluss auf den Marktpreis für ein Studium, d.h. auf die

Höhe der Studiengebühren. Das liegt auch ganz in der Logik des CHE – sozusagen des „Sturmtrupps" für die Einführung von Studiengebühren. Konsequent zu Ende gedacht, müssten die deutschen Hochschulen gleichfalls die Höhe ihrer Studiengebühren an ihrem Rangplatz ausrichten können. Dem schiebt die gesetzlich festgeschriebene Höchstgrenze auch in den Ländern mit Studiengebühren – noch – einen Riegel vor.

Deshalb verfolgt das CHE zunächst noch ein mittelbares Ziel: Durch die Vergleiche soll nicht etwa nur eine Selbsteinschätzung der einzelnen Hochschule ermöglicht werden, sondern vor allem ein Konformitäts- und Anpassungsdruck auf alle Hochschulen ausgehen. Aus den Rankings sollen sich Qualitätsvergleiche ergeben, und wer am besten abschneidet, soll nach den Vorstellungen der Veranstalter solcher Rankings die Qualitätsmaßstäbe vorgeben. Das Ziel ist, dass sich die schlechter Platzierten im Wettbewerb an den besser Platzierten messen und dadurch eine Qualitätskonkurrenz zur vom CHE propagierten „Entfesselung" der Hochschulen angestoßen wird.

Man kann nun lange über die Sinnhaftigkeit von Benchmarks oder Rankings streiten. Über eine Tatsache führt nichts hinweg: Wie bei allen Vergleichsmessungen geht es bei Rankings darum, dass Qualität quantifiziert werden muss. Oder anders: Man muss Qualität in Quantitäten ausdrücken, denn nur so lässt sich vergleichen und messen.

Die Fetischisierung der Rangliste sei Ausdruck und Symptom einer *„spezifischen Erscheinungsform von Unbildung"*, nämlich mangelnder Urteilskraft, schreibt der Wiener Philosoph Konrad Paul Liessmann in seinem Buch „Theorie der Unbildung".

„Tatsächlich ersetzt jede Reihung ein qualifiziertes Urteil, da sie besessen ist von der falschen Vorstellung, Urteilen hieße Quantifizieren", meint Liessmann. Nun muss man den neuhumanistischen Bildungsbegriff des Philosophen nicht teilen, aber recht hat Liessman, wenn er schreibt, dass der Gedanke des Vergleichens und der Reihung in Verbindung mit dem Paradigma betriebswirtschaftlichen Denkens steht, das den Betriebsablauf von Hochschulen eher mit dem von Unternehmen vergleicht.

34 Kriterien als Maßstab von Qualität?

Das CHE-Ranking wird als besonders hochwertig eingestuft, weil bei ihm 34 Kriterien – also mehr als in anderen Rankings – als Messgrößen eingehen. Motto: Je mehr Kriterien, desto eher schlägt Quantität in Qualität um. Schauen wir uns einige „Qualitätsmerkmale" genauer an:

- **Arbeitsmarkt und Berufsbezug.** *„Ermittelt wurden die Angebote für berufsbezogene Veranstaltungen und die Studierendenurteile zu diesem Angebot."*

  Was sind eigentlich berufsbezogene Veranstaltungen? Für welchen „Beruf" wird ein Biologe, eine Chemikerin, eine Physikerin oder ein Informatiker ausgebildet? Soll ein Studium Berufsbefähigung oder Berufsfertigkeit vermitteln? Wie sollen nun gerade Studierende, die in der Regel nun gewiss keine breite Berufserfahrung haben, beurteilen (können), ob solche Angebote berufsbezogen sind? Wer bietet solche Veranstaltungen an, die Hochschule oder Berufsverbände oder Unternehmen? Wie wird die Qualität solcher Angebote beurteilt? Zählt allein die Zahl der Angebote?

- **Ausstattung.** *„Die Bibliothek ist wichtig für die Recherche bei Klausuren und Referaten. Auch die Zahl und die Ausstattung der Computer- und Laborplätze entscheiden darüber, wie zügig man studieren kann."*

  So begrüßenswert solche Ausstattungen sein mögen, sind Lehrveranstaltungen besser oder schlechter, wenn die Zahl der Computer größer ist? Haben die heutigen Studierenden nicht inzwischen alle ihren Laptop? Ist eine Lehrveranstaltung besser oder schlechter, weil dort E-Learning oder AV-Medien eingesetzt werden? Wird der Lehrstoff didaktisch besser aufbereitet, weil die IT-Infrastruktur besser ist?

- **Forschung.** *„Es gibt Studieninteressierte, die eine besonders forschungsaktive Hochschule suchen, weil sie später promovieren wollen oder hier gute Aussichten bestehen, als studentische Hilfskraft zu arbeiten. Es wurde u.a. ermittelt, wie viele Dritt-*

mittel zur Verfügung stehen, wo am meisten promoviert und publiziert wird und wie viele Erfindungen gemeldet wurden."

Ist die Drittmitteleinwerbung ein Ausweis von Forschungsqualität? Hier wird z.B. die Wettbewerbsideologie des CHE ganz deutlich erkennbar. Forschung soll nämlich danach gesteuert werden, was sich auf dem Drittmittelmarkt am besten durchsetzt. Was haben Erfindungen (Patente) etwa mit Grundlagenforschung zu tun? Dazu nur ein Beispiel: Die Ukraine hat mehr als doppelt so viele einheimische Patentanmeldungen wie Frankreich, Schweden und fast doppelt so viele wie Großbritannien. Indien weit abgeschlagen. Will sagen: Patente sagen ziemlich wenig aus über die Bedeutung des geschützten Eigentums.

Auch die Zahl der Publikationen oder womöglich gar die Seitenzahl der Publikationen sind ein höchst zweifelhafter Qualitätsmaßstab. Kleinste Forschungsergebnisse lassen sich mit dem richtigen Marketing leichter publizieren als fundierte neue Ergebnisse, die den herrschenden Lehren widersprechen. Ein Wolfgang Franz von der Uni Mannheim etwa wird als Vorsitzender des Sachverständigenrats aufgrund der Mitarbeiter, die ihm zuarbeiten, und aufgrund seines Netzwerks auch in wissenschaftlichen Verlage natürlich mehr unter seinem Namen publizieren können als ein Wissenschaftler, der Franzens herrschende Arbeitsmarkttheorien mit empirischen Untersuchungen widerlegt.

- **Internationale Ausrichtung.** *„Wo werden fremdsprachige Studiengänge angeboten?"*

So wichtig Fremdsprachenkenntnisse sind, welcher Gewinn an Qualität ist darin zu erkennen, dass an einer hiesigen Hochschule ein deutscher Professor sich seine Vorlesung in englisch radebrecht, oder – noch schlimmer – dass man irgendeinen Native Speaker anwirbt, über dessen Lehrbefähigung man vor seiner Berufung nur weiß, dass er Englisch und kein Deutsch kann.

- **Studienergebnis.** *„Wer sich für eine Hochschule entscheidet, möchte wissen, wie gut die Chancen auf einen erfolgreichen und schnellen Abschluss sind. Deshalb wurden u.a. die mittlere Studiendauer und die Durchschnittsnote beim Examen untersucht."*

Wäre die Studienabbrecherquote nicht viel aufschlussreicher für die Studienqualität als die mittlere Studiendauer? Was besagt die Durchschnittnote? Gab es nicht schon immer Hochschulen, die besser bewerteten und solche, die strengere Bewertungsmaßstäbe anlegten?

- **Neubesetzungen.** *„Anzahl der im Jahr der Veröffentlichung der Daten geplanten Neubesetzungen von Professorenstellen. Gibt zum einen einen Einblick in die Fluktuation des Personals am Fachbereich und über die ggf. damit erfolgende ‚Verjüngung'."*

Ist es aber nicht gerade so, dass Hochschullehrer an Hochschulen mit nicht so gutem Ruf oder mit geringer Standortqualität sich gerne weiter bewerben und gerade an solchen nicht so gut beleumundeten Hochschulen öfters Stellen frei werden und neu besetzt werden müssen? Bedeuten Neuberufungen in aller Regel wegen der lang andauernden Berufungsverfahren nicht eher eine Reduzierung des Lehrangebots?

Vom vielen Wiegen wird die Sau nicht fetter

Man könnte ein Kriterium nach dem anderen durchgehen, fast überall werfen die Kriterien mehr Fragen als Antworten auf. Aus kaum einem Kriterium lässt sich aber wirklich auf die Qualität des Studienangebotes schließen. Und man könnte die Zahl der Indikatoren noch so sehr erhöhen, sie würden vielleicht von Laien als Ausweis für die Qualität eines Rankings angesehen werden, sie dürften aber über die Qualität des zu Beurteilenden nicht viel mehr aussagen.

Würden sich solche Rankings auf ihre begrenzte Aussagekraft beschränken, könnte man ihnen ja noch einen begrenzten Sinn zuerkennen. Doch auch die Bewertungen etwa durch die Studierenden sind insoweit höchst zweifelhaft, weil sie in aller Regel keine Vergleichsmaßstäbe haben. Wer hat schon an mehreren Universitäten studiert und kann wirklich ein Urteil abgeben, ob etwa die Betreuungssituation besser oder schlechter ist. So hängen die Bewertungen von vielen Faktoren ab, die weniger mit den Tatsachen als z.B. mit dem allgemeinen Klima an einer Hochschule oder mit dem vermittelten Image des jeweiligen Hochschulstandorts zusammen hängen.

Sind Rankings wirklich Studienführer?

Nach einer zwar schon etwas älteren Studie (2005) über das Informationsverhalten und die <u>Entscheidungsfindung bei der Studienauswahl durch das Hochschul Information System (HIS)</u> haben sich immerhin 57% der Studierwilligen durch Rankings einen Überblick über die Rangfolge verschiedener Hochschulen verschafft. Aber nur etwa ein Drittel (35%) gab an, dass diese Rankings ihm bei der Planung des Studiums weiter geholfen haben.

Inzwischen besteht in zwei Dritteln aller Bachelor-Studiengänge ein Numerus Clausus. Die Zulassung zu einem Studiengang an einem bestimmten Studienort geschieht eher zufällig oder nach Auswahl durch die Hochschule denn aus eigener Entscheidung.

Allein diese Studienwirklichkeit führt den Rummel um das CHE-Ranking jedenfalls für die ganz überwiegend Zahl der Studienanfänger ad absurdum.

Artikel-Adresse: http://www.nachdenkseiten.de/?p=3932

4. Haltet den Dieb – keine Konsequenzen aus der Finanzkrise

Die Deregulierung und die Förderung des Finanzmarktes durch die Bundesregierung

9. Januar 2009 | Rubrik: Kapitalmarkt | Von Wolfgang Lieb

Ein Leser hat uns gebeten, doch einmal alle Gesetze der letzten Jahre, die zur Deregulierung des Finanzmarktes in Deutschland beigetragen haben, zusammenzustellen. Ich habe mich auf die Suche gemacht. Dabei habe ich eine wunderbare Zusammenstellung des Bundesfinanzministeriums gefunden.

Die Banken haben Milliarden verzockt und werden trotzdem von der Politik mit dem Geld der Steuerzahler gestützt: wer hinter die Kulissen der Finanzkrise schaut, stellt fest, dass wir einem Kartell aus finanziellen Interessen und wirtschaftspolitischem Unverstand ausgeliefert sind.

Wir stellen diese (bevor man sie löscht) einfach mal mit wenigen Anmerkungen ins Netz. Die Zusammenstellung und vor allem der euphorische Ton sprechen für sich. Dieses Zeitdokument sollte nicht verloren gehen.

Ganz sicher haben einige der aufgeführten gesetzlichen und sonstigen Maßnahmen nicht unmittelbar zur Finanzkrise beigetragen, aber ein großer Teil muss als durchaus ursächlich angesehen werden, so etwa die Erleichterung von Unternehmensübernahmen, die Einführung von Hedge-Fonds, die Erleichterungen bei der Verbriefung von Kreditforderungen, etc…

Wann setzt der Finanzausschuss des Bundestags eine Arbeitsgruppe ein oder wann holt die Bundesregierung Gutachten ein, die überprüfen, warum diese unzähligen Gesetze die Finanzkrise nicht verhindern oder wenigstens abfedern konnten? Oder welche

Gesetze einer Änderung oder Abschaffung bedürfen, um künftig Finanzkrisen zu verhindern?

Hier der Text, meine Kommentare dazu in grau.

Das Ziel fest im Blick: Konsequente Schritte in eine erfolgreiche Zukunft für den Finanzmarkt Deutschland in Europa

Die Bundesregierung hat in den vergangenen Jahren wichtige Stufen erklommen auf dem Weg zu einem erfolgreichen Finanzplatz Deutschland in Europa und der Welt. Entschlossene Reformen und Veränderungen waren notwendig – für die Finanzwirtschaft und für die Bürgerinnen und Bürger

- Das Investmentsparen durch die Bundesbürger soll langfristig und nachhaltig gesteigert werden: Teilhabe aller am wirtschaftlichen Erfolg ist das Ziel.

- Infolge der demographischen Entwicklung muss die umlagefinanzierte erste Säule der Altersversorgung gesichert werden - deshalb geht es um die Stärkung der privaten kapitalgedeckten Altersvorsorge [Glossar].

- Die gewaltigen Potenziale des deutschen Finanzmarktes müssen als Motor für Wachstum und Beschäftigung der Volkswirtschaft vollständig ausgeschöpft werden.

- Der Finanzdienstleistungssektor trägt mit einer Bruttowertschöpfung von rund 86 Mrd. Euro mit etwa 4,6% zum deutschen BIP bei.

- Darüber hinaus ist die Finanzdienstleistungsbranche mit rund 1,4 Mio. Beschäftigten einer der größten Arbeitgeber hoch qualifizierter und gut ausgebildeter Leute.

- Die Kreditwirtschaft ist einer der bedeutendsten Bereiche der deutschen Volkswirtschaft.

- Deutschland ist – gemessen an den Prämieneinnahmen – der viertgrößte Versicherungsmarkt der Welt und Weltmarktführer im Rückversicherungsmarkt.

- Deutschland ist Sitz der größten Terminbörse der Welt (Eurex).

- Der Bondmarkt des Finanzstandorts Deutschland ist mit Abstand der größte in Europa.

I. Grundlagen und Wegmarken

Mit der Agenda 2010 hat die Bundesregierung ein umfassendes Reformprogramm aller Politikbereiche gestartet. Darin eingebettet findet sich auch ein Konzept zur Förderung des Finanzmarktes: Der Finanzmarktförderplan 2006, den Bundesminister Eichel im März 2003 vorgestellt hat, sowie das 10-Punkte-Programm zur Stärkung des Anlegerschutzes und der Unternehmensintegrität. Aber auch andere Maßnahmen bilden die Grundlage für die Reformen der Bundesregierung:

- **Übernahmegesetz**
  Zu Beginn des Jahres 2002 trat zunächst das Wertpapier- erwerbs- und -übernahmegesetz in Kraft, das in Deutschland erstmals einen verbindlichen Rechtsrahmen für die Übernahme börsennotierter Unternehmen statuierte.

  [In der Begründung des Bundesfinanzministerium heißt es: Das Wertpapiererwerbs- und Übernahmegesetz (WpÜG) hat das Ziel, Rahmenbedingungen bei Unternehmensübernahmen und anderen öffentlichen Angeboten zum Erwerb von Wertpapieren in Deutschland zu schaffen, die den Anforderungen der Globalisierung und der Finanzmärkte angemessen Rechnung tragen, und hierdurch den Wirtschaftsstandort und Finanzplatz Deutschland auch im internationalen Wettbewerb weiter stärken.]

- **Bundesbankstrukturreform/Gründung der BaFin (2002)**
  Anschließend erfolgte die Bundesbankstrukturreform und die Gründung der Bundesanstalt für Finanzdienstleistungsaufsicht (BaFin)... In Deutschland ist der BaFin praktisch die Aufsicht über den gesamten Finanzsektor anvertraut worden. Ihre Aufgabe ist, die Funktionsfähigkeit, Stabilität und Integrität des deutschen Finanzsystems zu sichern.

[Warum hat dieses Gesetz die BaFin nicht in die Lage versetzt, die sich schon lange anbahnende Finanzkrise durch aufsichtsrechtliche Maßnahmen abzuwehren oder wenigstens, wie in Spanien zu lindern?]

- **Gründung der Bundesrepublik Deutschland Finanzagentur GmbH**
  Die Bundesregierung hat mit der Gründung der Deutschen Finanzagentur das Schuldenmanagement des Bundes entscheidend verbessert mit dem Ziel, künftig Kosten zu sparen und risikooptimiert zu arbeiten. Die Deutschen Finanzagentur ist ein privates Unternehmen im Geschäftsbereich des Bundesministeriums der Finanzen, dessen Geschäftstätigkeit sich neben dem Management der Schulden des Bundes und seiner Sondervermögen und der Liquiditätssicherung auch auf verschiedene Dienstleistungen erstreckt (so z.B. die Erarbeitung von Marktanalysen und Modellen zur Steuerung des Kreditportfolios, die Vorbereitung von Entscheidungsalternativen für den Emittenten zur Umsetzung seiner Emissionspolitik, die Risikoüberwachung, sowie die Werbung, Presse- und Öffentlichkeitsarbeit für Bundeswertpapiere).

- **Corporate-Governance-Kodex (2002)**
  Mit dem Inkrafttreten des Transparenz- und Publizitätsgesetzes wurde zudem ein international anerkannter Corporate-Governance-Kodex für eine verantwortliche Unternehmensführung implementiert. Er sah übrigens – als freiwillige Empfehlung – die Offenlegung von Vorstandsgehältern bei börsennotierten Unternehmen vor.

[Hat dieses Gesetz eine Wirkung gehabt? Die Gehälter wurden zwar ein bisschen transparenter, aber explodiert sind sie dennoch.]

- **Viertes Finanzmarktförderungsgesetz (2002)**
  Das vierte Finanzmarktförderungsgesetz hat mit seinem anlegerschutzorientierten Fokus (Stichworte: Schadensersatz bei fehlerhaften Ad-hoc-Mitteilungen, Directors' Dealings, Verhaltensregeln für Finanzanalysten etc.) und durch die Flexibilisierung des Börsenrechts ganz entscheidend zu den verbesserten Rahmenbedingungen für den Finanzplatz Deutschland beigetragen.

II. Konkrete Schritte zum Erfolg

Die Umsetzung des Finanzmarktförderplans 2006, des 10-Punkte-Programms sowie weiterer Maßnahmen

- **Investmentmodernisierungsgesetz**
  Durch das am 1. Januar 2004 in Kraft getretene Investment-modernisierungsgesetz wurden neue EU-Vorschriften für Investmentfonds in nationales Recht umgesetzt und das deutsche Investmentrecht grundlegend modernisiert. Das Investmentge-setz war die Grundlage für die Einführung von Hedgefonds in Deutschland und eröffnete damit den direkten Zugang für deut-sche Anleger zu diesem innovativen Produkt.

  Grundlage des Vorhabens war ein liberaler Ansatz, der zugleich einen umfassenden und effektiven Anlegerschutz für die Bürge-rinnen und Bürger gewährleistet.

- **Anlegerschutzverbesserungsgesetz**
  Stärkung des Finanzplatzes Deutschland heißt auch Verbes-serung des Anlegervertrauens. Anlegerschutz und gut funkti-onierende Kapitalmärkte gehen Hand in Hand. Die Stärkung des Anlegerschutzes ist das Ziel des im vergangenen Oktober in Kraft getretenen Anlegerschutzverbesserungsgesetzes. Das Gesetz verbessert die Transparenz im Bereich der Kapitalmarkt-informationen und den Schutz vor unzulässigen Marktpraktiken durch die Umsetzung der EU-Marktmissbrauchsrichtlinie und die Schaffung einer neuen Prospektpflicht.

  Die Bundesregierung hat die notwendige Transparenz auch auf dem so genannten Grauen Kapitalmarkt, in dem nach Schät-zung bis zu 30 Milliarden Euro pro Jahr verloren gehen, auf eine gesetzliche Grundlage gestellt: Eingeführt wurde eine Prospekt-pflicht für nicht in Wertpapieren verbriefte Unternehmensbetei-ligungen und Anteile an geschlossenen Fonds – ein entscheiden-der Meilenstein.

  [Hat dieses Gesetz etwa die Anleger geschützt?]

- **Wertpapierprospektgesetz**
  Das im Rahmen des Prospektrichtlinie-Umsetzungsgesetzes Anfang Juli 2005 in Kraft getretene Wertpapierprospektgesetz ermöglicht es u.a., dass in Deutschland emittierte Wertpapiere europaweit angeboten werden dürfen (Europäischer Wertpapierpass).

- **Finanzkonglomerate**
  Zu Beginn 2005 ist das Gesetz zur Umsetzung der Finanzkonglomeraterichtlinie in Kraft getreten. Mit diesem Gesetz wurden die EU-Standards für die Beaufsichtigung komplexer Finanzgruppen aus Banken, Wertpapierfirmen und Versicherungen in das deutsche Finanzaufsichtsrecht umgesetzt. Damit wurden bislang noch bestehende Aufsichtslücken geschlossen, die Aufsichtsbefugnisse insgesamt verbessert.

- **Enforcement**
  Mit dem Bilanzkontrollgesetz wurde ein wirkungsvolles Enforcement-Verfahren in das deutsche Rechnungslegungssystem eingeführt. Jahresabschlüsse börsennotierter Unternehmen werden künftig stichprobenartig oder auch anlassbezogen im Rahmen dieses zweistufigen Verfahrens auf ihre Verlässlichkeit überprüft.

- **Verbriefungsmarkt/Asset Backed Securities**
  Die Bundesregierung hat es Kreditinstituten erleichtert, Kreditforderungen zu verbriefen: Es wurden Verbriefungszweckgesellschaften, die von Kreditinstituten Kreditforderungen übernehmen und verbriefen, gewerbesteuerrechtlich hinsichtlich der Behandlung von Dauerschulden den Banken gleichgestellt. Die entsprechenden gesetzlichen Regelungen sind mit dem Gesetz zur Förderung von Kleinunternehmern und zur Verbesserung der Unternehmensfinanzierung im August 2003 rückwirkend zum 1. Januar 2003 in Kraft getreten.

- **Pfandbriefgesetz**
  Eine weitere wichtige Ergänzung der Vorhaben der Bundesregierung ist das Gesetz zur Neuordnung des Pfandbriefrechts, das am 19. Juli 2005 in Kraft getreten ist. Mit diesem Gesetz wird zum einen die hohe Qualität des Pfandbriefs gewahrt und für die

Zukunft gestärkt. Zum anderen wird die Befugnis zur Pfandbrie-femission auf alle Kreditinstitute ausgedehnt, die bestimmten Mindestanforderungen zum Schutz des Pfandbriefgeschäfts ge-nügen und eine entsprechende aufsichtliche Erlaubnis nach dem Kreditwesengesetz erhalten.

- **Siebtes Gesetz zur Änderung des Versicherungsauf-sichtsgesetzes**

  Mit dem vom Bundesrat am 8. Juli 2005 verabschiedeten Gesetz wurde die Pensionsfondsrichtlinie (2003/41/EG) der EU in na-tionales Recht umgesetzt und die Versicherungswirtschaft und die Altersversorgung gestärkt: Die kapitalgedeckten Systeme betrieblicher Altersversorgung können nun am freien Kapital- und Dienstleistungsverkehr teilhaben. Der europäische Binnen-markt für Finanzdienstleistungen wird damit im Bereich der be-trieblichen Altersversorgung erweitert, sicherer und lukrativer. Die Bundesregierung setzt konsequent ihre Bemühungen fort, das Drei-Säulen-Modell der Altersvorsorge (gesetzliche Rente, betriebliche Altersvorsorge, private Vorsorge) als zukunftswei-sendes System der Alterssicherung insgesamt weiter zu stär-ken. Im Vordergrund stand auch und besonders der Schutz der Versorgungs- und Leistungsberechtigten. Nationales Sozial-, Ar-beits- und Steuerrecht wird von der Richtlinie nicht berührt.

- **Gesetz zur Änderung des Versicherungsaufsichts-gesetzes (2004)**

  Mit diesem Gesetz wurde durch die Bundesregierung die inter-nationale Wettbewerbsfähigkeit der deutschen Versicherungs-wirtschaft und der Schutz der Versicherten entscheidend und nachhaltig verbessert: Wichtigste Punkte sind die verstärkte Aufsicht über Rückversicherungsunternehmen sowie die Neure-gelungen für Sicherungsfonds für die Lebensversicherung und die Krankenversicherung im Falle eines Unternehmenszusam-menbruchs (künftiger Sicherungsfonds der Protektor AG und Medicator AG).

- **Bilanzrechtsreformgesetz**

  Das Bilanzrechtsreformgesetz dient der Fortentwicklung und In-ternationalisierung des Bilanzrechts und der Stärkung der Un-abhängigkeit des Abschlussprüfers. Das Gesetz schafft insbesondere die Voraussetzungen dafür, dass die Unternehmen ihre Jahres- und Konzernabschlüsse nach den International Accounting Standards (IAS) aufstellen können und Wirtschaftsprüfer von der Abschlussprüfung eines Unternehmens auszuschließen, wenn die Besorgnis der Befangenheit besteht.

- **Gesetz zur Unternehmensintegrität und Modernisierung des Anfechtungsrechts (UMAG), Kapitalanleger-Musterverfahrensgesetz (KapMuG)**
  Das KapMuG, das nach Verkündung in Kraft tritt, und das UMAG, das am 1. November 2005 in Kraft treten wird, werden weitere Verbesserungen bringen: Das UMAG erleichtert die Voraussetzungen, unter denen Minderheitsaktionäre eine Haftungsklage der Gesellschaft gegen Vorstände und Aufsichtsräte erzwingen können. Das KapMuG führt Musterverfahren ein zur Klärung der Frage, ob eine falsche oder unterlassene Kapitalmarktinformation vorgelegen hat.

  [Ist das Gesetz angewendet worden? Wie oft hat es Musterverfahren gegeben?]

- **Mittelstandsfinanzierung, „True Sale Initiative"**
  Die Bundesregierung hat die „True Sale Initiative" der KfW und 13 weiterer Kreditinstitute intensiv begleitet, um durch die Ermöglichung echter Forderungsverkäufe die Eigenkapitalbasis zu verbessern und den Kreditinstituten vor dem Hintergrund von Basel II [Glossar] zusätzlichen Spielraum zu geben, ausreichend Kredite auf dem Markt zur Verfügung zu stellen. Ende 2004 wurde die erste True-Sale-Verbriefungstransaktion vorgenommen, bei der Kreditforderungen der VW-Bank verbrieft worden sind.

  [Damit wurde der Verbriefungsmarkt erleichtert. Zusätzlich zu den bereits seit April 2003 in der Initiative zusammengeschlossenen Banken Commerzbank, Deutsche Bank, Dresdner Bank, DZ BANK, HVB Group und KfW-Bankengruppe sind als neue Partner die Bayerische Landesbank, Citigroup, DekaBank, Eurohypo, HSH Nordbank, Landesbank Hessen-Thüringen und West LB AG dabei.

Die gemeinsame, von Genossenschaftsbanken, Geschäftsbanken, der Sparkassen-Finanzgruppe und KfW getragene Initiative will das in Deutschland noch wenig entwickelte Kapitalmarktsegment der True Sale-Verbriefung fördern.

Im Rahmen von True Sale-Verbriefungen werden Forderungen einer oder mehrerer Banken zu einem Portfolio zusammengefasst, von einer Zweckgesellschaft angekauft und, nach Aufteilung in Tranchen mit unterschiedlichem Risikogehalt (Senior-, Mezzanine- und Junior-Tranche), am Kapitalmarkt an Investoren verkauft. Die Investoren tragen gegen Risikoprämie mögliche Verluste, die nach Erwerb eintreten könnten.]

- **Europäische Einbindung / Aktionsplan Finanzdienstleistungen**
  Zwischen dem Finanzmarktförderplan der Bundesregierung und der Schaffung eines einheitlichen europäischen Finanzmarktes durch den EU-Aktionsplan Finanzdienstleistungen bestehen zahlreiche Verknüpfungen. Dies ist wenig erstaunlich, wenn man sich vergegenwärtigt, dass mehr als 80 Prozent der Kapitalmarktvorschriften ihren Ursprung in Entscheidungen des europäischen Gesetzgebers haben.

Unter dem Link „Aktuelle Gesetze" finden Sie weitere 35 (!) Gesetze und Maßnahmen bis in die jüngste Zeit.

Noch im Oktober 2008 meinte sich das Bundesfinanzministerium z.B dagegen verteidigen zu müssen, dass die Bürokratiekosten im Finanzmarktbereich zu hoch seien.

Artikel-Adresse: http://www.nachdenkseiten.de/?p=3692

Die herrschende Politik und die Finanzwirtschaft stecken unter einer Decke – auch deshalb zahlen wir als Steuerzahler für die Zocker

12. Januar 2009 | Rubrik: Finanzkrise | Von Albrecht Müller

Die Medien helfen meist mit, den Skandal unter der Decke zu halten. Eine aktuelle Ausnahme: der Vorstandsvorsitzende der Springer AG, Mathias Döpfner, wundert sich und kritisiert, dass wir Steuerzahler mit den Milliarden für die Commerzbank-Rettung die *„Zockerschulden der Bank begleichen"*. Die Linkspartei prangere diese Enteignung der Bürger zu Recht an. Es ist eben leider nur die Linkspartei. Die anderen spielen das Spiel mit. Die Politik ist gerade auch jetzt in der Finanzkrise maßgeblich von den Interessen der Finanzwirtschaft bestimmt. Die Medien decken dies, von wenigen Ausnahmen abgesehen, nicht auf. Das wird zum Problem, weil unter diesen Umständen die Sanktionen gegen die herrschende Politik auch bei den kommenden wichtigen Wahlen unterbleiben könnten. Die Umfragen, nach denen eine Mehrheit der Bundesbürger die „Leistung" von Merkel, Steinbrück etc. würdigt, zeigen dies.

Im Folgenden werde ich nacheinander stichwortartig auf Beispiele des Zusammenspiels von Politik, Medien und Finanzwirtschaft zu Gunsten der Finanzwirtschaft aufmerksam machen. Daraus ergeben sich eine ganze Reihe von Fragen:

Über das Zusammenspiel und die Verfilzung von Politik, Finanzwirtschaft und Medien – Bemerkenswertes und Erstaunliches

1. Glänzende Kinderaugen beim Blick auf den „Finanzplatz" London und die entsprechenden Entscheidungen zu Gunsten der Finanzindustrie

Die Verantwortlichen in der Bundesregierung sind offenbar tief beeindruckt von den Milliarden-Bezügen und Renditen, die die in London und New York tätigen Investmentbanker, Hedgefonds und andere Finanzdienstleister beziehen, beziehungsweise bezogen haben. Es spricht vieles dafür, dass unser jetziger Bundesfinanzminister Steinbrück wie auch sein Vorgänger Hans Eichel und eine Reihe ihrer maßgeblichen Mitarbeiterinnen und

118

Mitarbeiter diese extrem hohen Bezüge und Renditen als eine echte Wertschöpfung betrachten. In den NachDenkSeiten konnten Sie am 9.1.2009 eine Zusammenstellung des Bundesfinanzministers aufrufen, die die Gesetze und Verordnungen auflistet, die von unseren verantwortlichen Politikern zur Deregulierung und Förderung des Finanzmarktes in den letzten Jahren verabschiedet wurden (siehe Seite 109ff.). Im Begleittext – wie auch in anderen Einlassungen des Bundesfinanzministers – kommt die Bewunderung für das zum Ausdruck, was man einen erfolgreichen „Finanzplatz" nennt. Die Bundesregierung habe *„in den vergangenen Jahren wichtige Stufen erklommen auf dem Weg zu einem erfolgreichen Finanzplatz Deutschland in Europa und der Welt. Entschlossene Reformen und Veränderungen waren notwendig …"*. Ähnlich lautende Dokumente gibt es von dem beim Finanzminister zuständigen Staatssekretär und früheren Abteilungsleiter Jörg Asmussen.

Die Verantwortlichen haben offenbar nicht gesehen, dass die hohen Bezüge und Renditen vor allem Entgelte für den Betrieb eines hoch spekulativen Casinos sind. Vermutlich sind sie auch heute noch der Meinung, dass dort die entsprechenden Werte geschaffen wurden und werden, die im Falle Großbritanniens ca. 10% und im Falle der USA 8% des Bruttoinlandproduktes des ganzen Landes ausgemacht haben sollen.

Wie auch immer: die Bundesregierung hat systematisch auf diese Art von Kapitalmarkt hingearbeitet. Und sie wurde dabei von einem großen Teil der Medien, von einer breiten Lobby und einem Kreis von ehemaligen Managern sowie ehemaligen und aktiven Politikern unterstützt.

2. Hinter den Finanzspritzen für die Commerzbank steckt einiges, das man uns nicht offen sagt

Warum nur 25% des Kapitals der Commerzbank?

Der Bund hat insgesamt bisher schon 18,2 Milliarden Euro für die Rettung der Commerzbank ausgegeben. Er hat zugleich 25% plus eine Aktie an dieser Bank erworben. 25% ist gemessen an dem geflossenen Geld ausgesprochen wenig. Der Betrag von 18,2 Milliarden beträgt alleine schon das Vierfache des aktuellen Marktwertes der gesamten Commerzbank, worauf der Chef von Springer, Mathias Döpfner mit Berufung auf den Fraktionsgeschäftsführer der Linkspartei im Deutschen Bundestag, Ulrich Maurer, hinweist. 1,8 Milliarden Euro haben gereicht, um die 25% zu kaufen. Der Bund hat das Zehnfache bezahlt und belohnt damit die bisherigen Aktionäre und den Vorstand der Commerzbank.

Warum tut er das? Warum hat die Bundesregierung nicht darauf gepocht, über 50% oder sogar 75% der Anteile zu übernehmen? Warum dieses Geschenk an die Zocker? Man kann es eigentlich nur damit erklären, dass die Politik mit den Interessen der Finanzinstitute eng verbunden ist und dass sie außerdem die Aktionäre schonen und stützen will.

Im gleichen Zusammenhang wird von Vertretern der Bundesregierung immer wieder betont, sie wolle keinen Einfluss auf die Geschäftspolitik der Commerzbank ausüben. Wieso eigentlich nicht? Die bisherige Leistungsbilanz des Vorstandes um Herrn Blessing ist doch alles andere als gut. Sie ist korrekturbedürftig.

Dass es um die Dresdner Bank schlecht steht, dass sie hoch riskante Papiere im Gepäck hat, mussten die Vorstände der Allianz AG, der Dresdner Bank und der Commerzbank wissen. Und die verantwortlichen Politiker auch.

Commerzbank-Chef Blessing hat die Übernahme der Dresdner Bank betrieben, obwohl ihm wie auch dem bisherigen Eigentümer, der Allianz AG, und vermutlich auch der Bundesregierung klar sein musste, welche riskanten Papiere bei der Dresdner Bank lagern. Spätestens seit Sommer 2007, als die Risiken bei der Industriekreditbank (IKB) in Düsseldorf sichtbar wurden, musste man das wissen. Jeder verantwortliche Bankvorstand musste angesichts der damaligen Nachrichten seine Mitarbeiterinnen und Mitarbeiter sofort und intensiv prüfen lassen, was in den eigenen Reihen lagert. Es ist aber noch viel schlimmer: wir wissen seit einiger Zeit, dass schon zu Jahresanfang 2003 zwischen der Bundesregierung und den Spitzen der Finanzwirtschaft, also den Banken und Versicherungen, Gespräche über die Gründung einer Bad Bank und damit über die Auslagerung von faulen Krediten auf eine solche Bank geführt wurden.

Man kann deshalb davon ausgehen, dass der Vorstand der Allianz AG um die Risiken der Dresdner Bank wusste, als er sie zum Verkauf an die Commerzbank anbot. Man kann sogar davon ausgehen, dass der Vorstand der Commerzbank darum wusste. Andernfalls hätte er seine Vorstandspflicht eindeutig verletzt.

Dresdner Bank und in der Folge die Commerzbank spielen offenbar die Rolle einer Bad Bank – auch zu Gunsten der Allianz AG und der Privatvorsorge.

Vermutlich stecken hinter dem Verkauf der Dresdner Bank an die Commerzbank und hinter der schnellen Hilfe für die Commerzbank noch ganz andere Absichten. Vermutlich wird nicht offengelegt, was Sache ist. Im Grunde ist der Verkauf der Dresdner Bank an die Commerzbank gleichbedeutend mit der Auslagerung von Risiken in eine Bad Bank. Die Allianz AG will die Risiken der Dresdner Bank loswerden. Die Commerzbank

Was steckte wirklich hinter dem Verkauf der Dresdner Bank (rechts: Zentrale in Frankfurt am Main) an die Commerzbank (links)? Ist die Dresdner Bank letztendlich eine Art Bad Bank für die Allinaz AG?

Fotos: Ralph Richter, Commerzbank AG, Stefan Krutsch für Dresdner Bank hilft dabei, vielleicht aus Größenwahn, vielleicht in Abrede mit der Bundesregierung. Die Bundesregierung hat vermutlich alle Gründe, die Augen zuzudrücken. Sie will offensichtlich die Allianz AG schonen. Würden nämlich die Risiken, die bei der Dresdner Bank lagern, an der Allianz AG hängen bleiben, dann würde nebenbei noch sichtbar, mit welchen Risiken die private Altersvorsorge verbunden ist. Die Unterstützung der Bundesregierung und damit von uns Steuerzahlern für die Commerzbank ist also zugleich eine deutliche Unterstützung der Allianz AG und eine nochmalige Subventionierung der Privatvorsorge.

3. Der Bund zahlt Geld und will das Sagen nicht haben – eine verkehrte Welt!

„Staat zahlt, bestimmt aber nicht", so überschrieb die Frankfurter Rundschau treffend einen Leitartikel am 10./11. Januar 2009. Das bezog sich auf die Zahlungen des Staates an die Commerzbank und seine sehr begrenzte Einflussnahme. Es ist in Deutschland Usus geworden, dass der öffentliche Einfluss bei Unternehmen im Staatseigentum freiwillig an private Personen und Gruppen abgetreten wird. Dafür gibt es vielfältige und sonderbare Beispiele.

- Im Falle der Commerzbank, darauf wurde schon hingewiesen, würde es ausgesprochen wichtig sein, dem Vorstand auf die Finger zu schauen. Darauf wird verzichtet, obwohl der Bund der eigentliche Finanzier der Commerzbank ist und der Vorstand sich mit der Übernahme der Dresdner Bank völlig vertan hat.

- Im Falle der Deutschen Bahn AG hat der Bund dem Vorstandsvorsitzenden eines anderen Unternehmens, Werner Müller, den Vorsitz des Aufsichtsrates und einer Reihe von Vertretern der Wirtschaft die Mehrheit der Sitze überlassen. Die Bundesregierung lässt den Vorstandsvorsitzenden Mehdorn weit über das Maß hinaus gewähren, das bei hundertprozentigen Eigentümern üblich ist: Mehdorn kauft weltweit andere Unternehmen ein, Mehdorn, also der Vorstand eines Unternehmens im öffentlichen Besitz, macht Propaganda und Lobbyarbeit für den Verkauf des Unternehmens an Private.

- Die Bundesregierung hat bei der Deutschen Post AG, bei der Postbank AG und bei der Deutschen Telekom AG ihrer Verantwortung als Mehrheitsgesellschafter beziehungsweise Hauptaktionär nicht entsprochen. 4,5% der deutschen Telekom hat sie an eine US-amerikanische Heuschrecke verkauft, an Blackstone, und diesem Finanzunternehmen auch noch die Bestimmung des neuen Vorstandsvorsitzenden Obermann überlassen.

- Die vor kurzem erlassenen Bestimmungen (Soffin-Gesetz) über die Hilfe für die Banken insgesamt sind nach dem gleichen Muster gestrickt: es gibt öffentliches Geld, die Steuerzahler werden mit Milliarden belastet, und dennoch wird die Entscheidungsgewalt auf eine ausgelagerte Einrichtung, den Finanzmarkt-Stabilisierung-Fonds (Soffin) verlagert, dessen Personal keinem Parlament Rechenschaft schuldet.

Es liegt also auf der Linie bisheriger Vorgänge, dass die Bundesregierung den öffentlichen Einfluss bei Unternehmen im Staatseigentum freiwillig abtritt und auch bei massiver staatlicher Hilfe auf Einfluss verzichtet und diesen Verzicht auch noch als eine Tugend heraus streicht. Sie wird übrigens dafür von einigen Medien und unter anderem auch vom Führer einer Oppositionspartei, von FDP-Parteichef Guido Westerwelle, ausdrücklich gepriesen. Er lobt das Verfahren zur Rettung der Commerzbank als *„rein marktwirtschaftlich"*. An solchen absurden Einlassungen wird übrigens besonders sichtbar, dass es bei diesen Vorgängen und bei der Enthaltung des Staates auf Einflussnahme nicht mit rechten Dingen zugeht.

Für die Enthaltung auf Einflussnahme gibt es keine sachlichen Gründe. Warum geschieht es dennoch? Entweder: die Bundesregierung und ihre Vertreter glauben wirklich, es wäre das Beste, man würde es auch bei solchen Rettungsaktionen den Gestrandeten alleine überlassen, sich zurechtzufinden. Oder: die handelnden Personen der Politik und bei der Finanzindustrie sind schon so verflochten, dass sie ihre Interessen nicht mehr auseinander halten können.

Eines wird dabei auch klar: es ist bei den zurzeit geltenden politischen Konstellationen nahezu gleichgültig, ob ein Unternehmen in privater oder in öffentlicher Regie betrieben wird. Auch wenn die zurzeit politisch verantwortlichen Personen den Einfluss des öffentlichen Eigentümers auf Unternehmen ausüben würden, käme nichts anderes heraus. Die Vertreter des öffentlichen Eigentümers denken offensichtlich nicht in anderen Kategorien.

4. Die großzügige Übernahme von Lasten der Finanzindustrie und die Überlassung besonderer Vorteile ist nichts Neues.

In den NachDenkSeiten konnten Sie schon vieles dazu lesen. Deshalb sind Wiederholungen nicht vermeidbar: die Überlassung der ostdeutschen Banken an die westdeutschen Banken für einen Appel und ein Ei, die Übernahme des Anteils der Allianz AG und der Münchner Rück an der privaten Industriekreditbank (IKB), deren Schwächen man offenbar ahnte, durch die öffentliche Kreditanstalt für Wiederaufbau, die Rettung der IKB mit 10 Milliarden, die Rettung der HRE mit zunächst 50 Milliarden und vermutlich bis 100 Milliarden, überhaupt der großzügige Rettungsschirm von bis 500 Milliarden, während man um jede Milliarde zur Verbesserung öffentlicher Leistungen und zur Rettung von Arbeitsplätzen in anderen Bereichen unserer Volkswirtschaft streiten muss. Besonders sichtbar wird das an der Person des heutigen Bundesfinanzministers Steinbrück. Er hat die Gesetze zu Gunsten der Finanzindustrie verändert und ohne Zucken die Milliarden bereitgestellt, aber er ist bis heute nicht bereit, offensiv für konjunkturpolitische und beschäftigungspolitische Aktionen der Bundesregierung einzutreten. Sein Herz schlägt offenbar für die Finanzindustrie. Sachlich ist das nicht gerechtfertigt.

5. Rollentausch zwischen Finanzwirtschaft und Politik. Und die Medien spielen mit.

Steinbrück ist auch der Spieler in einem besonderen Spiel, dem Spiel zur verfälschten öffentlichen Wahrnehmung der Verantwortung für die Finanzkrise. Die Fakten sind klar: die Banken haben sich verspekuliert, sie haben bei der Jagd nach hohen Renditen nicht mehr auf die Risiken geschaut und sitzen deshalb auf faulen Krediten.

Teile unserer Finanzwirtschaft sind
zum Casinobetrieb verkommen.
Und Politik und Medien spielen
eifrig mit. Zeichnung: NEL 2008

Sie gehören eigentlich auf die Anklagebank, ihre Vertreter gehören eigentlich vor den Staatsanwalt und auf jeden Fall vor die
Tür gesetzt. Aber das Spiel läuft ganz anders: die Josef Ackermanns von der Deutschen Bank, die Dieckmanns von der Allianz
oder die Klaus-Peter Müllers und Webers vom Bankenverband
und wie sie alle heißen, treten auf wie Könige. Sie erscheinen
nicht als Bittsteller, obwohl sie schon reihenweise Milliarden kas-
siert haben und weitere kassieren wollen. Merkel und Steinbrück
aber haben sich in die Rolle der Bittsteller begeben. Sie haben
die Banken angefleht, doch endlich die Milliarden der Steuerzahler entgegen zu nehmen und sich unter den Schirm des öffentlichen Schutzes zu begeben.

Das war ein Meisterstück an Stimmungsmache. Die Banken und
Versicherungen kamen runter von der Anklagebank und schlüpf-
ten in die Rolle von Gönnern.

Ohne die Unterstützung der Politik und der Medien wäre es in
dieser Weise nicht gelungen. Bei den Medien wächst zwar jetzt
angesichts der Ungereimtheiten im Falle der Übernahme der
Dresdner durch die Commerzbank und angesichts des mage-
ren 25%-Anteils des Bundes an der Commerzbank der kritische
Unterton. Aber die Mehrheit der Medien hatte und hat die Domi-
nanz und die Arroganz der Finanzindustrie bewundert und gefördert. Bis in diese Tage.

Am 8. Januar 2009 erschien bei SpiegelOnline ein Artikel, der so beginnt:

KREDITKRISE – *Finanzbranche fordert rettende „Bad Bank"*
Die deutsche Finanzwirtschaft fordert Anpassungen beim Rettungsfonds für die Branche. Dringend nötig sei eine sogenannte Bad Bank, die faule Wertpapiere aus den Bankbilanzen übernehmen und bis zur Fälligkeit halten könnte, sagte der Vize-Hauptgeschäftsführer des Bundesverbands deutscher Banken, Hans-Joachim Massenberg.
Quelle: SPIEGEL

In diesem Beitrag kommt siebenmal das Wort *„fordern"* vor. Die Finanzindustrie *bittet* uns nicht, eine so genannte Bad Bank zu gründen, bei der die Banken und Versicherungen ihre faulen Forderungen abladen können und die wir als Steuerzahler absichern müssen, sie schlägt uns dies nicht vor, sie fordert.

Sie mögen das für harmlos halten, ich halte diesen Sprachgebrauch für typisch und für ein tolles Stück. Denn der Sprachgebrauch ist nicht harmlos, er hat Wirkung.

6. Die Politik besorgt neues Futter für die Finanzwirtschaft

Die hohen Renditen der Finanzindustrie und dort vor allem im Investmentbanking sind bisher auch dadurch möglich geworden, dass immer neues Material für lukrative Transaktionen bereit gestellt worden ist. Eine hervorragende Quelle ist die Privatisierung. Jeder Börsengang, jede Privatisierung eines öffentlichen Unternehmens auf Bundes-, auf Landes- und auf kommunaler Ebene macht einen Rattenschwanz von Unternehmen und Personen zu Profiteuren. Die Banken, die die Unternehmen zur Börse bringen, sind die Hauptprofiteure. Sie haben breite Unterstützung bei den Börsen, bei den Brokern, bei den Analysten, bei den Anwälten und bei den Medien. Alle profitieren und deshalb drängen alle auf immer neue Privatisierungen. Bei dem geplanten Börsengang der Deutschen Bahn konnte man den Wahnsinn mit am besten studieren. Es gab nämlich sachlich keine Gründe dafür. Aber die Politik machte dennoch weiter bis zum Ausbruch der Finanzkrise.

7. Die Steuervermeidung über Steueroasen hat der Finanz-minister wissend geduldet

Reihum haben deutsche Banken und auch öffentliche Banken wie die Landesbanken Filialen in Steueroasen und anderen Regionen und Städten gehabt, die der Steuervermeidung in Deutschland dienen. In Irland, in der Schweiz, in Liechtenstein, in Luxemburg, auf den Kanalinseln usw. Was haben unsere Finanzminister unternommen, um dem ein Ende zu setzen?

Politik und Finanzindustrie stecken unter einer Decke. Das ist eine ernste Situation. Machen wir die Verfilzung endlich zu einem großen Thema. Nur dann haben wir überhaupt eine Chance zu verhindern, dass einfach so weitergemacht wird wie bisher. Bisher ist es nämlich so: die Banken verkaufen weiter riskante Papiere; wir Steuerzahler zahlen und gewinnen keine Mitsprache. Bisher funktioniert das System demokratischer Sanktionen gegen die Verantwortlichen auch nicht andeutungsweise. Die Beeinflussung durch Medien, durch die Lobby der Finanzindustrie und die Politik selbst ist offensichtlich so massiv und so wirksam, dass die Mehrheit des Volkes die Brandstifter für Feuerwehrleute hält.

Artikel-Adresse: http://www.nachdenkseiten.de/?p=3698

Hunderte von Milliarden für die Spielschulden der Banken – eigentlich müsste es einen Aufschrei geben. Warum geschieht das nicht? Eine Hypothese.

23. Januar 2009 | Rubrik: Finanzkrise | Von Albrecht Müller

Täglich erreichen uns Nachrichten über neuen Bedarf zur Rettung der Banken. Und immer wahrscheinlicher wird es, dass den Banken durch Ausgliederung ihrer faulen Kredite in eine Bad Bank, für die wir Steuerzahler gerade stehen müssen, die Last ihrer riskanten Geschäfte abgenommen wird. Das ist ein ungeheuerlicher Vorgang.

„ALSO, FRÜHER GEFIEL MIR DIE SKYLINE BEDEUTEND BESSER !"

Während aber unser Führungspersonal in den Medien und in der Politik, bei den Verbänden und bei den Banken beim Konjunkturpaket für Investitionen herumgeizte und nicht einmal die 20 Milliarden Grenze überschreiten wollte, werden locker zwischen 50 und 100 Milliarden für eine einzige private Bank, die HRE, bereitgestellt. Für die Commerzbank gab es 18,2 Milliarden, die WestLB will 100 Milliarden auslagern, die Deutsche Bank will sich clever auf dem Weg der Übernahme der Postbank mitfinanzieren lassen und so weiter.

Das geht alles ziemlich still und leise vonstatten. Guido Westerwelle, der Spitzenvertreter der neuen bürgerlichen Koalition, erhebt seine mahnende Stimme gegen die Absicherung riskanter Spekulationsgeschäfte durch die Steuerzahler nicht. Nur wenige Medien kritisieren und unsere politischen Eliten werden das alles mitmachen, auch wenn sie sich jetzt teilweise noch zieren. Die CDU ziert sich nicht einmal. Steinbrück tuts, aber ihm sind seine Bedenken nicht zu glauben.

Meine Hypothese: In unseren Führungszirkeln und in unseren Talk-shows gibt es keinen Aufschrei, weil sehr viele der dort Handelnden auch persönlich mit hohen Beträgen in diesem Spiel stecken. Sie haben Teile ihres in spekulativen Geschäften angelegten Vermögens schon verloren; den Rest möchten sie mithilfe von uns Steuerzahlern retten lassen. Unter diesen Umständen muss man es sich natürlich versagen, die Politiker zu heftig zu kritisieren, die einem dabei helfen sollen und wollen.

Bevor ich diese Hypothese formulierte, habe ich mich umgehört, bei Journalisten, bei Politikern, bei Unternehmern und Gewerkschaftern, bei vermögenden Personen insgesamt.

Viele von ihnen haben ihr Geld den Banken auch für riskante Anlagen anvertraut. Andere sind bei Aktienfonds oder einfach an den Aktienbörsen eingestiegen. Sie haben die stürmische Entwicklung, die Vervierfachung der Aktienkurse zwischen 1995 und dem Jahr 2000 und dann nach einem zwischenzeitlichen Absturz noch einmal zwischen 2003 und 2007 für eine normale Entwicklung gehalten, jedenfalls für eine Gelegenheit, auf schnelle Weise und ohne Arbeit reich oder noch reicher zu werden. Sie haben inzwischen einen Teil ihrer Gewinne verloren oder sie haben sogar Substanz verloren, weil sie bei hohen Kursen eingestiegen sind. Der totale Absturz ist ihnen bisher auch dadurch erspart geblieben, weil wir Steuerzahler einen Schirm zur Rettung der Banken aufgespannt haben. Der DAX zum Beispiel liegt mit über 4000 Punkten immer noch über dem doppelten des Wertes von 2003 und 1995 – damals ungefähr 2000.

Jetzt möchten diese Anleger aus unserer politischen, medialen und ökonomischen Führungsschicht, was persönlich verständlich ist, verhindern, dass sich ihre Buchwerte noch einmal halbieren. Ähnlich ist ihre Erwartung bei noch riskanteren Anlagen ihres Geldes über die deutschen Banken.

Das Sein bestimmt das Bewusstsein. Diese banale Erklärung erklärt leider auch die Abwesenheit eines laut vernehmlichen Aufschreis und der entsprechenden Konsequenzen. Eigentlich müssten die Ackermanns und ihre Freunde in der Politik aus ihren Ämtern entfernt werden. Und die publizistischen Akteure gleich mit, weil sie ihrer demokratischen Kontrollfunktion nicht gerecht werden.

Anhang:

Einige Artikel mit Informationen zu weiteren Risiken bei den Banken und dem Versuch, auf eine Bad Bank auszulagern:

Pläne für Abwicklungsgesellschaft
Die WestLB will Vermögenswerte in einem weitaus größeren Umfang auslagern als bislang bekannt ist. Jetzt ist von bis zu 100 Mrd. Euro die Rede. Über eine neu zu gründende Abwicklungsgesellschaft wird derzeit beraten.
Für den Steuerzahler macht es kaum einen Unterschied, ob die Landesbanken ihre Risiken inner- oder außerhalb der Bilanz führen: Am Ende haften sie ohnehin für die Probleme der staatlichen Institute.
Quelle: FTD

LANDESBANKEN
BayernLB erwartet noch höheren Verlust
Die Lage bei der BayernLB wird immer dramatischer: Vor kurzem rechnete die Landesbank für das Jahr 2008 noch mit einem Verlust von drei Milliarden Euro – jetzt meldet sie ein Minus von fünf Milliarden Euro.
München – Die von der Finanzkrise gebeutelte BayernLB hat im vergangenen Jahr einen operativen Verlust von etwa fünf Milliarden Euro verkraften müssen. Das sagte BayernLB-Chef Michael Kemmer der „Börsen-Zeitung".
Quelle: SpiegelOnline

Vodoo ist keine Lösung / Leitartikel von Anna Sleegers
Die Kreditwirtschaft verlangt eine Mülldeponie für toxische Wertpapiere. Wenn die Banken tatsächlich nur so überleben können, so gehören sie verstaatlicht.
Quelle: FR

Billion für Zocker / Bad Bank wird kommen
Rainer Balcerowiak
Je lauter und häufiger öffentlich kolportierte Vorhaben dementiert werden, umso sicherer ist ihre bevorstehende Realisierung. Diese Regel wird sich auch bei der Gründung einer sogenannten Bad Bank bestätigen. Natürlich ist der Bundesregierung klar, daß die

komplette Übernahme aller Risiken der privaten Finanzwirtschaft durch die öffentlichen Haushalte das Faß bei vielen Wählern womöglich zum Überlaufen brächte. Doch es gibt genügend Tricks und Nebelkerzen, um diese historisch einmalige gigantische Umverteilung zugunsten der Banken ein wenig zu verschleiern.
Quelle: junge Welt

Artikel-Adresse: http://www.nachdenkseiten.de/?p=3722

Unser Land wird betrügerisch geplündert. Und wo bleiben Deutschlands Juristen?

28. Januar 2009 | Rubrik: Finanzkrise | Von Albrecht Müller

Hier in den NachDenkSeiten und in manchen anderen Medien können Sie in diesen Tagen immer wieder davon lesen, wie sich Einzelne auf Kosten der Allgemeinheit bereichern, wie Steuergelder veruntreut werden, wie dem Land zu Gunsten privater Interessen Schulden aufgebürdet werden, wie zu diesem Zweck Informationen unterdrückt werden und schlicht gelogen wird und wie Falsches vorgespiegelt wird. Wo bleiben die festen oder losen Zusammenschlüsse von Juristen, die in dieser Situation intervenieren? Es riecht nach Veruntreuung, nach Betrug, nach Hehlerei – und der organisierte Aufstand von kundigen und verantwortungsbewussten Juristen bleibt aus. Ich verstehe das nicht und nenne einfach mal einige der letzten Fälle, die mir als Laien juristisch interessant zu sein scheinen und der fachkundigen Untersuchung und des gebündelten Widerstands bedürften.

Da ich kein Jurist bin, formuliere ich im Folgenden Hypothesen eines Laien zur strafrechtlich relevanten Plünderung. Das sind Beispiele ohne Anspruch auf Vollständigkeit und Hypothesen, die der Prüfung bedürfen:

1. Fall: IKB
2. Fall: Bad Bank
3. Fall: Dresdner Bank, Allianz, Commerzbank
4. Fall: HRE
5. Fall: Postbank, Deutsche Post, Deutsche Bank

6. Fall: Ackermann und die 25 Prozent Kapitalrendite
7. Fall: Zahlung von Boni, anderen Vergütungen und Dividenden trotz realer aber noch nicht offen gelegter Wertverluste
8. Fall: Steuerhinterziehung durch Auslagerung in Steueroasen

Zum 1. Fall: IKB

Spätestens im Sommer 2007 wurden die hohen Verluste der Industriekreditbank (IKB) in Düsseldorf, die sie beziehungsweise ihre ausgelagerten Zweckgesellschaften durch Kauf von als Wertpapiere verpackten faulen US-Hypothekenkrediten „erwirtschaftet" hatten, sichtbar. Das Management der IKB – und eigentlich auch die Aufsichtsräte und Berater aus der deutschen Wirtschaft – musste wissen, um welch fragwürdige Papiere es sich dabei handelte. Dass sie es wussten, bezeugt auch die Auslagerung.

Die Verpackung fauler Kredite als Wertpapiere ist aus meiner Sicht Betrug. Macht sich, wer solche Papiere ankauft, der Hehlerei schuldig?

Die Bundesregierung hat dafür gesorgt, dass der IKB mit rund 10.000.000.000 Euro geholfen wird. Sie hat ihren durch die Hilfe auf über 90% angestiegenen KfW-Anteil an der IKB dann für 150.000.000 Euro an Lone Star verkauft. Ist das nicht Veruntreuung von Steuergeldern?

Wie ist der vorangegangene Vorgang juristisch zu betrachten: Der Bundesfinanzminister hat dafür gesorgt, dass die Kreditanstalt für Wiederaufbau den Anteil der Allianz AG an der IKB, über ein Drittel, übernommen hat? Zu diesem Zeitpunkt müsste Insidern schon bekannt gewesen sein, dass die IKB auf faulen Papieren saß.

Wieder ein Fall der Veruntreuung öffentlicher Gelder? Wenn die Verkäufer der Allianz AG um die vermutliche Wertlosigkeit oder den geminderten Wert ihres Aktienpakets wussten, was ist das dann? Strafrechtlich und zivilrechtlich irrelevant?

Zum 2. Fall: Bad Bank

Im Hinweis Nummer 2 der NachDenkSeiten vom 28.1. wird darauf aufmerksam gemacht, dass die Verantwortlichen in der Bundesregierung und bei der deutschen Soffin ein falsches Spiel um dieses Projekt spielen und die Öffentlichkeit wie auch den Deutschen Bundestag nicht richtig informieren. Wahrscheinlich hatten sie geplant, die Üble Bank dadurch einzurichten, dass die Frist für die Abnahme gefährdeter Papiere durch den Bankenrettungsfond Soffin unter der Hand von 36 Monaten auf unendlich ausgedehnt wird. Wäre ein solches Handeln strafrechtlich, disziplinarrechtlich und zivilrechtlich ohne Belang?

Justicia, übernehmen Sie.
Zeichnung: Fritz Wolff

Zum 3. Fall: Dresdner Bank, Allianz, Commerzbank

Die Commerzbank wollte der Allianz ihr Problemkind Dresdner Bank abnehmen. Im Prozess der Übernahme wurde erkannt, dass das Geld nicht reicht. Aus öffentlichen Geldern wurden zur gleichen Zeit insgesamt bisher 18,2 Milliarden Euro an die Commerzbank weitergereicht. Die erworbenen 25% plus eine Aktie an der Commerzbank AG entsprechen auch nicht annähernd den 18,2 Milliarden investierten öffentlichen Geldes. Ist diese Veruntreuung öffentlicher Gelder strafrechtlich irrelevant?

In diesem Fall ist weiter zu prüfen, was die Führung der Allianz AG über den Wert beziehungsweise die Wertlosigkeit des Dresdner Bankpakets beim Verkauf an die Commerzbank wusste, und was der Vorstand der Commerzbank beim Kauf wusste.

Im konkreten Fall wäre auch folgende Hypothese auf ihre Wahrscheinlichkeit und ihre juristische Relevanz zu prüfen: Vermutlich wäre die Allianz AG selbst schlecht dagestanden, wenn sie keine Chance gehabt hätte, ihre Bank, die Dresdner Bank abzustoßen. Eine solche Schieflage der Allianz AG hätte den politischen Nebeneffekt gehabt, dass die Sicherheit und die Renditekraft der Privatvorsorge nach dem Modell der Riester-Rente, der Rürup-Rente und der mit Entgeltumwandlung geförderten Betriebsrenten in Zweifel geraten wären. Diese Zweifel hätten sowohl der Bundesregierung wie der Versicherungswirtschaft und den Banken ganz und gar nicht ins Konzept ihrer Werbung für die Privatvorsorge gepasst. Deshalb musste die Allianz AG von jedem größeren Makel befreit bleiben. Wie realistisch ist diese Hypothese? Wenn sie realistisch ist, wie ist dieser Vorgang dann juristisch zu betrachten?

Zum 4. Fall: HRE

Es sind bis heute 92.000.000.000 Euro öffentlicher Gelder geflossen beziehungsweise zur Verfügung gestellt. Das ist angesichts der relativen Bedeutungslosigkeit der Bank eine ungeheure Summe. Kann das mit rechten Dingen zugehen? Wussten die Verantwortlichen von riskanten Geschäften in Irland? Wussten politische Stellen von der damit systematisch betriebenen Steuerumgehung?

Die hohe Subvention mit öffentlichen Mitteln hat dazu geführt, dass die Anteile der Eigentümer offenbar immer noch etwas wert sind.

Wie ist diese auch in anderen Fällen wiederkehrende Stabilisierung der Kurswerte privaten Eigentums durch öffentliche Mittel juristisch zu beurteilen? Auch im Falle der Übernahme der Dresdner Bank durch die Commerzbank wurde mit öffentlichen Mitteln der Kurswert der Commerzbank, der Dresdner Bank und der Allianz „subventioniert". Das Vermögen privater Eigentümer, der Aktienbesitzer der genannten drei Unternehmen, wurde mit öffentlichen Mitteln gestützt. Ist das juristisch gänzlich irrelevant? Eigentlich läuft dieser Vorgang auf eine Veruntreuung öffentlichen Geldes zu Gunsten privater Vermögenswerte hinaus. Im Falle der HRE wie im Falle der genannten anderen Banken und auch im folgenden Fall.

Zum 5. Fall: Postbank, Deutsche Post, Deutsche Bank

Die Deutsche Post AG hat ihren Anteil an der Postbank an die Deutsche Bank verkauft. Warum eigentlich? Warum hat der Hauptaktionär der Deutschen Post AG, der Bund, diesen Verkauf zugelassen? Das ist nicht selbstverständlich, wenn die Kurse im Keller sind. Normalerweise verkauft man dann nicht.

Gleichzeitig hat die Postbank Rettungsgelder vom Soffin beantragt. Der Verdacht liegt nahe, dass hier eine mit öffentlichen Geldern gesund gemachte Bank zur Stabilisierung an eine private Bank, die Deutsche Bank verkauft werden soll, damit dieser die Offenbarung ihrer Schwierigkeiten erspart bleibt. Ist dieser Vorgang juristisch irrelevant?

Zum 6. Fall: Ackermann und die 25% Kapitalrendite

Als Josef Ackermann mit einer 25-prozentigen Kapitalrendite „protzte", musste er schon wissen, dass bei der Deutschen Bank wie auch bei anderen Finanzinstituten wertlose beziehungsweise weit überbewertete Papiere gelagert waren. Seine Äußerung fiel nämlich zeitlich im Umfeld und nach der gemeinsamen Beratung der Vertreter des Bankgewerbes und der Versicherungen mit der Regierung Schröder Anfang des Jahres 2003 über die Gründung einer so genannten Bad Bank.

Ackermann hat dieses in jeder Hinsicht unsinnige Renditeziel in Kenntnis der Tatsache geäußert, das bei korrekter Bewertung der Aktiva dieses Renditeziel gar nicht erreicht wird. Wenn dem so ist und dafür spricht sehr viel, dann war dies eine Vortäuschung falscher Tatsachen.

Zum 7. Fall: Zahlung von Boni, anderen Vergütungen und Dividenden trotz realer aber noch nicht offen gelegter Wertverluste

Die Banken und andere Finanzinstitute wussten in den vergangenen Jahren, also spätestens seit der erwähnten Sitzung zu Beginn des Jahres 2003, dass auf ihren Bilanzen überbewertete Wertpapiere lasteten, dass also ihre jeweils ausgewiesenen Gewinne für die Jahre 2003-2008 nicht der Realität entsprachen. Infolgedessen hatten auch die ausgezahlten Dividenden und vor allem die Boni und Vergütungen keinen realen Hintergrund. Am deutlichsten sieht man das daran, dass zum Beispiel Lehman Brothers noch Milliarden an Boni ausgezahlt hat, als dieses Unternehmen quasi schon pleite war. Sind diese Vorgänge juristisch völlig ohne Belang?

Zum 8. Fall: Steuerhinterziehung beziehungsweise Steuerumgehung durch Auslagerung in Steueroasen

Es ist davon auszugehen, dass deutsche Finanzbehörden und deutsche Finanzminister von der Steuerhinterziehung und von Steuerumgehungsfällen wussten, ohne dagegen vorzugehen, obwohl sie die Möglichkeit zur Intervention gehabt hätten. Dass Landesbanken zum Beispiel solche Steuertricks nutzen und diese auch privaten Kunden möglich machen, ohne dass andere öffentliche Stellen intervenieren, ist eigentlich unvorstellbar.

Wo bleibt angesichts dieser juristisch fragwürdigen Vorgänge die Mehrheit der einflussreichen deutschen Juristen? Einige wenige leisten Aufklärungsarbeit und drängen auch auf juristische Schritte. Aber es fehlt die Tat der Mehrheit.

Artikel-Adresse: http://www.nachdenkseiten.de/?p=3730

Über das Zusammenspiel von Medien, Finanzwirtschaft und Politik – auch bei HRE sichtbar

4. Februar 2009 | Rubrik: Finanzkrise | Von Albrecht Müller

Am 7. Oktober 2008 erschien eine Lobeshymne auf Finanzminister Steinbrück im Berliner Tagesspiegel und einen Tag später, am 8. Oktober, eine ebensolche in der ZEIT. Beide waren ausgesprochen euphorisch: *„Peer Steinbrück: Gegen alle Wetter"* und *„Macher am Rande des Abgrunds"*. Beide hatten mit der Leistung des Bundesfinanzministers herzlich wenig zu tun. Kurz zuvor, am 6. Oktober, musste der Bundesfinanzminister nämlich bekennen, dass er von den Verantwortlichen bei der HRE so an der Nase herum geführt worden war, dass er innerhalb einer Woche – am 29. September und am 6. Oktober – hintereinander zwei Rettungspakete zu Gunsten der Hypo Real Estate packen musste. Diese Hilfe für eine einzige private Bank kostet uns inzwischen schon 92.000.000.000 Euro. Deshalb stimmt allenfalls die Bemerkung vom *„Rande des Abgrunds"*. Ansonsten ist der Vorgang von Ungereimtheiten gekennzeichnet, die der Aufklärung und nicht der Lobeshymnen bedürften. Die Lobeshymnen sind nichts als die Folge von guter PR der Finanzindustrie und des Peer Steinbrück.

Diese Artikel sind wie viele andere gute Belege für das enge Zusammenspiel zwischen Medien, Finanzindustrie und Politik.

In den NachDenkSeiten wurde schon häufig über die enge Verflechtung von Politik und Finanzindustrie berichtet: über die engen persönlichen Verbindungen zwischen Kanzlerin Merkel und Investmentbankern zum Beispiel, über ihre Entscheidung, den Berater von Goldman Sachs, Otmar Issing, zum Vorsitzenden einer Kommission zu machen, die für Deutschland die Neuordnung der Finanzmärkte vorbereiten soll, über das Werben des Bundesfinanzministers und seines jetzigen Staatssekretärs Asmussen für die Öffnung des „Finanzplatzes Deutschland" für neue Finanzprodukte und die Anlehnung an angelsächsische Methoden, die Zulassung von Hedgefonds usw., über die schnelle Hilfe für die private Bank IKB, über die auffallend häufige Beratungstätigkeit ehe-

maliger deutscher Politiker und Manager für ausländische Investmentbanken und Hedgefonds, usw. Die Vorgänge um die Hypo Real Estate werfen ein zusätzliches Licht auf die enge Verflechtung:

Der Bundesfinanzminister hat eine gute Woche vor dem Erscheinen der beiden Lobeshymnen genau am 29.9.2008 in einer Nachtaktion zusammen mit einigen Finanzinstituten die ersten 35 Milliarden für die HRE zur Verfügung gestellt. Seltsamerweise hielt diese Rettungsaktion nicht länger als eine Woche, weil das Geld nicht reichte und offenbar die anderen Institute nicht mehr richtig wollten. Jedenfalls wurden dann am 6. Oktober noch einmal 50 Milliarden nachgelegt.

Der FDP-Bundestagsabgeordnete Dr. Volker Wissing aus der Südpfalz fragte sich, warum die erste Rettungsaktion nun gerade bis zum 29. September hinausgezögert wurde. Steinbrück verwies auf den Wahltag in Bayern. Eine sonderbare Einlassung. Wegen der Wahl am 28. September muss man doch eine Rettungsaktion für eine notleidende Bank nicht verschieben

MdB Wissing fragte Steinbrück auch, seit wann der Bundesfinanzminister von den Schwierigkeiten der HRE und vor allem den Schwierigkeiten der irischen Tochter Depfa wusste. Steinbrück ließ

Ist der Springinsfeldteufel „Finanzkrise"
aus dem Nichts über den Zaun der Berliner
Wilhelmstraße ins Bundesfinanzministerium
und auf den Schreibtisch von Peer Steinbrück gesprungen? So will es der Minister
gerne glauben machen. Sein Haus musste
jedoch seit Sommer 2007 von der herauf-
ziehenden Krise wissen – und hat verschlafen oder vertuscht.   Foto: BMF

wissen, dass die deutsche Finanzaufsicht keine Möglichkeit habe,
eine Bank in Irland zu prüfen. Diese (falsche) Einlassung passte allerdings nicht dazu, dass Prüfer der Deutschen Bundesbank im Auftrag der Bafin, der Finanzaufsicht, schon vom 27.2. bis 12.3.2008
in Dublin prüften und dass das Bundesfinanzministerium schon im
März 2008 von dieser Sonderprüfung unterrichtet wurde. Der Prüfbericht wurde dem Bundesfinanzministerium von der Bafin am 7.
August 2008 vorgelegt. Auch davon will der Bundesfinanzminister
keine Kenntnis gehabt haben.

Dies alles ist bis dahin schon ziemlich unglaubwürdig. Schließlich
muss auch beim Bundesfinanzminister angekommen sein, dass die
Finanzkrise Deutschland schon erreicht hatte, als der Bund über
die KfW den Großteil einer Unterstützungsaktion über 10 Milliarden
für die IKB leisten musste. Das bahnte sich schon im Sommer 2007
an. Die Zahlung wurde im Wesentlichen vom Bundesfinanzministerium betrieben. Außerdem dürfte Steinbrück von den hohen Verlusten bei den Landesbanken, bei anderen deutschen Privatbanken
und bei der schweizerischen Großbank UBS gewusst haben. Und
auch vom Zusammenbruch von Lehman Brothers. Seine Schutz-
behauptung, die Finanzkrise habe ihn wie ein Springinsfeldteufel
angesprungen, konnte er beim besten Willen selbst nicht glauben.

Es ist auch nicht glaubwürdig, das das zuständige Referat im Bundesfinanzministerium, bei dem der Bericht der Bankenaufsicht über
die hohen Verluste bei der irischen Tochter der HRE und die Risiken
für die HRE in München ankam, der Hausspitze in der heißen Zeit
des Spätsommers und September 2008 nichts gemeldet hatte.
Die zuständigen Beamten müssten mit einem Disziplinarverfahren
konfrontiert werden, wenn sie den Minister darüber nicht informiert haben.

Im gleichen Referat müsste eigentlich auch angekommen sein, welches große Rad die Münchner HRE drehte, dass die Risiken nämlich ungefähr die Dimension der amerikanischen Investmentbanken erreicht haben. Wenn die Finanzkrise schon mindestens ein ganzes Jahr ins Haus steht, dann erkundigt man sich doch als zuständige Ministerialbeamte nach ähnlichen Risiken bei anderen Instituten. Dass dieses geschehen ist, dessen bin ich aus eigener Kenntnis solcher Ministerien ganz sicher.

Das Bundesfinanzministerium musste auch noch etwas ganz anderes wissen, und dies führt uns auf den 29.9.2008 zurück: das Bundesfinanzministerium musste wissen, dass sein eigener Minister, der Vorgänger von Herrn Steinbrück und (soweit ich weiß) auch Steinbrück selbst bei der in den NachDenkSeiten schon des öfteren erwähnten Sitzung zwischen Kanzler Schröder, Bundesfinanzminister Eichel, Bundeswirtschaftsminister Clement und den Spitzen der Banken und Versicherungen zu Jahresbeginn 2003 zugegen waren. Damals ging es um die Gründung einer Bad Bank, einer Üblen Bank. Die Banken und die Versicherer wollten ihre faulen Papiere auslagern. Die offizielle Gründung einer solchen Üblen Bank kam nicht zu Stande, weil das Gespräch öffentlich wurde. Offensichtlich hat man sich dann zu inoffiziellen Gründungen deutscher, Übler Banken entschlossen. Eine davon dürfte die HRE gewesen sein. Denn ihre Gründung geht auf die Auslagerung schlechter Risiken durch eine Bank zurück, die besonders betroffen war von Risiken: die HypoVereinsbank in München. Sie lagerte die schlechten Risiken auf die HRE aus und war dann gesund genug, um für ihre Aktionäre einigermaßen lukrativ an die italienische Bank UniCredit-Group verkauft zu werden. Das geschah am 29.9.2003.

Fünf Jahre später, am 28.9.2008, lief nach geltendem Recht, dem Umwandlungsgesetz, die Haftung der HypoVereinsbank für Ansprüche (Risiken) der HRE aus. Man musste also mit der staatlichen Hilfe für die HRE bis zum 29.9.2008 warten, um die HypoVereinsbank aus der Haftung entlassen zu können und uns Steuerzahler alleine bezahlen zu lassen.

Wenn die zuständigen Beamten des Bundesfinanzministeriums ihren Minister über diese Zusammenhänge nicht aufgeklärt haben, dann war das grob fahrlässig. Ich unterstelle aber zu Gunsten dieser Mitarbeiter, dass sie ihren Minister darüber informiert haben. Dafür spricht auch ein kleines Detail des Umgangs von Minister Steinbrück mit dem zitierten Abgeordneten Wissing. Als dieser am 28. Januar 2009 in einer Fragestunde wissen wollte, wann der Minister von diesen Ansprüchen und der Verjährungsfrist erfahren habe und um welche Ansprüche in welcher Höhe es sich handle, die mit Ablauf des 28. September 2008 verjährt sind, verwies der Minister darauf, der Abgeordnete solle seine Fragen schriftlich stellen. Der Sachverhalt sei zu komplex. Später erklärte der BMF, <u>Wissings Erwägungen seien abwegig</u>. Ich halte sie nicht für abwegig.

Das mögen Details sein. Aber diese Details haben schwerwiegende Folgen. Schließlich handelt es sich bei den bisher 92 Milliarden für eine einzige private Bank und bei noch nicht absehbaren weiteren Risiken um einen äußerst gravierenden Vorgang, der uns alle belastet. 92 Milliarden, das ist schon ein knappes Drittel des gesamten Bundeshaushalts.

Die Freundlichkeiten der Medien gegenüber den handelnden Personen in Berlin und das Ausbleiben kritischer Fragen

Einig im Bemühen, die Schuld an der Finanzkrise in die USA abzuschieben und die deutschen Bankzocker zu schonen: Bundeskanzlerin Angela Merkel und ihr Finanzminister Peer Steinbrück.   Foto: DPA

Das sind Ereignisse und Fakten, die zumindest kritische Fragen bei den Medien auslösen sollten. Deshalb kann man die beiden zitierten Lobeshymnen auf den Bundesfinanzminister nur als Ergebnisse der PR-Arbeit des Ministers und der Finanzindustrie verstehen. Es gibt auch einige kritische Medien, genauer gesagt einige kritische Journalisten bei einigen Medien. Aber nur wenige bohren wirklich in den Ungereimtheiten der Abläufe zur Finanzkrise nach. Die meisten Medien haben die Winkelzüge der Bundeskanzlerin, des Bundesfinanzministers und anderer handelnder Personen und auch die Winkelzüge und Vernebelungen der Finanzwirtschaft selbst mitgemacht. Es gab keinen Sturm der Entrüstung, als die Bundesregierung, namentlich Angela Merkel und Peer Steinbrück versuchten, die Ursache

140

der Krise nur in den USA zu suchen. Es wurde nicht entschieden genug darauf hingewiesen, dass die Bundesregierung über Risiken in deutschen Reihen schon seit 2003 wusste. Und auf die konkreten Machenschaften im Zusammenhang mit der HRE wurde lange Zeit nicht eingegangen. Die Medien haben übrigens auch penetrant der Finanzindustrie nachgesprochen, als diese bis in diese Tage immer wieder behauptete, nur die staatlichen Banken hätten Probleme. Und die Medien widersprechen deshalb immer noch nicht den seltsamen Einlassungen, bei einer staatlichen Übernahme einer maroden Bank müsse aber dann ganz schnell für Privatisierung gesorgt werden – so zum Beispiel Professor Hans-Werner Sinn in der Tagesschau vom 2. Februar 2009, und so auch seitens der Politik – sozusagen im vorauseilenden Gehorsam auf die Wünsche der Finanzindustrie einzugehen. Der Steuerzahler soll die Risiken übernehmen, dann aber aus der gesundeten Bank ganz schnell wieder verschwinden.

Die Medien, wie im konkreten Fall die Tagesschau in einem Interview zur Übernahme der HRE durch den Staat, informieren auch nicht darüber, dass der erwähnte Hans-Werner Sinn im Aufsichtsrat der HypoVereinsbank sitzt, also genau wissen müsste, dass die HRE mit dem schlechten Risiken der HypoVereinsbank belastet wurde, also die Üble Bank im Dienste jener Bank darstellt, in dessen Aufsichtsrat der Professor Sinn nun seit Jahren sitzt.

Die Medien sind bisher auch nicht der interessanten Frage nachgegangen, was eigentlich der Vorsitzende des Kuratoriums der Initiative Neue Soziale Marktwirtschaft, Hans Tietmeyer, im Aufsichtsrat der HRE getan hat. Was hat ihn bewogen, Aufsichtsrat einer quasi Bad Bank zu werden? Fand er die Tatsache, dass diese Bank ihre in Deutschland alteingesessene Pfandbrief-Tochter zum Steuersparen nach Irland verlagert hat, normal?

Es gäbe unglaublich viel Interessantes zu recherchieren, wenn man nur wollte.

Die enge Zusammenarbeit von Finanzindustrie und Medien

Den Medien ist offenbar zum größeren Teil der Schneid abgekauft worden. Sicher auf verschiedenem Weg: zum Beispiel über die hohen Werbeaufwendungen der Finanzindustrie und dann über direkte „Bitten" der Bundesregierung. Über Letzteres berichtete jetzt, fast drei Monate nach dem Ereignis, beiläufig eingestreut die ZEIT. Just am Tag des Erscheinens der zu Anfang erwähnten Lobeshymne auf Peer Steinbrück (*„Macher am Rande des Abgrunds"*), am 8. Oktober 2008, hatten die Bundeskanzlerin und ihr Finanzminister die Chefs der wichtigsten Zeitungen ins Kanzleramt eingeladen um ihnen eine Botschaft zu übermitteln. Die lautete: *„Wir wissen zwar nicht genau, was in zwei oder drei Wochen ist, aber würden doch sehr herzlich um Ihr Vertrauen bitten und vor allem darum, dass Sie keine schlechte Stimmung machen, denn dazu ist die Lage zu ernst."*

Die Warnung davor, keine schlechte Stimmung zu machen, verstehe ich. Das ist nicht zu kritisieren. Aber offenbar haben die Chefredakteure diese Bitte ziemlich falsch verstanden, nämlich als Aufforderung, sich mit Kritik an den Verantwortlichen bei der Bundesregierung zurückzuhalten. Das hat funktioniert. Und beide, Angela Merkel und Peer Steinbrück, profitieren davon.

Auf die enge Zusammenarbeit von Finanzindustrie und Medien, von Wallstreet und Madison Avenue, wies der amerikanische Politologe McChesney in einem spannenden Buch mit dem Titel „Rich Media, Poor Democracy" schon vor Jahren hin.

Sie können täglich, ja geradezu stündlich, Zeuge der engen Interessenverflechtung von Medien und Finanzindustrie sein: die Fernsehspots vor der Tagesschau und vor und nach Heute oder bei den privaten Sendern werden zum überwiegenden Teil von der Pharmaindustrie und der Finanzindustrie getragen, genauso ein Großteil der Anzeigen; die Medien haben von Börsengängen bestens profitiert; sie füllen Programme mit Börsenberichten und profitieren von der Privatisierung der Altersvorsorge. Und sie honorieren die enge Verbindung mit ausgesprochen nachlässiger Recherche zu Vorgängen, die der Finanzindustrie nutzen. Weil ich diese Vorgänge seit langem beobachte, fallen mir außer den zuvor genannten noch reihenweise andere Beispiele ein. Ich zähle einige auf und wiederhole teilweise, in der stillen Hoffnung, dass sich doch noch der/die eine oder andere Journalist/in finden möge:

- Die Geschichte der Steuerbefreiung beim Kauf und Verkauf von Unternehmensteilen ab dem 1.1.2002. Auf wessen Initiative haben Schröder und Eichel dies durchgesetzt?

- Die Geschichte der Auflösung der so genannten Deutschland AG und der Plünderung unglaublich vieler deutscher Unternehmen vor allem zulasten der Arbeitnehmer. Eines der bekannteren ist zurzeit wieder in den Schlagzeilen: Märklin.

- Das Schweigen des Finanzausschusses zu den zuvor beschriebenen Vorgängen. Warum meldet sich außer den Abgeordneten der Linkspartei nur der FDP-Abgeordnete Volker Wissing? Wo und wie sind die anderen eingebunden?

- Eine Übersicht über weitere Boni-Zahlungen, Vergütungen und Dividenden von hilfsbedürftigen und vom Staat unterstützten Banken.

- Ist die Dresdner Bank die Bad Bank der Allianz? Und welcher Deal hat mit diesen und der Commerzbank stattgefunden? Welche staatlichen Stellen waren dabei involviert?

- Die Interessenverbindung der Bundeskanzlerin mit Investmentbanken und anderen Vertretern der Finanzwirtschaft

- Dito Bundesfinanzminister, sein Staatssekretär Asmussen und die Finanzindustrie.

- Warum äußert sich Bundespräsident Köhler nicht?

- Warum ist das Geheimgutachten des Bundesrechnungshofes über den Verkauf der ostdeutschen Banken an die westdeutschen Banken noch nicht auf dem Tisch? Was steht im einzelnen drin?

- Genaueres zum Komplex Postbank, Post und Deutsche Bank. Für wen zahlt der Rettungsfond, wenn er für die Postbank zahlt?

Artikel-Adresse: http://www.nachdenkseiten.de/?p=3743

143

James Galbraiths Vorschlag: Banken in Insolvenz gehen lassen und das Management austauschen – für uns sehr relevant

11. Februar 2009 | Rubrik: Finanzkrise | Von Albrecht Müller

Wir sind auf der E-Mail-Liste des kritischen amerikanischen Ökonomieprofessors James Galbraith. Gestern erreichte mich eine Mail mit dem Hinweis auf eine Fernsehaufzeichnung von Democracy Now mit ihm. Auch wenn nicht alle unserer Leser das Englische verstehen, geben wir den Text der E-Mail und den Link auf die Fernsehaufzeichnung wieder. Es ist interessant, zu sehen und zu hören, wie entschieden jemand wie Galbraith ist. Wir notieren in Stichworten die wichtigsten Inhalte auf Deutsch; dafür herzlichen Dank an Roger Strassburg.

Die entscheidenden Passagen im Kurzbericht von Roger Strassburg sind farbig gesetzt. Daraus könnten wir, wenn wir wollen, auch für uns etwas lernen:

- Galbraith meint, anstatt Milliarden in notleidende Banken zu pumpen, um sie zu stützen, sollte der Staat sie für insolvent erklären. Das wäre bei uns im Falle der HRE und der Commerzbank und wohl auch der Dresdner Bank nötig. Es wäre auch im Falle der IKB wichtig gewesen

- Das Management ersetzen, die Bank umorganisieren, Einlagen sichern, damit die Sparer ihre Ersparnisse nicht aus lauter Panik abheben. Dann solle die Bank unter neuer Führung wiedereröffnet werden, damit sie wieder als normale Bank solide arbeiten kann.

- Diese Schritte müssen so bald wie möglich eingeleitet werden, denn Verzögerung bedeutet, dass es noch länger dauert, bis der Kreditmarkt wieder funktionsfähig ist.

- Es sei wichtig, die Führung der insolventen Banken auszutauschen, denn auf die alte Führung könne man sich nicht verlassen, alles fair und ehrlich zu offenbaren, was tatsächlich in den Büchern steckt. Ergänzung: Die alten Führungen haben auch ein Interesse daran, die Boni und Vergütungen wie verabredet

144

auszuzahlen. Auch um mit diesem Skandal fertig zu werden, ist ein personeller Neuanfang notwendig.

Das Interview mit Professor Galbraith wurde auf dem Hintergrund eines Artikels in der New York Times geführt, in dem von den Vorschlägen und Absichten des neuen Finanzministers der USA, Geithner, berichtet wird. Galbraith sieht diese kritisch.

Economist James Galbraith: Bailed-Out Banks Should Be Declared Insolvent

Dazu Stichworte von Roger Strassburg auf Deutsch:

Galbraith sagt, *„es handelt sich um Wertpapiere, die auf Subprime-Hypotheken basieren, die in einer Atmosphäre aus laxer Regulierung, Komplizenschaft und Betrug – im Grunde während der Bush-Regierung –, die das System von Eigenheimfinanzierung übernommen hat und es mit Vermögen infiziert, indem niemand Vertrauen hat und die niemand bewerten kann."*

Als allererstes müssen diese Wertpapiere, die aus den Büchern der Banken verschwinden sollen, geprüft und bewertet werden. Bisher habe das Minimum an Prüfung gezeigt, dass bei einem großen Anteil dieser Papiere Täuschung und Betrug in den Dateien zu finden ist. Kein Außenseiter, der diese Papiere angemessen überprüft, würde sie seinen Kunden empfehlen. Das ist das Problem.

Foto: AP

James Kenneth Galbraith (57)

Ökonom, Professor an der University of Texas in Austin, Anhänger des Keynesianismus und scharfer Gegner der neoliberalen Kasino-Mentalität des weltweiten Finanzwesens. Der Sohn des renommierten Wirtschaftswissenschaftlers John Kenneth Galbraith (Berater der US-Präsidenten J.F. Kennedy, Johnson, Carter und Clinton) ist Vorsitzender der „Economists for Peace and Security". Im März 2008 nutzte Galbraith die Gelegenheit der 25. Annual Milton Friedman Distinguished Lecture zu einer scharfen Abrechnung mit dem Monetarismus. Die Keynes'sche Wirtschaftslehre, so Galbraith, biete die Lösung der aktuellen Finanzkrise, während der Monetarismus die Rezession weiter vertiefe.

Daraus könne man schließen, dass diese Banken nicht mehr gerettet werden können, denn sie seien insolvent. Der richtige Weg sei, sie der Einlagesicherung (FDIC) zu überlassen, die ein formales Verfahren für insolvente Banken schon hat.

Diese Schritte, die von allen Regierungen, einschließlich der Bush-Regierung, in Fällen von insolventen Banken eingeleitet wurden, müsse auch jetzt so schnell wie möglich eingeleitet werden. Das heißt, wie schon erwähnt das Management ersetzen, die Bank umorganisieren, Einlagen sichern, damit die Sparer ihre Ersparnisse nicht aus lauter Panik abheben. Dann solle die Bank unter neuer Führung wieder eröffnet werden, damit sie wieder als normale Bank solide arbeiten kann. Diese Schritte müssen so bald wie möglich eingeleitet werden, denn Verzögerung bedeutet, dass es noch länger dauert, bis der Kreditmarkt wieder funktionsfähig ist. Und ein funktionierender Kreditmarkt ist absolut notwendig für den Erfolg der größeren Aufgabe des Konjunkturpakets, nämlich, die Volkswirtschaft wieder zu beleben.

Es müsse eine neue Führung geben, die von der FDIC eingesetzt wird, die als allererste Aufgabe durch die Bücher geht und die guten von den schlechten Papieren trennt. Dann könne man entscheiden, was gemacht werden muss, ob eine Fusion, eine Umstrukturierung der Finanzen oder sonst was der richtige Weg ist.

Aber mit dem alten Management ist nichts zu machen, denn dieses würde so weiter machen wie bisher. Solange es keine transparente Offenlegung der Bücher gibt, seien die Chancen schlecht, dass das Management sein Verhalten ändert. Es gibt auch allerlei Misstrauen bzgl. der Banken selbst und der Regulierung. Das Problem wolle das Finanzministerium nicht wahrhaben. Bis das passiert, werde das Finanzministerium seinen Beitrag zur Erholung der Wirtschaft nicht leisten, und das Konjunkturpaket werde nicht richtig greifen, und das Problem der ansteigenden Arbeitslosigkeit nicht lösen.

Das Wort „Verstaatlichung" werde politisch missbraucht. Auch während der Reagan-Regierung hatte der FDIC während der Krise in Lateinamerika 1982 einen Plan zur Verstaatlichung in der Schublade. Dieser musste nie ausgeführt werden, aber der Plan war da.

Jetzt gebe es eine große Kategorie von Papieren, die aller Wahrscheinlichkeit nach wertlos sind. Sie seien nicht durchschaubar, und diejenigen, die es sind, seien offenbar nichts wert.

Ergänzung von Albrecht Müller:

Hier ist auch noch der neueste Bericht von SpiegelOnline, verfasst von Marc Pitzke (und nicht von Gabor Steingart). Kritisch anzumerken ist hier schon die übliche Erwartung, dass Rettungspakete dazu führen müssen, die Aktienkurse zu stabilisieren und nach oben zu treiben. Welch ein Wahnsinn. Die Position von James Galbraith widerspricht dieser Erwartung diametral:

US-RETTUNGSPAKET:
Drei Billionen Dollar – doch die Börse will mehr
Mit massiven Geldspritzen will die US-Regierung das Land aus der Wirtschaftskrise retten. Doch weder der Banken-Rettungsplan von Finanzminister Geithner noch das Mega-Konjunkturpaket im Kongress können die Wall Street beruhigen – im Gegenteil.
Quelle: SpiegelOnline

Artikel-Adresse: http://www.nachdenkseiten.de/?p=3761

Über die trickreiche Unterbewertung hoher Wertpapierrisiken und Frau Merkels Blankoscheck

29. Februar 2009 | Rubrik: Finanzkrise | Von Albrecht Müller

Die Bundeskanzlerin begründet ihre immer wieder neue Bereitschaft zur Rettung von Banken wie der HRE damit, die Banken seien so genannte systemische Banken und wir hätten uns international dazu verpflichtet, keine Bank mehr eingehen zu lassen, wie das bei Lehman Brothers geschehen ist. In den deutschen Medien werden ihr und der Bundesregierung insgesamt diese Argumente bisher mehrheitlich abgenommen. Meines Erachtens sind aber erhebliche Zweifel angesagt. Im Falle der HRE hätte man in Kenntnis des gesamten Risikos den Weg in die Insolvenz beschreiten müssen. Vermutlich ist das immer noch sinnvoller und um vieles billiger als die weitere Bereitschaft, Unsummen zu zahlen. Meine Zweifel sind durch Meldungen über die wahren Risiken im europäischen Bankensystem und durch ein Gespräch mit einem alten Bekannten und Experten der Bankenpraxis bestätigt worden.

Vorweg: Die Meinung, es wäre besser gewesen, eine Bank wie die HRE eingehen zu lassen, ist nicht leichtfertig formuliert. Die dortigen Risiken sind mit über 102 Milliarden staatlicher Hilfe inzwischen quantitativ in einem Bereich, der den Vorgang auch qualitativ anders erscheinen lässt. Mit diesem Geld hätte man die Einlagen schützenswerter Anleger auch bei einer Insolvenz sicherstellen können. Die Öffentlichkeit ist zudem scheibchenweise mit den hohen Risiken bekannt gemacht worden. Bei der HRE wie auch bei anderen Banken haben die Insider und auch die Führung der Banken die Risiken gekannt. Sowohl die alte als auch die neue von der Deutschen Bank gestellte Führung der HRE musste sie kennen. Auch die Risiken bei der Übernahme der Dresdner Bank durch die Commerzbank haben die Fachleute gekannt. Wenn die verantwortlichen Politiker sich etwas haben vormachen lassen, dann ist das ihre Schuld.

Der Hinweis der Bundeskanzlerin auf die internationalen Verpflichtungen ist nicht sehr tragfähig, weil international vermutlich sowieso alles noch ins Rutschen gerät. Damit bin ich bei der ersten Information. Sie stammt vom Daily Telegraph, siehe Anlage B. Es geht dabei um einen alarmierenden Bericht über ein Papier aus Brüssel.

Der Bericht im Daily Telegraph wurde leider, vermutlich auf Druck von außerhalb, von einigen wichtigen Daten befreit. Der österreichische „Standard" hat allerdings auf der Basis der ursprünglichen Meldung einen Bericht verfasst. Auszüge siehe Anhang.

Der „Standard" schreibt:

„18,2 Billionen Euro faule Vermögenswerte
Laut einem Papier der EU-Kommission sind derzeit rund 44 Prozent aller Vermögenswerte der europäischen Banken „faul" oder unverkäuflich."

Das sind unglaubliche Meldungen. Die Beträge und die daraus folgenden Gefahren beunruhigen zutiefst. Wenn man sich nach den

Hintergründen erkundigt, dann erfährt man, wenn man Glück hat, dass die Vermögenswerte im Finanzsektor mit vielerlei Tricks überbewertet wurden. Beim Gespräch mit einem alten Banker mit Bewertungserfahrung habe ich Folgendes erfahren, wobei anzumerken ist, dass dieser Bericht mit Sicherheit nicht das gesamte Desaster erklärt, sondern nur einen Teilaspekt, wenn auch einen wichtigen:

Die Gelder von Versicherern und Rückversicherern und auch die Einlagen von Banken werden von Vermögens-Management-Gesellschaften angelegt. Die Vermögens-Manager, englisch: Asset-Manager, bewegen Milliarden und legen diese Milliarden in allen Formen von Wertpapieren an. Sowohl in ganz normalen Aktien als auch in strukturierten Produkten, also Finanzderivaten.

Für die Jahresabschlüsse der verschiedenen Gesellschaften, für das Investment Accounting, müssen diese Wertpapiere bewertet werden. Nach deutschen und nach internationalen Rechnungslegungsvorschriften. Nach dem deutschen Handelsgesetzbuch (HGB) gilt das Niederstwertprinzip. Im Anlagevermögen das gemilderte Niederstwertprinzip, im Umlaufvermögen das strenge Niederstwertprinzip.

Dieses Prinzip hätte eigentlich dazu führen müssen, dass die zum Umlaufvermögen gehörenden Wertpapier-Bestände nach dem strengen Niederstwertprinzip angesetzt werden. Wenn das geschehen wäre, dann hätten die Versicherungsgesellschaften und die Banken vermutlich schon sehr viel früher beachtliche Verluste melden müssen. Da ist es aus Sicht der Versicherungen und Banker gut, Tricks anzuwenden:

Trick 1: Wertpapiere werden umklassifiziert von Umlaufvermögen zu Anlagevermögen. Die baldige Verkaufsabsicht wurde einfach aufgegeben. Somit gehörten die Wertpapiere nicht mehr zum Handelsbestand (Umlaufvermögen). Stattdessen wollte (so die scheinheilige Argumentation) die Versicherung diese Wertpapiere nun dauerhaft halten (zumindest, bis sich vielleicht der Wert wieder etwas erholt hat). Im Umlaufvermögen hätten die Wertpapiere auf den Zeitwert zum Stichtag des Jahresabschlusses abgeschrieben werden müssen, die Verluste also realisiert werden müssen. Im

Anlagevermögen gilt wie schon gesagt das gemilderte Niederstwertprinzip. Auf den Zeitwert ist nur abzuschreiben, wenn davon auszugehen ist, dass die Wertminderung dauerhaft ist. Das sollte sie natürlich nicht sein, denn man hoffte ja, dass die Kurse sich wieder erholen (auch bei Junk-Bonds).

Trick 2 bezog sich auf den internationalen Abschluss nach IFRS. Dort gibt es die Unterscheidung nach HGB nicht, sondern eine einheitliche Auslegung für Finanzinstrumente jeglicher Art. Diese müssen immer mit dem Zeitwert angesetzt werden. Dort sprang das Institut der Wirtschaftsprüfer (IDW) mit einem Positionspapier zu Hilfe. Aufgrund der Subprime-Krise liege einfach kein aktiver Markt für die Schrottpapiere vor. Die Kurse lagen zwar am Boden, aber zu diesen Kursen wollte natürlich niemand verkaufen. Also kein aktiver Markt. Somit keine Abschreibung, vereinfacht ausgedrückt.

Die großen Wertberichtigungen sehen wir jetzt in den Jahresabschlüssen des Jahres 2008. Nach und nach melden die Banken und Versicherungen riesige Verluste für das vierte Quartal 2008. Eigentlich hätte das schon früher erfolgen müssen. Und ob wir nun das ganze Ausmaß bereits zu sehen bekommen, oder ob in Salamitaktik in 2009 und 2010 noch weitere Verluste folgen, wagt mein Konfident momentan nicht abzusehen. Er vermutet aber, es werden immer nur so viele Verluste gezeigt, wie Steinbrück gerade zum Ausgleich locker machen kann.

Übrigens: Die Bundesregierung hat mit einer Gesetzesänderung für die Banken letzten Sommer noch dafür gesorgt, dass kein Banker den Gang zum Insolvenzgericht gehen muss.

Der Trick, die unrealistische Höherbewertung von riskanten Papieren, hatte noch den angenehmen Nebeneffekt für die Banker und Versicherungsmanager, dass sie hohe Gewinne ausweisen konnten und sich Boni und sonstige Vergütungen auszahlen konnten. Diese gründeten zwar auf einer trickreichen Fehlbewertung der Vermögensbestände auf der Aktivseite der Bilanz, aber das macht ja nichts, solange man selbst von diesen Tricks profitiert. Wenn man das mal verstanden hat, dann begreift man auch, wie unverschämt das Beharren der Investmentbanker auf der Auszahlung solcher

Boni in den vergangenen Jahren ist. Sie haben Einkommen aus Gewinnen bezogen, die auf viel zu hohen Bewertungen des Anlagevermögens gründeten.

Anhang:

Auszug aus einem Artikel des österreichischen „Standard" vom 17. Februar 2009:

18,2 Billionen Euro faule Vermögenswerte
Laut einem Papier der EU-Kommission sind derzeit rund 44 Prozent aller Vermögenswerte der europäischen Banken „faul" oder unverkäuflich
London - Die europäischen Banken sitzen derzeit auf 16,3 Billionen Pfund (18,2 Billionen Euro) unverkäuflicher Wertpapiere, geht aus einem Papier der EU-Kommission hervor, auf das sich die britische Tageszeitung „Daily Telegraph" beruft. Demnach seien derzeit rund 44 Prozent aller Vermögenswerte der europäischen Banken „faul" oder unverkäuflich und könnten für das EU-weite Bankensystem ein „systemisches" Risiko bedeuteten. Die EU-Finanzminister sollen am Donnerstag bereits über das 17-seitige „streng geheime" Papier beraten haben.

Quelle: Der Standard

Der Artikel aus dem Daily Telegraph, der die Basis des Artikels im österreichischen „Standard" war:

European bank bail-out could push EU into crisis
A bail-out of the toxic assets held by European banks could plunge the European Union into crisis, according to confidential Brussels document.

Quelle: Telegraph.co.uk

Artikel-Adresse: http://www.nachdenkseiten.de/?p=3786

Gedanken zur Verantwortung und Haftung von Aufsichtsratsmitgliedern bei riskanten Geschäften von Banken

24. Februar 2009 | Rubrik: Finanzkrise | Von Albrecht Müller

Am 23. Februar fanden Sie im Hinweis Nummer 1 der NachDenk-Seiten einige Fragen zur Verantwortung des Aufsichtsratsmitglieds bei HRE und Depfa, Professor Dr. Hans Tietmeyer, der gleichzeitig Kuratoriumsvorsitzender der Initiative Neue Soziale Marktwirtschaft ist. Zwei NachDenkSeiten Leser haben sich dazu und zusätzlich zum Fall der HSH Nordbank Gedanken gemacht. Wir stellen diese Anmerkungen ein, auch mit dem Ziel, dass sich andere Nutzer der NachDenkSeiten weitere Gedanken machen und dass vor allem daraus eine Initiative zu Strafanzeigen wächst, so diese berechtigt sind. Da Vorstände und Aufsichtsräte bei den betreffenden Unternehmen jeweils gegen den andern Ansprüche geltend machen müssten, entsteht de facto eine gegenseitige Abhängigkeit und Blockade. Umso wichtiger wäre es, dass Staatsanwälte von sich aus tätig werden.

Hier zunächst der Hinweis und Kommentar von gestern:

HRE hat Milliardengeschäfte nicht in der Bilanz

Die Kette der Hiobsbotschaften im Zusammenhang mit der in Schieflage geratenen Hypo Real Estate reißt nicht ab. Einem Medienbericht zufolge hat der Immobilienfinanzierer Geschäfte in Milliardenhöhe getätigt, die nicht in der Bilanz auftauchen. Diese seien zum Teil hochspekulativ gewesen, berichtet die Hannoversche Allgemeine Zeitung (HAZ). Damit stellt sich die Lage noch wesentlich schlimmer dar, als bislang angenommen. Insgesamt habe der Münchener Finanzkonzern Kredite im Volumen von einer Billion Euro herausgegeben. Gegenüber der Hannoverschen Allgemeinen Zeitung bestätigten mehrere Finanzpolitiker, dass die HRE Verträge in Höhe von einer Billion Euro abgeschlossen habe, insbesondere in „außerbilanziellen Geschäften". Öffentlich bekannt war bislang nur die Bilanzsumme in Höhe von 400 Milliarden Euro.
Quelle: FinanzNachrichten

Kommentar von Albrecht Müller:
In diesem Zusammenhang ist – weil es in den deutschen Medien in

Nahtstelle der Verflechtung II: Prof. Dr. Hans Tietmeyer (CDU). Der frühere Bundesbankchef saß mehrere Jahre auch im Verwaltungsrat der irischen Depfa-Bank, der missratenen Tochter der HRE und ist heute Kuratoriumsvorsitzer der neoliberalen Initiative Neue Soziale Marktwirtschaft (INSM).
Foto: INSM

der Regel verschwiegen wird – daran zu erinnern, dass der Spiritus Rector und Kuratoriumsvorsitzende der Initiative Neue Soziale Marktwirtschaft, Professor Dr. Hans Tietmeyer (CDU), im Aufsichtsrat der HRE saß. *„Der frühere Bundesbankchef saß mehrere Jahre auch im Verwaltungsrat der irischen Depfa-Bank, die die Probleme beim heutigen Mutterkonzern HRE zu großem Teil verursacht hat"*, berichtete die Financial Times Deutschland vom 15.10.2008. Hat er von den Machenschaften in Dublin und München nichts mitbekommen? Oder entsprach das Verhalten der Unternehmensleitung von HRE und Depfa-Bank seinen Vorstellungen von sozialer Marktwirtschaft? Wusste Tietmeyer nichts davon, dass die HRE, diese Unternehmensgründung der HypoVereinsbank, eine Art Bad Bank darstellte?

Im folgenden finden Sie zunächst unter I. eine Stellungnahme des Juristen Manfred von Beinen und dann unter II eine solche eines Unternehmensprüfers zur HRE und von ihm dann auch noch unter III. die Kommentierung eines Interviews des Aufsichtsratsvorsitzenden der HSH Nordbank, Peiner:

I. Stellungnahme von Manfred von Beinen zu den Vorgängen bei der HRE

Der heutigen Tagespresse ist zu entnehmen: Bei der angeschlagenen Immobilienbank Hypo Real Estate (HRE) schlummern womöglich weitere Risiken außerhalb der Bilanz. Wie ein Sprecher der Bank am Freitag auf Anfrage bestätigte, hat die Bank ihre Markt- und Kreditrisiken mit Derivatgeschäften in Billionenhöhe abgesichert.

Nun hat die HRE, wie alle Kapitalgesellschaften dieser Größenordnung, gemäß § 289 HGB einen Lagebericht zu erstellen, der die Bilanz ergänzt und erläutert. Außerhalb der Bilanz heißt keinesfalls, dass die HRE über schlummernde Risiken nicht hätte berichten müssen (und dies vielleicht ja auch getan hat, dazu müsste man den Bericht lesen).

In den Lagebericht gehören laut HGB und nach herrschender Meinung unter anderem Tatsachen bezüglich des Risikomanagements und der Absicherung von Risiken durch Sicherungsgeschäfte, sowie bezüglich der Ausfall- und Liquiditätsrisiken beim Einsatz von Finanzinstrumenten, sofern dies für die Beurteilung der Lage und der Entwicklung von Bedeutung ist.

Nach § 331 Nr. 1 des Handelsgesetzbuches macht sich derjenige strafbar, der als Mitglied des vertretungsberechtigten Organs (z.B. Vorstand) oder des Aufsichtsrates einer Kapitalgesellschaft die Verhältnisse der Gesellschaft im Lagebericht unrichtig wiedergibt oder verschleiert. Unrichtigkeit liegt vor, wenn die Darstellung der Lage des Unternehmens nicht mit der Wirklichkeit übereinstimmt. Nach § 289 HGB ist die Lage der Gesellschaft so darzustellen, dass ein den tatsächlichen Verhältnissen entsprechendes Bild vermittelt wird.

Geschieht das nicht, kann gegen den oder die Betreffenden eine Freiheitsstrafe bis zu drei Jahren oder Geldstrafe verhängt werden.

Dass ein Aufsichtsrat von der risikoreichen Geschäftspolitik nichts gewusst haben könnte, ist nicht recht wahrscheinlich. Nach § 90 Aktiengesetz muss der Vorstand dem Aufsichtsrat über die beabsichtigte Geschäftspolitik und andere grundsätzliche Fragen der Unternehmensplanung berichten. Dieser Bericht müsste ja vorliegen. Hat der Vorstand einen unvollständigen Bericht geliefert, ist er strafrechtlich verantwortlich (auch nach § 400 AktG), hat er korrekt berichtet, hat der Aufsichtsrat den Schwarzen Peter.

Für einen Wirtschaftsjuristen ist das oben Stehende gut bekannt. Ich wäre sehr verwundert, wenn die zuständige Staatsanwaltschaft nicht wenigstens einen Anfangsverdacht erkennen könnte.

Interessant wäre auch der Rattenschwanz von zivilrechtlichen Schadenersatzansprüchen, die sich aus einem fehlerhaften Bericht ergeben könnten. Ebenso interessant sind die möglichen Konsequenzen für die Abschlussprüfer, die nach § 162 Aktiengesetz zu prüfen hatten, ob die Angaben im Lagebericht nicht eine falsche Vorstellung von der Lage der Kapitalgesellschaft wecken.

Ich denke, die Sache wird noch spannend.

Mit freundlichen Grüßen
Manfred von Beinen, Ass.jur.

II. Stellungnahme eines befreundeten Fachmanns für Betriebsprüfungen zum Umgang mit ausgelagerten Risiken bei der HRE

Ich versuche es mal, soweit möglich, kurz und dennoch verständlich darzulegen.

„Bilanzfälschung" ist der umgangssprachliche Begriff für die unrichtige Darstellung des Jahresabschlusses (§ 331 HGB) bzw. grundsätzlich die unrichtige Darstellung der Lage der Gesellschaft in Darstellungen oder Übersichten jedweder Art (§ 400 AktG). Beides sind strafbare Handlungen (sog. Nebenstrafrecht) und wird mit Freiheitsstrafe bis zu drei Jahren geahndet. Beide Delikte sind Offizialdelikte, d.h. bei hinreichendem Tatverdacht ist die Staatsanwaltschaft zur Aufnahme von Ermittlungen verpflichtet.

Ein Jahresabschluss besteht nach § 264 Abs. 1 HGB nicht nur aus einer Bilanz und einer Gewinn- und Verlustrechnung sondern bei Kapitalgesellschaften (GmbH, GmbH & Co.KG, AG) auch aus einem Anhang und ist außer im Fall von kleinen Kapitalgesellschaften (§ 267 Abs. 1 HGB) um einen Lagebericht zu erweitern. Der Lagebericht wird von der Strafnorm des § 331 HGB umfasst, so dass auch die strengeren Kriterien des § 400 AktG darauf anzuwenden sind. Die Verantwortung für die Aufstellung des Jahresabschlusses trägt der Vorstand, so dass auf diesen auch die Strafnormen der §§ 331 HGB bzw. 400 AktG anzuwenden sind. Im Fall von Aktiengesellschaften stellt der Aufsichtsrat den vom Vorstand aufgestellten Jahresabschluss fest, sofern er dies nicht in die Verantwortung der Hauptversammlung übergibt (§ 172 AktG).

In der Betrachtung hier gehe ich von Banken in der Rechtsform einer Aktiengesellschaft aus, da ich mich mit öffentlich-rechtlichen Banken nicht auskenne, aber auch die Landesbanken wie z. B. HSH Nordbank in der Rechtsform der Aktiengesellschaft geführt werden. Zur Anwendung der Normen des Aktiengesetzes auf öffentlich-rechtliche Banken hat Professor Lutter sich in seinem Aufsatz „Bankenkrise und Organhaftung" (ZIP 2009, 197-201/ dazu siehe hier) auch nur kurz beschäftigt, sieht aber dort die gleiche Anwendung. Nach § 340a HGB haben Kreditinstitute, auch wenn sie nicht in der Rechtsform einer Kapitalgesellschaft betrieben werden, auf ihren Jahresabschluss die für große Kapitalgesellschaften geltenden Vorschriften anzuwenden. Daher würde ich diese Ansicht auch bejahen.

Die Thematik der außerbilanziellen Geschäftseinheiten (Zweckgesellschaften) ist ein äußerst schwieriges Thema, mit dem ich selbst bisher nur sehr wenig zu tun hatte. Geht man aber von der im Lagebericht verpflichtenden Risikoberichterstattung (§ 289 Abs. 1 und 3 HGB bzw. § 315 Abs. 1 HGB sowie DRS 5-10 Risikoberichterstattung von Kredit- und Finanzdienstleistungsunternehmen) des Vorstands aus, so hat er alle Risiken, also auch diese, die nicht in der Bilanz der Gesellschaft erfasst werden, die Einfluss auf die Entwicklung der Gesellschaft haben können, ausführlich zu benennen.

Nach den internationalen Rechnungslegungsstandards sind Teile der zuvor genannten Verpflichtungen noch strenger.

Im Geschäftsbericht 2007 der HRE konnte ich keine Angaben zu Risiken aus Zweckgesellschaften finden. Unter diesem Aspekt und der nun in der Presse genannten Beträge von mehr als einer Billion Euro kann man wohl davon ausgehen, dass der Lagebericht der HRE unrichtig ist und somit ein strafbarer Verstoß gegen § 331 HGB („Bilanzfälschung") vorliegt.

Die Staatsanwaltschaft müsste hier wegen einer strafbaren Handlung ermitteln.

Der Aufsichtsrat müsste, wie Lutter ausführte, wegen Sorgfaltspflichtverletzungen des Vorstands tätig werden. Da der Aufsichtsrat selbst auch schuldig sein dürfte, wird dies aber nicht geschehen.

Es ist ein Systemfehler des Aktiengesetzes, dass der Aufsichtsrat die Ansprüche gegen den Vorstand geltend machen muss und der Vorstand die Ansprüche gegen den Aufsichtsrat. Im dualistischen System von Geschäftsführung und Aufsicht hat der Gesetzgeber nicht bedacht, dass beide Organe gemeinsam kriminell werden könnten.

Das wirksame Instrument hier wäre die Sonderprüfung nach § 142 ff. AktG auf Antrag der Aktionäre und die anschließende Aktionärsklage nach § 148 AktG. Im Fall IKB steht dieses Vorgehen vor dem Scheitern. Steinbrück hat Steuermilliarden hineingesteckt und die IKB anschließend an Lone Star verschleudert. Lone Star als neuer Großaktionär will nun die im letzten Jahr beschlossene Sonderprüfung wieder einstellen. Ich würde etwas darauf verwetten, dass das ein Bestandteil des Deals mit Steinbrück war.

Anmerkung von Albrecht Müller:
Und mithilfe der FDP wurde verhindert, dass es einen Untersuchungsausschuss zur IKB gab.

III. Kommentierung eines Interviews des Hamburger Abendblatts mit dem Aufsichtsratsvorsitzenden und ehemaligen Hamburger Finanzminister Peiner zur Problematik bei der HSH Nordbank

HSH Nordbank ging zu hohe Risiken bei nicht ausreichendem Risikomanagement ein.
Waren die Eigentümer zu gierig, Herr Peiner?
Der Aufsichtsratsvorsitzende räumt Fehleinschätzungen des Vorstands ein, ist aber zuversichtlich, dass die Bank die Krise überstehen wird – ohne ihn. Denn er gibt sein Amt ab.
Wolfgang Peiner, Aufsichtsratsvorsitzender der HSH Nordbank im Interview mit dem Hamburger Abendblatt (Auszüge).
[Kommentar = grau]

Peiner: Die Bank hatte nach ihrer Gründung, also der Fusion der beiden Landesbanken Hamburg und Schleswig-Holstein, ein Geschäftsmodell entwickelt, das ein großes Volumen von Kreditersatzgeschäften beinhaltete. …

Dieses Kreditersatzgeschäft-Portfolio war, das muss man aus heutiger Sicht sagen, vor dem Hintergrund des niedrigen Eigenkapitals der Bank und ihres Risikomanagements zu groß.

[Diese Aussage lässt nur den Schluss zu, dass das Risikomanagement der Bank nicht ausreichend war, die eingegangenen Geschäfte in ihrer Auswirkung zu analysieren. Mit anderen Worten: der Vorstand hat fahrlässig gehandelt, gegen seine Sorgfaltspflicht verstoßen.]

Abendblatt: Wer hat wann beschlossen, dass sich die Bank auf das hoch riskante Kreditersatzgeschäft einlässt, das in die Krise führte?

Peiner: Es ist nicht hoch riskant. Es ist ein überwiegend ganz normales Wertpapier-Portfolio, das allerdings in Zeiten einer Finanzmarktkrise erheblichen Wertschwankungen unterliegt. …
Nein. Weder die Eigentümer noch der Aufsichtsrat haben den Vorstand der Bank zu dem Abschluss besonders risikoreicher Geschäfte mit dem Ziel hoher Renditen ermuntert. Es war die Geschäftspolitik des Vorstands der Bank.

[Nicht hoch riskant? Aber doch besonders risikoreich. Peiner verstrickt sich in Widersprüche.]

Der Vorstand war in seiner Einschätzung der Folgen der Finanzkrise für die Bank zu optimistisch.

[Falsch. Der Vorstand war wegen des nicht ausreichenden Risikomanagements nicht in der Lage, die Folgen einzuschätzen. Trotzdem ist er solche folgenreichen Geschäfte eingegangen.]

Der Aufsichtsrat hat nach Ausbruch der Finanzkrise konsequent gehandelt: das Risikomanagement gestärkt, den Wachstumskurs zurückgenommen und die Ertragskraft gestärkt, den Vorstandsvorsitzenden ausgewechselt und ein neues Geschäftsmodell entwickelt.

[Hier bestätigt Peiner erneut, dass das Risikomanagement nicht ausreichend war.]

Aus heutiger Sicht erkennen wir, dass das Kreditersatzgeschäft für die Bank zu groß war. Ich frage mich, ob ich das nicht aufgrund meiner Erfahrungen schon früher hätte sehen und erkennen können.

[Diese Frage wird vielleicht noch die Justiz beschäftigen.]

Anmerkungen unseres Kommentators:

§ 91 Abs. 2 AktG:

Der Vorstand hat geeignete Maßnahmen zu treffen, insbesondere ein Überwachungssystem einzurichten, damit den Fortbestand der Gesellschaft gefährdende Entwicklungen früh erkannt werden.

§ 93 Abs. 1 AktG

Die Vorstandsmitglieder haben bei ihrer Geschäftsführung die Sorgfalt eines ordentlichen und gewissenhaften Geschäftsleiters anzuwenden. Eine Pflichtverletzung liegt nicht vor, wenn das Vorstandsmitglied bei einer unternehmerischen Entscheidung vernünftigerweise annehmen durfte, auf der Grundlage angemessener Information zum Wohle der Gesellschaft zu handeln.

§ 93 Abs. 2 AktG

Vorstandsmitglieder, die ihre Pflichten verletzen, sind der Gesellschaft zum Ersatz des daraus entstehenden Schadens als Gesamtschuldner verpflichtet. Ist streitig, ob sie die Sorgfalt eines ordentlichen und gewissenhaften Geschäftsleiters angewandt haben, so trifft sie die Beweislast.

§ 116 AktG

Für die Sorgfaltspflicht und Verantwortlichkeit der Aufsichtsratsmitglieder gilt § 93 über die Sorgfaltspflicht und Verantwortlichkeit der Vorstandsmitglieder sinngemäß.

§ 266 StGB

Wer die ihm durch Gesetz, behördlichen Auftrag oder Rechtsgeschäft eingeräumte Befugnis, über fremdes Vermögen zu verfügen oder einen anderen zu verpflichten, missbraucht oder die ihm kraft Gesetzes, behördlichen Auftrags, Rechtsgeschäfts oder eines Treueverhältnisses obliegende Pflicht, fremde Vermögensinteressen wahrzunehmen, verletzt und dadurch dem, dessen Vermögensinteressen er zu betreuen hat, Nachteil zufügt, wird mit Freiheitsstrafe bis zu fünf Jahren oder mit Geldstrafe bestraft.

Weiterführende Literatur:

Die zur Erfüllung des Tatbestandes der Untreue erforderliche Verletzung der Vermögensbetreuungspflicht muss auch bei unternehmerischen Entscheidungen eines Gesellschaftsorgans nicht zusätzlich „gravierend" sein (Klarstellung zu BGHSt 47, 148 und 187; vgl. BGH 3 StR 470/04, NStZ 2006, 214). Ein Treueverhältnis im Sinne des § 266 StGB (Untreue) erfordert, dass der Täter innerhalb eines nicht unbedeutenden Pflichtenkreises bei Einräumung von Ermessensspielraum, Selbstständigkeit und Bewegungsfreiheit zur fremdnützigen Vermögensfürsorge verpflichtet ist (Tröndle/Fischer, StGB 52. Aufl. Rdn. 28, 29 m.w.N.)

Als Vorsatz des Täters genügt der bedingte Vorsatz (dolus eventualis), die schwächste Form des Vorsatzes. Um des angestrebten Zieles willen findet sich der Täter mit dem Risiko der Tatbestandsverwirklichung ab.

Ein riskantes Handeln, dessen Folgen einen anderen treffen, ist in der Regel pflichtwidrig, wenn der Handelnde den ihm gezogenen Rahmen nicht einhält, insbesondere die Grenzen des verkehrsüblichen Risikos überschritten hat. Ein von § 266 StGB erfasstes Risikogeschäft liegt insbesondere dann vor, wenn der Täter bewusst und entgegen den Regeln kaufmännischer Sorgfalt eine äußerst gesteigerte Verlustgefahr auf sich nimmt, nur um eine höchst zweifelhafte Gewinnaussicht zu erhalten (BGH NStZ 1990, 437 f.; BGH 2 StR 355/03; wistra 2005, 281-289). Vgl. hierzu auch: Marcus Lutter: Bankenkrise und Organhaftung, ZIP 2009, 197-201.

Wenn es einen Grund gibt, Banken nicht insolvent werden zu lassen, dann kann man ihn vielleicht in § 321a HGB finden. Dieser Paragraph wurde Ende 2004 durch das Gesetz zur Einführung internationaler Rechnungslegungsstandards und zur Sicherung der Qualität der Abschlussprüfung oder kurz auch Bilanzrechtsreformgesetz (BilReG) eingefügt. In Absatz 1 heißt es:

„Wird über das Vermögen der Gesellschaft ein Insolvenzverfahren eröffnet oder wird der Antrag auf Eröffnung des Insolvenzverfahren mangels Masse abgewiesen, so hat ein Gläubiger oder Gesellschafter die Wahl, selbst oder durch einen von ihm zu bestimmenden Wirtschaftsprüfer oder im Fall des § 319 Abs. 1 Satz 2 durch einen vereidigten Buchprüfer Einsicht in die Prüfungsberichte des Abschlussprüfers über die aufgrund gesetzlicher Vorschriften durchzuführende Prüfung des Jahresabschlusses der letzten drei Geschäftjahre zu nehmen, soweit sich diese auf die nach § 321 geforderte Berichterstattung beziehen. Der Anspruch richtet sich gegen denjenigen, der die Prüfungsberichte in seinem Besitz hat."

Mit anderen Worten: bei einer Insolvenz würde sicherlich irgendein Aktionär (z. B. J. C. Flowers) oder ein Gläubiger Einsicht in die Prüfungsberichte verlangen. Dort würde sicherlich auch offenbar werden, dass die Prüfer über Jahre hinweg das mangelnde Risikomanagement geprüft (vgl. § 317 Abs. 4 HGB: Prüfung des Risikomanagements ist bei börsennotierten Aktiengesellschaften verpflichtend im Rahmen der Jahresabschlussprüfung) oder wenigstens im Fall einer nicht verpflichtenden Prüfung im Rahmen der Annahmen über die Fortführung der Gesellschaft für ausreichend befunden haben.

Die Wirtschaftsprüfer, bei den Banken überwiegend KPMG und PwC, in einigen Fällen auch Ernst & Young und Deloitte oder auch kleinere Prüfer wie BDO im Fall der HSH Nordbank, müssten sich ebenso verantworten wie Arthur Andersen im Jahr 2001 in den USA im Enron-Skandal. Auf die Branche der Wirtschaftsprüfung hätte dies fatale Auswirkungen. Fatal wären die Auswirkungen aber auch im Bereich der Wirtschaftskriminalität. Denn dort sind die Wirtschaftsprüfer fester Bestandteil eines Systems der Verschleierung.

Artikel-Adresse: http://www.nachdenkseiten.de/?p=3790

Merkel bei Anne Will: „Ich glaube, wir haben bis jetzt das Richtige getan."

23. März 2009 | Rubrik: Anne Will | Von Wolfgang Lieb

Man habe in den ersten drei Jahren der Großen Koalition bis zur Krise *„erfolgreich"* gearbeitet. Nicht in Deutschland seien die Fehler gemacht worden. Nicht die Politik trage eine Mitverantwortung für die Krise, sondern nur die Banken seien *„außer Rand und Band geraten"*. Es sei *„eben nicht"* eine Krise der sozialen Marktwirtschaft, es habe einfach nur *„Exzesse der Märkte"* gegeben.

Wie soll jemand in einer Krise das Richtige tun können, der offensichtlich meint, dass er mit den Ursachen der Krise rein gar nichts zu tun hat.

Merkel tut gerade so, als wäre etwa die Förderung des Kreditverkaufs nicht mit ihrer Billigung 2005 in den Koalitionsvertrag hineingeraten. War der unkontrollierte Kreditverkauf nicht eine der Hauptursachen der Finanzkrise?

Im Koalitionsvertrag von CDU, CSU und SPD ist ein Kapitel der „Finanzmarktpolitik" gewidmet. Dort wird der Deregulierung das Wort geredet. Überflüssige Regulierungen sollen abgebaut werden. Es werden der Ausbau des Verbriefungsmarktes, von PPP (Public Private Partnership), von Reits und die Fortentwicklung des Unternehmensbeteiligungsgesetzes gefordert. Produktinnovationen und neue Vertriebswege müssten nachdrücklich unterstützt werden, heißt es dort.

Hat nicht Finanzminister Steinbrück die Finanzmarktpolitik zum Eckpfeiler des Koalitionsvertrages erklärt und z.B. bestehende Grenzen beim Erwerb von Asset Backed Securities (ABS) abgebaut? Jahrelang wurde die Finanzbrache massiv unterstützt und gefördert. Haben nicht Vertreter der Bundesregierung, z.B. Finanzstaatssekretär Asmussen, die Vorteile des Risikogeschäftes gepriesen? Hat man nicht 2008 den Finanzinvestoren weitere Steuergeschenke gemacht, damit der Finanzsektor endlich so stark wie in Großbritannien werde? Wer hat eigentlich die sog. REIT (Real Estate Investment Trusts) von der Körperschaftssteuer befreit? Sollten etwa nicht Beratungsleistungen der Private-Equity-Branche von der Umsatzsteuer befreit werden? Hat die Bundesregierung etwas dagegen gesagt, geschweige denn etwas dagegen unternommen, als der Deutsche Bank-Chef Ackermann 25 Prozent als Renditeziel ausgab? Wurden nicht die Hedge-Fonds gefördert und wie etwa bei der Telekom geradezu als Triebfedern für die Modernisierung gelobt?

Wir haben auf den NachDenkSeiten in zahllosen Beiträgen belegt, wie weit die Politik von der Finanzindustrie getrieben und mit ihr verbandelt war und bis heute ist, und wir haben das schädliche Wirken von Finanzinvestoren dargestellt.

Die Kanzlerin tut aber so, als habe sie mit der Finanzkrise rein gar nichts zu tun, im Gegenteil erklärt sie die Politik der Großen Koalition bis zum Ausbruch der Krise als „erfolgreich". Und weil sie früher als andere neue Regeln für die Finanzmärkte gefordert habe, gehe sie „ein bisschen selbstbewusst" in die Gespräche mit den USA und den anderen G20-Ländern. Doch welche Regeln hat sie eigentlich gefordert und welche Regeln hat sie in Deutschland umgesetzt?

Wir erwarten von unseren Talkmasterinnen schon lange nicht mehr, dass sie einmal in ihre Archive greifen würden, um Politiker mit ihren früheren Erklärungen und Entscheidungen zu konfrontieren. Es gab auch keine einzige Frage danach, welche Gesetze und Maßnahmen auf dem Feld der Finanzpolitik Merkel zurückzunehmen oder zu ändern gedenke. So konnte sich die Kanzlerin mit banalen Sprüchen, wie etwa wir müssen „die Banken wieder zum Arbeiten bringen" oder wir müssen „die Unternehmen wieder auf die Beine bringen" über die Krise und ihre Politik vor und in der Krise hinwegreden.

In keiner Sachfrage musste die Kanzlerin konkret werden: Die Regierung tue alles, damit der Abschwung schnell zu Ende gehe und sie sei zuversichtlich, dass Deutschland die Krise meistern werde. Die Menschen müssten einfach nur darauf vertrauen, dass die Bundesregierung in einer extrem schwierigen Situation die richtigen Entscheidungen für Deutschland treffe. Mit solchen abgedroschenen Formeln kann man sich in deutschen Leitmedien aus der eigenen Krise reden.

Als Anne Will Merkel ein einziges Mal, mit einem Zitat aus dem Jahre 2003 konfrontierte, entschlüpfte die Kanzlerin mit dem Hinweis, dass seither sehr *„viel passiert"* sei.

Die Enteignung der HRE als *„ultima ratio"* ist für Merkel *„nur eine Möglichkeit, damit die soziale Marktwirtschaft weiter bestehen kann"*. Mit anderen Worten, damit es anschließend so weiter gehen kann wie bisher.

Auch bei Opel ist für Merkel nicht etwa die Bundesregierung gefordert. Nein, die USA müssten entscheiden und die Trennung von General Motors organisieren. Danach sagte sie allerdings das Gegenteil, nämlich Opel müsse zum Teil weiter vom Mutterkonzern geführt werden und selbst einen Investor finden. Erst dann könne der deutsche Staat Bürgschaften übernehmen. Eine Staatsbeteiligung kommt für Merkel ohnehin nicht in Frage: *„Diese Absicht haben wir nicht."* Es wäre für die Mitarbeiter *„keine gute Nachricht"*, wenn sich niemand sonst als der Staat an Opel beteiligen würde.

Wieder sind es die andern, denen die Verantwortung in die Schuhe geschoben wird, gerade so, als ob man in Ruhe abwarten können, welche Entscheidungen jenseits des Atlantiks getroffen werden oder welcher Investor sich nun finden mag.

Die Boni für Manager hielt Merkel für *„unpassend"*, insbesondere bei den Unternehmen, die staatliche Hilfe erhielten. Zur Klage des früheren Vorstandschefs der Hypo Real Estate, Georg Funke, der nach seinem Rückzug die Bank auf Gehaltszahlungen in Höhe von rund 3,5 Millionen Euro verklagt hat, oder zur Tatsache, dass Zumwinkel 20 Millionen Altersversorgung erhält, meinte sie: *„Ehrlich gesagt, kann ich es nicht verstehen."*

„Das Irre an Boni ist, dass wir früher dachten, die gibt es nur für Erfolg. Und jetzt stellen wir fest, dass es sie für Misserfolg gibt." Das sei *„empörend"* und das richte *„großen Schaden bei den Menschen an"* beklagte sie. Dass dagegen eine Verkäuferin wegen angeblicher Unterschlagung von 1,30 Euro entlassen werden darf, konnte Merkel nur *„mit Mühe"* verstehen. Auf die Frage von Anne Will, was die Kanzlerin dagegen zu tun gedenke, wartete man allerdings vergebens.

Eine *„soziale Krise"* befürchtet die Kanzlerin nicht, schließlich gebe es bei uns Betriebsräte, Mitbestimmung, den Mittelstand sowie die sozialen Sicherungssysteme. Schaut man auf die Wirklichkeit des zunehmenden Auseinanderdriftens von Arm und Reich, von Löhnen und Managergehältern, schaut man auf die Millionen die auf Hartz-IV angewiesen sind, schaut man auf den größer werdenden Niedriglohnsektor und die prekäre Beschäftigung mit Zeitarbeit und Mini-Jobs, so fragt man sich, in welchem Land unsere Kanzlerin eigentlich lebt. Eine *„soziale Krise"* ist längst eingetreten und zwar schon vor der Finanzkrise. Müssen die Deutschen wie die Franzosen wirklich erst auf die Straße gehen, damit Angela Merkel etwas bemerkt von der um sich greifenden sozialen Krise?

Kritik, sei es von Bürgern, sei es aus der Koalition, sei es aus den eigenen Reihen, ließ Merkel locker an sich abtropfen. Sie konnte die Rolle spielen: Lass die Hunde bellen, ich bin der Hofherr. *„Ich hab' sie einfach gern, die CDU, das ist meine Heimat"* oder *„Wir alle gehören zusammen"* waren die schon ans Lächerliche grenzenden Antworten der Parteivorsitzenden auf die Attacken aus der eigenen Partei.

Ihren Standort beschrieb Merkel so: *„Ich bin mal liberal, mal christlich sozial, mal konservativ"*. Eine schönere Beschreibung ihrer Beliebigkeit konnte die Kanzlerin nicht geben.

Anne Will spielte in der Sendung die Rolle einer kritischen, manchmal sogar provokanten Nachfragerin, sie arbeitete dabei aber nur munter Ihren Fragezettel ab. Die wirklichen Fragen, nach der Verantwortung der Kanzlerin für die Krise und nach deren vorausgegangenen politischen Entscheidungen hat sie nicht gestellt. Und hinterfragt hat sie die nichtssagenden und ausweichenden Antworten der Kanzlerin auch nicht.

Merkel konnte so das tun, was Politiker immer tun, wenn sie nicht mit ihrem Handeln konfrontiert werden: sie konnte um Vertrauen bei den Bürgerinnen und Bürgern für die Zukunft werben, dass die Regierung schon das Richtige tun werde. So verschaffte Anne Will Angela Merkel einen prächtigen Wahlkampfauftritt. Auf die Frage, ob sie die richtige Regierungschefin sei, um diese Krise zu meistern, antwortete Merkel: *„Ja, ich glaube schon."*

Diesen Glauben können ihr offenbar nur noch die Wählerinnen und Wähler nehmen. Wenn man allerdings den Applaus im Publikum gesehen hat, dann kann einem im Wortsinne schwarz vor Augen werden.

Artikel-Adresse: http://www.nachdenkseiten.de/?p=3840

Bank der Zentralbanken: Alle sind schuld, alle sind Opfer, keiner konnte die Finanzkrise erahnen und niemand ist verantwortlich

29. Juni 2009 | Rubrik: Das kritische Tagebuch | Von Wolfgang Lieb

Heute stellt die Bank für Internationalen Zahlungsausgleich (BIZ) ihren 79. Jahresbericht vor. Die BIZ gilt als Bank der Zentralbanken und ist als Forum der internationalen Zusammenarbeit in Geld- und Finanzfragen auch zuständig für die Beurteilung und das frühzeitige Erkennen von Finanzkrisen. Insofern müsste man erwarten, dass im Jahresbericht dieser wichtigen Institution eine besonders kompetente und tiefschürfende Analyse der Finanzkrise zu finden ist und Wege aus der Krise aufgezeigt werden.

Diese Erwartungen werden jedoch bitter enttäuscht. Alan Greenspan und die Niedrigzinspolitik der amerikanischen Notenbank sind für die BIZ die Hauptverursacher. Hinzu kamen noch falsche Anreize, methodische Mängel bei der Messung, Bepreisung und Kontrolle von Risiken einerseits und Unzulänglichkeiten bei den betrieblichen Kontrollinstanzen andererseits sowie Versäumnisse im Bereich der Regulierung. Die Banker waren danach eher Opfer und die Bankenaufsicht und damit auch die BIZ tragen an der Krise keinerlei Verantwortung. Der Jahresbericht der BIZ ist eher ein Verteidigungsplädoyer als eine kritische Bestandsaufnahme.

Die Enttäuschung beginnt schon in der Einleitung mit einem hilflosen Eingeständnis:

„Das moderne Finanzsystem ist ungemein komplex – möglicherweise so komplex, dass es niemand wirklich verstehen kann."

166

Auf der makroökonomischen Ebene werden zwei problematische Ursachen festgestellt: Der Aufbau von außenwirtschaftlichen Ungleichgewichten sowie Schwierigkeiten aufgrund der langen Phase niedriger Realzinsen.

Aufgrund der anhaltend hohen Leistungsbilanzdefizite bzw. -überschüsse sei es zu einem Nettokapitalabfluss aus den kapitalarmen aufstrebenden Volkswirtschaften in die kapitalreichen Industrieländer, insbesondere in die USA gekommen. Diese Kapitalbewegungen seien im Zusammenhang mit der hohen Sparquote in den aufstrebenden Volkswirtschaften und der niedrigen in den USA gestanden. U.a. hätten die aufstrebenden Volkswirtschaften Währungsreserven gehortet um die Aufwertung der eigenen Währungen einzudämmen.

Vereinfacht gesprochen, war also nach Meinung der BIZ auf makroökonomischer Ebene China mit seinen Leistungsbilanzüberschüssen und seinen gehorteten Dollars eine der zentralen Ursachen für die Finanzkrise.

Eine zweite makroökonomische Ursache der aufkommenden Krise sei *„die lange Phase niedriger Realzinsen in der ersten Hälfte dieses Jahrzehnts"* gewesen.

Die Niedrigzinspolitik der USA aber auch in Europa und Japan hätten:

1. einen Kreditboom ausgelöst, da sie die Kreditaufnahme verbilligten.

2. den Barwert der Erträge aus Vermögen erhöht, was den Preisen von Vermögenswerten Auftrieb verlieh.

3. Dadurch hätte sich ein falsches Anreizgefüge in der Vermögensverwaltungsbranche herausgebildet. Finanzinstitute müssten (!) nämlich relativ hohe Nominalrenditen erzielen, weil sie sich mit ihren Produkten oftmals langfristig binden müssten:

   „Wenn die Zinsen auf ein ungewöhnlich niedriges Niveau sinken, kann es schwieriger werden, die zugesagten (!) Renditen zu erwirtschaften. Dann werden die Finanzinstitute entsprechend hö-

here Risiken eingehen, um ihre Rendite- und Gewinnvorgaben trotzdem erreichen zu können. Bei niedrigen Zinsen werden also höhere Risiken eingegangen.“

Die BIZ folgt dem typischen Mythos der monetaristischen Wirtschaftsvision: wenn die Zinsen niedrig sind, wird mehr gezockt. Alan Greenspan der Chef der Fed ist also der Sündenbock für Finanzkrise und nicht etwa die Zocker im Finanzkasino. Der Staat ist also wieder einmal an allem Bösen schuld und nicht der Markt. Über die Deregulierungspolitik Greenspans verliert die BIZ kein Wort. Die Banker waren die Opfer und die Bankenaufsicht und damit auch die BIZ tragen an der Krise keine Verantwortung.

Zurecht nennen Heiner Flassbeck und Friedericke Spiecker diese Schuldverlagerung einen *„grandiosen Unsinn“*. Das Gegenteil sei richtig: Wenn die Zinsen niedrig sind, würden Finanzanlagen gegenüber Sachinvestitionen eher unattraktiver. Potenzielle Investoren steckten ihr Geld lieber in Sachanlagen, als dass sie es zur Bank trügen:

„Angenommen, jemand will mit Gewalt 20 Prozent Rendite auf sein Eigenkapital erzielen und hat ein viel versprechendes Projekt vor Augen, dessen Gesamtrendite bei fünf Prozent liegt. Sind die Notenbankzinsen niedrig, muss er sein Eigenkapital weniger mit Fremdkapital hebeln – also weniger Risiko eingehen – als wenn der Zinssatz hoch ist. Greenspan hat mit seiner Zinspolitik also genau das Gegenteil dessen getan, was ihm unterstellt wird. Dass er darüber hinaus falsch lag in seinem blinden Vertrauen auf das Funktionieren der Marktkräfte, ist zwar richtig, hat aber mit seiner Zinspolitik nichts zu tun“, schreiben Flassbeck/Spiecker in der FTD.

Albrecht Müller weist richtigerweise darauf hin, dass die Spekulationen mit Subprime-Hypotheken und CDOs auch möglich gewesen wären, wenn die Zinsen der Fed bei 2, 3 oder gar 4% gelegen hätten. Die Scheinprofite, also Ackermanns 25%, waren doch so hoch, dass es auf so kleine Zinsdifferenzen gewiss nicht angekommen wäre. Der Einfluss der Zinssenkungen der amerikanischen Notenbank werde gemessen am Einfluss der spekulativen Elemente – also die Ausweitung der Derivate, Verbriefungen und andere Elemente von Casino und Kettenbrief – völlig überschätzt.

War eigentlich Greenspan auch an den Machenschaften in Deutschland oder in England beteiligt? Die BIZ beteiligt sich an der auch in Deutschland so beliebten Schuldverlagerung, wonach das Übel vor allem von den USA ausgegangen sei und bei uns die Grundsätze des ehrenwerten Kaufmanns hoch gehalten worden wären.

Als mikroökonomische Ursachen für die Finanzkrise nennt die BIZ: *„Probleme im Zusammenhang mit den Anreizen, methodische Mängel bei der Messung, Bepreisung und Kontrolle von Risiken einerseits und Unzulänglichkeiten bei den betrieblichen Kontrollinstanzen andererseits sowie Versäumnisse im Bereich der Regulierung."*

Die Ausführungen dazu lesen sich wie die Verteidigungsrede eines Hauptangeklagten vor dem Schwurgericht:

- Die Verbraucher (also die kleinen Kapitalanleger) hätten sich zu wenig um ihre Finanzgeschäfte gekümmert und die Bevölkerung habe eben ein zu geringes Finanzwissen.

- Die Manager von Finanzinstituten fühlten sich bemüßigt, im Interesse der Aktionäre die Eigenkapitalrendite zu erhöhen und bauten deshalb die Fremdfinanzierung aus.

- Die Vergütungsmodelle hätten den Managern einen Anreiz geboten auf kurzfristige Erträge zu setzen.

- Für die Rating-Agenturen habe es falsche Anreize gegeben und sie seien einfach überfordert gewesen.

- Die Risikomessung mit den modernen statistischen Instrumenten hätten Vorfälle, zu denen es nur selten komme, nicht genug einkalkuliert.

- Die risikomindernden Strategien auf den Schuldtitelmärkten hätten plötzlich eine risikoerhöhende Wirkung entfaltet, aus Risikominderung sei Risikokonzentration geworden.

- Aus strukturellen und aus verhaltenspsychologischen Gründen hätten das mittlere und das oberste Management weder die richtigen Fragen gestellt noch auf die richtigen Personen gehört.

- Für die Finanzinstitute sei es relativ leicht gewesen bestimmte Geschäfte der Kontrolle der Aufsicht zu entziehen.

- Die Folgen der Löcher im regulatorischen Rahmen seien vielen schlicht nicht klar gewesen.

- Letztlich habe so gut wie niemand geahnt, dass die US-Vermögenswerte, die in der ganzen Welt erworben wurden, sich als toxisch herausstellen würden.

Fazit der BIZ: *„Es erstaunt nicht, dass Regierungsvertreter und Marktteilnehmer die Warnzeichen weitgehend ignorierten."*

Alle sind schuld, alle sind Opfer und niemand konnte das Unglück ahnen. Niemand trägt Verantwortung und schon gar nicht die BIZ. Wer eine solche exkulpierende Krisenanalyse hat, von dem sind auch Lösungen zur Krisenbewältigung und zur künftigen Vermeidung solcher selbst gemachter Krisen nicht zu erwarten. Kapitel VII *„Der Weg zu einem krisensicheren Finanzsystem – Risiken und Chancen"* ist dementsprechend äußerst dürftig.

Der Text ist teilweise kabarettreif, deswegen will ich dem interessierten Leser Passagen daraus nicht vorenthalten:

- *Erstens hat die Krise das verzerrte Anreizgefüge für Verbraucher, Finanzspezialisten und Ratingagenturen offengelegt.*

- *Zunächst spielte eine Rolle, dass sich die Verbraucher zu wenig um ihre Finanzgeschäfte gekümmert haben...*
  Ein weiterer Faktor ist das allgemein geringe Finanzwissen der Bevölkerung... In ihrer Unwissenheit und da ja finanzielle Aufsichtsstrukturen existierten, setzten die Finanzkunden die Komplexität des Systems fälschlicherweise mit dessen Ausgereiftheit gleich und gingen einfach davon aus, dass ihre Anlagen sicher waren, weil ja jemand anders aufpasste – ein vertrauenswürdiger Manager, ein Aktienanalyst, eine Ratingagentur oder eine staatliche Stelle. Doch das war keineswegs der Fall. Das Sys-

tem, auf dessen Ausgereiftheit und Sicherheit die Verbraucher *gutgläubig setzten, war in Wirklichkeit in unverantwortlicher Weise komplex und undurchsichtig.*

- *Hinzu kommt, dass die Manager von Finanzinstituten sich bemüßigt sahen, im Interesse der Aktionäre die Eigenkapitalrendite zu erhöhen – weshalb sie ihr Fremdfinanzierungsvolumen drastisch ausbauten.*

- *Die Vergütungsmodelle boten Managern einen Anreiz mehr, auf kurzfristige Erträge zu setzen und die langfristige Entwicklung außer Acht zu lassen…*

Artikel-Adresse: http://www.nachdenkseiten.de/?p=4028

Unser Führungspersonal ist in den Fängen der Finanzwirtschaft – ein weiterer Hinweis

2. Juli 2009 | Rubrik: Finanzkrise | Von Albrecht Müller

In den NachDenkSeiten wurde schon einmal mit Erstaunen vermerkt, dass bei SpiegelOnline in Sachen Finanzwirtschaft, HRE und insbesondere Jörg Asmussen jemand aufgewacht sein muss. Gestern erschien nun ein Interview mit einem Wirtschaftsprüfer. Siehe Anhang 1. Seine Aussagen sind zwar für Leser der NachDenkSeiten nicht neu, für SpiegelOnline aber erstaunlich. Immerhin sagt Wirtschaftsprüfer Hermanns, eine *„kontrollierte Pleite der irischen Depfa (einer Tochter der HRE) hätte den deutschen Steuerzahler wahrscheinlich Milliarden erspart"*. Stattdessen wurde in einer Nacht-und-Nebel-Aktion die HRE zunächst mit 35 Milliarden und später insgesamt mindestens mit 102 Milliarden öffentlichem Geld gerettet.

Der Wirtschaftsprüfer notiert immerhin auch noch, dass die HRE eine Art Bad Bank der HypoVereinsbank war, in die *„Risiken aus notleidenden Finanzierungen und Schrottimmobilien ausgelagert wurden"*. Auch das konnten Sie in den NachDenkSeiten schon vor längerem lesen. Der Wirtschaftsprüfer hält es für selbstverständlich, dass der verantwortliche Staatssekretär Asmussen gefeuert werden und eine strafrechtliche Verfolgung geprüft werden muss. Dieser Meinung sind wir auch. Aber das wird für die Bundesregierung schwierig, weil die führenden Köpfe alle mit der Finanzwirtschaft verschwägert sind. Die Rettungsaktionen zu Gunsten der Gläubiger der HRE und ihrer Tochter waren offenbar zwischen Asmussen und Steinbrück einerseits und Angela Merkel und ihrem Zuarbeiter Jens Weidmann abgestimmt. Schon deshalb wehrt sich die Bundeskanzlerin gegen eine Entlassung von Asmussen.

Wie sehr die Bundeskanzlerin mit der Finanzwirtschaft verbunden ist, konnte man schon an vielen Stellen studieren, zum Beispiel an ihrem Plädoyer für die Privatisierung der Deutschen Bahn und an ihrem Eintreten für die Privatisierung der Altersvorsorge. Dazu kam mir dank eines aufmerksamen Lesers der NachDenkSeiten heute ein wunderschönes Stück auf den Tisch, der Auszug einer Rede der Bundeskanzlerin bei der Deutschen Vermögensberatungs AG, in deren Spitze der Parteifreund Fritz Bohl, früherer Staatsminister im Bundeskanzleramt, sitzt. Es lohnt sich, die kurze Rede anzuhören, um zu erkennen, wie devot unser Führungspersonal mit den finanziell Mächtigen umgeht.

Die größte Hilfe für die Finanzwirtschaft auf Kosten der Steuerzahler leistete die Bundeskanzlerin aber mit der Weiterverbreitung einer Wortschöpfung, die vermutlich die teuerste Meinungsmache in der Geschichte der Bundesrepublik wird: „Systemisch" oder „systemrelevant". Auch darauf haben wir schon einmal hingewiesen. Diese Begriffe haben jede Diskussion und jede Prüfung darüber erstickt, ob man nicht einzelne Banken besser in die Insolvenz gehen lässt, wie es Wirtschaftsprüfer Hermanns vorschlägt.

Im Anhang 2 finden sie ein Interview mit der SPD-Abgeordneten Nina Hauer. Es wird darauf hingewiesen, weil man in diesem Interview sehen kann, wie von Seiten der SPD immer noch mit dem billigen Trick gearbeitet wird, die Finanzkrise sei durch die Insolvenz der Lehmann Brothers ausgelöst worden. Lauter Lügen.

Wir sind hilflos diesem Geflecht von Politik und Finanzwirtschaft - genauer müsste ich sagen: Finanzwirtschaft und Politik – ausgeliefert, weil dort soviel Geld vorhanden ist, dass es bisher zumindest gelingt, jeden wirkungsvollen Angriff abzuwehren.

Deshalb meine Bitte und Anregung an unsere Leserinnen und Leser mit Nähe zur Union und SPD: Setzen Sie Ihren CDU/CSU- und SPD-Abgeordneten die Pistole auf die Brust! Verlangen Sie die Entlassung von Asmussen und drohen Sie mit dem Entzug Ihrer Stimme. Bedenken Sie, dass es bei diesen Vorgängen um wahnsinnig viel Geld und um eine hohe Belastung von Ihnen und uns allen in der Zukunft geht. Ich persönlich bin fest davon überzeugt, dass dahinter eine massive politische Korruption steckt. Aber selbst wenn Sie dies nicht annehmen, ist der ganze Vorgang so unglaublich, dass Ihre Intervention fällig ist.

Anhang 1:

HRE-MISERE – „Das würde kein Vorstand überleben"
Im Zusammenhang mit Milliardenhilfen für den Immobilien-Finanzierer Hypo Real Estate gerät Finanzstaatssekretär Jörg Asmussen unter Druck. Der Wirtschaftsprüfer Tillmann Hermanns rügt im Interview mit SpiegelOnline Mängel bei der Prüfung und Kontrolle der Staatsgarantien durch den Bund.
SpiegelOnline: Im September 2008 bewilligte die Bundesregierung 35 Milliarden Euro Staatsgarantien, um die Hypo Real Estate (HRE) vor der drohenden Pleite zu retten. Für die Regierung handelte bei einer Krisensitzung in Oberursel bei Frankfurt am Main der heutige Staatssekretär im Finanzministerium, Jörg Asmussen. Traf er Entscheidungen im Interesse des Steuerzahlers?

Quelle: SpiegelOnline

Anhang 2:

HRE-AUSSCHUSS – „Wir werden Merkel nicht vorladen"
Im HRE-Ausschuss rückt die Union von Finanzstaatssekretär Jörg Asmussen ab, die FDP fordert gar dessen Rücktritt. Im Interview mit SPIEGEL ONLINE greift die SPD-Obfrau Nina Hauer die Rolle der Opposition an und lobt die Arbeit der Bundesregierung zur Rettung der Immobilienbank…
Nina Hauer: „Die Schieflage bei der HRE löste eindeutig die Pleite der Lehman-Bank aus" …

Und weiter: *„Ich wundere mich, dass sich das noch nicht bis in die Unionsfraktion hinein herumgesprochen hat. Schließlich haben Herr Asmussen, Herr Steinbrück, die Kanzlerin und ihr wirtschaftspolitischer Berater Weidmann aufs engste miteinander kommuniziert und das Rettungspaket gemeinsam geschnürt."*

Quelle: SpiegelOnline

Artikel-Adresse: http://www.nachdenkseiten.de/?p=4039

Steinbrück plant den Ausstieg aus der Politik und den Umstieg in die Finanzwirtschaft

13. Juli 2009 | Rubrik: Rente, Privatvorsorge, etc. | Von Wolfgang Lieb

Am 10. Juli hat die so genannte „Rentengarantie" den Bundesrat passiert, eine Schutzklausel, mit der Rentenkürzungen in konjunkturell schwachen Zeiten ausgeschlossen werden sollen. Am gleichen Tag meldete Finanzminister Steinbrück, nicht etwa im Bundesrat, wo er noch hätte in die Beschlussfassung eingreifen können, sondern im ARD-Morgenmagazin und in der Frankfurter Rundschau erhebliche Bedenken dagegen an.

Dass Steinbrück diese emotionsgeladene Debatte zu Beginn der heißen Wahlkampfphase anheizt, lässt sich nur noch mit einer Lust am Untergang seiner SPD erklären. Rational lässt dieser wahlstrategische Nackenschlag nur noch den Schluss zu, dass Steinbrück die Wahl verloren gibt und nicht einmal mehr den Erhalt seines Ministeramtes in einer Großen Koalition erwartet. Wahrscheinlich ist ihm nach all dem finanzpolitischen Schlamassel, den er mit angerichtet und zu verantworten hat, die Flucht aus dem politischen Amt in die Privatwirtschaft der willkommene Ausweg. Steinbrück bedient mit seiner Forderung nach mehr *„Generationengerechtigkeit"* massiv die Interessen der Finanzwirtschaft an einer weiteren Privatisierung der Altersvorsorge. Ein kleines Dankeschön der Finanzdienstleister in Form eines attraktiven Pöstchens als Altersversorgung für Steinbrück wird da schon herausspringen. Wetten, dass…

174

Steinbrücks Kritik an der Rentengarantie und der Rentenerhöhung

Er hege *„größte Zweifel … ob unter dem Gesichtspunkt der Generationsgerechtigkeit* (die Rentengarantie) *nicht grenzwertig ist"*, sagte Steinbrück dem ARD Morgenmagazin. Und in der FR wetterte er darüber hinaus gegen die von ihm noch im April mitgetragene Rentenerhöhung um 2,41% im Westen und um 3,38% im Osten: *„Während andere um ihre Arbeitsplätze bangen, steigen in der Krise die Renten so stark wie seit drei, vier Jahren nicht. Die Gekniffenen sind die 25- bis 35-Jährigen, die Kinder in die Welt setzen wollen. Um diese Generation müssen wir uns stärker kümmern."*

Eine Vorlage für die Befürworter der privaten Vorsorge

Er lieferte mit dieser Kritik an der eigenen Regierung und an seinem SPD-Ministerkollegen Olaf Scholz eine willkommene Vorlage für die neoliberalen Hardliner und für alle diejenigen, die schon immer für mehr private Altersvorsorge eingetreten sind. Und natürlich ließen sich der sich wirtschaftliberal profilierende Wirtschaftsminister zu Guttenberg, die sozialstaatsfeindliche Mittelstandslobby, in Form des Bundes der Steuerzahler, der nimmermüde Versicherungslobbyist, Professor Bernd Raffelhüschen, der erzliberale Vorsitzende des Sachverständigenrats, Wolfgang Franz, bis hin zur Grünen-Spitzenkandidatin der Grünen, Renate Künast, diese Vorlage nicht aus und sprangen Steinbrück zur Seite. Und das Medientremolo ließ nicht auf sich warten.

Selbst wenn Steinbrücks Bedenken in der Sache berechtigt wäre, muss er sich die Frage gefallen lassen, warum er diese nicht am Kabinettstisch geäußert hat und warum er als Finanzminister dort nicht sein ihm mögliches Veto gegen diese Entscheidungen eingelegt hat? Warum erst jetzt, wo alle gesetzgeberischen Verfahren abgeschlossen waren? Was soll also dieses „nachskaten" und das dazu noch in Wahlkampfzeiten?

Denkt Steinbrück so, wie er redet?

Eine nachvollziehbare Erklärung wäre, dass eben Steinbrück so denkt, wie er spricht. Das wäre immerhin möglich, hat er doch schon vor Jahren in einem ZEIT-Interview offenbart, für welche Gruppe nach seiner Meinung die SPD Politik machen sollte, nämlich *„eine Politik für jene zu machen, die etwas für die Zukunft unseres Landes tun: die lernen und sich qualifizieren, die arbeiten, die Kinder bekommen und erziehen, die etwas unternehmen und Arbeitsplätze schaffen, kurzum, die Leistung für sich und unsere Gesellschaft erbringen.* <u>*Um die – und nur um sie – muss sich Politik kümmern.*</u>*"*

Diese Position könnte erklären, warum er der Auffassung ist, die SPD könne auf die Stimmen der 20 Millionen Rentner verzichten, da sie ohnehin in ihrer großen Mehrheit die Unionsparteien wählten. In der Tat haben ja die Wählerinnen und Wähler im Alter von über 60 bei der zurückliegenden Europawahl mit 47 Prozent weit <u>überdurchschnittlich die Unionsparteien gewählt</u>, aber immerhin lag auch noch der Zustimmungswert der Rentner für die SPD mit 24 Prozent über ihrem katastrophalen Ergebnis von insgesamt 20,8 Prozent.

Dass Steinbrück von Wahlkampf nichts versteht, hat er ja schon bewiesen, als er mit seiner Hauptbotschaft den Agenda-*„Kurs halten"* in Nordrhein-Westfalen mit 37,1 Prozent das schlechteste Wahlergebnis für die SPD seit 50 Jahren erzielt hat und eine epochale Wahlniederlage einsteckte.

Ja, die Renten steigen *„so stark, wie schon seit drei, vier Jahren nicht"*. Wer so argumentiert sollte wenigstens so ehrlich sein und darauf hinweisen woran er den Anstieg misst. Von 2004 bis 2006 gab es keinerlei Rentenanpassung, im Jahre 2007 den minimalen Anstieg um 0,54 Prozent und zum 1. Juli 2008 um 1,1 Prozent. Seit 1998 blieben die Anpassungen nahezu ständig unterhalb der Inflationsrate und bedeuteten reale Kaufkraftverluste. Allein seit 2001 ist durch die Rentenreformen das Rentenniveau um mehr <u>als 17 Prozent gesunken</u>. Heute liegt das Rentenniveau gerade noch bei <u>48 Prozent vom durchschnittlichen Bruttoeinkommen</u> und vorausgeschätzt sind weitere Absenkungen bis auf <u>43 Prozent im Jahre 2030</u>.

Von einer Koppelung der Rente an die Löhne kann seit der Einführung von *„Riester-Faktor"*, *„Nachhaltigkeitsfaktor"* und *„Nachhol-*

faktor" – und wie die Stellschrauben, mit denen die Rente *„angepasst"* worden ist, auch alle heißen mögen – ohnehin schon seit
Jahren nicht mehr die Rede sein. Auch die Rente mit 67 gehört
faktisch zum Rentenkürzungsprogramm.

Deutschland liegt inzwischen nach einer OECD-Studie im internationalen Vergleich beim Niveau der gesetzlichen Rentenversicherung
nach den Reformen der letzten Jahre für den so genannten Eck-
rentner mit 45 Beitragsjahren und Durchschnittseinkommen mit
39,9 Prozent des durchschnittlichen Bruttoeinkommens 2030 weit
unten.

Von den Gegnern der Rentengarantie und der leichten Rentenan-
hebung wird dramatisierend darauf verwiesen, dass der staatliche
Rentenzuschuss inzwischen rund 80 Milliarden, also ein Drittel des
Bundeshaushaltes ausmache.

Dazu wäre zunächst einmal relativierend zu sagen, dass der Zu-
schuss in Höhe von gut 27 Prozent der gesamten Rentenleistungen
kaum höher liegt als 1963 (24,8%).

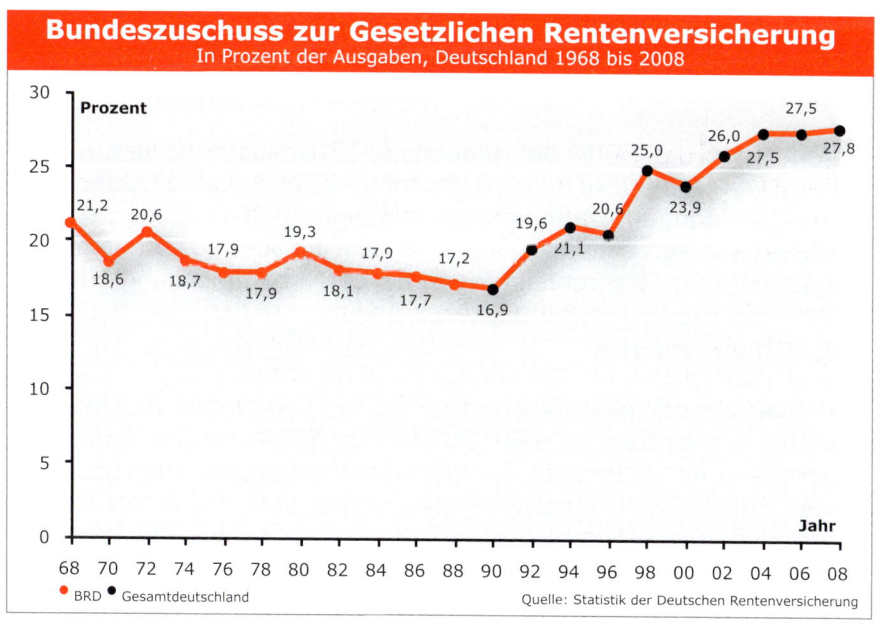

Bundeszuschuss zur Gesetzlichen Rentenversicherung
In Prozent der Ausgaben, Deutschland 1968 bis 2008

● BRD ● Gesamtdeutschland

Quelle: Statistik der Deutschen Rentenversicherung

Der Anstieg seit den 90er Jahren hat nichts, aber auch gar nichts mit der Alterung der Gesellschaft, sondern mit den einigungsbedingten Sonderlasten, mit der Arbeitslosigkeit und mit den stagnierenden Beiträgen aufgrund der <u>stagnierenden Löhne zu tun</u>.

Steuergelder für versicherungsfremde Leistungen

Schaut man sich die Zuschüsse aus dem Bundeshaushalt in die Rentenversicherung einmal genauer an, so dienen sie zu einem erheblichen Anteil nicht etwa dazu, Rentenkürzungen oder Beitragserhöhungen zu vermeiden, sondern sie dienen zur Finanzierung so genannter *„versicherungsfremder Leistungen"*. Also von Leistungen, die die Rentenversicherung laut Sozialgesetz finanzieren muss, denen aber keine Beitragszahlungen seitens derjenigen Versicherten, die in den Genuss dieser Leistungen kommen, zugrunde liegen.

Dazu zählen etwa Leistungen für Kindererziehungszeiten (11,715 Mrd. Euro) oder für die Rentenanteile aus Anrechnungszeiten und Ersatzzeiten (z.B. für Wehr- und Kriegsdienst), vereinigungsbedingte Leistungen, Leistungen an Aussiedler, Kriegsfolgelasten, arbeitsmarktbedingte Leistungen, Höherbewertung von Beitragszeiten oder Familienleistungen.

Wer nur auf die Höhe der staatlichen Zuschüsse schielt, unterschlägt weiterhin, dass mit den Rentenversicherungsbeiträgen auch solche Leistungen bezahlt werden, die eigentlich aus Steuermitteln finanziert werden müssten, also z.B. alle Risiken von Rehabilitationsmaßnahmen, Rentenleistungen bei Erwerbsminderung oder bei Erreichen einer bestimmten Altersgrenze sowie ggf. <u>Rentenzahlungen an Hinterbliebene</u>.

Das Volumen der nicht beitragsgedeckten Leistungen der Rentenversicherung betrug im Jahr 2003 circa 57 Milliarden Euro. Das entsprach rund 29 Prozent der Gesamtrentenausgaben (195,7 Milliarden Euro). Zählt man den West-Ost-Transfer und einen Teil der Hinterbliebenenrenten hinzu, betrug der Anteil der nicht beitragsgedeckten Leistungen an den Rentenausgaben 2003 <u>sogar 39,6 Prozent</u>.

In der Vergangenheit wurde eine ganze Reihe von gesamtgesell-schaftlichen Aufgaben der Solidargemeinschaft der Gesetzlichen Rentenversicherung übertragen, die richtigerweise aus den all-gemeinen Steuermitteln bezuschusst werden. Damit wurde übri-gens die Ökosteuer gerechtfertigt, und auch aus der Erhöhung der Mehrwertsteuer sollte ein Prozent für diese Zuschüsse abgezweigt werden.

Die jüngere Generation wird nicht von den Alten, sondern durch die Rentenreformen belastet

Ein beachtlicher Teil dieser nicht beitragsgedeckten Leistungen kommt nun gerade auch der jüngeren Generation zu gute. Man denke etwa an die Anrechungszeiten z.B. für die Schul- und Hoch-schulausbildung, an arbeitsmarktbedingte Erwerbsminderungs-renten, an die Höherbewertung von Beitragszeiten während der Berufsausbildung aber vor allem auch an die Kindererziehungsleis-tungen. Nicht zu vergessen aber auch die Zuschüsse für Hartz IV-Empfänger, Mini-Jobber, für Niedriglöhner oder Ein-Euro-Jobber, bei denen niedrige Beiträge auf ein Mindestniveau angehoben werden oder auch die rentenrechtliche Absicherung der Arbeitslosigkeit.

Schließlich ist in diesem Zusammenhang auch noch darauf hinzu-weisen, dass künftig die Bundesagentur vom siebten Kalendermo-nat an sämtliche Sozialbeiträge für Kurzarbeiter übernimmt.

Mit der Begründung des Ausgleichs zwischen den Generationen müssen nach dem Alterseinkünftegesetz die Renten gleitend nach-gelagert besteuert werden, während die jüngere Generation im Gegenzug für die Rentenaufwendungen Freibeträge steuerlich gel-tend machen kann.

Wenn Steinbrück die Rentner gegen die junge Generation ausspielt, so benutzt er den alten Gaunertrick „Haltet den Dieb". Es ist gerade die Rentenpolitik von Rot-Grün und der Großen Koalition, die die Generation, um die sich Minister Steinbrück stärker kümmern will, am stärksten treffen wird. Gerade dieser Generation droht durch die Rentenreformen der zurückliegenden Jahre Altersarmut, weil ein Durchschnittsverdiener im Jahre 2030 nach über 35 Jahren Ar-beit nur noch eine Rente auf Grundsicherungsniveau erreichen wird.

Generationengerechtigkeit als politischer Kampfbegriff

Steinbück dokumentiert mit seinem populistischen Eintreten für die Generation der 25–35-Jährigen, dass er ganz nach der Agenda-Melodie pfeift. Die *„Generationengerechtigkeit"* ist geradezu ein neoliberaler Kampfbegriff, der demagogisch genutzt wird, die sozialen Sicherungssystem *„neu zu justieren"*, wie Schröder sagen würde, oder besser: abzubauen.

Als Alternative gilt die Reprivatisierung sozialer Risiken, die aber letztlich vor allem der jungen Generation aufgehalst werden soll, die dann beides tun muss: die Älteren versorgen (im Umlageverfahren) und sich selbst einen Kapitalstock aufbauen (wovon nur?). Dass die junge Generation sich dagegen wehrt, ist verständlich. Nur: sie wehrt sich in die falsche Richtung!

Seit nunmehr fünfzehn Jahren läuft ein Prozess, in dem das wohlfahrtsstaatliche System (weil es aus demografischen Gründen angeblich nicht mehr finanzierbar ist) ersetzt werden soll durch das marktliberale angelsächsische System, in dem jeder sehen kann, wo er bleibt und in dem die sozialen Risiken – bis auf eine Restgröße – reprivatisiert sind. Zielsetzung ist, das Bruttosozialprodukt anders aufzuteilen; der Kapitalseite, die sich im Zuge der Ost-West-Auseinandersetzung lang genug den „Sozialklimbim" hat gefallen lassen müssen, ein größeres Stück vom Kuchen zu geben.

Gerade wer in den Ruf nach *„Generationengerechtigkeit"* einstimmt, müsste aber vielmehr darum bemüht sein, dass auch Heranwachsende noch einen hoch entwickelten Wohlfahrtsstaat und das bisherige Maß an sozialer Sicherheit vorfinden, statt es weiter zu verringern.

Steinbrücks politische Kapitulation – Vorbereitung für den Umstieg in die Privatwirtschaft

All das hätte der Bundesfinanzminister Steinbrück wissen müssen oder zumindest wissen können, bevor er an den von ihm selbst mitbeschlossenen Rentenentscheidungen nachträglich herummosert. Dass diese Debatte vom stellvertretenden Vorsitzenden der SPD nun gerade im Sommerloch und dazu noch am Beginn der heißen

Phase des Wahlkampfes wieder entfacht wird, kann man nur noch mit einer Lust am politischen Untergang erklären. Offenbar sieht Steinbrück keine Chance mehr, dass die SPD bei der Bundestagswahl auch nur so viele Stimmen auf sich vereinigen könnte, dass sie sich damit noch in den Schoß einer Großen Koalition flüchten könnte. Und Kanzlerkandidat Steinmeier denkt offenbar genau so, sonst hätte sich ihm hier eine Gelegenheit geboten, sich eindeutig und deutlich zu positionieren. Aber wie äußert sich der inkarnierte Bürochef: *„Wir dürfen keine Gruppe unserer Gesellschaft gegen eine andere ausspielen: Das ist ein zutiefst sozialdemokratischer Gedanke."*

Es bleibt deshalb eigentlich nur noch eine rationale Erklärung für Steinbrücks Medieninszenierung: Der Karrierist sucht den Umstieg vom Ministeramt zu einem attraktiven Job im Finanz- oder Bankenbereich. Denn deren Interessen werden mit der Forderung nach mehr Generationengerechtigkeit bestens bedient. Die Finanzwirtschaft erwartet nämlich durch eine weitere Privatisierung der Altersvorsorge weitere profitable Geschäfte für ihre Finanzprodukte. Als kleines Dankeschön für die zusätzlichen Milliardenumsätze werden sich die Finanzdienstleister nicht lumpen lassen, Steinbrück nach dem Ende seiner politischen Karriere einen attraktiven Vorstands- oder wenigstens ein paar lukrative Aufsichtsratsposten als ganz private Altersversorgung anzubieten. Wetten, dass….

Artikel-Adresse: http://www.nachdenkseiten.de/?p=4062

Mit Einschnitten und Steuern zahlen wir für die Rettung von Banken und Fonds durch Merkel und Steinbrück

22. September 2009 | Rubrik: Finanzkrise | Von Albrecht Müller

Bundesfinanzminister Steinbrück und Wirtschaftsminister Guttenberg haben bei Anne Will am Sonntag zu verstehen gegeben, dass nach der Wahl mit Einschnitten und höheren Belastungen gerechnet werden muss. Dass das steigende Staatsdefizit nicht nur der schlechten Konjunktur, sondern vor allem den großzügigen Zahlungen an Banken, an erster Stelle an die HRE, zu danken ist, und dass diese Zahlungen internationalen und nationalen Banken und Fonds zugute kommen, sagen die beiden nicht. Und auch die meisten Medien fragen nicht kritisch nach, sondern rühmen die Bewältigung der Finanzkrise durch Merkel und Steinbrück. Wir werden unsäglich belogen. Um dies zu erfassen, ist es gut, sich eine Dokumentation im Tagesspiegel vom 13. September noch einmal vorzunehmen.

Angela Merkel wie auch Steinbrück haben den Banken-Rettungsschirm mit seinen 480 Milliarden und die tatsächlich gezahlten und garantierten Milliarden damit begründet, jede Bank sei *„system-relevant"*. Ich nenne das die teuerste Meinungsmache aller Zeiten (siehe hier auf Seite 12 der Einführung zu „Meinungsmache"*). Angela Merkel hat auch behauptet, man habe nicht die Banken, sondern die Bürger retten wollen. Das haben viele geglaubt, weil sie dem Wort einer Bundeskanzlerin trauen.

Wie wenig das berechtigt ist, zeigen die Dokumentation Harald Schumanns mit dem Titel *„Die Geretteten"* und sein gleichzeitig erschienener Beitrag *„Hypo Real Estate – Bilanz des Schreckens"*.

Er ist im Besitz eines Papiers der Deutschen Bundesbank mit den Listen der Gläubiger der Hypo Real Estate (HRE) und ihren Forderungen an dieses von der Bundesregierung über den Rettungsfond gerettete Bankinstitut. Auf der Basis dieses Papiers haben Steinbrück und Merkel in der Nacht vom 28. auf den 29. September 2008 entschieden, die private HRE zu retten.

Ich zitiere aus Schumanns Beitrag:

„Für die Sanierung der Pleitebank HRE fließen zweistellige Milliardensummen aus Steuergeldern. Aber die Regierung hält die Namen der Kreditgeber geheim, die auf Staatskosten freigekauft wurden. Die Bürger müssen zahlen, aber für wen, das sollen sie nicht wissen. Wir dokumentieren die Liste der Geretteten – die bisher keinen Cent zur Rettung beitragen müssen.

Japans Bauern und ihre Genossenschaften sind noch mal davongekommen. Zweieinhalb Milliarden Euro hatte die Norinchukin Bank, das Zentralinstitut der japanischen Genossenschaftsbanken, bei

---

* „Meinungsmache" von Albrecht Müller, 2009, Droemer Verlag München

der Depfa plc im irischen Dublin geparkt, als diese im September 2008 ihren Mutterkonzern, die Hypo Real Estate Holding (HRE), an den Rand der Pleite gewirtschaftet hatte. Wäre es dazu gekommen, wäre ein großer Teil der Milliardeneinlage gewiss verloren gewesen.

Das gleiche Problem hatte die italienische Großbank Unicredit. Auch deren Tochter Hypo-Vereinsbank hatte der HRE, die sie einst per Abspaltung ins Leben gerufen hatte, mehr als zwei Milliarden Euro geliehen, ohne jede Sicherheit. Und genauso war es bei der Deutschen Bank, dem Versicherungskonzern HUK Coburg, der Allianz AG und Hunderten weiterer Gläubiger der HRE im In- und Ausland. Sie alle hatten eines gemeinsam: Sie hatten ohne Prüfung und „unbesichert", also ohne Rückgriff auf andere Wertpapiere oder Immobilien für den Fall der Insolvenz, ihr Geld zu guten Zinsen an die HRE verliehen. Weit mehr als 100 Milliarden Euro, davon 83 Milliarden nur für Tage und Wochen, hatte die HRE so bei Finanzinstitutionen aller Art eingesammelt.

Die Bundesregierung hat die Liste, aus der sich ergibt, dass nicht die Bürger, sondern ein obskurer Strauß von Banken, Versicherungen und Fonds gerettet wurde, für geheim erklärt. Das hat sie mit Bedacht erklärt. Wenn man nämlich diese Liste durchgeht, dann erkennt man unschwer, dass wir von den damals Verantwortlichen auf üble Weise angeschwindelt worden sind. Es sind nicht vor allem „Renten-, Sozialversicherungen und Kirchenkassen" gerettet worden, wie der Leiter des Sonderfonds Finanzmarktstabilisierung, Hannes Rehm, behauptet hat. Gerettet wurden die unbesicherten Geldmarktaufnahmen und Darlehen (mit kurzer Laufzeit von unter einem Jahr) von ausländischen Banken im Wert von 23,3 Milliarden und sonstigen ausländischen Institutionen im Wert von 15,3 Milliarden. Gerettet worden sind die Forderungen der Deutschen Bank, der HypoVereinsbank, der Bayerischen Landesbank, von AXA, Debeka usw. - Einige von diesen zahlen schon wieder Dividenden und Boni. Wir als Steuerzahler sind von Angela Merkel und Peer Steinbrück zu den Finanzierern dieser Profiteure gemacht worden, und wir werden als Bürgerinnen und Bürger dafür bluten müssen, indem die notwendigen öffentlichen Leistungen für Sicherheit, für Schulen, für Soziales, für Jugendarbeit und so weiter heruntergefahren werden. Das nennt man dann Einschnitte."

Es ist dringend zu empfehlen, die Beiträge des Tagesspiegel vom 13. September einem breiteren Kreis von Menschen noch vor der Bundestagswahl zur Kenntnis zu geben. Das ist wirklich wichtig, um ein Gegengewicht gegen die Lobeshymnen zu bilden, die zurzeit insbesondere auf Merkel und Steinbrück angestimmt werden. Von zweien, einem Beitrag in der Süddeutschen Zeitung und einem in der ZEIT, haben wir vor kurzem berichtet. In der SZ wurde geschwärmt: *„Wie Steinbrück und Merkel die größte Finanzkrise der letzten Jahrzehnte ausgeschaukelt haben, ist bemerkenswert".*

Nichts ist bemerkenswert. Wir werden für das *„Ausschaukeln"* mit Einschnitten und neuen Belastungen zahlen müssen. Da ist nicht die Krise *„ausgeschaukelt"* worden, sondern wir sind verschaukelt worden – zu Gunsten der internationalen Finanzwelt.

Artikel-Adresse: http://www.nachdenkseiten.de/?p=4210

5. Die Böcke als Gärtner – das internationale Kartell der Neoliberalen rüstet auf

Brandstifter als Feuerwehrleute

5. März 2009 | Rubrik: Das kritische Tagebuch | Von Wolfgang Lieb

Noch nie wurde eine Weltfinanzkrise von Aufsehern und Regulierern derart mitverschuldet. Kein Wunder, dass in vielen Ländern in Meinungsumfragen das Vertrauen in Aufseher und Notenbanker – gleich hinter den Bankmanagern – auf einen Tiefpunkt gesunken ist. Und doch werden keine Konsequenzen gezogen.

Viele der Aufseher und Regulierer haben nicht nur geholfen – ganz im Interesse der Finanzindustrie ohne Rücksicht auf die öffentlich hoch gehaltene „Finanzstabilität" – möglichst viele Regulierungsbarrieren niederzureißen. Sie haben nach dem Ausscheiden aus ihren Ämtern dann auch noch ihren Einfluss und ihre Insiderkenntnisse mit millionenschweren Beraterhonoraren vergoldet. Als Berater des Spitzenmanagements von Investmentbanken und weltweit operierenden Großbanken sind sie zu Komplizen einer Geschäftspolitik geworden, die zum Zusammenbruch der Bankensysteme und zur heutigen Weltwirtschaftskrise führten. Milliarden von Menschen bekommen dies in einer Verschlechterung ihrer Lebensverhältnisse zu spüren.

Und so, als ob nichts gewesen wäre, tritt diese „illustre Gesellschaft" immer noch in der „Group of Thirty" oder in der von EU-Präsident José Manuel Barroso installierten „High Level Group on Financial Supervision in the EU" unter Leitung von Jacques de Larosière auf. Wenn es darum geht, Politikern und Regierungen, ja ganzen Staatengemeinschaften, Ratschläge zu erteilen, steht der Leiter dieser Gruppe, der frühere Chef des Internationalen Währungsfonds (IWF) und Ex-Gouverneur der Banque de France immer noch im Brennpunkt des Medieninteresses. Dass dieser weltweit gefragte Franzose in den letzten Jahren als einer der einflussreichsten Deregulierungs-Lobbyisten agierte und auch als hochrangiger

185

Berater der American Insurance Group (AIG) – die vom US-Staat übernommen wurde, um sie vor dem Bankrott zu bewahren – tätig war, scheint de Larosières Ruf keinen Abbruch zu tun. Auch in den meisten Ländern sind die verantwortlichen Eliten, die den Karren in den Morast gefahren haben, heute die gleichen, die jetzt wieder auf dem Kutschbock sitzen, um den Karren von anderen wieder aus dem Dreck ziehen zu lassen. So hat Kanzlerin Merkel den zuletzt als Goldman-Sachs-Berater agierenden Otmar Issing zu ihrem „ersten Gipfelberater" gemacht.

Als Ursache für die sich immer mehr zur schwersten Weltwirtschaftskrise der neueren Zeit ausweitende Katastrophe auf den Finanzmärkten spielte auch die historisch fundierte „special relationship" von Amerikanern und Briten eine große Rolle. Dass der britische Premier Gordon Brown in seiner Zeit als britischer Schatzminister der Bush-Administration bei der weltweiten Deregulierungskampagne auf den Finanzmärkten stets Flankenschutz gab, daran dürfte sich auch in Zukunft nicht viel ändern. Schließlich gilt es, nicht nur die globale Konkurrenzfähigkeit der Wall Street, sondern auch die Vormachtstellung der Londoner City gegen zu starke Regulierungen zu verteidigen.

Unterstützt von ideologisch verblendeten Deregulierern – wie US-Notenbankgouverneur Alan Greenspan oder den acht Jahre regierenden Bushianern und ihren britischen Freunden wie Gordon Brown – konnten sich die in Wall Street und der Londoner City herrschenden „Masters of the Universe" die Spielregeln auf den globalen Finanzmärkten zurechtbiegen. Um im weltweiten Verbriefungsgeschäft so schnell und so viel wie möglich verdienen zu können, mussten Wall Street und die Londoner City über die Politik, die Regulierer und die multilateralen Finanzinstitutionen wie dem Internationalen Währungsfonds (IWF), der Bank für Internationalen Zahlungsausgleich (BIZ) und dem 1999 errichteten Financial Stability Forum (FSF), eines sicherstellen, nämlich dass der sich vor allem über so genannte Offshore-Finanzzentren vollziehende Aufbau eines gigantischen Schattenbankings von Aufsehern und Regulierern nicht behindert wurde.

Wie sich Politik, Aufseher und Notenbanker vor allem in den USA und in Großbritannien, in den letzten Jahren aber auch in Deutsch-

land von der Finanzindustrie an die Ketten der „regulatory capture"
legen ließen und wie eklatant Regierungen, Aufseher und Notenbanker auf dem europäischen Kontinent versagten, das analysiert
Klaus C. Engelen, freier Mitarbeiter des Handelsblatts in „Barely
Contained Outrage – What Europeans really think about Americas
regulatory blunders" in der letzten Ausgabe der International Economy. Quelle: International Economy, Barely Contained Outrage,
What the Europeans really think about America's regulatory blunders. By Klaus C. Engelen [PDF - 102 KB]

Artikel-Adresse: http://www.nachdenkseiten.de/?p=3807

Die ordoliberalen Ökonomen rufen auf zum letzten Gefecht

28. April 2009 | Rubrik: Hochschulen & Wissenschaft | Von Wolfgang Lieb

Ausgehend von einem Streit um die Ausschreibung von sechs va-
kanten VWL-Lehrstühlen an der Hochburg der ordoliberalen Wirtschaftspolitik, der Universität Köln, gab es einen Sturm einiger
Emeriti, die das Erbe des eigentlichen Begründers der „sozialen
Marktwirtschaft", Alfred Müller-Armack, bewahren wollen. Die neoklassischen Siegelbewahrer Willeke, Willgerodt und Wartrin wehr-
ten sich dagegen, dass sechs Lehrstühle im Paket ausgeschrieben
wurden, um junge, an der internationalen Forschungsfront ausge-
wiesene Wirtschaftswissenschaftler für einen Forschungsschwer-
punkt zur Makroökonomie zu gewinnen. Dem Protest schlossen
sich nun laut FAZ vom 27. April 2009 83 Professoren für Volkswirtschaftslehre mit einem Aufruf *„Rettet die Wirtschaftspolitik an den
Universitäten!"* (der Entwurf stammt von Renate Ohr und wurde in
der Wirtschaftswoche abgedruckt.) Unter den Unterzeichnern finden sich „einschlägige" Namen wie Norbert Berthold, Wim Kösters,
Peter Oberender, Bernd Raffelhüschen, Wolf Schäfer, Joachim Starbatty, Ulrich van Suntum oder Roland Vaubel.

Peter Oberender, 2007 in den Ruhestand verabschiedeter früherer Lehrstuhlinhaber für Wirtschaftstheorie an der Universität Bay-
reuth, gehörte zu den radikalsten Propagandisten einer völligen
Privatisierung der Krankenversicherung mit alters- und risikoab-

Gralshüter neoliberaler
Volkswirtschaftslehre.

Peter Oberender   Norbert Berthold   Wim Köster

hängigen Beiträgen. Darüber hinaus setzt er sich für einen freien Markt für Körperorganspenden ein.

Oberender und andere Mitunterzeichner wie Norbert Berthold, Inhaber des Lehrstuhls für Volkswirtschaftslehre, insbesondere Wirtschaftsordnung und Sozialpolitik an der Julius-Maximilians-Universität Würzburg, Professor Wim Kösters, Inhaber des Lehrstuhls für Theoretische Volkswirtschaftslehre an der Ruhr-Universität Bochum Professor Wolf Schäfer, ehemaliger Inhaber des Lehrstuhls für theoretische Volkswirtschaftslehre an der Helmut-Schmidt-Universität Hamburg (Universität der Bundeswehr) oder Roland Vaubel, Inhaber des Lehrstuhls für Volkswirtschaftslehre der Universität Mannheim publizieren in einem so genannten *„ordnungspolitischen Blog"* *„wirtschaftliche Freiheit"*. Um den Freiheitsbegriff dieser Gruppe einmal genauer zu studieren, sollte man sich z.B. einen dort abgedruckten Aufsatz von Roland Vaubel zu Gemüte führen:

Vaubel schlug dort ernsthaft vor, bei staatlichen Haushaltsentscheidungen ein Quorum einzuführen, das an der Steuerbelastung festgemacht wird. Zum Schutz der *„Leistungselite"* könne man auch ein Zwei-Kammer-System einführen und diejenigen, die die Hauptlast der (direkten) Besteuerung tragen, eine der beiden Kammern wählen lassen. Sogar die Wiedereinführung eines Mehrklassenwahlrechts hält er für sinnvoll.

Bernd Raffelhüschen ist den NachDenkSeiten-Leserinnen und -Lesern bekannt als wissenschaftliches Sturmgeschütz der Versiche-

Roland Vaubel   Bernd Raffelhüschen   Joachim Starbatty   Ulrich van Suntum

rungswirtschaft zur Einführung der Riester-Rente und der Privatisierung der Pflegeversicherung.

Joachim Starbatty ist Vorsitzender der Aktionsgemeinschaft soziale Marktwirtschaft. Die eher mittelständische Lobbyorganisation tritt für *„den Schutz und die Förderung des Privateigentums, die Entscheidungsfreiheit des Unternehmers und den Leistungswettbewerb als Grundlage einer gerechten Gesellschaft ein."*

Ulrich van Suntum ist *„Botschafter"* der Initiative Neue Soziale Marktwirtschaft (INSM). Er hat etwa in seinem *„Masterplan für Deutschland"* eine volkswirtschaftliche Zukunft ohne Sozialversicherungen und mit nur noch minimaler staatlicher Daseinsvorsorge vorgeschlagen, er war Ratgeber für das Bertelsmann-Standort-Ranking und sang in der FAZ ein Klagelied über die armen, bedauernswerten Reichen in der Gesellschaft.

Überraschend ist allerdings, dass auf der Liste auch als eher unabhängigere Ökonomen bekannt gewordene Wissenschaftler, wie Bruno S. Frey und sogar der Keynesianer Rudolf Hickel auftauchen. Ob sie nicht gewusst haben, in welchem ideologischen Umfeld und unter welchen wirtschaftspolitischen Dogmatikern sie sich da mit ihrer Unterschrift bewegen?

Der Grund könnte darin liegen, dass der Aufruf die Überschrift trägt: *„Rettet die Wirtschaftspolitik an den Universitäten".* Dem kann man gewiss zustimmen. Denn in der Tat haben sich an den

189

wirtschaftswissenschaftlichen Fakultäten mehr und mehr Ökonomen breit gemacht, die mit theoretischen Modellen und mathematischen Methoden *„Glasperlenspiele namens allgemeine Gleichgewichtstheorie"* (Flassbeck/Spieker) betreiben, statt sich mit den wirtschaftlichen Realitäten oder mit dem tatsächlichen Verhalten der Wirtschaftssubjekte zu beschäftigen. Geschweige denn, dass sie in ihrer Mehrheit irgendetwas zur Lösung aktueller Probleme unserer Volkswirtschaft oder zum Verständnis der Dynamik der Wirtschaft beigetragen hätten.

Vielfach handelt es sich bei den derzeit „modernen" Ökonomen eher um Vertreter einer angewandten Mathematik als um Volkswirte mit einem Fundament in ökonomischer Theorie. Eine komplexe Welt wurde mit immer komplexeren, aber eben doch nicht hinreichend komplexen Modellen zu erklären versucht. Die Gutachten des Sachverständigenrats z.B. wurden immer dickleibiger und basierten auf immer mehr Rechenmodellen, doch die wirtschaftspolitischen Aussagen wurden immer dünner und enthielten bloß immer mehr vom Gleichen. Die mathematischen Modelle konnten noch so ausgefeilt sein, im Regelfall sind die Schlussfolgerungen in den neoklassischen Gleichgewichtsannahmen schon enthalten. Und so entsprachen die politischen Ratschläge fast immer denen der Ordoliberalen.

Es ist in der Tat so, dass es in Deutschland immer weniger volkswirtschaftliche Lehrstühle gibt, vor allem kaum noch solche mit staatswissenschaftlicher und empirischer Orientierung. Es hat ein Bedeutungsverlust der Makroökonomie zugunsten von Mikroökonomie und Betriebswirtschafslehre und die Verdrängung von Neokeynesianern durch die angebotsorientierte Neoklassik stattgefunden.

Der herrschenden Volkswirtschaftslehre in Deutschland liegt darüber hinaus bei fast allen politisch relevanten Themen eine einzelwirtschaftliche Sichtweise zugrunde. So wurde seit Jahren die Meinung vertreten, dass die Arbeit gegenüber dem Produktionsfaktor Arbeit zu teuer sei und deswegen die Löhne gesenkt werden müssten, sowie dass die Löhne und der Arbeitsmarkt zu unflexibel seien.

Albrecht Müller hat sich schon 2004 in seinem Buch „Die Reformlüge"* an 40 Denkfehlern, Mythen und Legenden der herrschenden Lehre abgearbeitet und ihr Scheitern belegt bzw. vorhergesagt. Ginge es nur um die einseitige Universitätslehre, so könnte man das als bedauerlichen Betriebsunfall abtun, aber die Medien und vor allem die Politik haben diese eindimensionale ökonomische Sichtweise, gerade weil sie so schlicht ist, nicht nur nachgeplappert, sondern auch nach ihr gehandelt. Über die Ergebnisse haben wir berichtet.

Bemerkenswert viele der Unterzeichner (Backhaus, Berthold, Blum, Cesar, Cassel, Dickertmann, Eickhof, Folkers, Franke, Henke, Homburg, Jaeger, Klump, Knieps, Kruse, Mantzavinos, Neumärker, Oberender, Ohr, Petersen, Pies, Raffelhüschen, Schäfer, Schnabel, Schüller, Schneider, Seidl, Starbatty, van Suntum, Theurl, Vanberg, Vaubel, Wegner) haben im Jahre 2005 auch den so genannten *„Hamburger Appell"* unterzeichnet, der damals die Position vertrat, die Wirtschaftspolitik könne auf Dauer keinerlei positiven Einfluss auf die kurzfristige gesamtwirtschaftliche Entwicklung ausüben. Mit diesem Aufruf leisteten sie darüber hinaus <u>ziemlich plumpe Wahlkampfhilfe für die konservativen Parteien</u>.

Der Aufruf der Ordoliberalen richtet sich zwar konkret gegen die Vertreter der *„Kunstfertigkeit in der Ableitung logischer Schlussfolgerungen … von begrenztem Nutzen, wenn es darum geht, Realität zu verstehen und zu beurteilen"*. Dass aber nun gerade ganz überwiegend Vertreter eines durch und durch wirtschaftsliberalen Weltbildes den Untergang der „Wirtschaftspolitik" an den Universitäten beklagen, dürfte ganz andere Gründe haben. Die Vertreter dieser ordoliberalen Schule, für die jeder Eingriff in den Markt als Eingriff in die Freiheit des Einzelnen gilt, erleben angesichts der Katastrophe der deregulierten Finanzmärkte und der tiefsten Wirtschaftskrise seit Menschengedenken ihre größte Niederlage seit den dreißiger Jahren des letzten Jahrhunderts. Für die meisten der Unterzeichner ist es sozusagen der Aufruf zum letzten Gefecht der neoklassischen Schule.

Artikel-Adresse: http://www.nachdenkseiten.de/?p=3911

---

* „Die Reformlüge" von Albrecht Müller, 2004, Droemer Verlag München

Das Wahlprogramm der FDP: Eiskalter Neoliberalismus

5. April 2009 | Rubrik: Andere interessante Beiträge | Anonymus

Während alle Welt über die globale Wirtschaftskrise und den Niedergang des Neoliberalismus redet, feiert hierzulande ausgerechnet die neo-liberale FDP derzeit Umfragerekorde (für ihre Verhältnisse), gilt als *„Krisengewinner"* (WAZ) und wird von der Union wie von Rot-Grün als Koalitionspartner umworben.

Das Umfragehoch hat zweifellos hauptsächlich mit der Enttäuschung vieler Anhänger des „bürgerlichen" Lagers über die Union zu tun, aber auch damit, dass es der FDP bisher nicht ungeschickt gelungen ist, sich als Kritiker des ökonomischen Krisenmanagements der Großen Koalition und als Alternative zu ihr aufzuspielen, ohne gegenüber einer größeren Öffentlichkeit selber klare Konturen zu zeigen. Dabei propagieren die Liberalen in der Wirtschafts- und Sozialpolitik eiskalte neoliberale Grundsätze, wie der vor kurzem veröffentlichte Entwurf ihres Bundestagswahlprogramms, ihres „Deutschlandsprogramms", zeigt. Darin kann jeder nachlesen, wen und was man sich mit der FDP einhandelt, wenn sie im Herbst Regierungsverantwortung bekommen sollte. Insbesondere die SPD sollte das tun, denn die FDP wendet sich – als sozialpolitische Leitlinie – ausdrücklich *„gegen die Bevormundung durch die bürokratischen Auswüchse des sozialdemokratischen Wohlfahrtstaates"* (S. 4 des Wahlprogramms).

Neoliberale Parolen

Schon auf Seite 1 in der Präambel des Programms wird gleich nach den verbalen Bekenntnissen zu *„Weltoffenheit, Toleranz, Solidarität und Menschenwürde"* in den ökonomischen Aussagen knallhart die ganze neoliberale Litanei mit ihren asozialen Pseudogegensätzen vorgebetet; es finden sich in hochkonzentrierter Form alle einschlägigen neoliberalen Parolen:

- *„Privat vor Staat"*
- *„Freiheit vor Gleichheit"*
- *„Erwirtschaften vor Verteilen"*

- *„Eigenverantwortung statt Staatsgläubigkeit"*
- *„Chancengleichheit statt Gleichmacherei"*
- *„Leistung muss sich lohnen"*

Vor kurzem brachte das Fernsehmagazin Panorama ein Feature über die FDP mit dem treffenden Titel *„Die Unbelehrbaren"*. Darin ging es um die Ignoranz der freidemokratischen Politikpositionen gegenüber der Wirtschaftskrise im Allgemeinen und bei ihrem Steuerkonzept im Besonderen.

Als ob sie diese Einschätzung trotzig bestätigen wollte, hat die FDP nun ein komplettes Wahlprogramm präsentiert, in dem sie demonstriert, dass sie keine, aber auch gar keine Lehre aus der gegenwärtigen Krise gezogen hat. So taucht das Wort „Krise" am Anfang des Programms, bei den grundsätzlichen Aussagen, überhaupt nicht auf. Für die FDP scheint die Welt so in Ordnung zu sein wie sie ist bzw. wie sie wäre, wenn man nur ihren (neo-)liberalen Prinzipien folgen würde.

Erst auf Seite 7 im Zusammenhang mit der Unternehmensbesteuerung ist plötzlich von Regelungen die Rede, die sich *„auch in der Krise"* bewähren müssten. Natürlich fordert die FDP besonders nachdrücklich eine *„internationale wettbewerbsfähige Unternehmensbesteuerung"*. Deshalb müsse die so genannte Zinsschranke wieder verschwinden, aber auch *„Ein-*

»Gegen die Auswüchse des sozialdemokratischen Wohlfahrtsstaates«

schränkungen von Verlustnutzungen bei Übernahmen und Sanierungen" (schönen Gruß an die „Heuschrecken", und dies ist nicht der einzige!) oder die *„Bestrafung von Investitionen im Ausland"*, da sie *„krisenverschärfend"* wirkten – ausgerechnet darauf legt die FDP in der aktuellen Krise ihr Augenmerk!

Finanzmarktkrise – für die FDP bloß ein Staatsversagen

Auf Seite 10 des Programmentwurfs ist dann auch einmal von der *„Krise der internationalen Finanzmärkte"* die Rede, die *„erhebliche Auswirkungen auf die Realwirtschaft"* habe – welcher Euphemismus angesichts er schwersten Rezession der Nachkriegszeit – und irgendwie vom Himmel gefallen zu sein scheint. Um was für eine Krise es sich da eigentlich handelt, welche Ursachen sie hat, welche Alternativen zur Krisenbewältigung abzuwägen sind und wie sich die FDP die Strategie dafür vorstellt, darüber findet sich bis dahin kein einziges Wort und auch danach kommt herzlich wenig.

Ein Patentrezept hat die FDP zur Krisenbewältigung allerdings: *„Funktionsfähigen Wettbewerb auf dem Finanzmarkt"* durchsetzen" – aha, daran hat es also gelegen, es ist alles nur ein Wettbewerbsproblem. Und dies wiederum ist nach Lesart der FDP kein Marktversagen, sondern ein *„Regulierungsversagen"* und somit ein *„Staatsversagen"* – womit es praktisch kein Marktversagen mehr gibt, denn ob der Staat falsch, zu viel oder zu wenig reguliert, er ist immer Schuld. (Und die viel beschworenen Selbstheilungskräfte des Marktes oder die Eigenverantwortung der Akteure gibt es nach dieser Logik im Finanzmarkt eigentlich gar nicht. Eine erstaunlich widersprüchliche Position gerade der FDP.)

Wann und wie der Staat regulierend eingreifen sollte, vor allem welche konkreten Maßnahmen zur Bewältigung der Finanzkrise ergriffen werden müssten – eine der oder sogar die gegenwärtig wichtigste wirtschaftspolitische Frage überhaupt –, dazu sagt die FDP praktisch nichts , dies in einer Zeit, wo selbst der BDI eine neue Finanzmarktordnung fordert und der G20-Gipfel eine neue internationale Finanzarchitektur anstreben will, mit der auch Steueroasen trocken gelegt sowie Hedgefonds und Rating-Agenturen reguliert werden sollen. Die FDP fordert in diesem Zusammenhang lediglich, Möglichkeiten der Kreditverbriefung *„auf den Prüfstand"* zu stellen, Risiken *„transparent"* zu machen, die staatliche Bankenaufsicht *„effektiver"* zu gestalten, bankeninterne Kontrollfunktionen zu *„modernisieren"* und ggf. *„mehr Verantwortung durch Haftung"* herzustellen – also an der bisherigen Finanzmarktordnung möglichst wenig zu ändern.

Dabei preist die FDP gerade die Bedeutung der staatlichen *„Ordnungspolitik"* besonders an. Sie beruft sich diesbezüglich auf die Grundsätze der *„Sozialen Marktwirtschaft"*, die sie allerdings in ganz eigener bzw. mit der neoliberalen „Initiative Neue Soziale Marktwirtschaft" deckungsgleichen Weise interpretiert. Sie hält

194

es für eine *„Daueraufgabe, den Ordnungsrahmen der Sozialen Marktwirtschaft den gesellschaftlichen und wirtschaftlichen Entwicklungen anzupassen und ihn zu verbessern."* Diese ordnungspolitische Reformitis bezieht sie jedoch nicht etwa auf die Finanz- oder die Produktmärkte, sondern ganz in neoliberaler Machart vornehmlich auf die Arbeitsmärkte und die sozialen Sicherungssysteme.

Liberale (Anti-)Sozialpolitik: Privat vor Staat auch bei den Sozialversicherungen

Was die FDP als *„liberale Sozialpolitik"* ganz offen in ihr Wahlprogramm hineingeschrieben hat, muss jeden Anhänger sozialstaatlicher Prinzipien und Gegner eines Rückfalls in die Klassengesellschaft erschaudern lassen. Ganz ungeschminkt (und bisher ohne öffentlichen Aufschrei!) fordert die FDP: Die gesetzliche Rentenversicherung *„soll in Zukunft nur noch eine Grundversorgung gewähren"*, darüber hinaus sollen die *„private und betriebliche kapitalgedeckte Vorsorge"* gestärkt

»Eigenverantwortung statt Staatsmedizin«

werden. Auch Pflege- und Unfallversicherung sollen (mit Hilfe eines steuerfinanzierten sozialen Ausgleichs) vom Umlagesystem auf private Kapitaldeckung umgestellt werden, weitgehend ebenso die Krankenversicherung durch einen Wettbewerb *„mit leistungsgerechtem Prämiensystem"* und Ausweitung von Public Private Partnerships gemäß den Grundsätzen *„Eigenverantwortung statt Staatsmedizin"* bzw. *„Privat vor Staat"* auch in der Gesundheitspolitik.

Selbst in die (weiterhin staatliche) Arbeitslosenversicherung sollen nach FDP-Vorstellung *„Wahltarife"* eingeführt werden. Zudem sei das Versicherungsprinzip *„wieder zu stärken"* – dies aber nur im Sinne einer *„Risikoversicherung"*, was explizit u. a. die Rücknahme der Staffelung der Bezugsdauer von Alg I nach vorhergegangener Beschäftigungsdauer bedeutet. (Wie das mit den Wahltarifen oder der sonst unentwegt für die Sozialversicherungen geforderten Kapitaldeckung zusammenpasst, wird nicht erläutert). Befürwortet werden von der FDP ferner eine *„bürgerfreundlichere"* Kommunalisierung der Arbeitsverwaltung und eine Teilprivatisierung der Arbeitsvermittlung (für die überregionale Vermittlung besserverdienender Arbeitssuchender?) sowie der Einsatz von *„Vermittlungsgutscheinen für Kurzzeitarbeitslose"*, um die kommunale Jobcenter und private Arbeitsvermittler konkurrieren sollen – Wettbewerb belebt schließlich das Geschäft, egal welches. Auch für soziale Dienstleistungen regt die FDP ein Gutscheinsystem an.

Die FDP räumt ein, dass eine *„staatlichere Sicherung des Existenzminimums"* notwendig ist. Jedoch, so betont sie: *„Bequemlichkeit honorieren wir nicht."* Weil aber *„Arbeit … immer noch Vorfahrt"* habe, ist die FDP trotz des Bekenntnisses zum Existenzminimum natürlich strikt gegen Mindestlöhne (*„staatliche Lohndiktate"*). Gleichzeitig ist sie für eine *„beschäftigungsfreundlichere"* Lockerung des Kündigungsschutzes. Außerdem müssten im Interessen der Beschäftigung die *„Lohnzusatzkosten"* gesenkt, die Kosten der betrieblichen Mitbestimmung durch Einschränkung der *„Funktionärsmitbestimmung"* im Mittelstand, aber auch der *„Gewerkschaftsprivilegien"* im Aufsichtsrat der Kapitalgesellschaften (Drittelparität statt paritätische Mitbestimmung) begrenzt werden.

»Bequemlichkeit honorieren wir nicht«

Steuerstrukturreform: „Flat Tax" für Besserverdienende und als „Bürgergeld" kaschierte Sozialhilfe

In engem Kontext mit der geforderten weitgehenden Privatisierung der Sozialversicherungen und dem implizierten Lohndruck stehen die Vorstellungen der FDP für ein *„neues Steuer- und Transfersystem"*. Sie spricht sich in der Steuerpolitik für eine (weitere) Senkung der Steuerbelastung und eine *„Steuerstrukturreform"* durch *„einen einfachen und verständlichen Drei-Stufen-Tarif von 10, 25 und 35 Prozent aus"*. Die ersten beiden Steuersätze sollen für Einkommen bis 20.000 bzw. 50.000 Euro gelten, der letzte für Einkommensteile ab 50.000 Euro.

Die FDP bezeichnet das sogar noch als *„progressiven Tarifverlauf"*, dabei ist es nichts als eine Flat Tax für Besserverdienende mit gewissen Erleichterungen für Minderverdiener. Der verbliebene „Spitzensteuersatz" würde demnach von heute 42% bzw. 45% auf 35% weiter abgesenkt, dafür allerdings schon für mittlere Einkommen greifen – und das, obwohl sich die FDP doch ansonsten verbal zum Anwalt der Mittelschichten aufzuschwingen versucht. Klar ist auch, dass Einheitssteuersätze anders als komplizierte Tarifverläufe wunderbare neo-liberale Wahlkampfmunition für die Zukunft liefern und weitere Steuersenkungswettläufe vorprogrammiert wären. Ähnliches gilt für Erbschaftsteuer, welche die FDP *„zu einer echten Ländersteuer machen"* möchte (um damit einen Steuersenkungswettbewerb zwischen den Ländern einzuleiten); überhaupt sollen die föderalen Strukturen durch *„mehr Steuerautonomie für die Gebietskörperschaften"* mit Hebesatzrechten für die Länder und Kommunen gestärkt werden: Das ist der Weg zur (Mehr-) Klassengesellschaft auch in regionaler Hinsicht.

Ganz ähnlich schlicht gestrickt sind auch die FDP-Vorstellungen zur Körperschaftsteuer für Kapitalgesellschaften: Für Unternehmen gleich welcher Rechtsform soll nur noch ein Zwei-Stufen-Tarif von 10% bzw. 25% gelten. Gleichzeitig will die FDP die Gewerbesteuer durch eine neues *„Konzept für die Kommunalfinanzierung"* ersetzen, welches von ihr allerdings nicht näher dargelegt wird. Wichtig ist allerdings, dass Unternehmen, für die ein 25%-Körperschaftsteuersatz eine Mehrbelastung wäre, gewerbesteuerlich entsprechend entlastet werden. Konkreter wird die FDP an anderer Stelle: Umwandlungsvorgänge von Unternehmen (wie die Veräußerung von Gesellschaftsanteilen) sollen, wenn keine Entnahmen zum privaten Verbrauch erfolgt, *„zu Buchwerten ohne Aufdeckung stiller Reserven"* erfolgen - ein Subventionsprogramm für Private Equity?

Grob vereinfachen will die FDP auch die Sozialleistungen für Arbeitslose mit ihrem *„Bürgergeld"*, das grundsätzlich pauschaliert gewährt und von einer einzigen Behörde, dem Finanzamt, verwaltet werden soll. Der Bürgergeldanspruch für einen Alleinstehenden ohne Kinder soll – hier wird die FDP einmal ganz konkret - (im Bundesdurchschnitt) 662 Euro pro Monat betragen. Wer nun aber glaubt, dies stelle eine Anhebung bisheriger Alg II- oder Hartz IV-Sätze dar, der irrt. Die FDP will lediglich Alg II und die Leistungen für Wohnen, Sozialgeld, Grundsicherung und Kinderzuschläge in einer Einheitsleistung zusammenfassen. Der Betrag entspreche den heutigen durchschnittlichen Ausgaben für Grundleistung, Unterkunft und Heizung eines Alg II-Empfängers – der freilich für seinen Mietausgleich künftig selbst sorgen müsste. Das Bürgergeld ist also lediglich eine pauschalierte Sozialhilfe. Und weil es so prima in die Zeit einer großen Wirtschaftskrise passt, ergänzt die FDP: Als Anreiz zur Aufnahme eigener Erwerbstätigkeit soll die Anrechnung eigener Arbeitseinkommen stärker gefördert werden als bisher; bei Ablehnung einer angebotenen zumutbaren Arbeit werde das Bürgergeld jedoch gekürzt.

Sachliche Begründungen dafür, warum dies alles notwendig sein soll, liefert die FDP übrigens nicht. Sie wendet sich exklusiv an ihre neoliberale Glaubensgemeinschaft, die von dem Sinn derartiger Rezepte ohnehin überzeugt ist.

An einer Stelle wird die FDP in ihrem Programmentwurf materiell jedoch deutlicher (S. 6) und enthüllt den tieferen Sinn ihrer Vorhaben: Die Steuersenkungen seien notwendig, weil Bürger und Unternehmen *„dringend mehr finanziellen Spielraum“* nicht nur für Konsum oder Wachstum, sondern *„für … Vorsorge für Alter, Gesundheit und Pflege“* (benötigten).

Wer also glaubt, er könne mit der FDP von Steuer- und Abgabesenkungen profitieren, sollte vorher die private Nettorechnung machen. Für heutige Sozialversicherungsleistungen muss in der neo-liberalen Welt der FDP künftig weitgehend privat vorgesorgt werden. Vom Staat sind weitere Sozialmaßnahmen schon deshalb nicht zu erwarten, weil die FDP *„Haushaltskonsolidierung endlich durchsetzen“* und ein prinzipielles Neuverschuldungsverbot für alle Gebietskörperschaften schaffen will. Bei gleichzeitig drastisch gesenkter Steuereinnahmebasis ist klar, was das für die Ausgabenseite bedeutet – die FDP verzichtet indessen lieber, dies weiter auszuführen …

„Liberale“ Klassen- und Klientelpolitik

Dass die FDP ihre *„liberale Bürgergesellschaft“* nicht für das ganze Volk, also alle Bürger, konzipiert hat, bekennt sie selber offen:

Schon der Programmtitel lautet *„Die Mitte stärken"* und damit ist nicht eine politisch-programmatische Mitte gemeint. Die FDP wendet sich an die *„Menschen in der Mittelschicht"*. Denn diese seien *„die Menschen, die unsere Gemeinschaft stark machen. Sie kümmern sich um eine gute Ausbildung ihrer Kinder, sorgen für die Familie vor und leben Solidarität mit den Schwachen. Umweltbewusstsein und ein ausgeprägtes Gefühl für Gerechtigkeit sind für die Mitte der Gesellschaft selbstverständlich."* Wieso das nur für die Mittelschicht gelten soll und nicht für Ober- und Unterschicht, bleibt im Dunkeln. Wie (verheerend) sich ihre programmatische Vorstellungen gerade auf die Mittelschicht auswirken würden, ebenfalls. Klar ist nur, von wem die FDP sich abgrenzen will: von der Unterschicht. Und weismachen will gerade sie uns, dass sie mit der Oberschicht wenig zu tun hat. Zu den immer größeren sozialen Disparitäten in unserem Land sagt sie ohnehin kein Wort.

Die *„Mitte"* ist für die FDP im Weiteren allerdings doch nicht (nur) die Mittelschicht, sondern explizit der Mittelstand. *„Den Mittelstand stärken"*, lautet ihre Parole dazu (S. 12ff.). Die *„Freien Berufe"* müssten stärker anerkannt werden, schmeichelt sie sich bei bestimmten Adressaten ein. Und sie behauptet sogar: *„Eine Politik, die den Mittelstand stärkt, ist die beste Wirtschaftspolitik"* – eine in dieser pauschalen Form ziemlich unverfrorene Behauptung – und fordert die Verbesserung der Finanzierung, Steuerbelastung, Forschungsförderung, Entbürokratisierung etc. speziell für den Mittelstand. Eine Klientelpolitik reinsten Wassers, wie sie sich keine andere etablierte Partei derzeit erlaubt und die mit klassischen demokratischen Liberalismus nichts zu tun hat. Die FDP glaubt anscheinend, dass sie sich das erlauben kann.

Ergänzende Anmerkung von Wolfgang Lieb:
Die derzeit hohen Zustimmungswerte belegen, dass die Krisengewinner und die Verfechter des Weiter-so gerade auf die FDP setzen.

Der Autor ist der Redaktion bekannt. Er möchte aus nachvollziehbaren beruflichen Gründen namentlich nicht genannt werden.

Artikel-Adresse: http://www.nachdenkseiten.de/?p=3872

Institut der deutschen Wirtschaft:
Soziale Umverteilung von oben nach unten?

5. Juni 2009 | Rubrik: Das kritische Tagebuch | Von Wolfgang Lieb

Mit einer geradezu trotzigen Provokation rechtzeitig zum Vorwahl-kampf bestreitet das Institut der deutschen Wirtschaft (IW) nicht nur die für jedermann spürbare, immer weiter auseinandergehen-de Schere zwischen Arm und Reich, es widerspricht auch allen Be-funden und Studien, wonach in den letzten Jahren die Reichen im-mer reicher und die Armen immer ärmer geworden sind. Dass der Sozialstaat von unten nach oben verteile, das sei nur ein Vorurteil, meint Michael Hüther, der Chef dass arbeitgebernahen Instituts der deutschen Wirtschaft.

> „Vorurteil 1: Sozialstaat verteilt von unten nach oben. Das Ge-genteil ist der Fall. Die 10 Prozent der Haushalte mit den höch-sten Markteinkommen zahlten 2003 auch die höchsten Abga-ben... Insgesamt beziehen die Haushalte in den unteren vier Zehnteln mehr als 72 Prozent aller Transfers, zahlen aber nur gut 12 Prozent aller Zwangsabgaben. Umgekehrt schultern die Nettofinanciers ab dem 5. Zehntel rund 88 Prozent der Einkom-menssteuern und Sozialversicherungsbeiträge, bekommen aber lediglich knapp 28 Prozent aller staatlichen Geldtransfers",

heißt es im Statement des Direktors des IW, Michael Hüther, auf der Pressekonferenz vom 4. Juni 2009 anlässlich der Vorstellung einer von der informedia-Stiftung, Gemeinnützige Stiftung für Gesellschaftswissenschaften und Publizistik Köln, geförderten Stu-die.

Wie kann das IW aber zu einem Urteil kommen, das allen bisheri-gen Befunden widerspricht?

Die IW-Studie widerspricht etwa einer Untersuchung der gewiss wirtschaftsfreundlichen OECD, die ermittelt hat, dass in Deutsch-land die relative Armut in den vergangenen Jahren stärker gewach-sen ist als im OECD-Schnitt . Sie widerspricht allen Reichtums-Ar-mutsberichten der Bundesregierung oder allen Verteilungsberichten etwa des DGB oder des DIW, wonach gerade in den letzten Jahren die Reichen immer reicher wurden und das reichste Zehntel der

Bevölkerung inzwischen über mehr als 60 Prozent des Gesamtvermögens von 6,6 Billionen Euro verfügt.

Die IW-Studie ist nicht komplett im Internet veröffentlicht, ich kann mich also nur auf den Redetext von Hüther bei deren Vorstellung beziehen. Man müsste bei den Erläuterungen an vielen Stellen einhaken, ich will mich auf nur wenige Einwände beschränken:

Die IW-Studie berücksichtigt nur die *„Markteinkommen"*, und auch die nur bis 18.000 Euro (*„Spitzenverdiener mit monatlich mehr als 18.000 Euro netto* (bleiben) *außen vor"*). Außerdem lässt sie die Entwicklung der Primärverteilung bzw. die Entwicklung der Einkommens- und Vermögensverteilung, außer Betracht. *„Von der Wohlstandsverteilung darf nicht zwingend auf Umverteilungsbedarf geschlossen werden"*, heißt es dazu abwiegelnd auf Seite 19. So bleibt außer Betracht, dass aufgrund der seit den 90er Jahren stagnierenden (Real-)Löhne die Lohnquote an der Einkommensverteilung von 68% im Jahre 1992 auf 64,6% im Jahre 2007 zugunsten der Gewinn- und Vermögenseinkommensbezieher abgestürzt ist.

„Die untere Hälfte der Haushalte mit den niedrigeren Markteinkommen schultert gerade einmal 10 Prozent des Einkommenssteueraufkommens, die obere Hälfte trägt dagegen 90 Prozent...

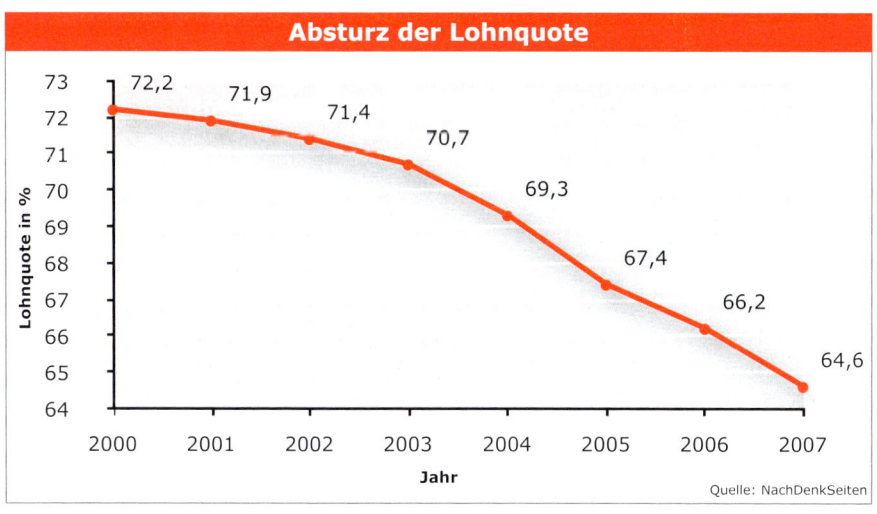

Allein das oberste Zehntel, also die Spitzenverdiener, trugen 2003 nach der Auswertung der EVS-Daten fast 38 Prozent der gesamten Einkommenssteuerlast", heißt es in der IW-Studie.

Das ist die altbekannte Behauptung, mit der auch schon Schröder und Steinbrück ihre sozial ungerechte Steuerpolitik zu beschönigen versuchten.

Dabei wird „übersehen", dass auf das oberste Einkommens-Dezil mehr als 40 Prozent des Markteinkommens entfällt und dass der Anteil dieser Einkommensgruppe am Gesamteinkommen deutlich angestiegen ist. So etwa das DIW, S. 195.

Die reichsten 10 Prozent der über 17-jährigen Personen in Deutschland besitzen fast 60 Prozent des gesamten Vermögens. Die reichsten 20 Prozent kommen sogar auf 80 Prozent des Vermögens. Auf das oberste Prozent allein entfallen sogar mehr als 20 Prozent des gesamten Vermögens. Mehr als zwei Drittel der Deutschen verfügen dagegen über kein oder ein nur sehr geringes individuelles Netto-Vermögen.

Das Nettogesamtvermögen (ohne Sachvermögen) der Deutschen über 17 Jahre beträgt auf Basis der Daten aus dem SOEP für 2002 4,5 Billionen Euro. Dem Brutto-Vermögen von 6,5 Millionen Euro stehen Verbindlichkeiten, d. h. Schulden der privaten Haushalte, in

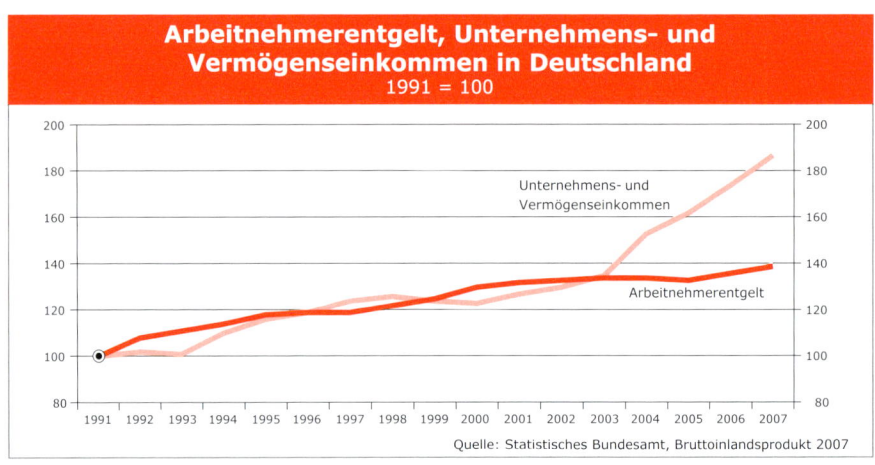

Höhe von 1,1 Billionen Euro, gegenüber. Den größten Bestandteil machen der Grund- und Immobilienbesitz mit 4,5 Billionen Euro aus (vgl. DIW Berlin Wochenbericht Nr. 45/2007, Seite 667).

Somit verfügt jeder Bundesbürger über 17 Jahre über ein Netto-gesamtvermögen im Durchschnitt (arithmetisches Mittel) in Höhe von knapp 81.000 Euro). Der Median oder der Zentralwert des Ver-mögens, der eine Grenze zwischen zwei Hälften bezeichnet, liegt hingegen über 15.000 Euro. Das heißt, die ärmere Hälfte der Be-völkerung verfügt über weniger als 15.000 Euro Vermögen.

Die Angaben des IW zum Einkommenssteueraufkommen mögen vielleicht sogar statistisch korrekt sein, es ist aber – vorsichtig ge-sagt – eine ziemlich suggestive Verengung des Blickfelds, wenn man bei der Frage nach einer gerechten Verteilung ausschließlich auf die Einkommensteuer abhebt. Diese macht nämlich nur rund ein Drittel der gesamten Steuereinnahmen aus. Rund 46% machen die Umsatz- und Verbrauchssteuern aus, die jeder Einkommensbe-zieher – ob arm oder reich – in gleicher Höhe bezahlen muss.

Immerhin kann auch die IW-Studie über folgendes nicht hinweg-sehen:

„Erwirtschafteten die Haushalte mit den zweithöchsten Markt-einkommen 1993 noch das 19,5-fache dessen, was Haushalte der zweitniedrigsten Gruppe verdient haben, so wuchs der Ab-stand bis 1998 auf das 24,5-Fache. Danach öffnete sich die Kluft zwar etwas langsamer, aber das Verhältnis stieg weiter bis 2003 auf das 26,8-Fache. Insgesamt hat die Spreizung der Marktein-kommen zwischen diesen beiden Zehnteln von 1993 bis 2003 um 38 Prozent zugenommen."

Nach Abzug von Einkommenssteuern und Sozialbeiträgen sowie unter Einbeziehung staatlicher Geldtransfers kommt die IW-Studie zu einem erstaunlichen und erklärungsbedürftigen Ergebnis:

„Waren die Markteinkommen des 9. Zehntels im Jahr 2003 noch 26,8 mal höher als im 2. Zehntel, so ist diese Differenz bei den Nettoeinkommen, also nach staatlicher Umverteilung, auf das 2,6-Fache geschrumpft."

Ohne weitere Angaben ist dieses Ergebnis nicht nachvollziehbar, denn 1993 gab es noch einen Spitzensteuersatz von 53 Prozent, der 2003 auf 48,5 Prozent gesenkt wurde. Auch die Beitragsbemessungsgrenzen wurden nicht wesentlich verändert.

Doch selbst wenn die Berechnung für 2003 noch richtig wäre, so würde sie nach der Senkung des Spitzensteuersatzes auf 42 Prozent im Jahre 2005 sicher nicht mehr zutreffen.

Die zweifelhafte Qualität der Studie zeigt sich an einem für die Skeptiker der Umverteilung von unten nach oben typischen und gravierenden Fehler:

> *„Armut ist eine relative Größe. Wer nach der statistischen Konvention weniger als 60 Prozent des mittleren Einkommens verdient, gilt als einkommensarm. Diese Definition führt aber zu kaum nachvollziehbaren Effekten: Stellen Sie sich einmal vor, bei ansonsten unverändert verteilten Einkommen knackt ein bislang einkommensarmer Bürger den Jackpot im Lotto und rutscht ob seiner neuen Vermögenseinkünfte nun über die bisherige Armutschwelle. Statistisch muss das mittlere Einkommen neu berechnet werden."* So heißt es auf S.11.

Und gerade das ist eine Milchmädchenrechnung. Das mittlere Einkommen ist der Median und nicht das Durchschnittseinkommen. Das Durchschnittseinkommen würde sich durch solche Lottogewinne ggf. etwas verschieben können. Das mittlere Einkommen oder der Median entsprechend der Definition der Europäischen Union ist jedoch eine statistische Größe, die gerade solche Ausreißer vermeidet (eine ausführlichere Erklärung finden Sie auf BILD-Blog).

Was müssen das für Wissenschaftler sein und was sind solche Berechnungen wert, wenn so banale statistische Fehler gemacht werden.

Artikel-Adresse: http://www.nachdenkseiten.de/?p=3985

6. Abbruchunternehmen SPD – der Ausverkauf sozialdemokratischer Werte

Die SPD-Führung steht vor dem strategischen Nichts

19.1.2009 | Rubrik: Strategien d. Meinungsmache | Von Albrecht Müller

Seit Jahren zeichnet sich der Niedergang der SPD ab. 2009 kam es zu einem historischen Tiefstand bei der ältesten deutschen Volkspartei. Und ein Ende der Talfahrt ist nicht abzusehen. Der Kern des Problems: die Agenda 2010 ist immer noch nicht Vergangenheit.

Das könnte einem egal sein, wenn unser Land nicht dringend einer politischen Alternative bedürfte. Wenn gerade in einer so kritischen Situation wie der Finanzkrise Sanktionen gegenüber den Hauptverantwortlichen wie in Hessen ausbleiben, weil es keine erkennbare Alternative gibt, dann geht uns das alle an. Deshalb ist es nicht nur eine Angelegenheit der SPD-Führung, über das Scheitern ihrer bisherigen Strategie Rechenschaft abzulegen. Wir sitzen nolens volens mit im Boot. Eine ehrliche Analyse ist die erste Voraussetzung für eine Korrektur.

Die Strategie der SPD, soweit eine erkennbar war, ist gescheitert. Nach der Zerstörung der Option auf die politische Führung schwindet jetzt auch die Chance auf weitere Beteiligung an der politischen Macht:

1. Ihre Koalitionsstrategie ist gescheitert.

2. Ihre Personalstrategie zieht nicht.

3. Ihre Präsentation als breite linke Volkspartei gibt es nicht mehr.

4. Die negative Haltung der SPD-Führung zu einer Zusammenarbeit mit der Linkspartei verschließt ihr die notwendige Option

für eine andere Macht-Alternative und erweist sich noch dazu immer mehr als absolut unglaubwürdig.

5. Sie lässt ihre potenziellen Partner stigmatisieren beziehungsweise macht beim Diffamieren selbst mit. Und die politischen Gegner fördert sie.

6. Die SPD-Führung nutzt die sich bietenden Gelegenheiten zur Profilierung und zur inhaltlichen Auseinandersetzung mit CDU/CSU und FDP nicht – im konkreten Fall nicht die Finanzkrise, die eigentlich zu einer vernichtenden Niederlage der neoliberal geprägten Parteien führen müsste.

7. Ihr Versuch, sich wenigstens einen Teil der Medien geneigt zu machen, ist kläglich gescheitert.

Im Einzelnen:

Zu 1.: Ihre Koalitionsstrategie ist gescheitert.

Schon seit längerem zeichnet sich ab, dass zumindest Müntefering, Steinmeier und Steinbrück auf die Fortsetzung der großen Koalition unter der Führung von Angela Merkel setzen. Darauf wiesen wir in den NachDenkSeiten schon mehrmals und mit Belegen versehen hin.

Diese Strategie wurde in den vergangenen Monaten schon durch Umfragen immer wieder als illusionär bestätigt, übrigens auch deshalb, weil eine große Volkspartei wie die SPD an Image gewaltig verliert, wenn sie nur auf den zweiten Platz setzt. Die Umfragen sind durch das hessische Landtagswahlergebnis als einigermaßen verlässlich bestätigt worden. Schwarz-Gelb wird aller Voraussicht nach, wenn die SPD sich keine andere Strategie ausdenkt, die Wahl im September gewinnen.

Zu 2.: Ihre Personalstrategie ist gescheitert.

Jeder Wahlkampfplaner weiß, dass bei Wahlentscheidungen Personen und an Personen fest zu machende Emotionen eine wichtige Rolle spielen. Die Spitzenkandidaten müssen interessant sein, sie sollten möglichst ein bisschen Sexappeal haben, sie sollten etwas ausstrahlen, sie sollten die Menschen zur Kommunikation auch über diese Personen animieren. Eine einigermaßen gute Parteiführung denkt auch an diese Qualitäten, wenn sie sich für ein Personaltableau entscheidet.

Diese banale Erkenntnis scheint der in der SPD herrschenden Gruppe völlig fern zu liegen. Steinmeier erscheint als dröge, genauso Müntefering und Steinbrück. Dass diese Menschen Interesse auslösen, dass man über sie positiv kommunizieren könnte, das ist eher nicht vorstellbar.

Nun kann man einwenden, dafür könnten diese Personen nichts. Das ist richtig. Aber eine Parteiführung, die gewinnen will, muss ihre Verantwortung dann eben wahrnehmen und ein anderes Tableau zusammenstellen. Oder sie muss, wenn sie diese Voraussetzungen nicht schaffen kann, hilfsweise zumindest soviel interessanten Stoff anbieten, dass die Nachteile der Personen und ihrer Ausstrahlung so weit es geht ausgeglichen werden.

Die Finanzkrise würde sehr viel Stoff für einen solchen thematischen Ausgleich für personale Schwächen bieten. Man hat den Eindruck, dass die handelnden Personen danach nicht einmal suchen.

Das gescheiterte Personaltableau der SPD: Steinmeier, Steinbrück (die Stones) und Müntefering feierten sich auf dem Wahlparteitag der SPD Mitte Juni in Berlin, nachdem sich schon bei der Europawahl am 7. Juni 2009 die Katastrophe vom 27. September abzeichnete.
Foto: DPA

Zu 3.: Ihre Präsentation als breite linke Volkspartei gibt es nicht mehr.

Hessens sozialdemokratischer Spitzenkandidat Schäfer-Gümbel sprach am Wahlabend von der Zerrissenheit seiner Partei. Das müsste doch auch für die Berliner Spitze der SPD ein Fingerzeig auf die alte Erkenntnis sein, dass die SPD, wie auch die andere Volkspartei, Wahlen nur gewinnen kann, wenn sie in einer breiten Formation antritt, personell und vor allem inhaltlich. Sie muss verschiedene Gruppen binden und motivieren.

Mit der Kritik und letztendlich der publizistischen und personellen Vernichtung der überdurchschnittlich erfolgreichen Wahlkämpferin Andrea Ypsilanti haben die SPD-Führung und der dort offenbar bestimmende Seeheimer Kreis die SPD auf einen rechten Kern eingedampft. Mit dieser personellen und inhaltlichen Veränderung wird die SPD nicht mehr das für die politische Führung notwendige breite Wählerpotenzial mobilisieren können.

Zu 4.: Die negative Haltung der SPD-Führung zu einer Zusammenarbeit mit der Linkspartei verschließt ihr die notwendige Option für eine andere Macht-Alternative und erweist sich noch dazu immer mehr als absolut unglaubwürdig.

Wenn die CDU/CSU und auch die FDP die SPD nicht brauchen, dann hat die SPD keine Option, weil sie zumindest auf Bundesebene die Zusammenarbeit mit der Linkspartei ausgeschlossen hat. Immer mehr wird zudem deutlich, was man sich eigentlich auch schon an allen fünf Fingern einer Hand abzählen konnte, dass die SPD-Führung mit dem Spagat „in Gemeinden und Ländern Zusammenarbeit mit der Linkspartei ja, im Bund nein" nicht durchkommen wird. Das glauben der SPD-Führung die anderen Parteien und die Medien nicht, und es glauben ihr auch die Wählerinnen und Wähler nicht. Wie kann man eine so groteske Strategie dennoch fortführen?

Zu 5.: Die SPD lässt ihre potenziellen Partner stigmatisieren beziehungsweise macht beim Diffamieren selbst mit. Und die politischen Gegner fördert sie.

Mit der Ablehnung der Zusammenarbeit mit der Linkspartei (auf Bundesebene) verbunden ist, dass die SPD dies irgendwie begründen muss. Sie begründet es nunmehr seit Existenz der Linkspartei mit den gleichen Argumenten wie das die konservativen Parteien auch tun: kein Programm, Populisten, alte Kommunisten, nicht verlässlich in der Außenpolitik, usw. Einmal abgesehen davon, dass diese Vorwürfe nicht stimmen, übersieht die SPD Führung, dass sie mit dieser Taktik das linke Lager insgesamt schwächt und damit auf lange Sicht auch ihre Möglichkeiten, später oder heute schon auf Landesebene, Koalitionen links von der Mitte zu schmieden.

Trotz aller Differenzen gingen Sozialdemokraten und Freie Demokraten (Willy Brandt und Walter Scheel) Ende der 60er Jahre pfleglich miteinander um. Die heutige SPD-Führung dagegen diffamiert die Linkspartei und schwächt damit auf lange Zeit die Chance einer Koalition links der Mitte.
Zeichnung: Horst Haitzinger

So zu verfahren widerspricht auch jeder historischen Erfahrung. Für Willy Brandt war es völlig klar, dass er trotz manchen Widerwillens z.B. gegen die Nazivergangenheit einiger Freien Demokraten und trotz ihrer Interessenverflechtung mit der Wirtschaft die sozialliberale Koalition und damit auch den Partner FDP 1969 ff. pflegen und auch loben musste. Und umgekehrt haben manche Freidemokraten damals verstanden, dass sie die Zusammenarbeit mit der SPD loben müssen, wenn das gemeinsame Bündnis Boden gewinnen sollte.

Nichts davon hat die jetzige SPD-Führung begriffen, oder nichts davon will sie begreifen. Sie schmälert durch ihre öffentliche Agitation die eigenen Koalitionsmöglichkeiten und erweitert jene ihrer politischen Gegner auf der Rechten.

Die Avancen für und das Werben der SPD-Führung um die Zusammenarbeit mit CDU/CSU und FDP stärken deren Image und deren Wählerpotenzial.

Zu 6.: Die SPD-Führung nutzt die sich bietenden Gelegenheiten zur Profilierung und zur inhaltlichen Auseinanderset-

zung mit CDU/CSU und FDP nicht – im konkreten Fall nicht die Finanzkrise, die eigentlich zu einer vernichtenden Niederlage der neoliberal geprägten Parteien führen müsste.

Es ist offensichtlich, dass die großzügige Hilfe für die Banken und Versicherungen die besondere Klientel von CDU/CSU und FDP bedient, während gleichzeitig die typischen sozialdemokratischen Wähler einerseits als Steuerzahler geschröpft werden und andererseits durch die Zurückhaltung in der Beschäftigungspolitik mit ihren Sorgen um den Arbeitsplatz ziemlich alleingelassen werden.

Insbesondere die sichtbare Plünderung der öffentlichen Kassen und die hohe Verschuldung zu Gunsten der Klientel der konservativen Parteien wären ein fantastisches Thema, wenn es volksnah erklärt würde und die notwendigen Entscheidungen gefordert würden. Die SPD müsste, wie die Linkspartei, offensiv mit diesem Thema und mit den konservativen Parteien umgehen.

Das tut sie nicht, vermutlich deshalb nicht, weil ihr eigenes Führungspersonal ebenfalls mit der Finanzindustrie verflochten ist, und weil die SPD selbst an der neoliberalen Umgestaltung unseres Landes in den letzten Jahren maßgeblich mitgewirkt hat.

Das ist ein Riesenproblem und verlangte eigentlich dringend, dass einige Personen an der Spitze ausgewechselt werden.

Zu 7.: Der Versuch der SPD, sich wenigstens einen Teil der Medien geneigt zu machen beziehungsweise zu halten, ist kläglich gescheitert.

Am Wahlabend (Landtagswahl in Hessen) und bei der Lektüre der Medien am folgenden Morgen konnte man beobachten, dass quasi die gesamte Medienwelt mit den gleichen zurechtgelegten „Argumenten" operiert und nahezu vollständig in vorgefertigte Kampagnen eingebaut ist: gegen die SPD wegen des „Wortbruchs", gegen die Linken in der SPD in der Person Ypsilantis wie gegen die Linkspartei, für die Union, für die FDP, schon deutlich weniger für die Grünen, seit die Option Schwarz-Grün nicht mehr so wichtig ist, für die Abweichler der hessischen SPD, usw. Die Medien ließen der SPD keine Schonung angedeihen. Auch der Verlust der Glaubwürdigkeit

ihrer Strategie der Zusammenarbeit mit der Linkspartei – Land-
tagswahlen ja, Bundespräsidentenwahl ja, aber Bundestagswahlen
nein – wurde breit ausgewalzt. Der Opportunismus der FDP, ihre
Interessenverfilzung – kein Thema. Stattdessen bis in die Einzelheiten Einfügung der Interviews, der Berichte, und der Analysen
der Medien in die konservative/neoliberale Strategie. Dem haben
sich im Anschluss an die hessische Landtagswahl auch Journalisten
angeschlossen, die vorher noch etwas zögerlich gewesen waren.

Die SPD wird sich auf diesen Opportunismus und auch auf die
grundsätzlich konservative Ausrichtung der Medienschaffenden
einstellen müssen. Sie muss diese Entwicklung endlich zum großen Thema machen. Wer sonst sollte es tun, wenn nicht die davon
betroffene große Partei.

Wegen der Fremdbestimmtheit der SPD-Führung wird man vermutlich damit rechnen müssen, dass sie zu keiner „ehrlichen" Analyse bereit ist und so weiter macht wie bisher. Es wäre schön, ich
würde mich täuschen.

Artikel-Adresse: http://www.nachdenkseiten.de/?p=3713

Frank-Walter Steinmeiers Mythomanie

16. Juni 2009 | Rubrik: Das kritische Tagebuch | Von Wolfgang Lieb

Wie nach jeder der verlorenen Wahlen, lassen sich die Delegierten
auf dem außerordentlichen SPD-Bundesparteitag in die Traumwelt
vom nächsten Wahlsieg entrücken.

Der Parteitag erinnerte stark an die Wahlkonvente der amerikanischen Parteien, wo die Delegierten die Rolle einer Fan-Gemeinde
einnehmen und jubelnd ihre Pappschilder schwenken. Da redet
Steinmeier seine zurückliegende Politik schön und tut so, als müssten die Wählerinnen und Wähler nur noch davon überzeugt werden, dass sie sich bisher ständig geirrt hätten. Da wird die nächste
Wahl als Richtungsentscheidung hochgespielt und gleichzeitig verkündet, dass man die Richtung gar nicht ändern will, sondern in
die „Mitte" strebt. Der Euphorie der Delegierten über eine einzige

Rede dürfte bald die Ernüchterung folgen, wenn es darum geht die Wählerinnen und Wähler anzusprechen. Selbst die konservative Presse jubelt über Steinmeier, ob aus Mitleid oder aus der Gewissheit heraus, dass diese SPD keine Gefahr mehr für das „Weiter so" der kommenden Regierung darstellt.

Damit kein Missverständnis aufkommt: Ich verstehe es nur zu gut, dass eine Partei vor einer Wahl zusammensteht und dass sie sich in Siegesstimmung versetzen möchte, aber wenn man so tut, als könne eine einzige Rede alles Zurückliegende vergessen machen und als könne eine gute Rhetorik Vertrauen in die Zukunft schaffen, dann grenzt das an Realitätsverlust.

Partei als Fußballverein

Steinmeier: *„Der letzte Sonntag war kein guter Tag für uns! Das war Mist! Mich ärgert es wie Euch!*
Aber heute ist ein neuer Sonntag. Heute sind wir hier, um auf die nächste Wegstrecke nach vorn zu blicken. Orientierung zeigen, Kräfte bündeln. Vor allen Dingen aber, um Grund zu legen für einen fulminanten Wahlkampf. Gemeinsam mit Euch, liebe Genossinnen und Genossen.
Europawahl ist das eine, Bundestagswahl ist was anderes. Nichts ist entschieden für den 27. September."

Wie ein Fußballtrainer einer Zweitliga-Mannschaft nach einer katastrophalen Niederlage gegen ein Erstliga-Team versuchte Steinmeier seiner Mannschaft Hoffnung auf einen unmöglich erscheinenden Sieg im Rückspiel einzureden. Er sprach nicht von seinen eigenen taktischen und strategischen Fehlern bei den bisherigen Niederlagen und schon gar nicht darüber, ob das spielerische Potenzial seiner Mannschaft ausreicht, dem Gegner beim nächsten Aufeinandertreffen Paroli bieten zu können.

Offenbar scheinen die Motivationskünste im fensterlosen Saal gewirkt zu haben, die Delegierten brachen wie die unerschütterlichen Fans eines Absteigers in Begeisterungsstürme aus, hielten ihre Jubelschilder in die Höhe und sangen abschließend das Vereinslied. Die SPD übte mal wieder das, was sie seit Jahren am besten kann, nämlich Disziplin und Gefolgschaftstreue. Es gab kein kritisches

Wort zum „einstimmig" verabschiedeten „Regierungsprogramm", es herrscht „Ruhe in der Notgemeinschaft SPD".

Steinmeier: *„Ein Signal der Geschlossenheit, ein Signal der Entschlossenheit, ein Signal des Aufbruchs. Das ist unsere Botschaft für den heutigen Tag."*

Egal wie der (politische) Tabellenstand auch sein mag, egal wie viele Spiele hintereinander verloren wurde, egal ob das letzte Spiel geradezu katastrophal verloren wurde, das spielt alles keine Rolle: Wir werden es schaffen. Es ging wie in einer Fußballkabine nur darum, Mut zu machen, so als könnten Worte Flügel verleihen.

Der Kandidat als Mythomane

Steinmeier: *„Alles, was Deutschland in den letzten Jahren vorangebracht hat, alles was dieses Land vor der Krise gestärkt und in der Krise zusammengehalten hat, kam von uns."*

Einen solchen Satz kann eigentlich nur jemand sagen, der sich seine eigene Traumwelt aufgebaut hat. Da ist also die SPD auf *„Investitionen in Bildung ... gekommen",* obwohl die Bildungsausgaben in den letzten Jahren zurückgegangen sind. Da hat die SPD das *„Schulstarterpaket vorgeschlagen und umgesetzt",* ohne dass dazu gesagt wird, wer eigentlich dafür verantwortlich war, dass es die Hartz IV-Familien gibt, die für ihre Kinder keine Schulbücher und Stifte mehr bezahlen können. Da hat die SPD die *„Umweltprämie für Autos erfunden",* obwohl das eine Erfindung der Automobillobby war, mit der auch noch die umweltschädlichsten Spritfresser gefördert wurden. Da hat also die SPD *„die Begrenzung der Managergehälter ... durchgesetzt",* man fragt sich nur wo? Da hat die SPD *„die Investoren für Opel ... gesucht und gebracht",* gerade so als hätte Steinmeier Magna und die russische Sberbank aufgetrieben und als hätten diese mit ihren gerade mal 100 Millionen Investitionszusagen Opel schon gerettet.

In der Medizin bezeichnet man eine derartige systematische Tendenz zum maßlos übertreibenden Fabulieren, wo es dem Betroffenen nicht mehr möglich ist, zwischen seinen realen Erlebnissen und seinen imaginären Vorstellungen zu unterscheiden, als Mythomanie. Also einer narzistischen Persönlichkeitsstörung, die ein mangelndes Selbstwertgefühl gepaart mit einem übertriebenen Geltungsdrang verbindet.

Der Wähler muss sich geirrt haben

Steinmeier: *„Ohne uns sähe das Land heute anders aus. Leute, wenn wir das nicht sagen, sagt das keiner. Sagt es laut, sagt es täglich, sagt es überall. Sagt es mit Stolz. Dann werden wir auch andere überzeugen."*

Gerade weil das Land heute anders aussieht und weil man das vor allem den Sozialdemokraten anlastet, haben die Mitglieder geradezu fluchtartig die SPD verlassen und haben die Wählerinnen und Wähler die einstmalige Volkspartei abgestraft. Die Euphorie der Delegierten auf dem Parteitag dürfte rasch in Depression umkippen, wenn sie diese Botschaft *„mit Stolz"* in *„die Wohngebiete und Einkaufszonen, zu den Straßen- und Kinderfesten, zum Seniorennachmittag, vor die Betriebstore und in die Vereine, auf dem Arbeitsplatz oder im Bekanntenkreis"* zitieren.

Die SPD scheint offenbar die einzige Partei zu sein, die ihre Wähler davon überzeugen will, dass sie sich irren.

Steinmeier: *„Gerd, weil ich Dich hier sitzen sehe, ich werde seit September immer wieder gefragt, ob die SPD nicht jetzt eine andere Politik macht als mit Schröder. Natürlich wollen die hören, dass wir abschwören, der Reform von Arbeitsmarkt und Wirtschaft, die wir durchgekämpft haben; ja, auch mit viel schmerzhaftem Streit in den eigenen Reihen."*

Steinmeier tut gerade so, als habe Gerhard Schröder nicht die letzte Wahl verloren, er tut gerade so, als hätte seine Politik nicht dazu beigetragen, dass die SPD in den Ländern und Kommunen eine Wahl nach der anderen verloren hat und eine Woche vor diesem Parteitag auf einem historischen Tiefpunkt angekommen ist.

Die Union braucht kein Programm, sie hat die SPD

Artikel-Adresse: http://www.nachdenkseiten.de/?p=4004

Rätselhafte SPD-Strategie. Des Rätsels Lösung: SPD-Spitze arbeitet für andere.

3. September 2009 | Rubrik: Politische Korruption | Von Albrecht Müller

Sie mögen dies für eine sehr gewagte Vermutung halten. Dann bleibt Ihnen als Lösung des Rätsels alternativ nur die Vermutung, dass in der SPD-Spitze nur noch Dummköpfe sitzen. Andere Erklärungen gibt es für den Niedergang dieser großen und wichtigen Partei aus meiner Sicht nicht.

Vorweg: Dies ist eine dramatische und für unser Volk unerfreuliche Entwicklung. Denn wir bräuchten eine wirkliche politische Alternative zum neoliberal bestimmten Kurs von Union und FDP. Das kann man ohne Parteilichkeit feststellen. Eine Alternative zu haben, ist eine ur-demokratische Regel. Ohne die SPD wird es unter heutigen Bedingungen aber keine Alternative zum rechtskonservativen Lager geben. Deshalb ist die Erkenntnis, dass die SPD-Spitze im Auftrag anderer Interessen arbeitet, so bedrückend.

Zur Begründung einige gravierende Indizien:

A. Die SPD-Führung hat in den letzten zehn Jahren ihre Kompetenz und ihr Profil in zentralen Fragen aufgegeben und damit sehenden Auges in Kauf genommen, nahezu alle Ministerpräsidenten, die Hälfte der Mitglieder und auch nahezu die Hälfte der Wähler zu verlieren. Sie hat mit Hartz IV und Agenda 2010 die soziale Kompetenz geopfert. Mit der militärischen Intervention im ehemaligen Jugoslawien und jetzt in Afghanistan gab sie ihr Image als Partei des Friedens und der Verständigung auf. Mit Schröder, Clement, Eichel und Steinbrück hat sie ihre wirtschaftspolitische Kompetenz verloren; die SPD galt einmal als Partei, die etwas von Konjunktursteuerung und aktiver Beschäftigungspolitik verstand. Die SPD hatte früher sogar einmal die Meinungsführung in Umweltfragen; sie hat auch dieses Prä – allerdings schon in den 70er Jahren – leichtfertig verspielt und an die Grünen abgegeben.

B. Ihre Wahlkampfstrategie stimmt nirgendwo: Eine Volkspartei kommt nur dann über 30% und an die notwendigen 40% heran, wenn sie breit gefächert auftritt, also sozial Engagierte und

Aufsteiger, Arbeitnehmer und Freiberufler, junge und alte Menschen, solche Menschen die Solidarität brauchen und solche, die bereit sind Solidarität zu üben, anspricht. Das ist noch 1998 gut gelungen – damals sprachen der Kanzlerkandidat Schröder und der Parteivorsitzende Lafontaine verschiedene Gruppen an und banden sie zusammen. Auch 2002 war es noch einmal gelungen, die gewerkschaftlich orientierte Arbeitnehmerschaft zu mobilisieren, und mit der Ablehnung der offiziellen Beteiligung am Irakkrieg auch die friedenspolitisch Engagierten. Mit der Verengung des Führungspersonals auf den Agenda-Flügel um Müntefering, Steinmeier und Steinbrück hat die SPD diese notwendige Pluralität geopfert. Schon das erklärt einen Teil des Niedergangs auf wenig mehr als 20%.

Hinzu kommt als gravierendes Element: die SPD bietet ihren Wählern keine machtpolitische Option. Steinmeier kann nicht erklären, wie und in welcher politischen Konstellation er Bundeskanzler werden will. Indem er ein Bündnis mit der Linkspartei ausgeschlossen hat, kann er keine realistische Alternative zum schwarz-gelben Bündnis bieten. Warum sollten die Wählerinnen und Wähler dann SPD wählen? Nur um die große Koalition fortzusetzen oder mit den Gelben zu koalieren? Aber wie soll das funktionieren? Es ist doch völlig unglaubwürdig, dass die Steinmeier-Müntefering-Steinbrück-SPD stärker wird als Angela Merkels Union.

Oder glaubt Steinmeier ernsthaft, er könne eine Ampel-Koalition aus SPD, Grünen und der FDP zimmern? Wie soll das gehen, wenn die FDP sich eindeutig auf Schwarz-Gelb festgelegt hat? Steinmeiers Werben um die FDP passt auch nicht zur agitatorischen Linie, an die sich die SPD-Spitze jetzt klammert: es gehe darum, Schwarz-Gelb zu verhindern. Wenn diese Kombination so schlimm ist, was ich auch so sehe, dann kann man doch aber nicht glaubwürdig zugleich die Fortsetzung von Schwarz-Rot wie auch ein Bündnis mit der FDP für inhaltlich erstrebenswert halten! Wenn man als SPD-Spitze die Wahlentscheidung am 27. September zu einer Richtungswahl erklärt, dann darf man doch nicht gleichzeitig genau um diese beiden Gegner werben? Dann muss man doch ein Bündnis für die andere Richtung wenigstens möglich machen und anbieten?

Darüber hinaus gibt es eine Reihe anderer Wahlkampffehler, die man rational nicht erklären kann. Mit Naivität alleine aber eben auch nicht.

C. Schon die Verkürzung der Legislaturperiode und damit der sozialdemokratischen Kanzlerschaft im Jahr 2005 war rational nicht zu verstehen. Müntefering und mit ihm Gerhard Schröder haben der SPD ein Jahr Kanzlerschaft gestohlen und mit der Verkürzung der Legislaturperiode auch die Chance für die Fortsetzung der Arbeit nach der Wahl verschlechtert. Auch aus der Sicht des Jahres 2005 wäre es 2006 leichter gewesen, bei einer absehbar verbesserten wirtschaftlichen Lage die Wahl gegen Angela Merkel zu gewinnen. Der Abbruch und das Neuwahlbegehren bleiben aus der Sicht von sozialdemokratischen Gestaltungsinteressen rätselhaft. Man versteht den damaligen Abbruch letztlich nur, wenn man annimmt, Müntefering als Initiator und Schröder als Mitziehender hatten nicht zu allererst die sozialdemokratische Gestaltungsmacht, sondern die Rettung der Agenda 2010 zum Ziel. In wessen Interesse war das?

D. Auch das seltsame Verhalten in Thüringen ist nicht zu erklären, wenn man unterstellt, die SPD-Führung in Berlin und in Erfurt würde von sozialdemokratischen Vorstellungen geleitet. Wenn es wirklich um Inhalte ginge, wenn es um die politische Richtung ginge, dann müsste man dort das Selbstverständliche tun und nicht auf kindische Weise als kleinerer Partner den Posten des Ministerpräsidenten verlangen. Schon die Anlage des Falles Thüringen mit vorheriger Festlegung, den Spitzenkandidaten der Linken nicht zu wählen, ist so merkwürdig, dass man am Verstand dieser Parteiführung zweifeln oder eben anderes vermuten muss.

Die Strategie der SPD-Führung insgesamt stimmt hinten und vorne nicht und wird, wenn nichts geändert wird, zu einer dramatischen Niederlage führen, die ähnlich wie in anderen westeuropäischen Ländern zu einer gefährlichen Erosion der sozialdemokratischen Partei insgesamt führen kann. Unter 30% für eine Volkspartei, das geht an den Nerv der Existenz.

Kann man diese Entwicklung mit Unbedarftheit der Führungspersonen erklären? Meines Erachtens nicht mehr. Ich habe in meinem

eng mit der SPD verbundenen politischen Leben schon häufig beobachtet, wie außenstehende Interessen Teile der SPD-Führungs-
gruppe bestimmt haben (das gilt auch für andere Parteien). In den
letzten Jahren hat sich aus meiner Sicht dieser Einfluss verstärkt:
die USA bestimmen wesentlich die außen- und sicherheitspolitische
Linie; die Finanzwirtschaft hat offensichtlich großen Einfluss auf die
gesellschaftspolitischen Vorstellungen: pro private Altersvorsorge,
pro Privatisierung, für Deregulierung. Die Vorstellungen der neoliberalen Ideologie reichen weit hinein in die SPD-Spitze. Auch hier
gilt, dass der Einfluss auf andere wie Union und FDP nicht kleiner,
sondern größer ist. Aber diese Feststellung ist kein Trost, weil es
hier ja genau um die Frage geht, ob die SPD noch den Kern einer
politischen Alternative zu den Rechtskonservativen bieten kann.
Das kann sie offensichtlich nicht, weil die SPD-Spitze dies nicht
will.

Die Vermutung, dass die SPD-Spitze heute wesentlich von außen
bestimmt wird und deshalb nicht fähig ist zu einer Strategie, die zu
einem Wahlerfolg führen könnte, will ich niemandem aufschwät-
zen. Aber ich möchte dazu anregen, über die skizzierten Rätsel
nachzudenken. Wenn Sie beruhigendere Lösungen finden, dann
gilt Ihnen mein Respekt.

Artikel-Adresse: http://www.nachdenkseiten.de/?p=4169

SPD auf der Suche nach einer Neuorientierung

16. November 2009 | Rubrik: Das kritische Tagebuch | Von Wolfgang Lieb

Schon nach dem Leitantrag, den der SPD-Parteivorstand dem Bun-
desparteitag vorgelegt hatte, war klar, dass Dresden bestenfalls
eine Zwischenetappe hin zu einer Selbstvergewisserung sozialdemokratischer Politik sein würde.

Sigmar Gabriel sagte am Anfang seiner Bewerbungsrede für den
Parteivorsitz: *„Am Anfang steht die Überprüfung unserer eigenen
Politik. Überprüfen heißt, zu unterscheiden zwischen dem, was
richtig war, was gut war und was das Land in den letzten elf Regie-
rungsjahren der SPD weitergebracht hat, und dem, was nicht rich-*

tig war, was nicht so gut war und wo wir etwas falsch eingeschätzt haben. Lasst uns dabei nicht in allzu leichte Erklärungen flüchten: dass es nur daran gelegen habe, dass uns die Menschen nicht richtig verstanden hätten oder wir es nicht richtig erklärt hätten. Wer ein derartiges Wahlergebnis bekommt, der hat mehr als nur ein Kommunikationsproblem."

Gabriel hat eine geschickte Rede aus einer Mischung von Demut und Aufbruch gehalten, die offenbar bei den Delegierten ankam. Mit 94,2 Prozent wurde Gabriel zum Parteivorsitzenden gewählt.

Doch was heißt das bei den bekannt disziplinierten Parteitagsdelegierten schon? Auch Matthias Platzeck erhielt 92,2 Prozent. Bei Kurt Beck waren es 95,45 Prozent. Und selbst Franz Müntefering erreichte nach dem Sturz von Beck bei seiner Wiederwahl immerhin noch 85 Prozent der Stimmen.

Gabriel fragt zu Recht: Warum hat die SPD ausgerechnet in dieser Zeit der größten Finanz- und Wirtschaftskrise die Wahlen verloren, die, wie gesagt, geradezu nach sozialdemokratischen Antworten schreit? Er mogelt sich damit aber über die entscheidende Frage hinweg, wo denn die sozialdemokratischen Antworten vor und während der Krise waren.

Er sieht mit Verweis auch auf den Niedergang der anderen sozialdemokratischen Parteien in Europa in den *„schwierigen Beschlüssen – zur Arbeitsmarktreform, zur Leiharbeit, zur Rente –, die uns so sehr von unserer Wählerschaft entfernt haben"* nur *„Symptome"* und nicht die eigentlichen Ursachen für die Abfuhr durch die Wähler.

Man müsse das, was der SPD dort an Kritik entgegengekommen ist, jetzt in der Partei erst einmal debattieren. *„Aber ich sage euch: Es hilft auch nichts, wenn wir aus der Zahl 67 eine 65 machen oder wenn wir sagen, wir gehen zurück auf ,Los'. Es geht doch eigentlich darum, dass wir uns jetzt die Zeit nehmen, um das Verhältnis von Arbeit und sozialen Sicherungssystemen zu klären. Wir müssen die Frage klären, wie einer, der gearbeitet hat und der vielleicht mit 62 schon nicht mehr kann, ohne dramatische Einkommens- und Rentenverluste bis ins Rentenalter kommt."*

„Meine Mutter ist Krankenschwester gewesen, und ich kenne keine Krankenschwester, die mit 67 noch einen Patienten heben kann", ruft Gabriel aus. Wie eine Krankenschwester mit 62 Jahren ins Rentenalter kommen soll, ohne 5 mal 3,6, also 18 Prozent Renteneinbuße hinnehmen zu müssen, darauf gibt Gabriel keine Antwort.

Auf der abstrakten Ebene des politischen Koordinatensystems rückt Gabriel vom schlichten Wählermarktmodell ab: *„Die politische Mitte in Deutschland war nie ein fester Ort, nie eine bestimmte Gruppe in der Gesellschaft oder in der Wählerschaft. Die politische Mitte definiert sich nicht durch Einkommens- oder Berufsgruppen und übrigens auch nicht durch bestimmte politische Einstellungen, denen man sich anzupassen habe. Die politische Mitte Willy Brandts war etwas ganz anderes. Sie war kein fester Ort, sondern sie war die Deutungshoheit in der Gesellschaft. (...) Statt die Mitte zu verändern, haben wir uns verändert. Wir haben uns schrittweise der damals herrschenden Deutungshoheit angepasst, und mit uns viele andere sozialdemokratische Parteien in Europa."*

Auch zur innerparteilichen Demokratie schlägt Gabriel neue Töne an. Die SPD müsse *„mehr Politik wagen"*, eine *„Politikwerkstatt für gesellschaftlichen Fortschritt"* sein. Es sollen jährliche *„Arbeitsparteitage"* durchgeführt werden und *„eine ständige Konferenz der Kommunalpolitiker"* eingerichtet werden. Zu wichtigen politischen Entscheidungen sollen Urwahlen durchgeführt werden.

Gabriels Beschreibung, was heute linke Politik ist, könnte man durchaus folgen: *„Links heißt, dass man für Gesellschaften eintritt, die gerecht sind, weil Freiheit und Verantwortung, Freiheit und Solidarität, Freiheit und Gerechtigkeit aneinander gebunden sind. Diese Grundüberzeugung ist das, was für mich und für die Sozialdemokratie links ist."* Doch um sich vor dem Vorwurf eines *„Linksrutsches"* zu schützen, schränkt Gabriel gleich wieder ein: *„Wenn wir links so verstehen, dann müssen wir uns doch nicht nach links öffnen, sondern wir müssen unsere politischen Konzepte daraufhin überprüfen, ob sie diesem Anspruch auf Freiheit und Verantwortung gerecht werden."* Wenn es konkret wird, dann gibt es eben nur Prüfaufträge.

Artikel-Adresse: http://www.nachdenkseiten.de/?p=4338

7. Nichts gelernt?
Das Versagen unserer Eliten

Ist die Finanz- und Wirtschaftskrise eine Folge der „Entgrenzung" und des damit verbundenen Mangels an politischer Handlungsfähigkeit?

13. März 2009 | Rubrik: Strategien d. Meinungsmache | Von Albrecht Müller

Wir erleben, wie überall betont wird, „eine der schwersten ökonomischen Krisen der Nachkriegszeit". Eine intellektuelle Aufarbeitung findet aber nicht statt. Im Gegenteil. Und die Politik – leider auch viele Medien – laufen ohnehin nur gängigen Vorurteilen hinterher.

Eigentlich hätte die Politikwissenschaft die vornehme Aufgabe, die politischen Vorgänge kritisch zu beobachten und zu hinterfragen. Wir erleben seit Jahren nun das Gegenteil. Herfried Münkler ist Professor an der Humboldt-Universität zu Berlin und regelmäßiger Kolumnist der Frankfurter Rundschau. Gestern war von ihm ein Text über _Die Kunst der Grenzziehung_" zu lesen. Auszüge sind im Anhang wiedergegeben. Er behauptet, durch den Wegfall der Grenzen (sprich: die Globalisierung) sei die Handlungsfähigkeit des Staates so stark eingeschränkt, dass _die Effekte politischen Handelns wie ungedämmte Sprengladungen"_ verpuffen. _„Die Politik muss den Dingen ihren Lauf lassen und darauf vertrauen, dass alles wieder ins Gleichgewicht kommt. Sie hat darauf so gut wie keinen Einfluss."_

Das ist eine Verharmlosung der Verantwortung der Politik für die Krise und zugleich eine Missachtung der Handlungsmöglichkeiten auch des Nationalstaates.

Die Finanzkrise und Wirtschaftskrise ist nur zu einem kleinen Teil die Folge der internationalen „Entgrenzung". Sie ist vor allem die Folge von unglaublichen wirtschaftlichen Entscheidungen und Vorgängen, sie ist auch die Folge krimineller Akte:

221

- Das Kettenbriefsystem des Herrn Madoff mit dem Ergebnis eines Schadens von vermutlich 70.000.000.000 Dollar hatte mit Entgrenzung nichts zu tun. Madoff räumte gegenüber der Justiz gerade ein, jahrelang ein Betrugssystem betrieben zu haben.

- Die Verpackung fauler Kredite zu angeblich wertvollen Wertpapieren hat mit Entgrenzung nichts zu tun.

- Die Verlagerung schlechter Risiken der HypoVereinsbank auf die zum 29.9.2003 gegründete HRE hatte nicht die Entgrenzung zwischen Deutschland und dem Rest der Welt zur Bedingung. Das ist hierzulande geschehen und belastet uns inzwischen mit über 100 Milliarden.

- Die Verlagerung schlechter Risiken von der Allianz AG auf die Dresdner Bank und der Weiterverkauf an die Commerzbank und die Rettung der Commerzbank mit 18,2 Milliarden öffentlichen Geldes hat ebenfalls nichts mit Entgrenzung zu tun.

- Die Steuerbefreiung der Heuschrecken hat damit nichts zu tun. Sie war genauso wie die sonstige Förderung zum Ausverkauf deutscher Unternehmen national entschieden und national betrieben, unter der Verantwortung der Regierungen Schröder und Merkel.

- Es waren deutsche Bundesfinanzminister, die davon schwärmten, den Finanzplatz Deutschland zu stärken und es genauso zu machen wie in London und den USA.

- Niemand hat uns gezwungen, auch hier in Deutschland die Unternehmensphilosophie von einer langfristig orientierten Strategie auf ShareholderValue-Orientierung umzustellen. Was hätten wir verloren, wenn wir diesen Trend der Angelsachsen nicht mitgemacht hätten? Es wären ein paar Investoren weggeblieben, die ohnehin keine Investoren waren, weil sie Unternehmen mit 20 Prozent eigenen Finanzmitteln übernahmen und diese Unternehmen in die Verschuldung trieben.

- Die Unfähigkeit, rechtzeitig die Binnenkonjunktur zu stützen, hat überhaupt nichts mit Entgrenzung zu tun. Wenn wir das getan hätten, dann hätten wir uns und unseren europäischen Nachbarn geholfen und wir hätten die Schieflage des Europäischen Währungssystems vermeiden können.

- Der Unwille, etwas gegen Steueroasen zu tun, ist auch nicht eine Folge der mit dem Mauerfall eingetretenen Entgrenzung. Das gab es schon vorher. Etwas dagegen zu tun wäre auch eine nationale Aufgabe gewesen. Wir hätten der Schweiz und Liechtenstein, Luxemburg und Großbritannien, Irland und den USA klarmachen müssen, dass es mit diesen Steuerhinterziehungen nicht so weitergehen kann.

Die Kette von politischen Entscheidungen und Maßnahmen, die trotz des Fallens von Grenzen getroffen und durchgeführt hätten werden können und werden müssen, ließe sich lange fortsetzen. Was die Gegenwart und die Zukunft betrifft: Niemand hindert uns daran, ein massives neues Konjunkturprogramm aufzulegen, im Gegenteil, unsere Partner fänden das gut und würden mitmachen. Niemand würde uns an einem gerechteren Steuersystem hindern – nicht an der Einführung der Vermögensteuer, nicht an einer Verschärfung der Erbschaftssteuer und nicht an einer Erhöhung des Spitzensteuersatzes usw.

Politologen wie der erwähnte Herfried Münkler streuen den Menschen Sand in die Augen statt aufzuklären. Man fragt sich hier wie auch bei der Mehrheit der Professoren für Ökonomie, warum wir sie überhaupt noch aushalten. Wenn Wissenschaft ihren kritischen Verstand an der Garderobe abgibt und sich obendrein mit den Herrschenden verfilzt, dann hat sie ihre Funktion verloren. Dann wäre sie eigentlich ein wirklicher Fundus für Sparmaßnahmen des Staates.

Anhang

Auszüge aus Herfried Münklers Kolumne in der Frankfurter Rundschau vom 12.3.2009

„Die Kunst der Grenzziehung"

Mit dem Niederreißen der Grenzzäune an der ungarischen Westgrenze, das den Zusammenbruch des Staatssozialismus in Mittel-

und Osteuropa einleitete, kam eine euphorische Stimmung auf, die Grenzziehung nur noch als einen Willkürakt kannte, der möglichst bald rückgängig gemacht werden musste.

Diese politische Grundstimmung fand im Fall der Berliner Mauer ihren emotionalen Höhepunkt und mündete schließlich in die Perspektive eines Vereinten Europas ohne Binnengrenzen. ...

Darüber ist in Vergessenheit geraten, dass Grenzziehung eine politische Kunst ist, durch die effektives politisches Handeln erst möglich wird. ...

Dass die Euphorie der Grenzüberschreitung und Entgrenzung einen nicht unbeträchtlichen Preis hat, merken wir jetzt. In einer entgrenzten Welt fließen zu viele Probleme zusammen und vermischen sich miteinander. So entsteht eine unberechenbare und unbeherrschbare Interferenz.

Die Handlungsfähigkeit des Staates ist stark eingeschränkt; in entgrenzten Räumen verpuffen die Effekte politischen Handelns wie ungedämmte Sprengladungen. Die Politik muss den Dingen ihren Lauf lassen und darauf vertrauen, dass alles wieder ins Gleichgewicht kommt.

Sie hat darauf so gut wie keinen Einfluss; also tut sie so, als hätte sie welchen. Sie gebärdet sich kraftmeierisch, ohne wirklich Kraft zu besitzen. Die Beschäftigten und Zulieferer von Opel werden das schon bald erfahren. ...

Aber wer von der Politik erwartet, dass sie auf Herausforderungen reagieren kann, muss über die Reichweitenbegrenzung politischen Handelns nachdenken. ...

Die jetzt begonnene Debatte über Staatshilfen für Unternehmen wird schon bald eine über neue Grenzziehungen sein. ...

Quelle: Frankfurter Rundschau. Erscheinungsdatum 12.03.2009

Artikel-Adresse: http://www.nachdenkseiten.de/?p=3824

Unser Spitzenpersonal in der Politik und in der Wirtschaft ist volkswirtschaftlich ungebildet und voller Vorurteile. Zum Beispiel: Exportweltmeister

19. Mai 2009 | Rubrik: Wirtschaftspolitik, Konjunktur, etc. | Von Albrecht Müller

Mit dem Hinweis Nr. 5 der NachDenkSeiten vom 19. Mai wurde auf ein <u>FTD-Interview mit Siemens-Chef Löscher</u> aufmerksam gemacht und kritisiert, dass hier der Fortsetzung eines außenwirtschaftlichen Ungleichgewichtes das Wort geredet wird. Der Artikel zeigt darüber hinaus, dass unser Spitzenpersonal, im konkreten Fall die Bundeskanzlerin und der Chef eines der größten deutschen Unternehmen, die einfachsten volkswirtschaftlichen Zusammenhänge nicht begreift und Vorurteilen und Legenden hinterher rennt, unkritisch begleitet von Medienschaffenden. Das ist nicht ohne Bedeutung, weil diese Vorurteilsbeladenheit immer wieder zu falschen politischen Entscheidungen führen kann und führt.

Zunächst zum Unproblematischen in dem Artikel: Ich habe nichts daran auszusetzen, dass vom Siemens-Chef Löscher für eine hoch innovative Industriestruktur plädiert wird.

1. Aber schon die bei Löscher und dann auch in der zitierten Passage von Merkel erkennbaren Denkmuster vom Gegensatz „Export hier und Binnennachfrage dort" ist einfach Unsinn. Beides sind Komponenten der volkswirtschaftlichen Nachfrage. Und eines ist klar: die Binnennachfrage ist in den letzten 10 Jahren vernachlässigt worden, die Exportorientierung ist übertrieben worden. Dies gründet auf der Vorstellung, Exporte seien grundsätzlich etwas Gutes und deshalb in besonderer Weise förderungswürdig.

Dieses Vorurteil hat seine Basis in einer monetären Vorstellung von wirtschaftlichen Beziehungen, wie sie im Merkantilismus offenbar unausrottbar gelehrt worden ist: Hauptsache man nimmt Geld ein. Deshalb sagt man auch: *„Wir leben vom Export"*. Das ist Unsinn. Wir leben von dem, was wir essen und mit dem wir uns kleiden, uns ausstatten und uns das Leben angenehm machen. Was wir dafür importieren müssen, bezahlen wir mit den Finanzen, die wir über Exporte einnehmen. Exporte sind also nur das Hilfsmittel. Man kann es auch anders sagen: Wir essen keine Dollars, die wir über Exporte einnehmen, wir essen Bananen und anderes mehr.

2. Die Fixierung auf den Export findet ihren Ausdruck im Stolz auf die Exportweltmeisterschaft. Das wird in dem Beitrag der Financial Times Deutschland an den Äußerungen von Bundeskanzlerin Merkel sichtbar. Eine weitere einschlägige Äußerung finden Sie auch in der Rede von Bundeskanzlerin Angela Merkel beim Neujahrsempfang des Bundesverbandes der Deutschen Industrie e. V. vom 19.01.2009 in Berlin: *„Wir freuen uns natürlich – das will ich ganz deutlich sagen –, wenn deutsche Firmen erfolgreich sind. Deshalb sind wir stolz darauf, dass Deutschland Exportweltmeister ist. Ich möchte Ihnen deshalb noch einmal dafür danken, dass Sie auch dazu einen Beitrag geleistet haben.“* Dagegen, dass deutsche Firmen erfolgreich sind, ist nichts zu sagen. Die Exportweltmeisterschaft jedoch als Ziel zu formulieren, bezeugt die kindische Einfalt, mit der die Hauptverantwortliche für die deutsche Politik zu Werke geht.

3. Die unsinnige Fixierung auf den Export hat verschiedene negative Folgen: So haben wir mit dieser Fixierung in der Vergangenheit wesentlich dazu beigetragen, dass die Zahlungsbilanzen innerhalb des Eurobereiches aus dem Gleichgewicht gerieten. Es gibt eine Reihe von Ländern, die mit großen Leistungsbilanzdefiziten zu kämpfen haben. Das ist die Kehrseite des weit überdimensionierten Leistungsbilanzüberschusses unseres Landes. Auf Dauer muss in einem solchen Währungsverbund ein Ausgleich der Salden über die Zeit angestrebt werden.

Eine weitere Folge der Fixierung auf den Export ist die vielfältige Förderung, die den entsprechenden Export-Industrien zuteil wird: Sie werden beim Export von der Mehrwertsteuer entlastet, sie bekommen wie jetzt die Automobilindustrie die besondere Förderung in der Finanzkrise. Die Technologieförderung der Bundesregierung kommt auch in weitem Maße der Exportwirtschaft zugute. Dies alles ist nicht kostenlos, es muss bezahlt werden. Die auf den Binnenmarkt orientierte Wirtschaft, das Handwerk, binnenmarktorientiertes Gewerbe und Industrie, der Einzelhandel, die Gastronomie – sie alle tragen die besondere Exportförderung mit.

4. Die FTD schreibt: *„Bundeskanzlerin Angela Merkel dagegen sagte kürzlich im Interview der Financial Times, dass man es sich angesichts der hohen Verschuldung und sinkender Bevölkerungszahlen nicht erlauben könne, zulasten der Ausfuhren den Verbrauch anzukurbeln: »Die deutsche Wirtschaft hängt in hohem Maße von den Exporten ab, so etwas lässt sich nicht innerhalb von zwei Jahren verändern«, sagte sie. »Und das wollen wir auch nicht verändern.«"*

Dass Einzelhändler und Handwerker, dass Kneipenwirte und Hoteliers noch der CDU/CSU nachlaufen, ist rational nicht zu begreifen.

Das ist geballter Unsinn. Wer meint, man könne die Schulden abbauen, indem man die Binnenkonjunktur weiter in den Keller reitet, der hat keine Ahnung. Leere Kneipen, unterausgelastete Einzelhandelsgeschäfte, Auftragsmangel bei Handwerkern und bei der binnenmarktorientierten Industrie sind doch kein Beitrag zum Abbau der Verschuldung. Das gelingt nur, wenn es auch in diesen Bereichen floriert. Dann werden Steuern gezahlt. Dass Einzelhändler und Handwerker, dass Kneipenwirte und Hoteliers noch der CDU/CSU nachlaufen, ist rational nicht zu begreifen. Diese Unternehmer sind offenbar am Strang der Meinungsmache, die von ganz anderen gemacht wird.

Die Vermischung mit der demographischen Entwicklung ist ohnehin ausgemachter Unsinn. Wo soll da der Zusammenhang sein

5. Der ganze Disput – Exportorientierung oder Binnenmarktorientierung – ist absolut unnötig. Eine Wirtschaftspolitik, die beides möglich macht und ausbalanciert, wäre das Richtige. Die Industrie ist auch flexibel genug, um kleine Umorientierungen zu bewältigen, wenn diese notwendig werden. Ich will ein praktisches Beispiel nennen: wenn die Exportaufträge bei der LKW-Produktion einbrechen, wie es beim Daimler-Benz-Werk in meiner Nachbarschaft (Germersheim) geschehen ist, dann macht es doch Sinn zu überlegen, ob man nicht wenigstens einen Teil des Ausfalls durch Ankurbelung der Bauwirtschaft im Innern und damit auch des Bedarfs an LKWs ersetzen kann. Nicht auf Dauer und nicht total. Das ist klar, aber ein Anfang wäre gemacht.

Ohne differenziertes Denken auch in volkswirtschaftlichen Zusammenhängen werden wir politisch nicht sonderlich erfolgreich sein. Die Voraussetzungen dafür sind zurzeit nicht besonders gut – bei diesem Personal in der Industrie und in der Politik!

Artikel-Adresse: http://www.nachdenkseiten.de/?p=3951

Herbstgutachten der Institute: Sparen über alles

16. Oktober 2009 | Rubrik: Wirtschaftspolitik, Konjunktur, etc. | Von Wolfgang Lieb

Die deutschen Mainstream-Ökonomen bleiben stur bei ihrem Motto: Die Wirklichkeit muss sich unserer Theorie anpassen und nicht die Theorie an die Wirklichkeit. Obwohl sich die deutsche Wirtschaft nur langsam von der Krise erholt und noch hohe Risiken bestehen, wird in dem Herbstgutachten der Konjunkturforschungsinstitute nicht über zusätzliche Maßnahmen zur weiteren Stützung der Konjunktur und des Wachstums nachgedacht, sondern im Gegenteil: der Ausstieg aus einer expansiven Wirtschaftspolitik für spätestens 2011 wird empfohlen. Ausgabenkürzungen vor allem bei den Sozialversicherungen seien alternativlos. Die „kleinen Leute" sollen also die Opfer für die Finanzkrise erbringen.

Die Eckdaten vorweg:

Alles in allem rechnen die Konjunkturforschungsinstitute in ihrem gestern vorgelegten Herbstgutachten für das Jahr 2010 mit einem Anstieg des Bruttoinlandsprodukts um 1,2%. Die Zahl der Arbeitslosen dürfte im Jahresdurchschnitt um rund 800.000 Personen auf 4,1 Millionen ansteigen.

Ein Gutachten wie das andere

Im Frühjahr 2008 empfahlen die Gutachter: *„Im Interesse von mehr Wachstum und Beschäftigung sollte die Finanzpolitik eine Strategie der ‚qualitativen Konsolidierung' verfolgen... Bei einer Fortsetzung der Ausgabendisziplin und bei mehr Ehrgeiz beim Abbau von Subventionen entstünden weitere Möglichkeiten, das Wirtschaftswachstum zu fördern."*

Im Herbst 2009 heißt es: *„Durch qualitative Konsolidierung (Ände-rung der Einnahmen- und Ausgabenstruktur) könnte die Finanzpo-litik zudem – neben anderen Politikbereichen – dazu beitragen, die Wachstumskräfte zu stärken. (S. 69)… Daher sollte die Bundesre-gierung vorrangig auf der Ausgabenseite und an den Steuerver-günstigungen ansetzen, um die Haushalte zu konsolidieren"*

Zwischen diesen beiden Zitaten aus den Konjunkturgutachten der Wirtschaftsforschungsinstitute liegen eineinhalb Jahre. 2008, als die Welt noch in Ordnung war und eine Zunahme des realen Brut-toinlandproduktes um 0,4 Prozentpunkte auf immerhin noch 1,8% vorhergesagt wurde und 2009, wo von einem Konjunktureinbruch um 5% ausgegangen wird.

Egal, ob die Konjunktur wenigstens einigermaßen stabil ist oder ob sie dramatisch einbricht, Sparen und Ausgabenkürzungen stehen für die Konjunkturforschungsinstitute immer an oberster Stelle. Zusammenfassend schlagen sie vor, jährlich 12 Milliarden Euro, insgesamt 70 Milliarden Euro einzusparen um das *„strukturelle De-fizit"* auszugleichen, um die *„Regeln, die für die Finanzpolitik in Deutschland gelten"* (S. 62) also vor allem die verfassungsrechtlich festgelegte Schuldenbremse zu erreichen und um den europäischen Stabilitätspakt (3-Prozent-Grenze) einzuhalten. Eine ökonomische Begründung konnte man sich ersparen, man hat ja inzwischen die *„Regeln"*.

Konjunkturprogramme in der Vergangenheit waren gut, aber jetzt nichts wie raus

Nun will ich die Schuldenbelastung alles andere als beschönigen. Ein Budgetdefizit im Jahr 2009 von 76 Milliarden Euro (3,2% in Re-lation zum BIP) und von 127 Milliarden Euro (5,1 in Relation zum nominalen BIP) im Jahr 2010 ist schon dramatisch. Widersprüch-lich ist aber die Diskrepanz zwischen der im Gutachten beschriebe-nen heilsamen Wirkung der erhöhten Schuldenaufnahme und der jetzt schon für das Jahr 2011 geforderten Exit-Strategie aus einer konjunktur- und wachstumsfördernden Fiskalpolitik.

Da werden zwar – ganz entgegen der Verdammung staatlicher Ankurbelung der Konjunktur in früheren Gutachten – die *„zuneh-*

mend anregenden Wirkungen der staatlichen Konjunkturprogramme" gelobt. 1,4% des nationalen Bruttoinlandproduktes hätten die *„fiskalpolitischen Impulse"* gebracht und 1,7% sogar noch im kommenden Jahr. Und da werden natürlich die *„Garantien sowie Kapitalspritzen… für private Bankguthaben(?)"* (S. 35) als unerlässlich eingestuft. (40 Milliarden Euro allein an Eigenkapitalhilfen an den Bankensektor.)

Da wird des Weiteren aber festgestellt, dass sich *„die deutsche Wirtschaft… nur langsam aus der Krise bewegt"* und dass nur mit einer *„zögerlichen Erholung"* zu rechnen sei und dass *„endogene Auftriebskräfte nur allmählich spürbar (werden), so dass die Konjunktur im Prognosezeitraum auf wirtschaftspolitische Unterstützung angewiesen bleibt"* (S. 8).

Im gleichen Atemzug aber halten es die Institute für geboten *„bereits jetzt über Strategien (zu) entscheiden, wie die außergewöhnlichen Maßnahmen, mit denen die Finanzkrise und die Rezession bekämpft wurden, beendet werden sollen, um negativen Effekten für die gesamtwirtschaftliche Entwicklung vorzubeugen… Beginnen sollte man mit dem Abbau des strukturellen Defizits im Jahr 2011"*. Der Ausstieg aus der expansiven Wirtschaftspolitik müsse auf jeden Fall schon jetzt vorbereitet werden, eine frühe Ankündigung der Ausstiegsstrategien sei zwingend erforderlich.

Aus einem konjunkturellen Defizit wird plötzlich ein „strukturelles"

Die Belebung der Wirtschaft wird zu einem beträchtlichen Teil auf staatliche Stützungsmaßnahmen zurückgeführt und die Europäische Kommission veranschlagt den Bankenrettungsschirm und die Konjunkturprogramme auf 2,7% bis 5,8% in Relation zum Bruttosozialprodukt. *„Die Ausgaben des Staates dürften im Jahr 2009 um knapp 5% und damit wesentlich rascher als im Jahr 2008 steigen. Zum großen Teil ist dies bedingt durch die konjunkturpolitischen Maßnahmen"* heißt es wörtlich in dem Gutachten. Aber im Empfehlungsteil erklären die Forscher urplötzlich diese eindeutig konjunkturell bedingten Defizite zu einem *„strukturellen Defizit"*, das *„deutliche vermindert"* werden müsse.

Das Mantra des ausgeglichenen Haushalts

„Einem raschen Aufschwung stehen… erhebliche Bremskräfte ent-gegen", „ein starkes exportgetriebenes Wachstum für Deutschland (ist) nicht erwarten. Zudem dürfte sich die Lage am Arbeitsmarkt verschärfen, was nicht nur die Einkommen der privaten Haushalte schmälert, sondern auch ihre Unsicherheit erhöht und so den bis-her relativ robusten privaten Konsum belastet. Schließlich ist die Bankenkrise noch nicht überwunden."

Trotz all dieser unerfreulichen Aussichten soll aber bloß nicht über zusätzliche Maßnahmen zur weiteren Stützung der Konjunktur und des Wachstums nachgedacht werden, sondern als Hauptziel wird das Sparen ausgegeben. Das Mantra des *„ausgeglichenen Haus-halts"* steht über allem.

Sparen wollen, ist nicht gleich sparen können

Nichts gegen sparen, aber haben die „Forscher" etwa aus der Zeit des „Sparkommissars" Eichel nicht wenigstens gelernt, dass in konjunkturell schwachen Zeiten sparen nur zu noch mehr Ver-schuldung führt? Hat das Gutachten überhaupt noch den Namen „Konjunktur"-Prognose verdient, wenn es in dieser nach wie vor re-zessiven Phase keinerlei finanz- und wirtschaftpolitische Vorschlä-ge macht, wie man aus der Krise schneller herauskommen könn-te, und wenn es schon beim ersten Hoffnungsschimmer wieder in das alte Schema verfällt, was da lautet: Senkung der Staatsquote, sparen und Senkung der *„Abgaben"*? Für die Institute gibt es aber zu *„einer nachhaltigen Konsolidierung der öffentlichen Haushalte keine Alternative."*

Steuererhöhungen als Tabu

Von Steuererhöhungen zur Kompensation der angeblich *„struktu-rellen Defizite"* wird natürlich dringend abgeraten: *„Eine größere Belastung mit Steuern und Sozialabgaben würde die Arbeitskos-ten erhöhen und die Arbeitsnachfrage dämpfen. Zudem würden die Anreize zu arbeiten und zu investieren verringert."* Und: *„Ein er-hebliches Mehraufkommen könnte nur erzielt werden, wenn dieser Spitzensteuersatz schon bei deutlich niedrigeren Einkommen, z.B.*

52.882 Euro (Ledige) 105.764 Euro (Verheiratete) greifen würde. Dies dürfte aber infolge geringerer Leistungsanreize negativ auf Wachstum und Beschäftigung wirken." (S. 71) An eine deutliche Anhebung des Spitzensteuersatzes bei höheren Einkommensgrenzen wird allerdings nicht gedacht.

Und natürlich wird nur die Einkommens- und die Mehrwertsteuer ins Auge gefasst und nicht etwa auch die Vermögens- oder Erbschaftssteuer. Im Gegenteil: bei der Unternehmensbesteuerung und bei der Erbschaftssteuer sehen die Gutachter einen dringenden Korrekturbedarf. Vor allem die so genannte „Zinsschranke", mit der verhindert werden sollte, dass Verluste von neu gekauften Firmen mit den eigenen Gewinnen verrechnet werden konnten, also die Bändigung der „Heuschrecken-Plage" soll wieder abgeschafft werden. Von einer Anhebung der Vermögenssteuer oder einer Vermögensabgabe ist gar nicht erst die Rede. Aber immerhin lehnen die Gutachter eine Erhöhung der Mehrwertsteuer ab. Nur an einer Stelle wird angerissen, den Finanzsektor, der die Finanzkrise ausgelöst habe, stärker zu besteuern. Ein konkreter Vorschlag dazu fehlt allerdings.

Es wird also wieder die alte Leier gespielt: Staatsquote senken, Unternehmenssteuern senken, niedrigere Abgaben („Lohnnebenkosten"), das erhöht die Investitionsbereitschaft (wo war diese eigentlich in Zeiten des Unternehmenssteuer-Senkungswahns?) und das schafft Anreize für die Leistungsträger.

Gegen Steuersenkungen auf Pump

Immerhin einen kleinen Dämpfer bekommen die Steuersenkungsenthusiasten ab. Zwar werden Steuersenkungen für möglich gehalten, sie seien aber *„nur dann möglich, wenn auf der Ausgabenseite noch mehr gespart wird, als bei gegebener Abgabenquote zum Abbau des strukturellen Defizits nötig ist"*. Steuersenkungen auf Pump werden von den Gutachtern abgelehnt: *„Durch Kredite finanzierte Steuersenkungen würden sich auf Dauer als sehr teuer erweisen, da aufgrund des gestiegenen Schuldenstandes die Zinszahlungen zunehmen würden und womöglich die Zinsen steigen. Steuersenkungen müssten also finanziert werden."* Wie Wirtschaftsminister Karl-Theodor zu Guttenberg aus diesem Gutachten

„Handlungsspielräume" für Steuersenkungen herausgelesen hat, bleibt sein Geheimnis.

Die Sparopfer

Wo sollen aber die Milliarden eingespart werden? Auch da bleiben sich die Konjunkturforschungsinstitute treu: natürlich bei den Sozialversicherungen. *„Der Sparkurs ist auf die sog. konsumtiven Ausgaben zu konzentrieren."*

Im Gesundheitssystem sehen sie Effizienzreserven zwischen fünf und zehn Milliarden. (Leider sagen sie nicht wo.)

Bei der Arbeitslosenversicherung könnten Kürzungen bei arbeitsmarktpolitischen Maßnahmen vorgenommen werden. *„Darüber hinaus könnte der Zeitraum, für den maximal Arbeitslosengeld bezogen werden kann, auf einheitlich 12 Monate festgesetzt werden. Alles in allem wären Einsparungen in einer Größenordnung von 3 Mrd. Euro realisierbar."* Und die (Wieder-)Anhebung des Beitragssatzes für die Arbeitslosenversicherung ab 2011 statt auf 3% auf 3,3% brächte Mehreinnahmen von 2,5 Milliarden Euro.

Bei den Renten sollen die *„unterbliebenen Kürzungen in den Jahren 2012 und 2013 nachgeholt werden… Zudem sollte eine Rentenkürzung im Juli 2010 dann nicht unterbleiben, wenn der Durchschnittslohn im Jahr 2009 sinkt".*

Außerdem soll die Öffentliche Hand bei den Personal- und Sachausgaben sparen: *„Stiegen die Personalausgaben um einen Prozentpunkt schwächer als in der Basisprojektion unterstellt, sei es aufgrund niedrigerer Lohnzuwächse, sei es aufgrund eines Personalabbaus, so lägen die Personalausgaben im Jahr 2016 rund 12 Mrd. Euro niedriger als hier unterstellt."*

Mit den Kürzungen bei den Sozialversicherungen könnten 30 Milliarden eingespart werden.

Weitere 33 Milliarden könnten durch Subventionskürzungen, wie sie damals in der berühmt-berüchtigten Koch-Steinbrück-Liste vorgeschlagen wurden, gespart werden.

Subventionskürzungen hören sich immer sehr gut an, da ist jeder dafür. Nur, meistens sind da nicht die Subventionen gemeint, die bei Unternehmen landen und zu Wettbewerbsverzerrungen führen, sondern dahinter verstecken sich meist Eingriffe in die Taschen der kleinen Leute.

An die 40 Milliarden Euro „Subventionen", die etwa die Banken allein als Eigenkapitalhilfen bekommen haben, ist dabei natürlich nicht gedacht.

Dasselbe gilt auch für die Forderung der Forschungsinstitute nach einem Abbau der Steuervergünstigungen in Höhe von 30 Milliarden Euro. Auch die steuerliche Begünstigung von Nacht- und Feiertagszuschlägen zählt etwa dazu und viele andere Dinge mit denen der „kleine Mann" wenigstens ein paar Euro Steuerrückerstattung vom Finanzamt erhält.

Obwohl die Institute ansonsten gegen Steuererhöhungen sind, darf die Steuerbelastung an dieser Stelle durchaus um 30 Milliarden zunehmen. (Das ist übrigens fast soviel, wie die FDP durch ihr Stufenmodell als Steuererleichterung an die „Leistungsträger" vergeben will.)

Hoffnung auf die schwarz-gelbe Koalition

Wohin die Vorstellungen der Gutachter gehen, wird auch dadurch belegt, worüber sich die Gutachter – an die Adresse der alten Bundesregierung gerichtet – beklagen: Da sei der Grund- und der Kinderfreibetrag angehoben worden, da sei Einkommensteuer rückerstattet worden, da sei die alte Regelung bei der Pendlerpauschale wieder hergestellt worden, da seien die Renten und die Regelsätze beim Arbeitslosengeld, bei der Grundsicherung im Alter sowie bei Sozialhilfeleistungen angehoben worden usw.

Alle Hoffnungen setzen die Forschungsinstitute auf die neue Bundesregierung: *„Es sollte einer neuen Bundesregierung möglich sein, Fehler zu korrigieren, die in den vergangenen Jahren gemacht wurden, welche die Aussichten für Wachstum und Beschäftigung oder die Tragfähigkeit der öffentlichen Finanzen beeinträchtigen. Beispiele für solche Fehler sind die Rücknahme einiger Arbeitsmarktrefor-*

men, die Einführung von Mindestlöhnen, die Eingriffe in die Renten-
formel und die Einführung neuer Steuervergünstigungen." (S. 62)

Wer zahlt für die Krise?

Die Linie der Gutachter ist also hinter viel Wortgeklingel ziemlich
klar: Für die Verschuldung, für Bankenrettung und für die Konjunkturprogramme zur Rettung aus der dadurch ausgelösten Wirtschaftskrise zahlen die Kleinen, die Schichtarbeiter, die Pendler, die
kleinen Sparer und vor allem auch diejenigen, die auf Leistungen
aus den Sozialversicherungen angewiesen sind, also die Ärmsten
der Armen.

In einem Anfall von Rührseligkeit schreiben die Gutachter: *„Es mag
schwierig sein, dies zu vermitteln. Denn es bedeutet letztlich, dass
die Bürger bereit sein müssen, ihre Ansprüche an den Staat zumindest nicht zu erhöhen. Sind sie es nicht, gibt es keinen anderen
Weg, als die Steuern zu erhöhen."* (S.62)

Kein Wunder, dass die Unternehmerverbände das Gutachten beju-
beln: *„Das Gutachten sei eine Handlungsempfehlung für die Koalitionsverhandlungen, erklärten der Bundesverband der Deutschen
Industrie (BDI) und die Bundesvereinigung der Deutschen Arbeit-
geberverbände (BDA). Arbeit und Wirtschaft dürften nicht zusätzlich belastet werden. Deutschland müsse seine öffentlichen Haushalte auf der Ausgabenseite konsolidieren und krisenverschärfende
Elemente der Unternehmenssteuerreform beseitigen."* Besser kann
man das Herbstgutachten nicht zusammenfassen.

Was im Gutachten fehlt –
angesichts von Schwarz-Gelb kein Wunder

Interessant ist vielleicht noch, was im diesjährigen Gutachten im
Vergleich zu den vorausgegangenen fehlt: Die obligatorische Ablehnung eines allgemeinen Mindestlohns konnten sich die Gutachter ersparen, da konnten sie davon ausgehen, dass dieser mit der
neuen Regierung ohnehin nicht kommt.

Auch der Appell für „moderate" Lohnabschlüsse fehlte diesmal. Die
Forschungsinstitute gingen einfach davon aus, dass *„der Lohnan-*

stieg deutlich geringer ausfallen" wird, ein Rückgang von 0,6% wird vorhergesagt.

Das ökonomische Dogma verdrängt die Erfahrung

Auch hier zeigt sich wieder der gedankliche Bruch, der sich durch das gesamte Gutachten zieht: Zwar wird rückblickend festgestellt, dass *„maßgebliche Impulse"* für die leichte Erholung *„von der privaten Konsumnachfrage, sinkenden Energiepreisen, den hohen Lohnabschlüssen des vergangenen Jahres, Steuersenkungen, erhöhten Transfers und wohl auch die Abwrackprämie … bewirkt"* hätten und zudem *„die im Rahmen der beiden Konjunkturpakete bereitgestellten Mittel für öffentliche Bauinvestitionen nun produktionswirksam geworden"* seien, aber für die Empfehlungen für die Zukunft gilt das alles nicht mehr. Da soll die Wirklichkeit wieder durch das ökonomische Dogma ersetzt werden und das lautet: Niedrige Staatsquote, niedrige Löhne, niedrige Transfers und bloß keine weiteren konjunkturstützenden Maßnahmen.

Artikel-Adresse: http://www.nachdenkseiten.de/?p=4265

8. Wie weiter? Das Land nach der Bundestagswahl

Es ist alles so gekommen, wie es zu erwarten war, nur noch schlimmer

28. September 2009 | Rubrik: Wahlen u. Koalitionen | Von Wolfgang Lieb

Schwarz-Gelb wird nach der Bundestagswahl sogar ohne Überhangmandate regieren können. Das einzig Überraschende sind die historisch höchsten Abweichungen von den bisherigen Ergebnissen.

Die SPD hat bei den unter 30-Jährigen mit minus 17 Prozentpunkten die dramatischsten Einbußen und kam nur noch auf 17%; sie lag damit auf einem Niveau mit der FDP. Bei den 30- bis 44-Jährigen hat die SPD 12% eingebüßt.

Trotz des Offenbarungseides der neoliberalen Ideologie in Form der Finanzkrise haben wir jetzt eine Regierung, die genau diese Ideologie weiter verfolgen wird. Sie zieht keine Lehren aus dem Desaster, sondern wird die soziale Spaltung unserer Gesellschaft noch vertiefen. Da hilft auch kein soziales Deckmäntelchen.

Die Grünen haben bei den unter 30-Jährigen mit 15% vier Prozent zugelegt.

Die Linke holt in den Altersgruppen bei den 45- bis 59-Jährigen mit 14% ihr bestes Ergebnis. Eindeutig stärkste Partei wird die Linke bei arbeitslosen Wählern mit 32% (plus sieben), die SPD kann den Status als stärkste Partei mit 35% (minus 13) nur noch bei Gewerkschaftsmitgliedern halten.

Die SPD hat seit 2002 fast sechs Millionen Stimmen verloren und absolut nur noch knapp zehn Millionen Wähler, seit 1998 hat sie somit die Zahl ihrer Wähler halbiert. Nach ARD-Rechnung sind allein bei dieser Wahl 1,8 Millionen SPD-Wähler zu Hause geblieben. 1,22 Millionen haben stattdessen die Linke gewählt und je-

237

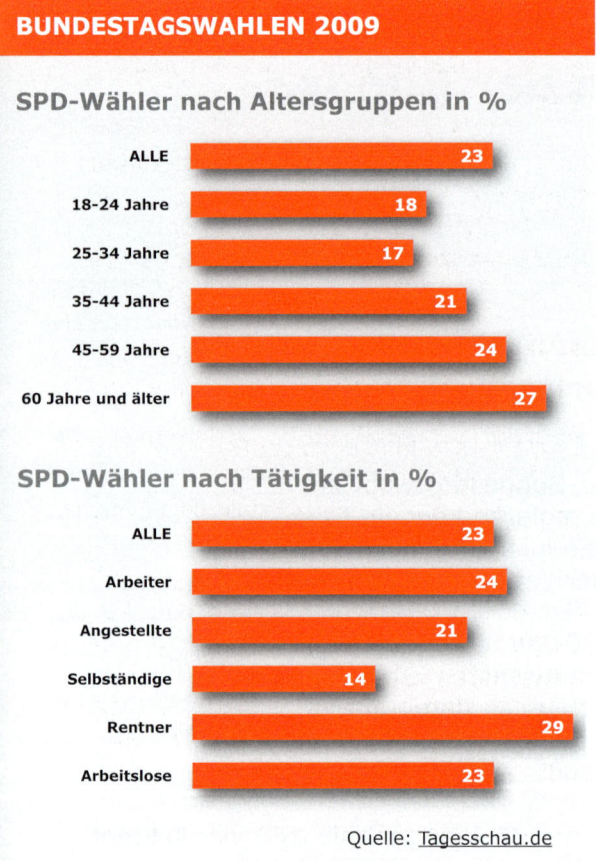

BUNDESTAGSWAHLEN 2009

SPD-Wähler nach Altersgruppen in %

ALLE	23
18-24 Jahre	18
25-34 Jahre	17
35-44 Jahre	21
45-59 Jahre	24
60 Jahre und älter	27

SPD-Wähler nach Tätigkeit in %

ALLE	23
Arbeiter	24
Angestellte	21
Selbständige	14
Rentner	29
Arbeitslose	23

Quelle: Tagesschau.de

weils knapp 890.000 die Union und die Grünen. Und sogar zur FDP sind 540.000 SPD-Wähler abgewandert.

Von den 26 Wahlen seit der Regierungsübernahme von Rot-Grün im Jahre 1998 hat die SPD bis zur letzten Bundestagswahl 2005 17 verloren.

Nach jeder verlorenen Wahl und schon gar bei leichten Gewinnen trat die Parteiführung im Willy-Brandt-Haus in Berlin auf und redete die Ergebnisse schön, etwa mit dem Hinweis, es sei eben nicht gelungen, das Wählerpotenzial auszuschöpfen und das werde sich alles bis zur Bundestagswahl zum Besseren wenden, zuletzt bei der Europawahl, wo die SPD bei noch mieseren 20,8% gelandet ist. Nun ist es noch schlimmer gekommen als selbst die schlechtesten Umfragewerte vorausgesagt haben.

Wer nun vermutet hätte, Müntefering und Steinmeier würden endlich nach den Ursachen fragen und Konsequenzen aus ihrem totalen Scheitern ziehen, der sah sich am Wahlabend gründlich getäuscht. Steinmeier ließ sich grinsend wie ein Honigkuchenpferd feiern und redete von einem *„bitteren Tag für die deutsche Sozialdemokratie"*, gerade so, als wäre auch diese Katastrophe für die SPD ein Betriebsunfall und das, obwohl er bei einem Ergebnis unter 25% angeblich die Konsequenzen ziehen wollte.

Sowohl Steinmeier als auch Müntefering brambarasierten schon wieder, dass es *„nicht gelungen ist, alle unsere Wähler an die Wahlurnen zu bekommen"* und, dass viele *„Nichtwähler"* eigentlich *„Sympathisanten"* der SPD seien.

Die durchgängige Sprachregelung der SPD-Spitze war: nicht Müntefering und Steinmeier haben die Wahl verloren, sondern *„alle in der SPD"* bzw. *„die gesamte Partei"* (Wowereit). Daran ließ sich schon das Abschieben der eigenen Verantwortung der Parteispitze erkennen.

Steinmeier redete davon, dass die SPD *„elf Jahre einen guten Beitrag für die Zukunft des Landes"* geleistet habe, man habe das Land *„modernisiert"*, es sei *„stärker"* und *„weltoffener"* geworden, man habe die Arbeitnehmerrechte verteidigt, die Mitbestimmung erhalten, Mindestlöhne angestrebt. Man sei stolz auf den Atomausstieg. Man müsse nun in der neuen Rolle darauf achten, dass die *„soziale Balance"* erhalten bliebe.

Steinmeier redete nicht darüber, dass ein Wahlkampf durch die Absage an die Linke ohne jede Regierungsoption aussichtslos war, er sprach nicht über die Absurdität, mit der FDP ein Bündnis schließen zu wollen, und er sagte auch nichts darüber, dass die Neuauflage der von der Bevölkerung ungeliebten „Großen" Koalition sein einziges Ziel war.

Vor allem über eines redete er überhaupt nicht, nämlich über die Agenda-Politik. Sie war jedoch entscheidender Ausgangspunkt und Ursache für das sich nun über Jahre hinziehende Desaster für die SPD. Hartz IV und die Rente mit 67 sind für fast zwei Drittel der angestammten SPD-Wählerklientel der Grund, warum sie zu der Linken abgewandert sind <u>oder gar nicht erst gewählt haben</u>.

In der so genannten Elefantenrunde darauf angesprochen, stellte sich Steinmeier in geradezu putziger Weise ignorant: *„Was meinen Sie mit Agenda 2010?"* Er habe *„keinen Grund von Dingen, die ich mit entschieden habe, Abstand zu nehmen"*. *„Ich stehe zu den Entscheidungen, die ich getroffen habe"*, die Wahl sei *„keine Abstimmung über die Agenda 2010"* gewesen. Er und die Männer an der Spitze hätten immer *„gestanden"* und deswegen werde er vor der „*Verantwortung nicht fliehen*" und schon am Dienstag als Fraktionsvorsitzender kandidieren und als „*Oppositionschef*" in den neuen Bundestag einziehen. Er sei zutiefst überzeugt, dass Demokratie nicht überleben könne ohne sozialen Ausgleich. Das sei die „*historische Mission*" der Sozialdemokratie. Endloser Jubel im Willy-Brandt-Haus!

Auch der Parteivorsitzende Müntefering – der immer mehr zu seiner eigenen Karikatur gerät – will sich seiner Verantwortung stellen. Das Programm und die Perspektive seien richtig und er stehe als Parteivorsitzender auf dem Parteitag Mitte November zur Verfügung. „*Was ich gesagt habe, gilt auch nach der Wahl*". (Am späteren Abend schwächte er seine Ankündigung einer erneuten Kandidatur etwas ab, aber wohl auch nur, um Steinmeier den Weg an die Parteispitze zu ermöglichen.) „*Alle miteinander*" müssten nun dafür sorgen „*dass wir beieinander bleiben*". Dafür stehe Steinmeier und so versuchte Müntefering ihm auch noch den Weg zum Parteivorsitz zu öffnen. Doch Steinmeier braucht Müntefering, jedenfalls bis sich die Wogen wieder geglättet haben.

Herausforderer sind nicht in Sicht. Niemand hat an diesem Wahlabend einen Gedanken daran verschwendet, warum Steinmeier selbst bei SPD-Wählern nicht gut ankam. Nur gut 20% der SPD-Wähler ließen sich durch Merkels Herausforderer motivieren. Steinmeier hat selbst in seinem Wahlkreis in Brandenburg nur 32,6% der Stimmen geholt und seine Gegenkandidatin von der Linken gerade um 3% hinter sich gelassen.

Müntefering als Spitzenkandidat im Stammland der SPD, in NRW, erzielte mit 28,5% das schlechteste Wahlergebnis in einer Bundestagswahl. Die CDU überholte die SPD mit 33,1%.

Der ach so hoch gelobte Finanzminister und stellvertretende Parteivorsitzende Peer Steinbrück ist mit 33,8% der Erststimmen bei seiner Bewerbung um ein Direktmandat in Mettmann gescheitert.

Die angeblich linke Andrea Nahles kam als Spitzenkandidatin der rheinland-pfälzischen SPD gerade auf 24,9% und hat ihr Direktmandat nicht gewonnen.

Nicht nur die SPD als Partei, sondern die gesamte Führungsriege der SPD wurde also vom Wähler abgestraft und dennoch soll es selbst in der Opposition offenbar weder eine inhaltliche noch eine personelle Erneuerung geben. Die Generation Schröder mit Eichel, Riester, Schily ist zwar abgetreten, aber die Exekutoren der Schröderschen Politik verteidigen zäh ihre Macht. Das Zerstörungswerk Schröders wird also fortgesetzt.

Auch für die CDU und schon gar nicht für die CSU war der Wahlabend mit dem zweitschlechtesten Ergebnis aller Zeiten kein Grund zum Jubel. Minus 1,3% und 33,9% insgesamt sind alles andere als ein Erfolg für Angela Merkel. Eine große Volkspartei stellt man sich anders vor.

Die ehemalige Große Koalition ist zwar insgesamt von fast 70% auf 57% geschrumpft, aber die Union hat eben deutlich weniger verloren als die SPD. Merkel hat den Regierungswechsel aus einer großen Koalition geschafft, weil die Verluste der SPD durch die Gewinne von Grünen und der Linken nicht ausgeglichen werden konnten. Die bisherige „linke" Mehrheit im Bundestag ist verloren. Ohne und mit Überhangmandaten hat Schwarz-Gelb eine Mehrheit im Bundestag und CDU/CSU und FDP werden die Regierung bilden.

Trotz der Verluste konnte sich die Union damit trösten, dass Angela Merkel im Amt bestätigt wurde und dass sie ihr Wahlziel, eine Koalition mit der FDP, erreicht hat. Das Potenzial von CDU und FDP müsse *„zusammengerechnet"* werden, meinte Merkel. Die Rolle als „Mutter der Nation" wird jedoch schwieriger werden. Nach 11 Jahren kommt die FDP wieder in Regierungsämter und sie wird stärker sein als die geschwächte CSU, die mit knapp unter sieben Prozent (am Gesamtergebnis der Union) unter der Hälfte der FDP liegt. Die „Tigerente" wird also ziemlich viel gelbe Farbe haben.

Der Union ist es bisher dank Merkel gelungen, die Menschen bis zur Wahl über die wirkliche Situation in der Krise hinweg zu täuschen und gerade angesichts der Krise mit dem Motiv von Stabilität und Sicherheit das konservative Syndrom vieler Deutschen anzusprechen. Und die FDP *„passt"* (Wahlforscher Korte) eben auf 15% der Klientel, die ihre Privilegien auch an der Wahlurne aggressiv verteidigten. Die Union wird es mit der FDP nicht leichter haben als mit der SPD. Sie ist jetzt Gefangene der Liberalen, denn Schwarz-Grün reichte nicht für eine Mehrheit. Für Merkel dürfte es auch in der Union nicht leichter werden, denn die Verluste der Union vor allem in Bayern und Baden-Württemberg dürften Seehofer und Oettinger nicht ruhiger stellen.

Es war schon auffällig, wie sowohl Merkel als auch Westerwelle schon am Wahlabend alles versucht haben, um vom Schreckbild Schwarz-Gelb abzulenken. Sie wolle das gesamte Volk vertreten, beschwor Merkel den Regierungswechsel über den gesamten Wahlabend: *„Ich bin keine Andere geworden."* Und Westerwelle wollte auch nur noch *„Schritt für Schritt"* seine Wahlversprechen umsetzen und zunächst einmal nur Steuererleichterungen für Familien mit zwei Kindern und einem Einkommen bis 40.000 Euro erreichen. *„Vielleicht sind wir gar nicht so schlimm, wie Sie mich machen"*. Das Schüren von Ängsten sei verantwortungslos, meinte Westerwelle. Schließlich hätten die Deutschen so entschieden: *„Die Wähler haben es gewollt"*.

Es war schon eine merkwürdige Wahl: 60% der Befragten sind der Meinung, man wisse nicht genau, was die CDU vorhabe. Und nicht viel weniger wissen das von der FDP. 60% glauben nicht, dass die Steuern gesenkt werden, sondern eher erhöht. 68% meinen, dass die CDU nicht ehrlich sei und gegenüber der FDP ist das Vertrauen nicht größer. Merkel wird weder zugetraut, dass sie die Wirtschaft in Schwung bringt (nur 34% meinen das) noch, dass sie für mehr soziale Gerechtigkeit sorgt (nur 20% glauben das). Und dennoch haben die Wählerinnen und Wähler für eine Mehrheit derjenigen Parteienkonstellation gesorgt, die diametral gegen die politischen Ziele steht, für die eine Mehrheit in der Sache eintritt, angefangen vom Atomausstieg, über die Erhaltung des Sozialstaats bis zum Abzug aus Afghanistan. Weil die Bürgerinnen und Bürger keine Alternative gesehen haben und deshalb zum Teil gar nicht mehr zur Wahl gingen und damit die politischen Kräfte nicht stark genug gemacht haben, die dem „bürgerlichen Lager" etwas entgegensetzen hätten können, ist es zu Schwarz-Gelb gekommen.

Bemerkenswert war, wie pfleglich am Wahlabend Gregor Gysi und Oskar Lafontaine mit der SPD umgingen. *„Wir wollten eine linke Mehrheit und keine Schwächung der SPD"* (Lafontaine).

Das Hauptanliegen der Kommentatoren am Wahlabend war, ob sich nun die SPD nach links wenden würde und gar irgendwann mit der Linken paktieren würde. Die Medienkampagne gegen eine Alternative zu Schwarz-Gelb geht also auch nach der Wahl weiter.

Artikel-Adresse: http://www.nachdenkseiten.de/?p=4225

Von Pflöcken, die schon kurz nach der Wahl eingeschlagen werden.

29. September 2009 | Rubrik: Wahlen und Koalitionen | Von Albrecht Müller

Das große Medienecho eines Wahlabends wird gern genutzt, um die Weichen für die Zukunft zu stellen. Fünf Beispiele von vielen seien kurz skizziert: 1. Das Steuersenkungsversprechen verflüchtigt sich. 2. Die Verantwortlichen für die historische Niederlage der SPD wollen so weitermachen. 3. Die Linkspartei muss sich anpassen. 4. Die bisherige Politik war rundum richtig. 5. Sozialdemokratisierte Union.

Meinungsmache hat den Wahlkampf und auch das Ergebnis wesentlich bestimmt. Schwarz-Gelb war das Ziel der Wirtschaft und auch das Wunschkind der Mehrheit der veröffentlichten Meinung. Wie die Meinung gemacht worden ist, konnten Sie bis zur letzten Stunde vor der Öffnung der Wahllokale beobachten. In vielen Analysen der Wahl wird die Bedeutung der Propaganda vergessen. Da sucht man nach objektiven Gründen und übersieht die Rolle der gezielten Kampagnen für politische Entscheidungen einschließlich von Wahlentscheidungen. Ich weise nicht nur daraufhin, weil dies ein wichtiges Suchraster für Analysen und die Kernbotschaft meines Buches „Meinungsmache" ist. Dies zu beachten, ist auch wichtig, um zu verstehen, wie und warum jetzt neue Pflöcke eingeschlagen werden:

1. Das Steuersenkungsversprechen verflüchtigt sich.

Die FDP hat vermutlich eine große Zahl von Aufsteigern und Mittelschichtwählern mit dem Steuersenkungsversprechen gewonnen. Wolfgang Lieb wies in seiner gestrigen Wahlanalyse schon darauf

243

hin, dass Westerwelle jetzt davon spricht, sein Wahlversprechen „Steuersenkungen" werde nur Schritt für Schritt umgesetzt. In der Sendung von Anne Will waren die Absetzbewegungen plastisch zu greifen: Tissy Bruns vom Tagesspiegel sprach von Steuersenkungsflausen. Der FDP-Politiker Gerhart Baum ebnete den Weg zur Ausflucht: der Spielraum sei eng; es werde sehr schwierig werden. Frau Süssmuth ergänzte helfend: es werde bei Programmen – wie immer – nicht alles umgesetzt, was drin steht. Immerhin: Anne Will nannte das einen unehrlichen Wahlkampf. Recht hat sie. Aber diese Etikettierung wird sich unter dem Eindruck der begonnenen und vermutlich totalen Meinungsmache verflüchtigen.

2. Die Verantwortlichen für die historische Niederlage der SPD wollen weitermachen. Ihre Gründe versteht man nur, wenn man begriffen hat, dass diesen Personen das Schicksal der SPD ziemlich gleichgültig ist.

Die SPD hat gerade mal die Hälfte ihres bisher besten Ergebnisses von 45,8% (1972) erreicht, sie hat über 11% zur letzten Wahl verloren, usw. Eigentlich eine Katastrophe, die bei jedem Unternehmen und bei jedem Verein den sofortigen Rücktritt des Vorstands auslösen würde. In der Politik eigentlich normalerweise auch. Die gesamte SPD-Spitze mit Steinmeier, Müntefering, Steinbrück, Nahles, Heil und Wasserhövel hätte unter normalen Umständen am Sonntag ihren Hut nehmen müssen. Aber es kam anders. Steinmeier will Fraktionsvorsitzender werden. Er hat diesen Anspruch am Wahlabend vor einem gemischten Publikum von ein paar Betreten-drein-Schauenden und vielen Claqueuren angemeldet und damit über die Herstellung von Öffentlichkeit auch die Meinung anderer Führungspersonen der SPD bestimmt. Selbst Wowereit, Nahles und Böhning haben sich gestern für ihn ausgesprochen und die SPD-Fraktion wird ihn vermutlich wählen.

Zeichnung: Erik Liebermann

Das ist der helle Wahnsinn und nur zu begreifen, wenn man versteht, dass die SPD-Führung in Teilen im Dienste fremder Interessen ist.

Die Entscheidung für Steinmeier wird aus vielerlei Gründen den weiteren Niedergang der SPD beschleunigen:

- Steinmeier ist alles andere als ein auch nur einigermaßen visionärer Führer einer politischen Partei. Seine Oppositionsführung wird spröde ausfallen. Er ist kein guter Redner. Er wird so etwas wie der Erich Ollenhauer des nächsten Jahrzehnts werden.

- Mit Steinmeier wird die notwendige Kurskorrektur der SPD nicht möglich sein. Er ist als wichtiger Mitarbeiter von Schröder der Mit-Erfinder der Agenda 2010. Es sei an das Kanzleramtspapier vom Dezember 2002 erinnert und auch daran, welchen Einfluss Bertelsmann über Steinmeier auf die Programmatik der SPD hatte.

- Wer so einvernehmlich wie Steinmeier mit Angela Merkel sich zu der Agenda 2010 und zu den Hartz-Reformen bekennt, der wird auch offen sein für Variationen einer Agenda 2020, also für weitere „Reformen" auf der gleichen Linie. Für Merkel und Westerwelle wäre Steinmeier als Fraktionsvorsitzender ein Geschenk des Himmels.

- Steinmeier ist voll gepumpt mit den gängigen antisozialdemokratischen Vorstellungen: er ist für die Senkung der Lohnnebenkosten und betrachtet das als einen Schlüssel zum Erfolg, er glaubt an das demographische Problem und so weiter.

- Ich halte ihn für fremdbestimmt, übrigens auch beim Thema Kriegseinsätze und dem, was wir den USA hierzulande gestatten. Er hat die inoffizielle Beteiligung unseres Landes am Irak Krieg als Chef des Bundeskanzleramts und als Koordinator der Geheimdienste getragen.

3.   Das Verlangen, die Linkspartei müsse sich anpassen.

Gleich in mehreren Fernsehsendungen wurde am Wahlabend und am Montag die gleiche Melodie gespielt: die Linkspartei müsse vernünftig werden und sie müsse ihren fundamentalistischen Flügel loswerden, dann könne man ja mit ihr reden und politisch rechnen.

Es wurde bei dieser Ratschlagerei dann auf die angeblich bewährte Entwicklung der Grünen von den Fundis zur Macht der Realos verwiesen. Man hätte auch noch hinzufügen können, dass die Entwicklung der SPD ähnlich verlaufen ist.

Interessant ist auch hier der Versuch der Einwirkung auf die innere Willensbildung und Entscheidungsfindung bei der Linken. Dieser Versuch wurde ganz schön dreist betrieben. Die eigentlichen Zugpferde der Linken im Wahlkampf, Gysi und Lafontaine, wurden wie vor der Wahl zur Disposition gestellt. Das typische Spiel: wenn die Linken diese beiden Führungspersonen loswerden, jedenfalls einen davon, Lafontaine, dann würde sich alles zum Besseren wenden. Das ist ein tolles Stück des Meinungsmache-Versuchs zur Beeinflussung der inneren Entwicklung und Entscheidungsfindung einer Partei. Ohne Widerstand wird die Linke am Ende dann da landen, wo die SPD heute ist.

4. Unterschwellige Botschaft: Die bisherige Politik war rundum richtig.

Es ist klar, dass ein Wahlergebnis auch die bisherige Politik der Wahlsieger als richtig erscheinen lässt. Es fiel aber auf, wie allumfassend die bisherige Politik von Angela Merkel gefeiert wurde und wird. Peer Steinbrück – und selbstverständlich auch Guttenberg – wird in diese Feier einbezogen. Das ist eine durchaus wichtige Bilanzierung. Sie enthält die Feststellung, Merkel und Steinbrück hätten bei der Bewältigung der Finanzkrise und der Wirtschaftskrise alles richtig gemacht. Diese Botschaft wirkt weit hinein ins linksliberale und sogar ins linke Lager. Ich habe das am Wahltag selbst noch einmal bei Freunden erfahren, die ich eigentlich für kritisch gehalten habe.

Nahezu nichts stimmt an diesen Behauptungen. Die Wirtschaftskrise ist nicht überwunden. Und: Die fast schon betrügerische Rolle von Steinbrück und Merkel bei der Rettung der HRE, die Hypothek von Milliarden Schulden, die sie uns mit der Bankenrettung und der undifferenzierten Behauptung, jede Bank sei systemrelevant, aufgebürdet haben, ist vollständig verdrängt.

Die schöngefärbte Darstellung der vergangenen Leistung bedeutet für die Zukunft, dass jede Schwierigkeit, die aus diesen gravierenden Fehlern folgt, als eine nicht von diesen Politikern zu verantwortende Schwierigkeit, sondern als etwas Neues dargestellt werden kann.

5. „Sozialdemokratisierte Union"

In vielen Medienbeträgen taucht immer wieder auf, dass die Union eine Partei der Mitte, fast schon sozialdemokratisch und weit weg von den neoliberalen Glaubenssätzen sei. Rüttgers bezog in diese Garantie der sozialen Orientierung sogar seine NRW-FDP ein. Wie die Realität aussieht, berichtet z.B. das Handelsblatt über die vorgesehene Privatisierung der Bahn. Es geht weiter damit. So wie bei uns schon lange vermutet: Nach dem schwarz-gelben Regierungswechsel wollen die künftigen Koalitionsparteien CDU/CSU und FDP einen neuen Anlauf zur Teilprivatisierung der Deutschen Bahn unternehmen. Auch bei dem neuen Anlauf sollen aber Teile der Bahn in Staatshand bleiben.

Artikel-Adresse: http://www.nachdenkseiten.de/?p=4228

Von wegen: Sozialdemokratisierung der Union

23. Oktober 2009 | Rubrik: Strategien der Meinungsmache | Von Albrecht Müller

Je mehr ruchbar wird, was Schwarz-Gelb in den Koalitionsverhandlungen verabredet haben, umso mehr erscheinen auch kritische Kommentare in Medien, von denen man das nicht immer erwarten konnte. Auch harte Kommentare. Von Betrug ist im Blick auf die Finanzierungsumwege der versprochenem Steuersenkungen die Rede, z.B. der Betrug mit den geplanten Schattenhaushalten. Der langfristig angelegte Betrug mittels des sozialen Anstrichs der Union und insbesondere Angela Merkels wird leider weniger ins Blickfeld geholt. Deshalb beginnen wir mit einer Serie zur angeblichen „Sozialdemokratisierung" der Union. Heute konkret zum Kindergeld/Kindersteuerfreibetrag, zur Pflegeversicherung und zur Interessenverflechtung mit der Finanzwirtschaft.

Zunächst noch eine Bemerkung zur Unruhe über die sich abzeichnenden Ergebnisse der Koalitionsverhandlungen, insbesondere zu Haushalt und versprochener Steuersenkung.

Auch bei Medien, die wie SPIEGEL, ZEIT und WELT erkennbar Schwarz-Gelb herbeigesehnt haben, gibt es inzwischen irritierte und kritische Kommentare. Obwohl schon lange vor der Bundestagswahl die Finanzierungsschwierigkeiten des Bundes offen erkennbar waren, haben FDP und auch Teile der Union Einkommenssteuersenkungen versprochen. Die Schwierigkeiten bei den Koalitionsverhandlungen waren also für jedermann absehbar. Warum manche Medien erst jetzt unruhig und kritisch werden, ist nur damit zu erklären, dass sie der Union und der FDP zur Regierungsmehrheit verhelfen wollten. Es ist vorhersehbar, dass sie diese kritische Haltung bis zur nächsten entscheidenden Wahl, das ist die Wahl in Nordrhein-Westfalen im Mai 2010, wieder abbauen.

Der Betrugsvorwurf wird auch nicht annähernd so massiv erhoben und verbreitet werden wie bei Andrea Ypsilantis Versuch, eine Koalition links von Koch zu schmieden. Wortbruch links und Wortbruch rechts sind eben nach mehrheitlicher Auffassung unserer Medien, Wissenschaft und Politik zwei verschiedene Vorgänge.

Die strategische Bedeutung der Legende von der Sozialdemokratisierung Angela Merkels und der Union.

Die zuvor skizzierte Asymmetrie bei der Behandlung der politischen Rechten zum einen und der politischen Linken zum andern ist verlässlich existent. Diese Beobachtung gilt auch für die Unterstützung einer strategischen Imagebildung der Union: für die Behauptung, die Union und speziell Angela Merkel hätten sich sozialdemokratisiert, Rüttgers sei der Arbeiterführer, von sozialer Kälte keine Spur, usw. Das war die vorherrschende Imageprägung vor der Wahl. Sie ist von entscheidender Bedeutung für die Wahlstrategie und die Koalitionsstrategie der Union. Die Union erweitert damit ihr Spektrum nach links und grast im Bereich von SPD und Linkspartei. Darüber hinaus ist die Image-Prägung der Union als verlässliche soziale Partei das entscheidende Mittel zum Abbau der Barriere zwischen Grünen und Union und damit der Türöffner für schwarz-grüne oder schwarz-grün-gelbe Koalitionen. Ohne die weit verbreitete Behauptung, die Union sei keine Partei des Neoliberalismus, sondern eine eher sozialdemokratische Partei, wäre es den Grünen an der Saar und in Hamburg nicht möglich gewesen, mit der Union zusammen zu gehen.

Der Ausbau des sozialen Images geht nach der Wahl weiter

Wir haben schon auf drei markante Einlassungen dieser Art hingewiesen, zum Beispiel hier: *„Die CDU hat seit 2005 ihre Wirtschafts- und Sozialpolitik erfolgreich sozialdemokratisiert."* So der Kommentator und wichtige Meinungsführer Heribert Prantl in der Süddeutschen Zeitung vom 7.10.2009.

Cora Stephan fragt im Deutschlandfunk im Blick auf die Koalitionsverhandlungen und die Union: *„Rechtsruck?"* und antwortet sich selbst: *„Ach was."* Und weiter: *„Angela Merkel hat die Wahl gewonnen, jene Frau, die es geschafft hat, die Christdemokratische Partei Deutschlands in eine aus tiefstem Herzen sozialdemokratische Kraft umzuformen."*

Vom Geschäftsführer des Paritätischen Wohlfahrtsverbands, von Ulrich Schneider, kommen ähnliche Töne: *„Kein Kahlschlag. Armenlobby zählt auf Schwarz-Gelb",* titelte die taz am 16. Oktober. Und weiter: *„Der Chef des Paritätischen Wohlfahrtsverbandes erwartet nicht nur Schlimmes von der künftigen Koalition aus FDP und Union."*

Auch ich erwarte nicht nur Schlimmes. Die entscheidende Frage ist jedoch, ob die kommende Koalition soziale Akzente setzt, die die zitierten Beschreibungen der Union als einer sozialen Partei rechtfertigen können. So gerne ich dies erkennen würde, weil ich den Schwächeren in unserer Gesellschaft endlich Hilfe und Unterstützung und eine solidarische gesellschaftspolitische Orientierung wünsche, kann ich an den bisherigen Koalitionsverhandlungen soziale Akzente von Gewicht nicht erkennen; ich kann hingegen deutliche Akzentverschiebungen hin zu einer noch unsolidarischeren und weiter neoliberal geprägten Gesellschaft erkennen.

1. Kindergeld und Kindersteuerfreibeträge

Es zeichnet sich ab: der Kindersteuerfreibetrag wird vermutlich von 6024 auf 8004 Euro angehoben. Dies kostet schätzungsweise rund drei Milliarden Euro und betrifft ungefähr ein Fünftel der Familien in Deutschland. Wenn das Kindergeld, die Entlastung für die restlichen vier Fünftel, um den von der FDP gewünschten Schritt auf 200 Euro erhöht würde, was eher unwahrscheinlich ist, dann führt dies zu einer fiskalischen Belastung von sieben Milliarden. Sieben Milliarden für vier Fünftel, drei Milliarden für ein Fünftel. Hier sehen Sie schon, wie „sozial" eine solche Entscheidung wäre.

Wer gut verdient, bekommt über den erhöhten Kindersteuerfreibetrag mehr für sein Kind: Das werden – variierend mit dem tatsächlichen Beschluss der Koalition und nach dem Einkommen der Eltern – über 200 Euro pro Kind sein, in der Spitze möglicherweise bis 280 Euro.

Demgegenüber steht heute ein Kindergeld von 164 Euro. Eine Erhöhung auf 200 Euro läge damit immer noch niedriger als die Vergünstigung aufgrund des Steuerfreibetrags für gut Verdienende.

Um diese Absichten für Sie einzuordnen und ihren so genannten sozialdemokratisierten Charakter bewerten zu können, möchte ich auf Vorgänge in der jüngeren Geschichte verweisen und damit auch auf einschlägige eigene Erfahrungen: Als vor nunmehr 40 Jahren im Jahr 1969 die Kanzlerschaft der Union durch den neuen Bundeskanzler Willy Brandt abgelöst wurde, gab es nur Kindersteuerfreibeträge. Das hieß, wer mehr verdiente, der bekam auch vom Staat eine höhere Entlastung für sein Kind als jener und jene Familie, die wenig verdienten. Das war in den Augen der 1969 regierenden Sozialdemokraten nicht hinzunehmen. 1971 beschloss eine vom Parteivorstand der SPD eingesetzte Steuerreformkommission unter Leitung von Erhard Eppler, dass jedes Kind dem Staat gleich viel wert sein solle – unabhängig vom Einkommen der Eltern. Im November 1971 wurde das Kommissionsergebnis vom Parteitag der SPD verabschiedet. Es dauerte dann gut drei Jahre, bis dann im Jahr 1975 die Regierung Schmidt und der Gesetzgeber beschlossen, das gleiche Kindergeld für alle einzuführen – sozialdemokratisierte Politik sozusagen, damals noch möglich.

Dann kam 1982 die Wende von Helmut Schmidt zu Helmut Kohl und ein neuer Familienminister namens Dr. Heiner Geißler. Danach wurde die Leistung des Staates für die Kinder aufgesplittet, die Kindersteuerfreibeträge wurden wieder eingeführt. Wer mehr verdiente, bekam fürs Kind mehr vom Staat. Auf dieser Linie wird mit der neuen Koalition weiter fortgefahren. Eine klare Benachteiligung der weniger Verdienenden. Ihre Kinder sind dem Staat weniger wert als die Kinder der Besserverdienenden. Ein klassischer Fall von „Sozialdemokratisierung" à la Angela Merkel!

2. Teilprivatisierung der Pflegeversicherung

Ich verweise zu Ihrer Information auf einen Beitrag der Financial Times Deutschland vom 22. Oktober. Unter der Überschrift *„Schwarz-gelbe Pflegepläne bringen Versicherern Riesenmarkt"* wird dort berichtet: *„Die schwarz-gelbe Koalition denkt über eine verpflichtende private Zusatzdeckung zur Pflegeversicherung nach. Die Assekuranz freut sich ganz verhalten – noch wurde das mögliche Milliardengeschenk nicht geliefert."*

Das ist wegen mehrerer Aspekte ein unglaublicher Vorgang:

• Der Gesetzgeber verpflichtet hiermit die Bürgerinnen und Bürger zu einer Zahlung an private Versicherer.

• Wir wissen schon von der Riester-Rente, dass die Privatvorsorge um vieles teurer arbeitet als die gesetzliche Vorsorge. Das heißt im konkreten Fall, dass die bei der Privatvorsorge der Pflegeversicherung eingezahlten Prämien um die Kosten der privaten Versicherungsunternehmen vermindert werden, also am Ende weniger Geld und Kapital zur Verfügung stehen.

• Alle und auch jene vielen Menschen, die schon heute mit jedem Cent rechnen müssen, werden gezwungen, Privatvorsorge zu betreiben, ohne dass der Arbeitgeber sich daran beteiligt.

Es ist insgesamt ein Angriff auf die solidarische Regelung der sozialen Sicherung und damit alles andere als eine soziale Politik. Es ist das Gegenteil dessen, was eigentlich auch bei der Rentenversicherung nötig wäre: die Besinnung auf die Effizienz und die Sicherheit der solidarischen gesetzlichen Rente und des Umlageverfahrens. Es ist interessant, dass sich die neue Koalition nicht auf die guten Erfahrungen der solidarischen Sicherungssysteme besinnt und stattdessen den Weg der Zerstörung des Vertrauens in die gesetzlichen Sicherungssysteme weitergeht.

Wer eine solche Entscheidung für die Entsolidarisierung und für die massive öffentliche Subventionierung privater Gewerbe der Versicherungswirtschaft als Ausdruck einer „sozialdemokratisierten" Politik der Union betrachtet, der hat, um mit dem früheren Bundeswirtschaftsminister Karl Schiller zu sprechen, nicht mehr alle Tassen im Schrank.

3. Weitere Förderung des Casinobetriebs

Bisher ist noch wenig darüber durchgesickert, was die neue Regierung mit dem Finanzmarkt vorhat, ob die Spekulation auf den Finanzmärkten weiter gepflegt und gefördert wird, ob der Ausverkauf deutscher Unternehmen und öffentlicher Unternehmen weiter geht. Aber es gibt Anhaltspunkte:

Am 13.10.2009 meldete das Handelsblatt *„Private Equity: Neue Koalition will Beteiligungskapital stärken"*. Dort heißt es, die Branche für privates Beteiligungskapital in Deutschland könne sich Hoffnungen auf bessere Rahmenbedingungen machen. *„Union und FDP wollen Private Equity offenbar stärken – strukturell. Der Branche kommt das entgegen, sie plädiert für ein eigenständiges Kapitalmarktgesetz, in dem die Steuerpraxis festgeschrieben wird."*

Rot-Grün und Schwarz-Rot haben die so genannten Heuschrecken in unser Land geholt und gefördert. Ihnen wurden Steuern erlassen, sie wurden mit Milliarden-Rettungsschirmen der Steuerzahler vor dem Untergang bewahrt, sie wurden mit den Privatisierungen öffentlicher Unternehmen und damit mit neuem realem betrieblichem Vermögen gefüttert. Weit über 6000 Unternehmen des privaten Bereichs wurden an so genannte Investoren, die meist nur 20 Prozent des Kapitals mitbrachten und die Unternehmen hoch verschuldeten, verkauft. Seit dem 1.1.2002 sind diese Verkäufe von der Steuer auf die dabei anfallenden Gewinne befreit. Reihenweise wurden öffentliche Unternehmen und private Unternehmen verkauft und teilweise an die Börse gebracht. Im Dezember 2007 waren erstmals die 30 größten deutschen börsennotierten Konzerne mehrheitlich im Besitz ausländischer Investoren. Ihr Anteil ist seit Beginn der Regierung Merkel im Jahr 2005 um 20 auf nunmehr 53 Prozent gestiegen, berichtet das Handelsblatt am 16. Dezember 2007.

Die Finanzindustrie braucht, um ihre exorbitanten Gewinne und Boni zu erzielen, immer neues „Futter". Die Unionsparteien, also CDU und CSU, sind – wie zumindest auch die sozialdemokratischen Finanzminister Eichel und Steinbrück und eine Reihe von FDP-Politikern – mit der Zulieferung des „Materials" eng verbunden. An ein paar markante Beispiele sei erinnert:

- Helmut Kohls Regierung hat die Eisenbahnerwohnungen an Parteifreunde verkauft.

- Die Deutsche Börse in Frankfurt wurde mit Unterstützung des CDU-Politikers Merz an ausländische Investoren verkauft.

- Für die Absicht, die Deutsche Bahn an die Börse zu bringen, gab es keine sachlichen Gründe. Dennoch drängte die Regierung Merkel bis zum Offenwerden der Finanzkrise auf eine Teilprivatisierung – für Kenner deutlich erkennbar auch zu Gunsten von Parteifreunden, im konkreten Fall zu Gunsten des bei Morgan Stanley für Privatisierungen Verantwortlichen Dr. Dirk Notheis. Der Börsengang wird mit Schwarz-Gelb wieder aufgenommen.

- Die Union ist eng verbunden mit der Privatisierung öffentlicher Dienstleistungen von Kommunen. In der damals von der CSU regierten Stadt Würzburg konnte die Bertelsmann-Tochter Arvato mit dem deutschen Test zur Privatisierung kommunaler Verwaltung beginnen. Arvato will das Geschäft kräftig ausbauen. Mithilfe der Union wird dies auch gelingen, wenn die Gegenbewegung nicht mobilisiert wird. Voraussetzung dafür wäre die Erkenntnis, dass es sich bei der Union nicht um eine soziale Partei handelt, sondern um eine Vertreterin großer finanzieller Interessen.

Artikel-Adresse: http://www.nachdenkseiten.de/?p=4283

Einige wenige Anmerkungen zum Koalitionsvertrag und zum Personal

26. Oktober 2009 | Rubrik: Wahlen und Koalitionen | Von Albrecht Müller

Der Koalitionsvertrag zwischen CDU, CSU und FDP hat 124 eng beschriebene Seiten. Der wichtigste Rat im Umgang mit dieser Koalition scheint mir zu sein: Vorsicht. Das ist eine Koalition von perfekten Darstellern und Verkäufern. Sie sagen oft das Gegenteil dessen, was ist. So war es schon im Wahlkampf. Zu manchem schweigen sie perfekt.

Einige Gedanken und Beobachtungen:

1. Die Unwahrheiten ziehen sich wie ein roter Faden sogar von Überschrift zu Überschrift

- *„Wohlstand für alle"* heißt der Titel von Kapitel I. Im Text wird dann an vielen Stellen deutlich, dass den besser Verdienenden mehr gegeben wird als den Schwächeren. Mit der Veränderung der Erbschaftssteuer, mit der Erhöhung der Kindersteuerfreibeträge und des Kindergeldes, sogar bei der Erhöhung des Schonvermögens, etc. Von der ohnehin geringen Erhöhung des Kindergeldes haben die Kinder von Hartz IV-Empfängern nichts, weil dieses angerechnet wird.

- Westerwelle zum Beispiel spricht trotz dieser genannten Fakten auf dem Parteitag der FDP vom 25. Oktober von einem Signal an die Familien. Die Fakten spielen keine Rolle. Es kommt auf die penetrante Wiederholung auch unwahrer Behauptungen an.

- *„Bildungsrepublik Deutschland"* lautet die Überschrift von Kapitel II. Den Schwerpunkt Bildung tragen die Verantwortlichen schon seit einigen Jahren wie eine Monstranz vor sich her. Aber positive Folgen hatte dies bei den Finanzen für Bildung nicht. Bei einer Koalition, deren geistlose Hauptformel *„Mehr Netto vom Brutto"* ist, wird die *„Bildungsrepublik Deutschland"* eine Propagandaformel bleiben.

- *„Sozialer Fortschritt. Durch Zusammenhalt und Solidarität"* heißt es in der Überschrift des Kapitels III. Eine Koalition, die die sozialen Sicherungssysteme weiter beschädigt, indem sie die sogenannte paritätische Finanzierung der Beiträge jetzt auch bei den Krankenkassenbeiträgen und bei der Pflegeversicherung auflöst und damit die Arbeitgeber aus der weiteren Beitragskostenbelastung entlässt, schwächt den Zusammenhalt.

2. Das soziale Image wird bewusst und penetrant gepflegt. Westerwelle baut vor.

Das besonders gute Abschneiden der FDP bei der Wahl ist auch damit zu erklären, dass Westerwelle im Wahlkampf nahezu penetrant versucht hat, der FDP auch ein soziales Image zu verpassen. Er hat damit die Barriere abgebaut, die ehemalige Wähler der Grünen und der SPD bisher daran gehindert hatten, zur FDP zu wechseln. Ähnlich ist es bei CDU und CSU. Sie hätten noch mehr verloren, wenn sie sich nicht das Image von Auch-Arbeitnehmerparteien gegeben hätten. Westerwelle nimmt den im Wahlkampf gesponnenen Faden bei der Präsentation des Koalitionsvertrages auf, wenn er meint, er setze *„auf wirtschaftliche Vernunft und soziale Gerechtigkeit".*

3. Die Wohltaten werden beschrieben, die Belastungen werden eher versteckt

Die Steuersenkungspläne, um die sich die Koalitionsverhandlungen offenbar über lange Zeit drehten, sind formuliert. Welche Belastungen auf die Arbeitnehmer durch Erhöhung der Beiträge und auf Arbeitnehmer und Rentner durch die Beschlüsse zur Gesundheitspolitik zukommen und welche aus den Beschlüssen der Koalition folgenden Gebührenerhöhungen alle Menschen belasten werden, wird nicht vorgerechnet. Hier gilt, was schon oft geschrieben und vorhergesagt wurde: nach der nordrhein-westfälischen Landtagswahl im Mai nächsten Jahres werden wir uns noch wundern.

4. Um die Wirtschaftskompetenz steht es personell und in der Sache schlecht

Eigentlich müssten im Amt des Bundeswirtschaftsministers und/ oder jenem des Bundesfinanzministers Persönlichkeiten sitzen, die gesamtwirtschaftliche und weltwirtschaftliche Zusammenhänge durchschauen und auch fachlich auf dieses Amt vorbereitet sind. Das ist wichtig, damit die verantwortlichen Personen in diesem schwierigen Feld die richtigen Entscheidungen vorbereiten können und damit dies rechtzeitig geschieht. Deutschland hat seit Jahren ein Defizit an wirtschaftspolitisch und vor allem makroökonomisch gebildeten Personen. Entsprechend schlecht war und ist diese Politik, wie sich an den schlechten Beschäftigungs- und Wachstumsziffern und an der Entwicklung der realen Löhne ablesen lässt.

Die Kombination aus Glos beziehungsweise Guttenberg als Bundeswirtschaftsminister und Steinbrück als Bundesfinanzminister war aus makroökonomischer Sicht schon eine Zumutung. Es ist nicht zu erkennen, dass es mit Brüderle und Schäuble besser werden könnte. Unabhängig von der parteipolitischen Orientierung würde ich mir das wünschen, weil es für die Menschen und Familien so zentral wichtig ist, dass sie Arbeit und einen ausreichenden Lohn finden. Deshalb habe ich in den Texten des Koalitionsvertrags nach Anhaltspunkten gesucht, die die Hoffnung vermitteln könnten, es habe sich die Einsicht verstärkt, dass die Bundesregierung eine makroökonomische Verantwortung hat:

- Einen kleinen Hoffnungsschimmer gibt es im zweiten Absatz der Seite 1. Da wird immerhin vor Kürzungen bei öffentlichen Investitionen gewarnt und einer prozyklischen Politik nicht gerade das Wort geredet.

- Aber dann werden wir mit den üblichen Mythen und Legenden konfrontiert, die die deutsche Wirtschaftspolitik schon seit dem Lambsdorff-Papier begleiten und prägen: Wenn man die Steuern senkt (*„mehr Netto vom Brutto"*), dann gibt es mehr Investitionen; eine Legende, die schon zu Kohls Zeiten widerlegt wurde, spätestens aber nach Gerhard Schröders großer Unternehmenssteuersenkungs-Reform hätte begraben werden müssen. Die Senkung beziehungsweise Stabilisierung der Lohnzusatzkosten wird als Hebel für Wachstum betrachtet; deshalb wird von Schwarz-Gelb angestrebt, sie unter 40% vom Lohn zu halten. Auch dies auf der Basis eines Ammenmärchens.

- Im Koalitionspapier wird auch nicht andeutungsweise sichtbar, dass sich die Bundesregierung auf eine möglicherweise sehr viel kritischere Beschäftigungssituation einstellen muss. Immerhin läuft die Welle der Entlassungen, Unternehmen brechen zusammen, die Kurzarbeit läuft aus. Der Text der Koalitionsvereinbarung und die Auswahl der beiden Personen Brüderle und Schäuble lässt nicht erkennen, dass die Regierung ihre Verantwortung für die konjunkturelle Steuerung erkannt hätte. Hätte sie dies, würde sie ein drittes echtes und großes Investitionsprogramm vorbereiten.

5. Eine der schlimmsten Weichenstellungen: Die weitere Verarmung des Staates

Dass die FDP mit der penetranten Forderung nach niedrigeren und einfacheren Steuern im Jahr 2009 Wahlen gewinnen und die weitere Regierungsarbeit in Deutschland wesentlich bestimmen kann, ist schon erstaunlich. Die Folge wird sein, dass es die Renaissance öffentlicher Verantwortung in Deutschland nicht geben wird. Es wird weitergehen mit der Verarmung des Staates, mit Entstaatlichung, mit Privatisierung und dem Angriff auf die sozialen, solidarischen Sicherungssysteme.

6. Das Finanzcasino kann weiterlaufen

Die einschlägigen Texte zeigen, dass die neue Koalition keine Korrektur vornimmt. In Ziffer 1 des gesamten Textes wird zwar festgestellt, dass der Staat in der Weltwirtschaftskrise eine stärkere Rolle gespielt hat und sich an Wirtschaftsunternehmen und Finanzinstituten beteiligen musste. Aber dann wird schon in diesem einleitenden Text, der den Charakter einer Präambel hat, von einer *„Ausstiegs-Strategie"* gesprochen, mit der *„wir jetzt beginnen werden"*. Hier soll offensichtlich die eigene Klientel mit dem Versprechen, dass der Staat sich schnell wieder zurückzieht, ideologisch beruhigt werden. Eine wirkliche Groteske. Der Staat, das sind wir Steuerzahler, wird also nicht nur zur Rettung der Spekulierenden in Anspruch genommen, den Spekulanten wird nach der Rettung auch noch die ideologische Genugtuung zuteil, dass die staatliche Rettungsaktion eigentlich etwas war, was man möglichst schnell wieder vergessen können soll.

In den dann ab Seite 44 folgenden Texten zu den Finanzmärkten ist nicht zu erkennen, dass die neue Bundesregierung die Probleme der Finanzkrise und ihre Ursachen erkannt hat; es ist hingegen deutlich zu erkennen, dass die führenden Personen bei uns mit der Finanzwirtschaft verbunden sind. Im einzelnen:

- Es wird nicht erkannt, dass wir einen weit überdehnten Finanzsektor haben und es eine vordringliche politische Aufgabe wäre, über die Konversion dieses Wirtschaftszweigs nachzudenken.

- Es wird nicht erkannt, wie sehr unser Land unter der Plünderung vieler Unternehmen durch Hedgefonds und Private-Equity-Gruppen leidet. Zwar wird nicht so offen formuliert wie im Koalitionsvertrag von 2005, dass man den „Finanzplatz Deutschland" weiter für spekulative Tätigkeiten öffnen will; aber es wird sichtbar, dass die neue Koalition die Geschäfte dieser Gruppen nicht erschweren will. Wörtlich: *„Unser Ziel ist die Stärkung des Marktes für Beteiligungsunternehmen…".* Auf Seite 46 heißt es weiter: *„Bei Real Estate Investment Trusts sind überflüssige Hemmschwellen für den deutschen Markt abzubauen, ohne die schutzbedürftigen Interessen der Verbraucher zu vernachlässigen."* Der zweite Teil des Satzes ist ein bisschen weiße Salbe für die Mieter von Wohnungsbeständen, die forciert der Verschleuderung preisgegeben werden. Das sind klare Belege für die Verflechtung der politisch Verantwortlichen mit der internationalen Finanzwirtschaft.

- Eine klare Positionierung gegen Spekulanten ist nicht erkennbar.

- Genauso wenig die Forderung und das Versprechen, die Steuervergünstigungen bei großen Vermögenstransfers zu streichen.

7. Die Privatisierung geht vermutlich forciert weiter

- Zur Deutschen Bahn heißt es auf Seite 29: *„Sobald der Kapitalmarkt dies zulässt, werden wir eine schrittweise, ertrags-*

optimierte Privatisierung der Transport- und Logistiksparten einleiten."

- Die Privatisierung kommunaler Einrichtungen wird dadurch erleichtert, dass kommunale Betriebe künftig bei der Umsatzsteuer wie private Anbieter behandelt werden sollen.

8. Im Text stecken eine Fülle von Festlegungen zu Gunsten der Klientel von CDU, CSU und FDP. Nicht immer ist das für den Laien sofort zu erkennen.

- Zum Beispiel wird auf Seite 29 ein Bekenntnis zum öffentlichen Personennahverkehr (ÖPNV) abgegeben. Dann heißt es: *„Unser Leitbild ist dabei ein unternehmerisch und wettbewerblich ausgerichteter ÖPNV. Dabei werden wir den Vorrang kommerzieller Verkehre gewährleisten"* und so weiter.

- Siehe oben Ziffer 8 und 7. Vor allem die Festlegungen zu Gunsten der Finanzindustrie sind nur erkennbar, wenn man die Hintergründe und die Fachausdrücke kennt.

Es ist anzunehmen, dass viele dieser konkreten, offenen oder versteckten Versprechen direkt von den Interessenten eingespeist worden sind.

9. SPD und Grüne sind als oppositionelle Kräfte ziemlich gelähmt – vieles ist die Fortsetzung der von ihnen angelegten Politik

Das gilt für die Agenda 2010, für Afghanistan, für die Privatisierung der Bahn, für die Politik der einseitigen Steuersenkung für Unternehmen und Besserverdienende, für die Förderung spekulativer Tätigkeit auf den Finanzmärkten, für die Einführung der Privatvorsorge, usw. Was soll die SPD zum Beispiel zur staatlichen Verpflichtung zur Privatvorsorge in der Pflegeversicherung sagen, wenn Müntefering dies für die Riester-Rente mehrmals gefordert hat? Nirgendwo kann die SPD richtig zuschlagen. Entsprechend fallen die Äußerungen zum Beispiel des Fraktionsvorsitzenden Steinmeier aus. Er sprach von einem *„grandiosen Fehlstart"*. Union und FDP seien *„auf das Regieren offenkundig schlecht vorberei-*

tet", sagte er der Bild am Sonntag. *„Schwarz-Gelb hat keinen Kurs und keinen Plan für die Zukunft unseres Landes. Der Koalitionsvertrag schafft in den meisten Feldern mehr Durcheinander als Klarheit."* (SpiegelOnline)

Das sind formale Einwände eines durch frühere Festlegungen gelähmten Oppositionsführers.

Artikel-Adresse: http://www.nachdenkseiten.de/?p=4287

Leitbild und Grundsätze der schwarz-gelben Bundesregierung

26. Oktober 2009 | Rubrik: Wahlen und Koalitionen | Von Wolfgang Lieb

„Unsere wirtschaftspolitische Leitlinie ist die Soziale *Marktwirtschaft. Sie greift weit über ökonomische Ziele hinaus, ist ein unverzichtbarer Teil einer* freiheitlichen offenen Gesellschaft*."* Schon die ersten Sätzen belegen die Dramaturgie dieses Koalitionsvertrages: Unter einem sozialen Mäntelchen verbergen sich die Ellbogen der sog. „Leistungsträger".

Eine Analyse des 1. Kapitels des Koalitionsvertrages zwischen CDU, CSU und FDP:

Da wird die *„soziale"* Marktwirtschaft als Leitlinie propagiert, um im gleichen Atemzug die *„freiheitliche offene"* Gesellschaft als unverzichtbar zu erklären (S.1). Die *„freiheitlich offene"* Gesellschaft (die *„offene Gesellschaft"* ist eine Wortschöpfung des politischen Philosophen Sir Karl Raimund Popper) ist ein in der Tradition des Wirtschaftsliberalismus (Friedrich August von Hayek) stehendes Gesellschaftsmodell. Dieses Modell tritt an mit der Botschaft der „Freiheit" des Individuums auf dem Markt, die gegen jede Lenkung und jeden Kollektivismus verteidigt werden muss. Ein gemeinschaftliches Staatsziel oder einen gesellschaftlichen Grundkonsens, also etwa über den „Sozialstaat", werden negiert, weil jedes Individuum seine Interessen besser kenne und verfolgen könne, als es durch eine kollektive Entscheidung, etwa für eine inhaltliche Ausgestaltung der „sozialen" Marktwirtschaft möglich sei.

Zu den Grundpfeilern der offenen Gesellschaft gehören politisch die Demokratie – verstanden als Abwählbarkeit der Regierung – und ökonomisch die Marktwirtschaft sowie das freie Unternehmertum.

Entgegen dem angeblich anti-ideologischen Anspruch, folgt die schwarz-gelbe Regierung also konsequent der Ideologie des Liberalismus. Das oberste Ziel müsse sein, *„dass Bürger und Unternehmen ihre produktiven Kräfte entfalten und ihr Eigentum sichern können"* (S. 1). Es ist exakt das Leitbild das die unternehmerische PR-Organisation Initiative Neue Soziale Marktwirtschaft (INSM) vertritt, nämlich das Bild *„der eigenverantwortliche Bürgergesellschaft mit wenig Staat"*.

Wer jetzt noch von der „sozialdemokratisierten" Kanzlerin spricht, wird schon mit den ersten beiden Sätzen des Koalitionsvertrages widerlegt.

Diesem Leitbild entsprechend legt der Koalitionsvertrag unter der Überschrift *„Mehr Netto vom Brutto"* drei Grundsätze fest:

1. *„Wir werden erstens die Motivation und Leistungsbereitschaft der Arbeitnehmer und Arbeitgeber in unserem Land schnell und deutlich stärken, in dem wir sofort damit beginnen, die Steuern zu senken, bürokratische Hemmnisse abzubauen und mehr Anreize zu schaffen, damit sich reguläre, sozialversicherungspflichtige Arbeit in allen Bereichen lohnt."* (S.1)

Steuern senken und bürokratische Hemmnisse abbauen, das sind die Tarnworte für die Zurückdrängung des Staates durch finanzielles „Aushungern" und Deregulierung. *„Anreize schaffen, dass sich reguläre, sozialversicherungspflichtige Arbeit lohnt"*, das heißt übersetzt, Senkung der gesamten unternehmerischen Lohnkosten und damit vor allem des Arbeitgeberanteils bei den so genannten Lohnnebenkosten und Steuerentlastung für Unternehmen. Dies alles in der Hoffnung, dass die Unternehmer wieder mehr investierten und dadurch Arbeitsplätze schafften.

Das Merkwürdige an diesem Verständnis von Wirtschaft ist, dass es gar nicht mehr um echte Gewinne (im Schumpeterschen Sinne), also um Gewinne durch einen technologischen oder innovativen Vorsprung geht, den ein Unternehmen vor seinen Konkurrenten erzielen könnte, sondern lediglich um „Anreize" für Unternehmen und Arbeitnehmer, mehr zu investieren oder mehr zu arbeiten, in dem die „Grenzsteuerbelastung" für den letzten verdienten Euro gesenkt werden soll.

Es geht also um die Fortsetzung des „Steuersenkungswahns" der Vergangenheit, wo ohne Rücksicht auf die gesamtwirtschaftliche Situation – geleitet vom Anreizgedanken – die Steuersätze für Unternehmen und vermögende Haushalte massiv gesenkt wurden. Dabei zeigte sich allerdings, dass durch die „Jahrhundertsteuerreformen" die Investitionen weder stabiler noch dynamischer wurden als zuvor, noch wurde dadurch – außer in den vom Export angestoßenen Aufschwungphasen – zusätzliche sozialversicherungspflichtige Arbeit geschaffen. Alle diese „Reformen" sind verpufft, weil die Tatsache ignoriert wurde, dass Unternehmen in schlechten Zeiten eben nicht nur mehr Anreize brauchen, sondern schlicht mehr Nachfrage nach ihren Produkten.

Das Ergebnis einer solchen Anreiz-Wirtschaftspolitik war im Übrigen nicht etwa mehr Innovation, sondern im Gegenteil, Stillstand beim Wachstum und bei den Löhnen und – wie sich gleichfalls gezeigt hat – eine allenfalls von der Nachfrage von draußen, also vom Export angeregte Konjunktur.

Die Mär von den Steuersenkungen, die Wachstum schaffen

Entgegen der ständig wiederholten Behauptung der schwarzgelben Koalitionäre, Steuersenkungen schafften Wachstum und Beschäftigung, gibt es für diese These weder theoretisch noch empirisch eindeutige Hinweise auf große positive Auswirkungen. Selbst das arbeitgebernahe Institut der deutschen Wirtschaft, rechnet bestenfalls mit einer Selbstfinanzierung der Steuersenkungen von etwa einem Drittel.

Allenfalls kann mit Unternehmensteuersenkungen die Position von exportorientierten Firmen im internationalen Wettbewerb verbessert werden. Das aber auch nur kurzfristig, denn damit würde nur eine erneute Runde im Steuersenkungswettlauf zwischen den Ländern ausgelöst.

Der erste Grundsatz heißt also, dass Deutschland weiter versuchen soll, über den Export zu Wachstum zu kommen und damit auf Kosten anderer zu leben. Und das in einer Zeit, wo weltweit die Nachfrage sinkt und kaum ein Ökonom seine Hoffnung auf Wachstum aus dem Export setzt.

Aber die ökonomische Wirklichkeit scheint bei den Koalitionsverhandlungen ohnehin ausgeblendet worden zu sein. Dort lautete offenbar die Devise „weiter so", egal welche Fehler in der Vergangenheit gemacht worden sind, wir erhöhen die Dosis der alten Rezepte und setzen weiter auf Export: *„Wir wollen eine Steuerpolitik, die für die Unternehmen in Deutschland Rahmenbedingungen schafft, die ihr auch in Zeiten der Globalisierung ihre starke Stellung ermöglicht."* Oder: *„Steuerpolitik ist auch Standortpolitik. Aus diesem Grund wollen wir das Unternehmenssteuerrecht weiter modernisieren und international wettbewerbsfähig gestalten."* (S. 5)

Ist schon die Hoffnung auf Wachstum durch Steuersenkung bestenfalls eine ideologisch gefärbte vage Hoffnung, so bedeutet auch der zweite Grundsatz nur eine Fortsetzung des Drosselns der heimischen Nachfrage durch Sparmaßnahmen, kombiniert mit der Hoffnung, bei den Exporten schmarotzen zu können.

2. *„Wir werden zweitens einen nachhaltigen Kurs der Sparsamkeit, der Transparenz der öffentlichen Finanzen und der verlässlichen Konsolidierung der öffentlichen Haushalte verfolgen."* (S. 1)

Seit der Explosion des Haushaltsdefizits durch die Kosten der Vereinigung war das oberste Ziel aller Finanzminister die Konsolidierung der Haushalte. Außer während kurzzeitiger Exportbooms hat sich das Defizit aber in all den Jahren nie weit von den drei Prozent des BIP entfernt. Zugleich verringerte sich aber das Wachstum des nominalen BIP tendenziell auf höchstens zwei Prozent und die Nettostaatsverschuldung ging immer weiter nach oben. Real hat Deutschland im Vergleich zu anderen reichen Industrienationen erhebliche Rückschritte gemacht. Kurz gesagt: eine falsche Sparsamkeit hat die Volkswirtschaft belastet, aber nicht das Defizit verringert. In der derzeitigen rezessiven Phase, in der weder der Export noch der private Konsum größere Wachstumsimpulse erwarten lassen, nun auch noch die staatlichen Ausgaben zurück zu fahren, lässt nur den Schluss zu, dass das in der Überschrift zum Koalitionsvertrag als erstes genannte Ziel, nämlich Wachstum, offenbar vom Himmel fallen soll.

Ausstieg aus einer aktiven Wirtschaftspolitik

Auch der dritte Grundsatz entspricht der Ideologie vom Ruckzug des Staates und dem Verzicht auf eine aktive Wirtschaftspolitik:

3. *„Wir werden drittens in der schwierigen Phase, in der der Arbeitsmarkt, die Unternehmen und die Banken noch die unmittelbaren Folgen der Finanz- und Wirtschaftskrise zu verkraften haben, Beschäftigung sichern und den Unternehmen Hilfe bei der Finanzierung insbesondere ihrer Investitionen bereit stellen. Zwar erforderte die Weltwirtschaftskrise eine vorübergehend stärkere Rolle des Staates. Aber CDU, CSU und FDP sind sich einig: Die Beteiligung des Staates an Wirtschaftsunternehmen und Finanzinstituten ist so eng wie möglich zeitlich zu begrenzen. Dazu werden wir jetzt mit einer Ausstiegs-Strategie beginnen."* (S. 1)

Obwohl sich die deutsche Wirtschaft nur langsam aus der tiefen Krise erholt und noch hohe Risiken bestehen, wird im Koalitionsvertrag nicht über zusätzliche Maßnahmen zur weiteren Stützung der Konjunktur und des Wachstums nachgedacht, sondern im Gegenteil der Ausstieg aus einer expansiven Wirtschaftspolitik verkündet.

In ihrer ideologischen Verbohrtheit tun die Koalitionäre gerade so, als sei die Finanzkrise schon längst überwunden, als gäbe es da keinen Regelungsbedarf mehr, sondern als ginge es nur noch darum, Unternehmen zu helfen, wieder zu investieren. Für welche Nachfrage eigentlich?

Am eigenen Schopf aus dem Sumpf ziehen

Wie Steine in einem Puzzle lassen sich die meisten Einzelmaßnahmen des Koalitionsvertrages in dieses zutiefst ideologisch bestimmte Leitbild einpassen.

„Die steuerlichen Entlastungen schaffen die nachhaltige Grundlage für gesunde Staatsfinanzen" (S.2), Sätze wie diese erinnern an eine magische Beschwörung. Und wenn darauf noch folgt: *„Eine weitere wichtige Aufgabe ist die strenge Begrenzung der Schulden nach der neuen Schuldenregel unserer Verfassung"* (S. 2), so kann man, wenn das Wunder von Wachstum nicht eintreten sollte, ausrechnen, welches Ausmaß an Einsparungen erfolgen muss.

Über das Budgetdefizit im Jahr 2009 von 76 Milliarden Euro (3,2% in Relation zum BIP) und von 127 Milliarden Euro (5,1 in Relation zum nominalen BIP) im Jahr 2010 hinaus, sollen zusätzliche 14 Milliarden durch die schon beschlossene *„erweiterte Absetzbarkeit der Krankenversicherungsbeiträge und den Einstieg in die Beseitigung der kalten Progression"* (S. 2) an Steuerentlastung finanziert werden. Und weitere 24 Milliarden (volle Jahreswirkung) sollen durch *„steuerliche Entlastung insbesondere für die unteren und mittleren Einkommensbereiche sowie für die Familien mit Kinder"* (S. 2) im Laufe der Legislaturperiode zunächst einmal auf Pump finanziert werden. Wer zahlt eigentlich die Zinsen? Man meint wohl, sich wie dereinst der Lügenbaron Münchhausen, am eigenen Schopf aus dem Sumpf ziehen zu können?

Weitere Belastungen für den Fiskus bringt der Kinderfreibetrag, der in einem ersten Schritt ab 2010 von 6.024 Euro auf 7.008 angehoben werden soll. Dazu muss man wissen, dass nur eine von fünf Familien mit Kindern von dem Freibetrag profitiert, und gegenwärtig kommt in dessen Genuss nur, wer als Verheirateter 74.700 Euro verdient. Anders als von der FDP großspurig verkündet wurde, wird das Kindergeld, das an vier von fünf Familien geht, nicht von 164 auf 200 Euro angehoben, sondern nur um je 20 Euro erhöht.

Außerdem soll bis 2011 das Lieblingsprojekt der Liberalen, der *„Stufentarif"* (S.3) bei der Einkommensteuer umgesetzt werden. Während sich bei einem linearen Tarif eine Abflachung bis nach unten ergäbe, gibt es beim Stufentarif Belastungssprünge. Bliebe es bei 35 Prozent für die oberste Stufe, so würde sich die Einteilung der Menschen in Steuerklassen vor allem positiv bei der Oberklasse auswirken.

Dies alles in der Hoffnung, damit finanziellen Spielraum als Voraussetzung für mehr Konsum und damit mehr Wachstum zu schaffen. Das Problem ist nur, die Deutschen sind mit einer Sparquote von über 11 Prozent ohnehin „Weltspitze" im Sparen. Was passiert also, wenn nicht konsumiert, sondern zusätzlich gespart wird? Und vor allem: Sparen nicht die Besserverdienenden am meisten?

Die Sparquote steigt nämlich mit wachsendem Einkommen rapide an: von 4,5 Prozent bei einem Verdienst zwischen 2.000 und 2.600 Euro über neun Prozent (2600 bis 3600 Euro) bis zum Spitzenwert von knapp 22 Prozent bei einem Nettoeinkommen zwischen 5.000 und 18.000 Euro. Wenn also die Besserverdiener schon jetzt jeden fünften Euro, den sie verdienen, zur Seite legen, warum sollten sie nun gerade in Zukunft die ersparten Steuergelder in den privaten Konsum stecken?

Die Senkung der Einkommensteuer ist allerdings eher ein populistischer Schaustellertrick, denn in Wahrheit geht es um die Senkung von Unternehmenssteuern, insgesamt zehn steuerliche Entlastungen sind konkret benannt. Diese Passage des Koalitionsvertrags ist so detailliert, dass man den Eindruck gewinnen muss, als sei sie unmittelbar aus den Vorlagen der Unternehmer-Lobby übernommen.

Mit einem Sofortprogramm (S. 3ff.) – zum 1. Januar 2010 beginnend – sollen *„die Verlust- und Zinsabzugsbeschränkungen sowohl für international aufgestellte Konzerne als auch für mittelständische Unternehmen … entschärft"* werden, also etwa durch eine höhere Freigrenze der so genannten „Zinsschranke". Damit soll es wieder erleichtert werden, Verluste von neu gekauften Firmen mit eigenen Gewinnen zu verrechnen – eine Einladung an die „Heuschrecken".

Denn Ziel der „Zinsschranke" war es doch gerade, den Unternehmenskauf auf Pump (etwa durch kreditfinanzierte Hedge-Fonds) unattraktiver zu machen, in dem die steuerliche Abzugsfähigkeit von Schuldzinsen beschränkt wurde. Wenn noch darüber hinaus die Verluste neu gekaufter Firmen wieder mit den Gewinnen des Käufers verrechnet werden dürfen, dann ist das nicht mehr und nicht weniger als ein Anreizprogramm für spekulative Firmenaufkäufe.

Diese Steuerentlastungsmaßnahmen belegen, dass die Bundesregierung nichts aus der Finanzkrise gelernt hat und so tut als sei das Ganze nur ein Spuk von gestern gewesen.

Darüber hinaus soll etwa an der Freistellung der ausländischen Unternehmenseinkünfte festgehalten oder es soll die Abschaffung der Gewerbesteuer und deren Ersatz durch einen höheren Anteil an der Umsatzsteuer geprüft werden.

Auch die meisten Steuervereinfachungen erleichtern eher die Steuerminderung von solchen Einkommensbeziehern, die ihre Lohnsteuer nicht von vorneherein, vom Lohn abgezogen bekommen. Es sind solche Einkommensbezieher die einen Steuerberater benötigen (diese Kosten sollen wieder abgezogen werden dürfen). Es soll etwa die steuerliche Förderung der privaten Altersvorsorge entbürokratisiert werden, die Besteuerung von Jahreswagenrabatten auf ein realitätsgerechtes Maß gebracht werden, der Abzug von außergewöhnlichen Belastungen vereinfacht werden etc.

Reform der Erbschaftssteuerreform

Und natürlich soll die Reform der Erbschaftssteuer erneut reformiert werden. Hat schon der Kompromiss in der großen Koalition vom November 2008 das deutsche „Steuerparadies für die Gutsituierten" [PDF - 547 KB] (Schaubild 8) gerettet, so soll es unter Schwarz-Gelb nun noch paradiesischer zugehen.

Die Steuerbelastung für Geschwister und Geschwisterkinder – die ohnehin nur bei riesigen Vermögen anfällt – soll drastisch gesenkt werden und die Bedingungen für eine steuerfreie Unternehmensnachfolge sollen durch eine Absenkung der zu erhaltenden Arbeitsplätze noch weiter erleichtert werden. Dies obwohl schon vor dem „Kompromiss" der Großen Koalition kaum ein Unternehmen gefunden werden konnte, das durch die frühere Erbschaftssteuer in

Schwierigkeiten geraten wäre. (Nur zum Vergleich: In den gewiss wirtschaftsliberalen USA ist die Erbschaftssteuer dreimal höher als bei uns.)

In den USA ist die Erbschaftssteuer dreimal höher als bei uns.

Von einer Vermögenssteuer ist im Koalitionsvertrag schon gar nicht erst die Rede. Stattdessen soll ab dem 1.1.2010 für Beherbergungsleistungen im Hotel- und Gastronomiegewerbe der Mehrwertsteuersatz auf 7 Prozent ermäßigt werden (S.6). Außerdem sollen Postdienstleistungen der Umsatzsteuer unterliegen und nur noch die Grundversorgung (was das auch immer sein mag) umsatzsteuerfrei bleiben (S. 6). Kommunale Unternehmen sollen umsatzsteuerpflichtig werden und das – man höre und staune – *„um Arbeitsplätze zu sichern und Investitionen zu ermöglichen"* (S. 6). Forschung und Entwicklung insbesondere von kleinen und mittleren Unternehmen sollen steuerlich gefördert werden.

Neben den steuerlichen Entlastungen sollen *„die gemessenen Kosten aus bundesrechtlichen Informationspflichten der Wirtschaft bis 2011 im Vergleich zu 2006 um netto 25 Prozent"* reduziert werden. Wieder geht es nur um die Entlastung der Unternehmen.

Als weitere staatliche Wohltaten für die Unternehmen sollen schnell verfügbare und unbürokratische Liquiditätshilfen für kleine Unternehmen geprüft werden (S.10) oder es soll die Privilegierung der Sozialkassen (!) im Insolvenzverfahren beendet werden (S. 10).

Die Deregulierung, deren Konsequenzen auf den Finanzmärkten wir nun alle bezahlen dürfen, soll unter dem so genannten „Bürokratieabbau" getreu der „freiheitlichen offenen Gesellschaft" vorangetrieben werden: *„Der freiheitliche Staat soll nicht bevormunden, sondern den Gestaltungsraum von Bürgern und Unternehmen respektieren."* (S. 7)

Kein Wort zur Überprüfung der Finanzmarktgesetze

Im Kapitel über die Finanzpolitik findet sich kein einziges Wort über eine Korrektur oder gar einer Rücknahme etwa der steuerlichen

Befreiung der Veräußerungsgewinne (das größte Geschenk aller Zeiten), der Erleichterung von Anlagemöglichkeiten für Fonds, der Förderung der Verbriefung von Krediten zu Wertpapieren, der Begünstigung von Private-Equity-Fonds, der Beseitigung der Hindernisse für Hedge-Fonds, für Private-Public-Partnerships, für Cross-Border-Leasing-Verträge.

Keines der zahllosen Gesetze, die – wie es vor der Finanzkrise hieß – *„konsequente Schritte in eine erfolgreiche Zukunft für den Finanzmarkt Deutschland"* waren, steht zur Überprüfung an. Niemand fragt danach, warum diese Gesetze und Erlasse die Finanzkrise nicht verhindern oder wenigstens abfedern konnten oder welche Gesetze einer Änderung oder Abschaffung bedürfen um künftige Finanzkrisen zu verhindern.

Schwarz-Gelb tut gerade so, als habe die neue Regierung, ja, als habe die deutsche Finanzpolitik nichts mit der Finanzkrise zu tun, als sei das alles wie ein Tsunami über uns hereingebrochen und als ginge es nur noch darum, nun die Trümmer wegzuräumen und den alten wirtschafts- und finanzpolitischen Kurs weiter zu fahren und noch mehr Tempo aufzunehmen.

Artikel-Adresse: http://www.nachdenkseiten.de/?p=4286

Unsere Demokratie ist in Not – mehr als allgemein wahrgenommen wird.

29. Oktober 2009 | Rubrik: Demokratie in Gefahr | Von Albrecht Müller

Ein markantes Beispiel dafür ist die Wahl und die Koalitionsbildung an der Saar. *„Jamaika-Filz an der Saar",* überschreibt die Stuttgarter Zeitung einen Bericht über die Hintergründe dieses erstaunlichen Vorgangs. Die für manche überraschend zustande gekommene schwarz-gelb-grüne Koalition war offensichtlich in einem Interessengeflecht vorbereitet worden. Ein Fall, der das Gesamtgebilde hell beleuchtet. Berlusconi ist überall.

Unsere Wahlstimme und die Meinungen und Wünsche der Mehrheit spielen eine geringe Rolle. Der Einfluss jener, die über viel Geld, publizistische Macht und Beziehungen verfügen, ist unübersehbar groß. An zwei weiteren aktuellen Beispielen wird dies sichtbar. Ich werde zunächst auf diese beiden Beispiele eingehen und dann zu einer eher systematischen Erörterung des Themas zurückkehren.

Zweites Beispiel: Staatssekretär Jörg Asmussen bleibt voraussichtlich auch bei Schäuble im Amt.

Jener Staatssekretär und frühere Abteilungsleiter im Bundesfinanzministerium, der der Finanzindustrie schon auf vielfältige Weise Vorteile zulasten von uns Steuerzahlern verschafft hat, bleibt voraussichtlich auch bei Schäuble im Amt, obwohl er formal der SPD angehört: Jörg Asmussen (siehe hier eine Meldung von Financial Times Deutschland *„Merkel hält an SPD-Staatssekretär Asmussen fest"*).

Für mich ist diese Personalie keine Überraschung. Asmussen hat auch bisher schon mit der CDU/CSU bestens und zur Freude der Finanzindustrie zusammengearbeitet und hatte sogar schon vorgearbeitet. In seiner Zeit bei Eichel wurde die Befreiung der Gewinne bei Vermögenstransaktionen zu Gunsten der so genannten Heuschrecken beschlossen; er hat unter Eichel und Steinbrück den Finanzplatz Deutschland durch Öffnung für spekulative Geschäfte fördern wollen und gefördert. (Wir haben darüber ausführlich berichtet. Wenn Sie auf den NachDenkSeiten in der Suchfunktion „Asmussen" eingeben, werden Sie fündig. Oder in der Serie zur Finanzkrise.)

Asmussen hat in Zusammenarbeit mit Merkels Vertrauten für Finanzen, Weidmann, den 480-Milliarden Rettungsschirm für die Banken und Versicherungen vorbereitet und sitzt in den weitgehend unkontrollierten Gremien zur Verteilung unseres Geldes; Asmussen ist wesentlich dafür verantwortlich, dass wir die private Bank IKB mit circa acht Milliarden öffentlichen Geldes gerettet haben; er war maßgeblich beteiligt an der Rettung der Hypo Real Estate mit bisher über 100 Milliarden zugesicherten Garantien, wovon ein großer Teil an Banken, Versicherungen und Fonds fließt, die sich bei der HRE verzockt haben (siehe dazu „Mit Einschnitten und Steuern zahlen wir für die Rettung von Banken und Fonds durch Merkel und Steinbrück/Finanzkrise XXVIII").

270

Die Entscheidung von Frau Merkel ist in ihrem Sinne und im Sinne der Finanzindustrie. Damit ist garantiert, dass nichts unternommen wird, um das Casino zu schließen. Und es ist garantiert, dass die Interna unter der Decke bleiben. Daran haben sowohl Merkel als auch Asmussen und die daran beteiligten SPD-Prominenten wie Steinbrück, Steinmeier und Müntefering ein großes Interesse. Im Sinne von uns Wählerinnen und Wählern ist diese Entscheidung nicht.

Das dritte Beispiel: die Privatisierung der Deutschen Bahn.

In meinem <u>Beitrag zum Koalitionsvertrag</u> hatte ich schon auf die Vereinbarung der beiden Koalitionsparteien zu diesem Thema hingewiesen. Ich wiederhole: Zur Deutschen Bahn heißt es auf Seite 29: *„Sobald der Kapitalmarkt dies zulässt, werden wir eine schrittweise, ertragsoptimierte Privatisierung der Transport- und Logistiksparten einleiten."*

Alle Umfragen haben gezeigt, dass die Mehrheit des deutschen Volkes gegen die Privatisierung der Deutschen Bahn ist. Es gibt keine sachlichen Gründe für den Börsengang. Im Gegenteil, die negativen Erfahrungen anderer Länder wie Großbritannien und Neuseeland zum Beispiel, und die positiven Erfahrungen mit einer öffentlichen Bahn – wie in der Schweiz – sprechen gegen die Privatisierung. (Siehe „Das kritische Jahrbuch 2008/2009", S. 134)

Im Gegensatz zu diesem Mehrheitswillen lässt die Formulierung im Koalitionsvertrag die totale Privatisierung zu und dies auf der Basis einer Trennung von Netz und Betrieb, die sich sachlich als eine große Belastung und Verschwendung erweisen wird.

Aber der Wille des Volkes und Sacherwägungen spielen keine Rolle, wenn Interessen ins Spiel kommen. (Siehe dazu den Beitrag <u>„Viele Privatisierungen kann man nur verstehen, wenn man fragt: Wer verdient daran?"</u>) Im konkreten Fall sind es die Interessen eines Konglomerats von Banken, Investmentbankern, Beratern, Anwälten, Wirtschaftsprüfern, Brokern, Werbewirtschaft, PR-Agenturen und Kapitalgruppen mit Interesse am Fleddern der von uns allen aufgebauten Bahn. Sie alle verdienen an Börsengängen und der Transaktion von Vermögenswerten insgesamt. Für sie ist es zum

Beispiel dann sogar ein besonderes Geschäft, wenn eine öffentliche Einrichtung wie die Bahn privatisiert wird und dann nach schlechten Erfahrungen wieder vom Staat übernommen wird.

Die Finanzindustrie verdient vor allem an den Transaktionen. Und sie verdient daran Milliarden. Das ist einer der Gründe dafür, dass ihr Einfluss auf die Politik so groß ist.

Das waren drei Beispiele unter vielen möglichen anderen, die zeigen, dass die Wünsche und Vorstellungen der Wählerinnen und Wähler ziemlich irrelevant sind. Die politischen Entscheidungen geraten mehr und mehr in den Einflussbereich großer Interessen und von Interessengeflechten.

Der Einfluss auf politische Entscheidungen läuft auf verschiedenen Wegen. Zum Beispiel:

1. Mit Hilfe von Lobbyarbeit

2. Mit der direkten Platzierung von gewogenen Personen in politischen Ämtern

3. Mit Hilfe der politischen Korruption durch private Vergünstigungen

4. Mit Hilfe der Propaganda

Diese vier Möglichkeiten sind eng miteinander verwoben. Die Meinungsmache spielt bei allen mit, sozusagen neben dem Geld als Schmiermittel der besonderen Art. So war zum Beispiel die Rettung der Industriekreditbank (IKB) mit Hilfe der öffentlichen 8 Milliarden dadurch publizistisch vorbereitet worden, dass man die private IKB zu einer öffentlichen Bank erklärt hat. Die über 100 Milliarden für die HRE, die 18 Milliarden für die Commerzbank und der 480-Milliarden-Rettungsschirm waren nur deshalb durchzusetzen, weil unseren politischen Eliten wie auch dem Volk erzählt worden ist, alle Banken seien systemrelevant, keine dürfe eingehen. Und auch dadurch, dass uns verschwiegen worden ist, wer die eigentlichen Profiteure dieser Rettung waren. Alleine über 40 Milliarden für ausländische Banken, Fonds, etc.!

Auch jetzt setzt die Propaganda zur Vorbereitung und Rechtfertigung von Entscheidungen ein. So heißt es in dem zitierten Artikel der Financial Times Deutschland, mit dem Koalitionsvertrag setze sich Schwarz-Gelb für eine stärkere Kontrolle der Finanzmärkte ein. Und es wird dabei insinuiert, Asmussen habe diese Richtung in der alten Regierung verfolgt. Das Festhalten am Brandstifter Asmussen wird als Stärkung der Feuerwehr dargestellt. Das ist eine klare Täuschung. Von den entscheidenden Personen, vom Team Schwarz-Gelb plus Asmussen ist eine wirkliche Kontrolle der Finanzwirtschaft nicht zu erwarten.

Auch zur Entscheidung an der Saar fand die entsprechende Begleitung durch Propaganda beziehungsweise durch Verschweigen statt. Es gab in der öffentlichen Debatte keinen Sturm der Entrüstung über diesen Wortbruch der Grünen, die Peter Müller ablösen wollten; es gab übrigens auch keine Empörung über den unglaublichen Skandal, den die Interessenverflechtung des Vorsitzenden der Grünen und künftigen saarländischen Ministers Hubert Ulrich darstellt.

Milliarden für die politische Landschaftspflege

Wenn man die Gefahren für die Existenz einigermaßen demokratischer Entscheidungsfindung realistisch einschätzen will, dann muss man die finanziellen Möglichkeiten der potentiellen Steuerleute unseres politischen Geschehens und ihre gewachsenen Beeinflussungspotenziale mithilfe der PR-Wirtschaft betrachten. Stellen Sie sich vor, Sie wären Chef einer großen amerikanischen Investmentbank oder eines entsprechend großen Hedgefonds, und angenommen, sie wären egoistisch und gewissenlos genug, dann würden Sie selbstverständlich die Ihnen zur Verfügung stehenden Mittel zu einem kleinen, aber völlig ausreichenden Teil für die politische Landschaftspflege in einem Land wie Deutschland ausgeben. Unternehmen dieser Größenordnung haben Milliardengewinne, ihre Investmentbanker verfügen über Milliardenbeträge an Boni und sonstigen Vergütungen. Ein Beispiel aus der letzten Zeit: Das US-Finanzhaus Goldman Sachs verdiente im zweiten Quartal unterm Strich 2,7 Milliarden Dollar, vor Ausschüttung der Vorzugsdividenden sogar 3,4 Milliarden Dollar. Mit einem Bruchteil dieser Beträge, könnten Sie als Chef von Goldman Sachs oder der Deutschen Bank die gesamte Parteiarbeit unserer Parteien finanzieren, die Wahl-kämpfe sowieso.

Gleichzeitig stehen den finanziell gut ausgestatteten und von den Steuerzahlern gefütterten Akteuren der Finanzwirtschaft eine wachsende Zahl von leistungsfähigen PR-Agenturen zur Verfügung; Agenturen mit großem Einfluss auf die Medien und großem Einfluss auf die politischen Entscheidungsträger. Warum sollten Sie, wenn Sie in der Chefetage der Großen Finanzinteressen säßen, dann nicht dafür sorgen, dass so jemand wie Jörg Asmussen im Amt bleibt? Warum sollten Sie nicht die Privatisierung der Bahn gegen alle Vernunft betreiben und dafür sorgen, dass der oben zitierte Passus in den Koalitionsvertrag hinein geschrieben wird?

Naomi Klein hat in ihrem Buch „Die Schock-Strategie: Der Aufstieg des Katastrophen-Kapitalismus" viele dieser Machenschaften be-schrieben. Das Buch ist in Deutschland geschnitten worden. Davon wollte die veröffentlichte Meinung wenig wissen. So wenig wie von den Machenschaften um den Rettungsschirm für die Finanzindus-trie. In „Meinungsmache"* mache ich den Versuch, zur Beschäfti-gung mit diesem Thema zu ermuntern. In den NachDenkSeiten tun wir dies täglich.

Die mögliche Verschwörung kann sehr gefährlich werden und die demokratische Willensbildung vollends zur Farce machen.

Wenn Finanzmittel in Höhe von Milliarden in den Händen von ego-istischen und zynischen Personen sind, dann entsteht eine brisante Mischung. Das könnte unsere Zukunft prägen. Die wertkonservati-ven Kräfte sind ziemlich von der Bildfläche verschwunden, so mein Eindruck. Es bleiben die Zyniker. Es bleiben die Jeder-ist-seines-Glückes-Schmied-Prediger. Der aggressive Umgang mit der sozia-len Unterschicht belegt diese Veränderung.

Der Schritt vom Zynismus zur Gewalt, von Egoismus zur Krimina-lität ist nicht groß.

Artikel-Adresse: http://www.nachdenkseiten.de/?p=4298

---

* „Meinungsmache" von Albrecht Müller, 2009, Droemer Verlag Müchen

Die „Bildungsrepublik" Deutschland als bildungspolitische Bananenrepublik

2. November 2009 | Rubrik: Wahlen allgemein | Von Wolfgang Lieb

Bildung gehört neben Wachstum und Zusammenhalt zur Überschrift des schwarz-gelben Koalitionsvertrages und im Kapitel II. taucht das Schlagwort der Kanzlerin von der *„Bildungsrepublik Deutschland"* wieder auf. Wie in vielen anderen Feldern auch besteht eine riesige Kluft zwischen dem bemühten Pathos und den konkreten Vorschlägen.

Da heißt es im einleitenden Absatz (Zeilen 2539 bis 2550):

„Bildung ist Bedingung für die innere und äußere Freiheit des Menschen. Sie schafft geistige Selbständigkeit, Urteilsvermögen und Wertebewusstsein. Bildung und Forschung sind Grundlagen des wirtschaftlichen und sozialen Fortschritts. Bildung ist Voraussetzung für umfassende Teilhabe des Einzelnen in der modernen Wissensgesellschaft. Bildung ist daher für uns Bürgerrecht. Deswegen sagen wir der Bildungsarmut den Kampf an.
Dazu bedarf es einer nationalen Anstrengung. Wir wollen mehr Chancengerechtigkeit am Start, Durchlässigkeit und faire Aufstiegschancen für alle ermöglichen. Wir wollen Deutschland zur Bildungsrepublik machen, mit den besten Kindertagesstätten, den besten Schulen und Berufsschulen sowie den besten Hochschulen und Forschungseinrichtungen."

Mehr Pathos geht nicht. Doch das Pathos ist hohl.

Da werden die wohlfeilen Sprüche über die Bedeutung von Bildung aufgetischt und sogar die Parole des Liberalen Ralf Dahrendorf aus den 60er Jahren von der Bildung als *„Bürgerrecht"* wieder aufgewärmt aber gleichzeitig soll z.B. dieses *„Bürgerrecht"* nach wie vor gegen eine Gebühr und durch höhere Kosten für die Bürger erkauft werden müssen.

Was ist eigentlich *„Bildungsarmut"*? Soll damit der Kampf gegen eine ärmliche Bildung in unseren Bildungseinrichtungen aufgenommen werden? Oder soll etwas getan werden, dass Arme in diesem Land gleiche Chancen auf Bildung haben sollen?

Was heißt „nationale Anstrengung"? Da vergeht doch kaum eine Woche, in der wir nicht das Scheitern des Wettbewerbsföderalismus in der Bildungspolitik erleben müssen, da erleben wir das Chaos bei der Hochschulzulassung, da haben wir ständige Verteilungskämpfe und Finanzierungsunsicherheiten beim so genannten „Hochschulpakt" oder bei der „Exzellenzinitiative", da gibt es die Abwerbung von Lehrern durch die reicheren Ländern, da ist „Kleinstaaterei" erkennbar zu einem der größten Hemmschuhe für die Fortentwicklung und den Ausbau des Bildungswesens geworden und im Koalitionsvertrag wird nicht mehr als *„eine Bildungspartnerschaft von Bund, Ländern und Kommunen unter Wahrung der jeweiligen staatlichen Zuständigkeit"* angestrebt.

„Bildungspartnerschaft" statt einer dringend erforderlichen bundesweit abgestimmten Strategie oder einem Gesamtkonzept in der Bildungspolitik!

Da wird von Bildung als *„einer gesamtstaatliche Aufgabe"* geredet und gleichzeitig soll das ohnehin schon weitgehend entkernte Hochschulrahmengesetz aufgehoben werden (Zeile 2672). Das letzte verbliebene Instrument einer einheitlichen Rahmensetzung in der Hochschulpolitik. An einheitliche Rahmenregelungen zum Hochschulzugang, einheitliche Qualitätsstandards oder allgemeine Grundsätze des Hochschulwesens ist also nicht mehr zu denken. Der Bund macht sich vollends ohnmächtig gegenüber dem Zuständigkeitsgerangel der Länder und den „entfesselten" Hochschulen. Er kann weder Projekte anschieben, ja noch nicht einmal gezielt finanziell fördern. Erinnert sei nur etwa an die absurde Situation, als der Bund im Rahmen des Konjunkturprogramms die Mittel für dringend notwendige Sanierung der Hochschulen als „Wärmedämmungsmaßnahmen" kaschieren musste.

Bildungsabschlüsse werden also noch weniger vergleichbar, der Umzug von einem Land in ein anderes für schulpflichtige Kinder wird noch schwieriger und der Wechsel von einer Hochschule in die Hochschule eines anderen Landes noch komplizierter – und all das in einem groß angekündigten „europäischen Hochschulraum".

Seit der Föderalismusreform und der damit fast vollständigen Übertragung der Zuständigkeiten für Bildung und Hochschulen an die

Länder sind wir von einer „Bildungsrepublik" weiter entfernt denn je, der Begriff Bildungs-Provinzialismus wäre zutreffender.

Luftbuchungen bei der Bildungsfinanzierung

Die im Koalitionsvertrag angekündigte Erhöhung der Ausgaben des Bundes für Bildung und Forschung um zwölf Milliarden (Zeile 2556) hat Schlagzeilen gemacht. Bei genauer Betrachtung sind das allerdings bestenfalls drei Milliarden pro Jahr bis 2013 und dabei dürfte es sich zum allergrößten Teil ausschließlich um eine längst beschlossene Erhöhung für die Fortführung des Hochschulpaktes, der Exzellenzinitiative und des Pakts für Forschung und Innovation handeln.

Laut dem „Bildungsbericht 2008" ging der Anteil der Bildungsausgaben (inklusive des Anteils der Wirtschaft) am BIP von 6,9% im Jahr 1995 auf 6,3% im Jahr 2005 und auf 6,2% im Jahr 2006 zurück. Wären auch im Jahr 2005 wie 1995 6,9% des BIP für Bildung aufgewendet worden, hätten dem Bildungsbereich rund 13 Milliarden Euro mehr zur Verfügung gestanden.

Insgesamt betrug der Anteil der (rein) öffentlichen Bildungsausgaben am BIP 2005 in Deutschland 4,5% und damit deutlich weniger als im OECD-Durchschnitt (5,4%). Um den OECD-Mittelwert zu erreichen, müsste Deutschland rund 21 Mrd. Euro mehr bereit stellen – jährlich! Um mit den Spitzenreitern in der OECD gleichzuziehen (Dänemark: 8,3%; Norwegen und Schweden: 7,0%) wären bis zu 91 Mrd. Euro erforderlich – jährlich!

Auf dem groß gefeierten Bildungsgipfel vor einem Jahr in Dresden wurde das „gemeinsame Bekenntnis" abgegeben wurde, dass im Jahre 2015 10% des Bruttosozialproduktes für Bildung eingesetzt werden sollen – 3% für Forschung und 7% für Bildung. Damals wurde das Mehr auf 25 bis 50 Milliarden jährlich geschätzt. Von dieser Zielmarke ist der Anteil des Bundes weit entfernt.

Bildungsfinanzierung zu Lasten Dritter

„Wir werden Maßnahmen ergreifen, die es zudem Ländern, Wirtschaft und Privaten erleichtern, ihre jeweiligen Beiträge bis spätes-

tens 2015 ebenfalls auf das 10 Prozent-Niveau anzuheben." (Zeilen 2556 bis 2559)

Wie diese „Maßnahmen" aussehen könnten, steht in den Sternen. Die im Koalitionsvertrag versprochenen Steuersenkungen werden es den Ländern gewiss nicht erleichtern ihren Beitrag zum Zehn-Prozent-Niveau zu leisten. Der Berliner Finanzsenator hat vorgerechnet, dass die Steuersenkungen bei voller Wirksamkeit allein für das Land Berlin 700 Millionen weniger Einnahmen bedeuten würden, das entspreche 50.000 Studienplätzen oder 100.000 Kita-Plätzen. Im Übrigen haben die Länderfinanzminister vor ein paar Tagen vorgerechnet, dass die Länder das Zehn-Prozent-Ziel schon längst erreicht hätten.

Weitere Privatisierung der Bildungskosten

Die Koalitionsvereinbarungen in Sachen Finanzierung, sind bestenfalls ein Vertrag zu Lasten Dritter. Da die geplanten Steuersenkungen Bund und Ländern noch zusätzlich Finanzkraft entziehen, bleiben als Zahlmeister nur noch die Wirtschaft und die Privaten. Hinter den Finanzierungsversprechen stecken im besten Fall eine noch stärkere Privatisierung des Bildungswesens und noch höhere Belastungen der privaten Haushalte mit Bildungskosten.

Was in den üblichen ökonomischen Kostenrechnungen unterschlagen wird, ist die Tatsache, dass schon heute die privaten Haushalte – rechnet man einmal nur den Lebensunterhalt und die Lernmittel – etwa die Hälfte der für eine Hochschulausbildung aufgewandten direkten Ausgaben tragen. Addiert man noch die Opportunitätskosten für entgangene Erwerbseinnahmen während eines Studiums, so liegen die direkten und indirekten Kosten die ein Akademiker für seinen Abschluss aufbringen muss, schon heute mehr als doppelt so hoch wie die staatlichen Investitionen.

Bildung eine Angelegenheit der Eltern, Großeltern und Paten?

In Richtung einer weiteren Umverteilung der Bildungskosten auf die privaten Haushalte verweisen auch die Vorstellungen zur „Bildungsfinanzierung" im Koalitionsvertrag (Zeilen 2591 bis 2596):

„Heute für die Zukunft finanziell vorsorgen; das möchten viele Eltern – und auch Großeltern oder Paten – mit Blick auf die Kinder. Am besten ist das Geld angelegt, wenn es der Bildung der Kinder zu Gute kommt. Deshalb werden wir jedem neu geborenen Kind beispielsweise ein Zukunftskonto mit einem Startguthaben von 150 Euro einrichten und Einzahlungen bis zur Volljährigkeit mit einer Prämie unterstützen.“

Riester für die Bildung

Wie beim Modell der Riester-Rente soll nun nicht mehr nur für das Alter sondern schon für die Bildung von Kindern privat Kapital auf einem so genannten „Zukunftskonto" gebildet werden. Damit öffnet man ein weiteres lukratives Geschäftsfeld für die Finanzwirtschaft. Und genauso wie bei der Riester-Rente werden sich vor allem die Besserverdienenden an diesem staatlich geförderten Bildungssparen beteiligen können. Statt den bildungspolitisch Benachteiligten kommt die staatliche Förderung, der Versicherungswirtschaft und den Einkommensgruppen zu gute, die schon heute bildungspolitisch privilegiert werden.

Bildungsdarlehen sind nicht geschenkt, sondern bleiben eine Geldbarriere

„Der Bildungsaufstieg darf an finanziellen Hürden nicht scheitern", (Zeile 2598) heißt es da. Aber über Studiengebühren wird kein Wort verloren, stattdessen spricht man von „Bildungsdarlehen". Die Aufnahme eines Darlehens für die Ausbildung bedeutet jedoch nur, dass die Benachteiligung der Studierenden aus niedrigen Einkommensschichten oder aus Familien mit mehreren in der Ausbildungsphase befindlichen Kindern als Start- und Einkommensnachteil in die Berufsphase fortgeschrieben wird. Wer reiche Eltern hat, startet ohne Hypothek und erspart sich sogar noch die Zinsen.

Man ignoriert die Tatsache, dass die Kosten-Nutzen-Relationen von Bildungsentscheidungen von der sozialen Schicht abhängig sind, aus der potenzielle Studierende kommen. Während für Kinder aus Akademikerfamilien schon aus Gründen des Statuserhaltes die Aufnahme eines Studiums sozusagen von vorne herein selbstverständlich ist, bewerten Familien aus unteren Sozialschichten Entscheidungen für weiterführende Bildungsgänge in der Regel (subjektiv) als riskanter. Außerdem sind sie im Verhältnis zu den verfügbaren Ressourcen mit höheren Kosten behaftet.

Fragen der Finanzierung sind für Studienberechtigte aus hochschulfernen Elternhäusern erheblich bedeutsamer als etwa für Akademikerkinder. (Diese Angaben entnehme ich einer noch unveröffentlichten Expertise „Soziale Ungleichheiten im Hochschulzugang und im Studium von T. Bargel, H.Bargel, Ch. Heine" für die Hans-Böckler-Stiftung.)

Wer meint, dass die so genannte „nachgelagerte Gebühr" – also die Rückzahlung eines Kredites nach dem Studium – die Geldbarriere wegnähme, sollte sich daran erinnern, dass in der Regierungszeit Kohl das Bafög auf Darlehen umgestellt wurde; das führte von 1982 bis 2000 zu einem Rückgang des Anteils der Studierenden aus „bildungsfernen Schichten" von 23 auf 13%.

Ausbau von Bildungskrediten statt Ausbau der Förderung durch das BAföG

Immerhin hält Schwarz-Gelb am BAföG fest. Das war ja für die neue alte Bildungsministerin vor nicht allzu langer Zeit noch ein Auslaufmodell. Aber auf eine Erhöhung der Fördersätze oder eine Anhebung der Einkommensgrenzen wartet man vergebens. Stattdessen sollen Bildungskredite weiter ausgebaut werden und der Anteil der Stipendiaten von heute zwei auf zehn Prozent der Studierenden erhöht werden. Allerdings ausschließlich für Begabte und nicht für sozial Benachteiligte. Nun können selbst die Koalitionäre nicht leugnen, dass Begabten-Stipendien sozial selektiv sind. *„Wir erwarten von den Begabtenförderwerken, dass sie sich bislang unterrepräsentierten Gruppen stärker öffnen"* heißt es im Text, aber wie eine solche Öffnung erfolgen soll, dazu gibt es keinen Hinweis.

Luftnummer „nationales Stipendienprogramm", der Bund beteiligt sich mit 75 Euro

Doch auch dieses „nationale Stipendienprogramm" ist eher eine Luftnummer. Bund und – wenn sie denn mitmachen – die Länder wollen nur von Universitäten und Fachhochschulen bei Wirtschaft und Privaten eingeworbene Stipendien in Höhe von 300 Euro im Monat bis zur Hälfte bezuschussen (Zeile 2608). Der Bund will also gerade ein Viertel oder 75 Euro pro Stipendiat tragen. Die <u>Frankfurter Rundschau</u> hat schon einmal bei Wirtschaftsverbänden rundgefragt. Das Interesse hält sich dort offenbar in engen Grenzen und selbstredend ist ein denkbares finanzielles Engagement der Wirtschaft von den jeweiligen Unternehmens- und Brancheninteressen bestimmt. Stipendien also vor allem für künftig brauchbare Mitarbeiter.

Abgesehen davon, dass dieses Stipendium nicht im Ansatz bedarfsdeckend ist, wird das *„Ziel, die Studienanfängerquote weiter zu steigern"* (Zeile 2648) und eine Förderung von bildungspolitisch Benachteiligten mit solchen Begabtenstipendien jedenfalls nicht erreicht.

Schulische Bildung mit „Bildungsschecks"

Auch für die schulische Bildung soll die Entwicklung in Richtung privater Finanzierung gehen. Dafür steht das Vorhaben so genannte „Bildungsschecks" einzuführen:

„Jeder fünfte Jugendliche in Deutschland hat so geringe Kompetenzen in Lesen und Mathematik, dass er Gefahr läuft, auf dem Ausbildungs- und Arbeitsmarkt kaum Chancen zu haben. Deshalb müssen wir präventiv und möglichst früh in der Bildungsbiografie ansetzen.
Wir werden vor Ort Bildungsbündnisse aller relevanten Akteure –
Kinder- und Jugendhilfe, Eltern, Schulen, Arbeitsförderung sowie Zivilgesellschaft – fördern, die sich mit diesem Ziel zusammenschließen.
Wir werden ihre Arbeit unterstützen, indem jedes Bündnis ein Kontingent z. B. von Bildungsschecks zur Weitergabe an benachteiligte Kinder und Jugendliche erhält." (Zeilen 2568 bis 2578)

Auch diese Passage ist Ausdruck der Macht- und Hilflosigkeit des Bundes in der Bildungspolitik angesichts der bestehenden Zuständigkeiten. Der Bund will Bildungsbündnisse fördern, sofern eben die Beteiligten mitmachen. Die „Bildungsbündnisse vor Ort" sind eher eine freiwillige Feuerwehr als eine effiziente Bekämpfung eines sozialen und bildungspolitischen Brandsatzes. Der „Bildungsscheck" an benachteiligte Kinder und Jugendliche, spricht dafür, dass die Gebühren für Kindertagesstätten oder für bildungspolitische Fördermaßnahmen beibehalten werden und bestenfalls durch „Schecks" eingekauft werden können.

Tests statt Sprachförderung

„Jedes Kind muss vor Schuleintritt die deutsche Sprache beherrschen. Deshalb unterstützen wir verbindliche bundesweit vergleichbare Sprachstandstests für alle Kinder im Alter von vier Jahren und bei Bedarf eine verpflichtende gezielte Sprachförderung vor der Schule sowie darüber hinausgehende unterrichtsbegleitende Sprachprogramme." (Zeilen 2582 bis 2586)

Nichts gegen die Forderung nach Beherrschung der deutschen Sprache, aber wichtiger, als Millionensummen für Sprachstandstest für alle Kinder schon im Alter von vier Jahren aus dem Fenster zu werfen, wäre es, dieses Geld gezielt in Sprachförderprogramme zu stecken. Jede Kindergärtnerin weiß besser, bei welchem Kind Sprachförderung nötig wären, als der perfekteste und teuerste Test einen solchen Bedarf feststellen kann.

Steuersenkungen bewirken das Gegenteil von besserer Bildung

Die *„Weiterbildung von Erzieherinnen und Erziehern und Qualifizierungsangebote auf akademischem Niveau"*, als auch die *„Stärkung der Lehrerausbildung"* an den Hochschulen (Zeilen 2627 bis 2631) kann man nur begrüßen. Wie der Bund allerdings investieren und wie er die Länder unterstützen will, bleibt völlig offen. Der erste Schritt zur Stärkung der Lehrerausbildung wäre, dass dieser Ausbildung etwa in der Exzellenzinitiative oder bei der leistungsorientierten Mittelzuweisung der Länder endlich der Stellenwert zugemessen bekommen würde, den sie verdient. Und wichtiger als Appelle an Länder und Kommunen wäre, dass man diesen die finanzielle Luft für eine höhere Bezahlung der Erzieherinnen und Erzieher oder für kleinere Klassen gäbe. Doch mit den Steuersenkungen wird das Gegenteil bewirkt.

Ein Prosit auf das Wohl der Studierenden

Die großen Sprüche zur Verbesserung der *„Qualität für Studium und Lehre"* (Zeile 2646) oder die Anpassungen des Bologna-Prozesses *„zum Wohl der Studierenden"* (Zeile 2656) sind nicht mehr wert als ein feucht-fröhliches Prösterchen auf das Wohl der Bachelor- und Master-Studierenden. Der Bund hat bei der Studienreform kaum noch etwas zu sagen und kann die Beteiligten allenfalls noch zum Small-Talk beim Stehempfang einladen. Die Hoffnung ein *„Bologna-Qualitäts- und Mobilitätspaket"* (Ziele 2657) schnüren zu können, wird sich statt als Paket eher als eine Wundertüte voller unliebsamer Knallbonbons herausstellen. Noch nicht einmal die von der Bildungsministerin im Sommer geforderte Abschaffung der Quote beim Übergang vom Bachelor zum Master findet sich im Koalitionsvertrag als Appell wieder. Ein Mobilitätspaket hört sich angesichts der rückläufigen Mobilität nach Einführung der Bachelor-Studiengänge eher wie ein Witz an. Nichts zu einer Flexibilisierung der starren Sechs-Semester-Grenze, nichts zur Verbesserung der Qualität der Lehre und zur Beseitigung von Überfrachtung der Studiengänge, zu Prüfungsdruck und zu einer Senkung der Abbrecherquoten.

Verbesserung der Anerkennung von Studienleistungen im luftleeren Raum

Wie soll die *„Anerkennung von Studienleistungen und Hochschulabschlüssen … national wie international verbessert werden"* (Zeilen 2662 f.), wenn sich der Bund des letzten Instrumentes, das er dafür besitzt, nämlich des Hochschulrahmengesetzes begibt und gleichzeitig die Hochschulen unter dem Schlagwort „Autonomie" aus dieser Verantwortung entlässt.

Noch nicht einmal bei der Regelung der Hochschulzulassung übernimmt der Bund seine gesamtstaatliche Verantwortung [PDF - 79 KB], sondern überlässt das entstandene Chaos dem Belieben der Hochschulrektorenkonferenz, die ja die Umgestaltung der Zentrale zur Vergabe von Studienplätzen „zu einer leistungsfähigen Servicestelle" als „Zulassungszentralismus" mit allen Mitteln zu hintertreiben versucht.

Die Förderung von Hochbegabten und von „unternehmerischem Geist" als wichtigste Ziele der Schulbildung

Angesichts fehlender Zuständigkeit ist sogar noch nachvollziehbar, dass sich der Koalitionsvertrag über eine Reform der Schulstrukturen oder die Beseitigung von sozialen Bildungsbarrieren ausschweigt. Da ist es bemerkenswert, dass der einzige Hinweis zur Verbesserung der individuellen Förderung, nicht etwa den 40% der Schüler mit Migrationshintergrund gilt, die derzeit nicht einmal Basiskompetenzen auf niedrigstem Niveau erreichen, sondern der relativ kleinen Gruppe der Hochbegabten gilt: *„Wir wollen die Beratung von Eltern sowie von Lehrerinnen und Lehrern hochbegabter Kinder besonders fördern. Hochbegabtenförderung muss früher beginnen."* (Zeilen 2639 f.)

Zu den Lehrinhalten in der Schule findet sich ein einziger für diese Koalition allerdings bezeichnender Satz: *„Die Initiative ‚Unternehmergeist in die Schulen' wird weitergeführt und ausgebaut"* (Zeilen 2685f.). Unternehmergeist in die Schulen, das ist also die wichtigste geistige Erneuerung für die Modernisierung unser Schulsystem.

Fetisch duales System

Wie schon in der Vergangenheit singen CDU/CSU und FDP wieder einmal das hohe Lied auf das „duale System" in der Berufsausbildung. Es sei ein „Erfolgsmodell" und das obwohl die duale Ausbildung auf 43 Prozent der jährlichen Neuzugänge zur beruflichen Bildung zurückgefallen ist [PDF - 160 KB]. 22 Prozent der erfolglosen Bewerber besuchen mehr oder weniger freiwillig weiter eine allgemeinbildende Schule oder absolvieren eine so genannte berufsvorbereitende Maßnahme und der Rest landet irgendwo in „Zwischenlagern", davon zehn Prozent als ungelernte Hilfskräfte. Es ist geradezu makaber, dass gerade jetzt, wo die Krise auf dem Ausbildungsmarkt ankommt und die Unternehmen die Zahl der Ausbildungsplätze reduzieren, davon geredet wird, dass man *„den erfolgreichen Ausbildungspakt mit der Wirtschaft fortführen"* (Zeile 2705) werde.

Duale Berufsausbildung wird in ihre Bestandteile zerlegt

Zur Weiterentwicklung der beruflichen Bildung fallen den Koalitionären nur die *„Flexibilisierung und Modularisierung"* ein. Zurecht kritisiert ver.di:

„Mit der Modularisierung der dualen Ausbildung passt sich die Koalition einer europäischen Entwicklung an, die mehr auf staatliche Ausbildungsabschnitte und Training on the Job setzt. Damit sinkt generell die Qualität der Ausbildung im dualen System. Es ist nicht einzusehen, dass in anderen europäischen Ländern wie in Frankreich das duale System erprobt, bei uns aber in seine Bestandteile zerlegt werden soll.
Eine Ausrichtung der Berufsausbildung auf Einzelinteressen der Betriebe, verbunden mit modularisierten Ausbildungsordnungen in zweijährigen Ausbildungsgängen, nützt weder den Betrieben noch den Beschäftigten und fördert eher den <u>Ausbau des Niedriglohnsektors</u>."

Deutschland fällt in der Weiterbildung weiter zurück

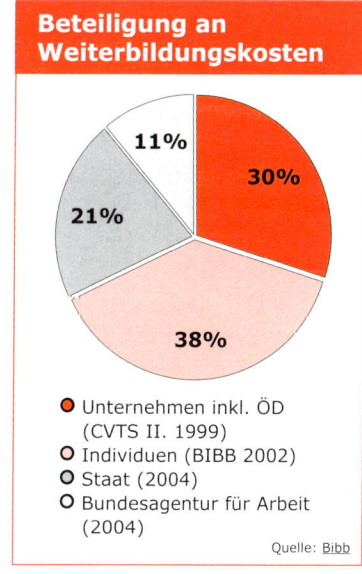

Beteiligung an Weiterbildungskosten

- 🔴 Unternehmen inkl. ÖD (CVTS II. 1999)
- ⚪ Individuen (BIBB 2002)
- ⚪ Staat (2004)
- ⚪ Bundesagentur für Arbeit (2004)

Quelle: Bibb

Gemessen an der Anzahl der Teilnehmer und der Dauer von beruflichen Weiterbildungsmaßnahmen liegt Deutschland hinter den meisten Industrieländern zurück. Die Chance für die Mitarbeiterinnen und Mitarbeiter, an Weiterbildungskursen teilzunehmen, ist im europäischen Vergleich unterdurchschnittlich (Platz 16), bei der Intensität der Maßnahmen befindet sich Deutschland <u>am unteren Ende der Skala (Platz 22)</u>.

Die Unternehmen beteiligen sich gerade einmal zu 30% an den Weiterbildungskosten.

Der neuen Bundesregierung fällt zum *„lebensbegleitenden Lernen"* nicht mehr ein, als dass eine *„Weiterbildungsallianz"* (Zeile 2732) geschmiedet werden müsse und verweist ansonsten auf die *„besondere Verantwortung"* (Zeile 2739) der Sozialpartner. Von einem Erwachsenenbildungsförderungsgesetz – wie es die <u>Expertenkommission Finanzierung Lebenslangen Lernens</u> vorgeschlagen hat –, das einen verbindlichen Anspruch auf Weiterbildung festschreibt oder gar von einer Verbesserung der individuellen Förderung von Weiterbildungsmaßnahmen keine Spur.

Da sollen auf der einen Seite wegen des demografischen Wandels *„die Voraussetzungen für eine längere Teilhabe Älterer am Erwerbsleben"* (Zeile 767f.) verbessert werden, die wichtigste Voraussetzung für den Erhalt der Beschäftigungsfähigkeit, nämlich die Beseitigung des Chaos bei der Weiterbildung und die Verbesserung der Weiterqualifizierungsmöglichkeiten für den einzelnen Arbeitnehmer werden jedoch verweigert.

Als Fazit zur Bildungspolitik der schwarz-gelben Koalition bleibt übrig:

Bildung wird weiter ein Thema für blumige Sonntagsreden bleiben. Das Pathos im Koalitionsvertrag steht im umgekehrt proportionalen Verhältnis zu den Taten. Die Bildungsrepublik Deutschland bleibt gerade auf dem Feld der Bildung eher eine Bananenrepublik.

Artikel-Adresse: http://www.nachdenkseiten.de/?p=4307

9. Was zu tun ist ...
und was man lassen sollte

Wie kommen wir aus der Wirtschafts- und Finanzkrise wieder heraus? Unsere unvermindert verbissen neoliberalen „Eliten" in Wirtschaft, Politik und Medien haben keine wirklichen Lösungsvorschläge. Es wird höchstens geflickt, nicht repariert. Die NachDenkSeiten machen Vorschläge zur Korrektur.

Den Kapitalmarkt effizienter organisieren – Konversion ist angesagt

7. Januar 2009 | Rubrik: Finanzkrise | Von Albrecht Müller

Meine Zweifel an der häufig wiederholten Annahme, die ungerechte Einkommensverteilung habe eine Geldschwemme verursacht, die wiederum verantwortlich sei für die Aufblähung der Finanzmärkte und die jetzige Krise, stießen auf Widerstand und Kritik auch bei NachDenkSeiten-Lesern. Meine Zweifel sind nicht beseitigt. Die so oft wiederholte Vorstellung, die miserable Einkommensverteilung habe zu einer Art Geldschwemme und damit zur Finanzkrise geführt, lenkt eher von der Diagnose der wichtigeren Ursachen und damit von der richtigen Therapie ab. Es ist jetzt notwendig, den Kapitalmarkt auf notwendige Funktionen zu beschränken und ihn von dem Element der Spekulation, den dafür forcierten Vermögenstransaktionen und überhöhten Renditevorstellungen zu befreien. Diese Beschränkung auf die notwendigen Aufgaben stellt die Volkswirtschaften vor ein ähnliches Problem wie bei der Rüstungskonversion.

1. Replik zur Rolle der Einkommensumverteilung zu Gunsten der oberen Einkommen und zur „Geldschwemme"

Noch einmal die Feststellung: Die Einkommensverteilung und Vermögensverteilung hat sich in den letzten 25 bis 30 Jahren fast stetig ungünstig entwickelt. Darüber gibt es keinen Streit. Auch darüber nicht, dass diese ungerechte Verteilung schlimme Folgen für unsere Volkswirtschaft (Stagnation der Masseneinkommen und mangelhafte Binnennachfrage z.B.) und für unsere Gesellschaft hat. Diese ist tiefer gespalten denn je. Von Chancengerechtigkeit kann man auch nicht annähernd sprechen, von Chancengleichheit sowieso nicht. Die Bessergestellten und die Kinder der Bessergestellten haben dank Vermögen, guten Einkommen und daraus abgeleiteten Beziehungen um vieles höhere Chancen als die anderen. Auch das ist ein fundamentaler Angriff auf die Lebensfähigkeit von Demokratie.

Fazit: Die eingetretene Einkommens- und Vermögensverteilung ist skandalös. Um dies festzustellen und dagegen anzugehen bedarf es nicht der ergänzenden Behauptung, diese Einkommensverteilung sei die Hauptursache der Finanzkrise.

Und noch eine Feststellung vorweg, die zur Differenziertheit und Entschärfung der Debatte beitragen soll: Selbstverständlich haben auch nach meiner Einschätzung die hohen Zuwächse der Einkommen und Vermögen bei den Besser- und Spitzenverdienern die zum spekulativen Einsatz verfügbaren Mittel vermehrt und damit auch ihren Teil zur Finanzkrise beigetragen. Dass aber die Vermehrung, also die Veränderung verfügbarer Geldvermögen die Hauptursache der Finanzkrise gewesen sei, ist damit nicht gesagt.

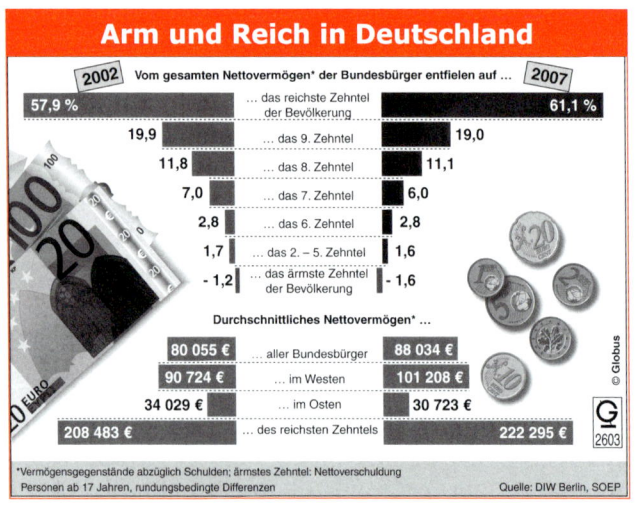

Die Vermögensverteilung entwickelt sich seit 25 bis 30 Jahren ungünstig für die meisten Bundesbürger.
Auch von 2002 bis 2007 wurde nur das reichste Zehntel der Bevölkerung immer reicher, während beim ärmsten Zehntel die Nettoverschuldung weiter anstieg.

Zum Spekulieren und zur Perversion des Kapitalmarktes in ein Spielkasino bedarf es der Zuwächse nicht. Dazu reichen und reichen die hohen Bestände an Geldvermögen. Diese Bestände waren in der fraglichen Zeit immer um vieles höher als die Zuwächse.

Eigentlich halte ich es für unergiebig, den Disput über die Frage fortzuführen, „ob die Umverteilung von unten nach oben" und damit der Zufluss von Finanzmitteln … „eine entscheidende Ursache für die Aufblähung der Finanzmärkte" ist. Ich muss mich wohl dennoch dieser Frage nach den Ursachen der Finanzkrise noch einmal kurz zuwenden, weil sich die Therapie selbstverständlich an den Ursachen orientieren muss. Wenn die Finanzkrise eine Folge der schlechten Einkommens- und Vermögensverteilung ist, dann müssen wir die Einkommensverteilung ändern. Das wäre nicht nur ein moralisches Anliegen, sondern auch ökonomisch sinnvoll. Aber: Schaffen wir das? Und vor allem: Schaffen wir das so schnell, wie es nötig wäre, um die nächste Finanzkrise zu verhindern? Wir müssten die eingetretene Vermögensverteilung gravierend verändern, weil nach der zitierten Ursachenforschung die Finanzmittel doch schon zugeflossen sind.

Und noch etwas: Selbst wenn es uns gelänge, die Anteile der Löhne am Volkseinkommen von heute 62,3% wieder auf über 70% (der Wert von 1980) anzuheben, dann gäbe es ja immer noch 30% Gewinn- und Vermögenseinkommen. Läuft die Konjunktur über einen längeren Zeitabschnitt gut, dann bringt der 30%-Anteil am Volkseinkommen am Ende mehr an Finanzmittelzuwachs als die 36% von einem insgesamt stagnierenden Volkseinkommen.

Konkret ein Blick zurück: Wenn die Konjunktur im Jahr 1992 nicht abgebrochen worden wäre, dann wären – auch ohne Verschlechterung der Lohnquote – die den Gewinn- und Vermögenseinkommensbeziehern zufließenden zusätzlichen Einkommen zwischen 1993 und heute höher gewesen als in der herrschenden Situation mit Stagnation und schlechter Einkommensverteilung, sichtbar am Absturz der Lohnquote von 68% im Jahre 1992 auf 62,3% im Jahr 2007.

Zum besseren Verständnis noch einmal ausführlicher: Nehmen wir einmal an, der Einheitsboom wäre 1992 bei uns nicht abgebrochen worden und wir hätten statt der bescheidenen durchschnittlichen ca. 1,5% Wachstum p.a. real ein durchschnittliches Wachstum von 2,5% p.a. gehabt. Unterstellen wir weiter, in diesem Zeitraum bis heute wäre wegen der höheren Nachfrage nach Arbeitskräften der Arbeitsmarkt um vieles ausgeglichener gewesen, die Löhne hätten sich nicht so drücken lassen und die Lohnquote wäre etwa auf dem Niveau von 1992 geblieben, also auf 68% statt der heutigen 62,3%. Durch den größeren Zuwachs der Realeinkommen hätten sowohl die Arbeitnehmer als auch die Rentner und Arbeitslosen ein beachtlich höheres Realeinkommen als heute, einmal wegen der Stabilität der Einkommensverteilung (sichtbar in der Lohnquote), zum anderen aber vor allem wegen der Vergrößerung des zu verteilenden „Kuchens".

Obwohl die Einkommen aus Gewinnen und Vermögen ihren Anteil in der Zeit von 1993 bis heute nicht hätten erhöhen können, hätten sie vermutlich durch das Anwachsen des gesamten BIP mindestens so hohe Zuflüsse an Einkommen gehabt wie unter den Bedingungen, wie sie eingetreten sind mit quasi stagnierendem Wachstum…

Wenn meine Annahme stimmt, dann hätten die gut Verdienenden in diesen 15 Jahren einen Zuwachs an Finanzvermögen gehabt, der ihnen die Spekulation mindestens so sehr möglich gemacht hätte wie unter den heutigen Bedingungen. Die so genannte „Geldschwemme" wäre nicht geringer.

Wir haben die Finanzkrise vor allem einer Verselbstständigung und Ausweitung des Kapitalmarkts jenseits seiner genuinen Aufgaben zu verdanken.

Anders als es bei manchen von mir geschätzten Autoren üblich ist, teile ich die pauschale Unterscheidung zwischen Realwirtschaft einerseits und Finanzwirtschaft andererseits nicht. Ein Teil der Finanzwirtschaft ist legitimer Teil der Realwirtschaft. Es ist die reale Aufgabe der Banken, der Versicherungen und der Finanzdienstleister, dafür zu sorgen,

- dass Wirtschaftssubjekte, die sparen, und solche, die investieren wollen, zusammenkommen. Die Banken betreiben die dafür notwendige Kredit- und Fristentransformation. Sie leisten dabei einen Beitrag, sie schöpfen Werte, wie auch das Transportgewerbe, der Einzelhandel, die Gastronomie, die Justiz oder die Schulen Werte schaffen.

- Die Banken betreiben den Zahlungsverkehr und sind damit Teil der Wertschöpfungskette.

- Die Finanzwirtschaft, insbesondere die Versicherungen, helfen uns, Risiken zu mindern und abzubauen. Wir zahlen dafür Prämien. Auch das ist ein Maß für Wertschöpfung.

- Vor allem im internationalen Wirtschaftsverkehr fallen Währungs- und andere Risiken an, die das produzierende Gewerbe und der damit verbundene Handel zum Beispiel gerne mindert und dafür eine Prämie zahlt. Sie ist Spiegelbild der dort getätigten Wertschöpfung.

Dies sind typisch realwirtschaftliche Vorgänge. Deshalb macht es aus meiner Sicht keinen Sinn, pauschal zwischen Realwirtschaft einerseits und Finanzwirtschaft andererseits zu unterscheiden.

Die Finanzwirtschaft hat aber inzwischen Tätigkeiten entwickelt, die mit den realen Bedürfnissen einer Volkswirtschaft nichts mehr gemein haben.

Das zur Absicherung von Risiken ansatzweise nützliche Element der Spekulation beherrscht die Szene und hat sich verselbstständigt. Auf den Finanzmärkten finden Vermögenstransfers und Transaktionen statt, die mit dem Service der Finanzwirtschaft für Industrie, Gewerbe und Handel nichts mehr zu tun haben.

Und es werden Renditen verlangt, vorgegeben und von den Anlegern erwartet, die auf dem normalen Weg der Wertschöpfung (durch Kredittransformation zum Beispiel) nicht erzielt werden können und zu immer riskanteren Geschäften zwingen und geführt haben.

Im Folgenden werden einige praktische Fälle geschildert, die diese Verselbständigung zeigen:

2. Der Aktienmarkt. Mit Kapitalbeschaffung hat der Verlauf der Börse am allerwenigsten zu tun.

Der Blick auf die Entwicklung des so genannten DAX-30, also der Zusammenfassung der Kursentwicklung der 30 großen, im DAX aufgenommenen Unternehmen zwischen 1959 und heute, ist sehr aufschlussreich (siehe Abbildung).

Zwischen 1959 und dem Jahr 1983 blieb die Kursentwicklung einigermaßen stabil. 1960 überschritt der DAX zum ersten Mal die Marke von 500 Punkten. Die gesamten sechziger und siebziger Jahre schwankte der Wert um eine Linie zwischen 500 und 600 Punkten. Es gab keine größeren Ausschläge.

Ab 1983 änderte sich das markant. Im Jahr 1994 überschritt der DAX die Schwelle von 2000 Punkten und dann im März 2000 die Marke von 8064. Das ist in sechs Jahren eine Vervierfachung der Kurswerte der DAX Unternehmen.

Danach sackte der DAX bis zum März 2003 auf 2202 Punkte ab, also fast auf ein Viertel; dann ging es wieder hoch; gut vier Jahre später, im Juli 2007 überstieg der DAX wieder die Marke von 8100 Punkten

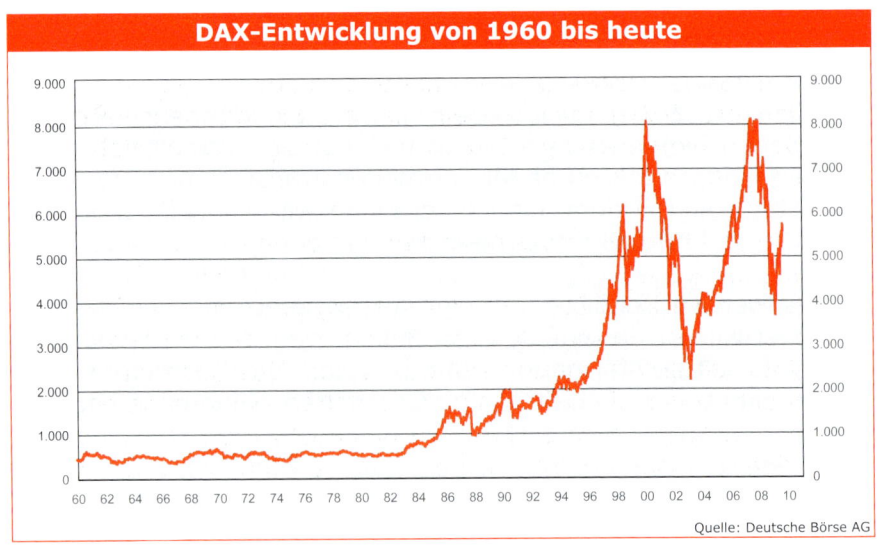

DAX-Entwicklung von 1960 bis heute

Quelle: Deutsche Börse AG

und fiel dann auf 4127 im November 2008 und schwankt heute (= Anfang des Jahres 2009) zwischen 4600 und 5000 Punkten.

Die markante DAX-Entwicklung in Kurzfassung:

- Gut 20 Jahre lang bis 1983: DAX unter 1000, keine großen Ausschläge

- Dann von 1995 mit 2000 Punkten ein Sprung auf über 8000 im Jahr 2000

- Sprunghafter Abstieg bis ca. 2200 Punkte im Jahre 2003

- Neuer Aufstieg auf über 8000 im Jahr 2007

- Neuer massiver Abstieg auf knapp über 4000 im November 2008

Ein eigenartiger Zufall: mit der politischen und ideologischen Wende von 1982 werden auch die Aktienkurse „befreit".

Mit der ökonomischen Entwicklung haben diese sprunghaften und enorm großen Veränderungen wenig zu tun. Die ökonomische Entwicklung war zum Beispiel in den 23 Jahren zwischen 1959 und 1982 um vieles besser als in der Periode der Explosion der Aktienkurse: niedrige Arbeitslosigkeit, hohe Wachstumsraten, zumindest über längere Zeiträume auch eine fairere Einkommensverteilung, höhere Zufriedenheit mit den wirtschaftlichen und sozialen Verhältnissen.

Die Aktienkursbewegungen zwischen 1983 und heute sind offensichtlich im Wesentlichen geprägt von Spekulationen. Sie werden und wurden in dieser Zeit immer wieder unterfüttert von Meinungsmache und Propaganda – und offensichtlich in diesem Kontext auch von einer Ideologie, die uns mit der Wende des September 1982, dem Wechsel von Helmut Schmidt zu Helmut Kohl, nahe gebracht worden ist. Wenn man sarkastisch diagnostizieren wollte: der eigenartige DAX-Verlauf mit seiner Waagrechten bis einschließlich 1982 und den Sprüngen nach oben, nach unten und nach oben ab 1983 ist auch ein Spiegelbild und ein Symptom der ideologischen Machtübernahme durch neoliberale Kräfte in der Bundesrepublik. Leistung muss sich wieder lohnen, jeder ist seines Glückes Schmied, freie Fahrt für freie Bürger, Deregulierung, Privatisierung, unregulierte Spekulation für alle, die das wollen und können.

Mit Kohl und Graf Lambsdorff haben sich 1982 auch die vorher schon rührigen Vertreter der neoliberalen Ideologie durchgesetzt, namentlich Hans Tietmeyer (CDU), dem wir im Oktober 2000 bei der Gründung der Initiative Neue Soziale Marktwirtschaft und neuerdings als Aufsichtsratmitglied der in Nöte geratenen Hypo Real Estate (HRE) begegneten. Tietmeyer war der Mann, der 1996, rechtzeitig zu Beginn des Booms der Aktienmärkte, den in Davos versammelten Politikern erklärte, sie stünden jetzt unter Aufsicht der Finanzmärkte.

Werte werden damit nicht geschaffen, auch nicht Vermögen. Vermögen werden umverteilt. Wie im normalen Casino auch.

Erstaunlich viele Menschen glauben, wenn die Aktienkurse steigen, dann würden auch Werte geschaffen. Das ist eine Täuschung. Wenn der Kurswert eines Unternehmens sich verdoppelt oder sich gar vervierfacht, dann ändert sich damit weder an der Produktivität noch am Umsatz oder am Gewinn dieses Unternehmens etwas. Und wenn sich im Prozess einer solchen Kurssteigerung Aktionäre von ihren Aktien trennen und gemessen am Einkaufskurs Gewinne machen (oder große Verluste), dann ist das volkswirtschaftlich betrachtet kein Gewinn (und auch kein Verlust). Der Verkäufer muss auch zwingend immer einen Käufer als

In unseren Medien nimmt das Börsengeschehen einen Platz ein, den es nicht verdient. Und wenn an Schulen mit Börsenspielen wirtschaftliche Zusammenhänge erlernt werden sollen, dann wird schon den Kindern vermittelt, dass Spekulation und Zockerei zu den Säulen unseres Wirtschafts-Casinos gehören: DAX-Tafel im Handelssaal der Frankfurter Börse.

Foto: Deutsche Börse

Partner haben, also jemand, der andere Vermögens-Positionen auflöst und dafür die Aktien kauft.

Es gibt bei diesem Spiel im Casino Gewinner und Verlierer. Es gibt solche, die niedrig einsteigen und bei gestiegenen Kursen rechtzeitig wieder aussteigen und so weiter. Und es gibt solche, die bei steigenden oder schon hohen Kursen einsteigen und dann beim Kursverfall den Verfall ihres Vermögens wahrnehmen. Es gibt sogar solche, die ihre Aktien durch Schuldenaufnahme finanziert haben und im zuvor geschilderten Fall, also bei Kursverlusten, auch noch auf ihren Schulden sitzen bleiben.

Und es gibt solche, die beim Casinobetrieb immer gewinnen: die Casinobetreiber selbst, also die Börsen, und die Croupiers und sonstigen vielen Mitwirkenden, also die Makler, die Analysten, die Rating Agenturen, die Broker, die Investmentbanken, die Banken und auch ihre Angestellten, die durch hohe Provisionen motiviert werden, engagiert mitzumachen, auch wenn sie nur das kleinste Zahnrad im Getriebe sind, usw.

Wer dieses Eigenleben der Kapitalmarktakteure und Casinobetreiber nicht erkennt und nicht einbezieht in die Ursachenforschung, wird die Hintergründe der Finanzkrise nur unzureichend erfassen und wird auch nicht verstehen, warum der Casinobetrieb weitergeht.

Im konkreten Fall der beiden Aktienbooms in Deutschland zwischen 1995 und heute hatten die Aktien-Kurssteigerungen noch besondere Aktivitäten ausgelöst: in Deutschland – wie in anderen Ländern auch – ermunterte der Aktienboom dazu, dass bisher nicht an Börsen notierte Unternehmen den Börsengang „wagten", wie es hieß. Viele neue Unternehmen oder neu am Kapitalmarkt auftretende Unternehmen haben in dieser Zeit Millionen und Milliarden eingesammelt. Einige haben damit vernünftig investiert und florieren. Die Mehrheit hat das Geld eingesackt oder gleich verschwendet. Einzelne Personen und Gruppen sind dabei sehr reich geworden. Andere, die Anleger, wurden um Teile ihres angesparten Vermögens gebracht.

Der Interessenhintergrund der Werbung für das Engagement in Aktien und für (spekulative) Bewegungen an den Börsen.

Die Börsen selbst, die dort tätigen Broker und die Analysten, die Banker und die Banken, die Börsenbeobachter und nahezu alle Medien und die PR-Agenturen haben ein großes Interesse an der Bewegung. Sie leben von den Transaktionen. Banken und Börsen und alles, was dazu gehört, verdienen am Kauf und am Verkauf. Sie erheben Provisionen und andere Gebühren. Sie verdienen, wenn die Kurse steigen und wenn die Kurse fallen, wenn gekauft wird und wenn verkauft wird.

Börsengänge sind besonders lukrativ. Da gibt es viel zu tun – für Gutachter, für Analysten, für Börsenspezialisten und Anwälte, für Steuerfachleute und für Werbeagenturen. Für sie alle war zum Beispiel der Börsengang der Deutschen Telekom und der Deutschen Post und vieler privater Unternehmen ein Zuckerschlecken. Für sie ist der Verlauf einer DAX-Kurve wie zwischen 1959 und 1983 ein Horror. Für sie ist die zweimalige Explosion und der darauf folgende Absturz der Aktienkurse wie zwischen 1995 und 2008 eine wunderbare Angelegenheit. Natürlich hätten sie es lieber, es ginge immer aufwärts und immer mehr Leute würden sich auf die Börsen stürzen. Aber dies ist unrealistisch und so leben sie zur Not ganz gut sowohl von den Aufwärts- als auch von den Abwärtsbewegungen.

Großes Interesse an solchen Bewegungen haben auch die Kenner unter den Anlegern und Spekulanten, also solche Personen, die relativ gut den notwendigen Sachverstand organisieren können und auf die allgemeine Propaganda nicht herein fallen. Man hört jetzt, dass gerade viele besser verdienende und reiche Personen rechtzeitig vor dem Einbruch, der nach der Spitze vom Juli 2007 eintrat, ausgestiegen sind. In der Summe wird es wohl so sein, dass die vielen kleinen Anleger, die häufig zugleich die weniger gut beratenen Personen sind, eher zu den Verlierern gehören.

Die Kursbewegungen der vergangenen 20 Jahre wären ohne massive Propaganda für Börsen und Aktien und für alles, was damit zusammenhängt, nicht denkbar. Sie haben davon profitiert, dass unsere Gesellschaften unter Anleitung unseres Führungspersonals von der öffentlichen Ächtung der Spekulation zu einer öffentlichen Bewunderung der Spekulation und ihrer Ergebnisse geschritten sind.

Die Spekulation hatte auch in Deutschland einmal einen anderen Beigeschmack als heute. Wir haben in den NachDenkSeiten schon einmal darauf hingewiesen, mit welcher Entschiedenheit Politiker, die als Oberbürgermeister für die Geschicke großer Städte verantwortlich waren, bis in die Siebzigerjahre gegen Bodenspekulation mobil machten.

Es gab massive Bodenspekulation. Aber die Spekulanten waren nicht hoffähig und man hat versucht, dagegen im Interesse einer vernünftigen Städtebauplanung anzugehen. Dieses Blatt hat sich völlig gewendet. Von den politisch Verantwortlichen gab es nach 1983 und insbesondere in der Phase der großen Sprünge der Aktienkurse keinerlei Kritik an diesen Bewegungen, stattdessen eine offene oder klammheimliche Freude über diese Entwicklung. Massive Aktienkurssteigerungen werden laienhaft oder bewusst als Wertsteigerungen betrachtet und gewertet. Und Kursverluste werden als Vernichtung von Werten betrachtet.

Es ist auch von der Politik und von den Interessenten sowieso auf vielfältige Weise für Engagements in Aktien und ähnlichen Produkten geworben worden:

- Die Finanzlobby gründete das so genannte Deutsche Aktieninstitut e.V., eine Einrichtung, die sich zum Ziel gesetzt hat, die „Aktienkultur" zu verbreiten, wie es hieß. Siehe dazu z.B. „Mehr Aktienkultur heißt weniger Arbeitslose". Kleinanleger wurden mit ihren Ersparnissen auf diesen Kapitalmarkt gelockt mit der Verheißung, dort sei eine Art „Kultur" anzutreffen. Man kann sich den Begriff „Kultur" auf der Zunge zergehen lassen.

- Bei jedem Börsengang wurde eine Propagandaflut inszeniert. Beispielhaft sei an den Börsengang der Telekom erinnert, die mit Manfred Krug Hunderdtausende von Anlegern verführte. Ähnlich ging es mit anderen Fernseh-Größen beim Börsengang, der Post zum Beispiel.

- Die Werbung für den Einstieg in Aktien wurde geschickt kombiniert mit der Propaganda für die so genannte New Economy. Man erzählte uns Ende des letzten Jahrhunderts und vor dem endgültigen Bruch des Booms im Jahre 2000, dass eine völlig neue produktive Bewegung durch die IT-Industrie in Gang gesetzt worden sei. Reihenweise wurden so genannte Start Ups an die Börse geschickt. Reihenweise wurde das Geld treuherziger Anleger vernichtet. Zwei besonders aparte Engagements in dieser Sache nenne ich:

Hans Tietmeyer präsentierte als neuer Kuratoriumsvorsitzender der INSM bei der Vorstellung dieser Initiative Neue Soziale Marktwirtschaft am 12. Oktober 2000 eine Broschüre mit dem Start up-Unternehmer Röver aus Stuttgart im Streitgespräch mit dem heutigen IGMetall-Vorsitzenden Huber. Rövers hochgelobte Brokat AG gibt es schon nicht mehr. Sie musste ungefähr zeitgleich mit Tietmeyers Vorstellung der INSM für ca. 140 Millionen DM von Siemens vorerst gerettet werden. (Was war eigentlich das Motiv von Siemens für diese Rettung? 140 Millionen für 3% eines niedergehenden Kleinunternehmens? Der heutige Siemens-Chef könnte sich freundlicherweise um diese seltsame Geldverschwendung kümmern. Vermutlich ein Fall von polit-ideologischer Korruption.)

Das andere Beispiel für eine unsägliche Propaganda mit der New Economy lieferte der Sachverständigenrat zur Begutachtung der gesamtwirtschaftlichen Entwicklung. Diese herrlichen „Experten" schrieben im Jahresgutachten vom November 2000 ein eigenes Kapitel zum Thema „Hoffnungsträger Neue Ökonomie?" Die Halbwertszeit dieses Gutachtens betrug gerade mal drei Monate.

• Von diesen Einzelheiten abgesehen ist unsere Welt voll von interessengeleiteter Propaganda für die Börsen und Aktien. Ist es selbstverständlich, dass wir jeden Abend zur besten Sendezeit mit Börsennachrichten belästigt werden? Das dürfte es nicht sein. Ist es selbstverständlich, dass wir in Berichten über die Finanzkrise unentwegt mit Börsenberichten und Statements der Berichterstatter von den Börsen beschäftigt werden? Es müsste uns doch nahezu gleichgültig sein, wie sich die Kurse bewegen. Mit der Sicherheit der Arbeitsplätze und den Sorgen vieler kleiner Unternehmen um ihre Umsätze und Gewinn- und Verlustrechnung und ihre Kreditversorgung haben die Aktienkursbewegungen nahezu nichts zu tun.

Laut Meldung des Aktieninstituts (DIE WELT vom 30.7.2008) waren im Juli 2008 nur noch 5,4% der Gesamtbevölkerung Aktionäre; zu Zeiten des Aktienbooms 2000 waren es auch nur gut 10%. Die anderen 90%, heute fast 95%, müssen sich also jeden Abend und auch im Anschluss an die Tagesnachrichten in der Regel anhören und ansehen, was an den Börsen los ist. Wie kommen wir zu solch abenteuerlichen Gewohnheiten? Es ist höchste Zeit, dass die Hörfunk- und Fernsehsender auf diese einseitige Propaganda verzichten.

- Ein wichtiges Element der Propaganda ist die schon erwähnte Unterstellung, steigende Aktienkurse seien gut. Wieso eigentlich? Wieso kommen die Börsenberichterstatter zu der Einschätzung, wenn die Kurse ansteigen, sei es angezeigt, von der Mattscheibe zu lächeln und sich sichtlich zu freuen, und wenn die Kurse sinken, dann sei es angezeigt, Trauer zu tragen. Dieses von unseren Fernsehsendern gepflegte Gehabe ist schon deshalb sachlich nicht berechtigt und geradezu komisch, weil es außer jenen Aktienbesitzern, die von Kursgewinnen profitieren, zumindest 90% andere Deutsche gibt, die dieses Spiel allenfalls gleichgültig lassen muss, und weil es weitere Mitspieler gibt, die gerade Interesse an sinkenden Kursen haben müssen, weil sie beabsichtigen, neu oder wieder einzusteigen.

Mit der Masche, Aktienkurssteigerungen öffentlich euphorisch zu begrüßen, wird bei uns von Kind auf eingeübt, dass spekulative Bewegungen etwas Gutes seien. Unsere Jugend wird an Schulen schon eingeübt in Börsenspiele – ohne jeglichen Anflug von Kritik und Zweifeln.

Es ist anzuraten, diese scheinbare Kleinigkeit nicht für unbedeutend zu halten. Aus solchen Kleinigkeiten setzt sich die Zustimmung zum Casinobetrieb zusammen. Solche Kleinigkeiten sind die Basis für die immer noch unreflektierte Fortsetzung und Genehmigung der Fortsetzung der spekulativen Tätigkeit unserer Finanzwirtschaft. Es ist bemerkenswert – und darauf wird zurückzukommen sein –, dass die ungeheuerlichen Erscheinungen und Folgen der erlebten Finanzkrise bisher offensichtlich die Verantwortlichen nicht veranlasst haben, den Casinobetrieb einzustellen. Im Gegenteil: die Rettungsschirme dienen offensichtlich auch der Fortsetzung der Spekulationsgeschäfte. Im Kleinen zeigt sich das bei der Anlageberatung der deutschen Banken nach Eintritt der Finanzkrise. Die ZDF-Sendung „wiso" berichtete am 5. Januar 2009 von einem mit versteckter Kamera aufgenommenen Test. Der Tester von „wiso" hatte bei mehreren deutschen Banken in Braunschweig 50.000 Euro anzulegen versucht. Trotz der klaren Absichtserklärung für eine sichere Anlage, wurden ihm sehr riskante Papiere empfohlen.

Auch die Spekulationseuphorie bei den Medien scheint ungebrochen. Als zum Beispiel am 5. Januar der DAX vorübergehend die 5000-Punkte-Grenze überschritt, jubelten die Börsenberichterstatter des ZDF. Und nicht nur die. Schon zuvor am 2. Januar feierte beispielsweise SpiegelOnline den Trend nach oben. Die Einseitigkeit der Propaganda und die Einseitigkeit der Sprache ist ungebrochen. Wenn die Kurse steigen, ist es gut. Wenn sie sinken, ist es schlecht. Die Finanzkrise hat keine Spuren in den Köpfen der handelnden Personen auf den Kapitalmärkten Deutschlands und bei den Börsenbeobachtern aus den Medien hinterlassen. Die Spekulationsmentalität blüht weiter. Niemand kommt auf die Idee danach zu fragen, ob es gesellschaftlich und ethisch vertretbar ist, eine Spekulationsentwicklung wie die auf den Aktienmärkten mithilfe öffentlicher Gelder wieder anzuheizen.

Niemand kommt auf die nahe liegende Idee, dass es eigentlich nicht sonderlich schlimm gewesen wäre, wenn der DAX nicht nur vorübergehend auf 4000 sondern zum Beispiel auf die 2000 gesunken wäre, bei denen er zu Beginn der Hauptrallye im Jahr 1995 stand.

Vermutlich ist auch keine der anderen Gewohnheiten und Vorlieben wirklich infrage gestellt: Vermutlich nicht der Drang auf Privatisierung und Börsengänge, vermutlich nicht die Bewunderung für die Investmentbanker, vermutlich nicht die Vorstellung, wer auf den Kapitalmärkten Millionen und sogar Hunderte von Millionen einnimmt, verdiene dieses Geld auch; vermutlich hat sich auch noch nicht herum gesprochen, dass der Finanzsektor weit überdimensioniert ist und wie ein Blutegel an den Kräften unserer Volkswirtschaft saugt.

Volkswirtschaftlich betrachtet ist der reale Börsenbetrieb der letzten 25 Jahre eine große Vergeudung von Ressourcen.

Die in der Abbildung (Seite 292) wiedergegebenen großen Bewegungen der Aktienkurse wurden von vielen Menschen bei Banken und Börsen, Kanzleien und Beratern, Medien und Public Relations-Agenturen gemanagt und begleitet. So weit dies dem spekulativen Betrieb dient, ist das volkswirtschaftlich betrachtet eine Verschleuderung von Ressourcen. Die Spekulation an den Börsen dient sichtbar nicht der optimalen Allokation des zur Verfügung gestellten Kapitals. Die Kursbewegungen sind häufig keine Abbildung der Qualität und Qualitätsveränderung der Unternehmen. Sie sind vielmehr das Ergebnis von Propaganda und von Öffentlichkeitsarbeit und auch von falschen Gerüchten und dann häufig das Ergebnis gleichgeschalteten Gruppenverhaltens. Wie wenig das in der heutigen Zeit mit der Leistung der Unternehmen zu tun hat, wird an den aktuellen Kursbewegungen sichtbar: die Kurse sind in den letzten Wochen gestiegen, weil der Staat Rettungsschirme aufgespannt hat, weil wir als Steuerzahler Geld geben. Hat das etwas mit der Leistung der Unternehmen oder gar der Banken zu tun, deren Kurse zwischenzeitlich auch einmal gestiegen sind?

An vielen Beispielen wird sichtbar, dass die Aktienbewegungen sogar Anreize zu Fehlinvestitionen bieten. Die besten Beispiele dafür sind die markanten Börsengänge zu Zeiten der New Economy im Vorfeld des Jahres 2000. Milliarden sind in die Kassen von neuen Unternehmen geflossen, weil es modisch war, in die New Economy zu investieren. Jene haben am meisten Geld sammeln können, die die beste Öffentlichkeitsarbeit gemacht haben, und nicht jene, die die besten unternehmerischen Ideen hatten.

Die enormen Kursgewinne und die hektischen Bewegungen an den Börsen hatten auch direkte Auswirkungen auf unternehmerische Entscheidungen. Das Management großer Unternehmen war gezwungen, wichtige Entscheidungen über Personal und Investitionen an der Bewegung der Aktienkurse zu orientieren. Da diese Bewegung in beachtlichem Maße von den Voten von Analysten, von Fondsverwaltern und auf den Aktienmärkten tätigen Bankern beeinflusst wurde und wird, waren und sind wichtige unternehmerische Entscheidungen von diesen Voten abhängig. Die Zukunft von Unternehmen und der dort tätigen Menschen waren und sind so von kurzfristigen Bewegungen des shareholder value und nicht von Erwägungen zur langfristigen Entwicklung des Unternehmens und seines Personals bestimmt. Hinter vorgehaltener Hand beklagten manche Unternehmenschefs in jener Zeit, dass sie ihre Pläne immer weniger an langfristigen Erwägungen orientieren könnten, sondern immer mehr an den Zufallsvoten flotter Analysten orientieren müssten.

Die Kursbewegungen der letzten 25 Jahre waren häufig nicht ein Abbild des Geschehens in den Unternehmen. Sie hatten ihre eigene Dynamik, die über weite Strecken von ganz anderen Kräften gesteuert wurde als von der Produktivität und der Zukunftschance der betreffenden Betriebe.

Das Geschehen auf den Aktienmärkten in Deutschland ist so ausführlich behandelt worden,

• weil am Börsengeschehen der letzten 25 Jahre wichtige Ursachen und Nebenwirkungen der Finanzkrise beobachtet und beschrieben werden können,

• weil über dieses Geschehen in Deutschland im Zusammenhang mit der Finanzkrise kaum gesprochen wird;

• weil man hierzulande so tut, als seien die Absonderlichkeiten auf den Finanzmärkten und damit die Ursache der Krisen nur ein amerikanisches Problem, von dort und von dort allein sei die Krise gekommen.

Im Widerspruch dazu sehe ich in Aktienkurssteigerungen von 2000 auf 8000, also in einer Vervierfachung in nur fünf Jahren, wie auch im folgenden Absturz in nur drei Jahren und so fort, deutliche Zeichen einer Krise des Kapitalmarktes – auch in Deutschland.

3. Gigantische Kettenbrief- und Schneeballsysteme und ihre ehrenwerten Betreiber und Nutznießer

In den USA flog Ende letzten Jahres auf, dass ein wohlangesehener Verwalter vieler Gelder, der ehemalige Nasdaq-Chef Madoff, einen

Schaden von rund 50 Mrd. US-Dollar angerichtet hat. Er hat schlicht ein milliardenschweres Schneeballsystem betrieben. Er hat die hohen Renditen, die er seinen Anlegern bezahlte, und die hohen eigenen Gewinne und die Provisionen für seine Mittelsmänner immerfort mit neuen eingeworbenen Geldern bezahlt, die ihm wegen des Versprechens der hohen Renditen anvertraut worden sind. Die Finanzmarktaufsicht hat in diesem Fall wie so oft nichts gemerkt oder nichts merken wollen. Zu Schaden gekommen sind auch berühmte und betuchte Leute, Universitäten, Stiftungen und Pensionsfonds.

Was Madoff veranstaltet hat, ist uns keineswegs fremd und dürfte auch den Verantwortlichen bei der Bankenaufsicht und der Politik nicht fremd gewesen sein. In Deutschland gab es in den vergangenen Jahrzehnten immer wieder ähnliche Fälle. Dazu gehört in Ansätzen schon Bernie Cornfields und seiner IOS erfolgreiche Einsammlung von Anlagegeldern für seine verschiedenen Fonds. Es ging in den 60er Jahren des letzten Jahrhunderts so lange gut, wie neue Anleger gefunden wurden, um immer wieder die gemachten Versprechungen einzulösen. In diesem Fall taucht auch schon die heute gängige Erscheinung auf: der Betreiber des Casinos lebte in Saus und Braus und zögerte nicht, seine exorbitanten Gewinne demonstrativ vorzuzeigen. Sein Demonstrationsmittel: französische Schlösser.

Ein weiteres Schneeballsystem von kleinerer Dimension, aber immerhin für viele Menschen auch ein Desaster, lief um die Jahrhundertwende in Rheinland-Pfalz und im Saarland ab. *„Das Angebot klang verlockend. Renditen bis zu 50 Prozent versprach die CTS Commodity Trading Service GmbH aus Saarlouis Investoren, die bereit waren, dem Unternehmen für hoch riskante Warentermingeschäfte in den USA Kapital zu überweisen"*, berichtete die WELT am 13. November 2001. Der Schaden soll sich auf 300-400 Millionen Mark belaufen haben. Das System gründete auf dem cleveren Schachzug der Organisatoren, Polizisten und andere Beamte als frühe Gewinner satter Erträge und dann als Multiplikatoren einzusetzen. (Auch Madoff hat mit solchen Mittelsmännern gearbeitet). Diese beruflich als seriös ausgewiesenen Multiplikatoren hatten bei diesem System sozusagen zusätzlich die Rolle der Ratingagenturen übernommen. Sie waren zugleich Zeugen des Erfolgs, sie fuhren neue große Autos und bauten Häuser.

Unter den Anlegern waren solche, die viel Geld hatten, aber auch viele, die nicht über viel Einkommen und Vermögen verfügten und auch nicht zu den Bevorzugten der ungerechter gewordenen Einkommens- und Vermögensverteilung gehörten. Manche von ihnen haben sogar Kredite aufgenommen, um im System mitzuspielen. Alle hatten wohl vergessen, dass der Grundsatz, dass aus Nix nix kommt, immer noch gilt. Auch sie pflegten den Irrglauben unserer Börsenberichterstatter, steigende Buchwerte seien echte Werte.

4. Zwischenbemerkung: Kriminelle Energie ist groß im Spiel

Die öffentliche Meinungsbildung zum Thema Finanzkrise wird immer noch wesentlich bestimmt von den Spielern selbst. Deshalb wird die Frage, inwieweit kriminelle Energie im Spiel war und im Spiel ist, kaum gestellt. Diese Frage muss man aber stellen. Und man sollte nicht zögern, kriminell zu nennen, was kriminell ist. Dazu ein paar Stichworte:

- die gigantischen Kettenbrief- bzw. Schneeballsysteme,

- die Verbriefung fauler Forderungen in Wertpapieren,

- die Auslagerung riskanter Kredite in Zweckgesellschaften,

- der Verkauf von Zertifikaten, von denen die Verkäufer wussten oder zumindest ahnten, dass sie nicht wert waren, was behauptet wurde, deren Verkauf aber für die Verkäufer lukrativ war wegen der hohen Provisionen,

- die Übernahme fauler Kredite durch den Staat,

- die Auszahlung von Boni, Vergütungen und Dividenden seitens derjenigen Finanzinstitute, die sich selbst schon massiv in der Krise befinden und sogar den Rettungsschirm des Staates in Anspruch nehmen,

- die massive Verkündung unrealistischer Renditevorstellungen durch Bankchefs und damit die Erhöhung des Drucks auf ihre Mitarbeiterinnen und Mitarbeiter zu hochriskantem Anlageverhalten und den entsprechenden Empfehlungen für ihre Kunden,

- die Fortsetzung des Spiels und die Deckung der Fortsetzung durch die politisch Verantwortlichen, usw.

5. Unglaubliche Dimensionen der Spekulation – und schon jetzt unglaubliche Dimensionen der Rettungsschirme

Was sich auf den deutschen Aktienmärkten abgespielt hat, ist bemerkenswert und außergewöhnlich. Die Vervierfachung der Aktienkurse innerhalb von vier Jahren ist alarmierend. Aber die Dimension der dortigen Spekulation wird übertroffen von dem, was sich auf anderen Kapitalmärkten abspielte. Die Explosion der Hypothekenkredite in den USA, die Explosion vieler Grundstücksmärkte, die Erfindung neuer Finanzprodukte, der Handel mit Derivaten in Billionen, die Verbriefungen von faulen Krediten, die Wetten auf sinkende und steigende Preise von Gütern, Währungen und Finanzprodukten - dies alles übersteigt die alarmierenden Bewegungen auf den Aktienmärkten um einige Dimensionen.

Wir können diese andere Dimension der Spekulation heute an den Risiken, an den Verlusten und an der Inanspruchnahme von „Rettungsschirmen" ablesen. Zum Beispiel:

- Die private Industriekreditbank (IKB) aus Düsseldorf ist unter maßgeblicher Beteiligung der Bundesregierung mit ungefähr 10 Milliarden Euro gerettet worden und dann für sage und schreibe 150 Millionen an den US-amerikanischen Hedgefonds Lone Star verkauft worden. Es ist nicht zu begreifen: wir haben vermutlich mit fast 10 Milliarden für die Spekulationsgeschäfte eines Unternehmens bezahlt, das uns über die Kreditanstalt für Wiederaufbau nur zu einem guten Drittel – und auch nur seit wenigen Jahren – gehörte. Und dann wurde dieses Unternehmen für einen Appel und ein Ei verkauft. Und jetzt steht dieses völlig private Unternehmen wieder auf der Matte und verlangt Hilfe vom Staat, weil offenbar die Risiken unterschätzt oder verschleiert worden sind. Neue 5 Milliarden sind im Gespräch.

- Die private Bank Hypo Real Estate in München, die auch in Steueroasen beheimateten Finanzgruppen gehört, beziehungsweise ihre Tochter Depfa, hat sich in Irland mit Zinswetten so hoch dimensioniert verspekuliert, dass die HRE beim Staat zunächst um eine Hilfe von 35 Milliarden, dann von 50 Milliarden Euro und vermutlich weiteren 50 Milliarden also insgesamt 100 Milliarden nachsuchen musste. Am Ende werden damit vielleicht 800 Arbeitsplätze gerettet. Zum Vergleich: Die Gesamtausgaben des Bundes sind für das Jahr 2009 auf rund 290 Milliarden angesetzt. 290 Milliarden für alles, was der Bund tut. Ein gutes Drittel dieser Summe wird nun zur Rettung einer einzigen Bank bereitgestellt. Oder ein anderer Vergleich: bei der Erörterung und Planung der Konjunkturprogramme feilschte der Bundesfinanzminister um jede Milliarde. Wenn jetzt insgesamt 30, 40 oder auch 50 Milliarden über zwei Jahre für Beschäftigungsprogramme und Steuersenkungen ausgegeben würden, dann liegt dieses alle Beschäftigung suchenden und beschäftigten Menschen betreffende Paket noch immer unterhalb der Hälfte dessen, was man zur Rettung einer Bank ausgibt, die im Wesentlichen ausländischen Steuervermeidern gehört. Man muss sich dieses Verhältnis klarmachen, um zu begreifen, in welchen Dimensionen in den vergangenen 10 Jahren spekuliert worden ist.

Fußnote: Hier ist schon darauf hingewiesen, dass es zwischen der HRE und den herrschenden konservativen Kreisen eine enge Verflechtung gibt – wie schon erwähnt, sitzt der Kuratoriumsvorsitzende der Initiative Neue Soziale Marktwirtschaft im Aufsichtsrat der HRE. Und zusätzlich hatte offenbar die Deutsche Bank ein eindeutiges Interesse am Gewinn von Einfluss auf die HRE, was ihr bei Gelegenheit der Rettung dieser Bank gewährt worden ist.

- Die Commerzbank hat bereits staatliche Garantien von 15 Milliarden Euro und eine Kapitalspritze (!) von 8,2 Milliarden Euro erhalten, berichtet die Financial Times Deutschland am 7.1.2009. Und über neue weitere Hilfen verhandelt der Chef der Commerzbank Blessing. Einfach so.

Das waren nur drei Beispiele. Die hohen Risiken bei der Mehrheit der Landesbanken und die gewährten Hilfen sind bekannt.

Die Selbstverständlichkeit, mit der die Politik die Spekulationsfolgen auf sich beziehungsweise unsere Schultern lädt, ist jedenfalls bemerkenswert. Dahinter steckt die Sorge, der Bankrott einer sol-

chen Bank habe unübersehbare Folgen, er könne insbesondere zu einer Panikreaktion der Sparer und der Einleger auch bei anderen Banken und dann zum Zusammenbruch des gesamten Finanzsystems führen. Für dieses Argument spricht einiges, aber nicht alles. Im konkreten Fall der beiden genannten Institute war das Risiko so eindeutig nicht. Man hat den Eindruck, die Politik hat gerne und zu großzügig geholfen. Nach meinem Eindruck ist die Finanzindustrie mit der Politik eng und auf üble Weise verflochten. Davon später mehr.

Die Rettungsschirme haben die Spekulation, auch die unglaublich hoch dimensionierte Spekulation, zu einer vergleichsweise risikolosen Aktivität für die Manager werden lassen. Sie haben ihre Boni und Vergütungen für die scheinbare Rentabilität der Spekulation in den vergangenen Jahren schon erhalten; ihnen kann es finanziell ziemlich gleichgültig sein, wenn sie jetzt vor die Tür gesetzt werden. Die Ernte ist eingesammelt. Niemand verlangt bisher, dass die Ernte requiriert wird, obwohl dies eigentlich selbstverständlich sein müsste. Denn die Damen und Herren haben letztendlich den Unternehmen keinen Gewinn gebracht. Andernfalls stünden sie ja nicht vor der Insolvenz oder dem Bankrott.

6. Das schlimme Ende kommt wahrscheinlich noch, die wirklichen Risiken werden uns vermutlich nicht genannt. Aber die Zumutungen zeichnen sich ab.

Schon am 24. Februar des Jahres 2003 meldete das Handelsblatt, dass sich damals die Spitzen der deutschen Finanzindustrie mit den Spitzen der Regierung Schröder, also mit Bundeskanzler Schröder,

Finanzminister Eichel und Wirtschaftsminister Clement getroffen hätten, um über die Risiken zu sprechen, die in den Büchern der Banken liegen. Schon damals – zu Anfang des Jahres 2003 (!) – wurde der Vorschlag gemacht, die faulen Kredite in eine so genannte „Bad Bank" zu verlagern, deren Risiken dann der Staat, also wir Steuerzahler tragen sollen.

Dieses Ansinnen ist eine ungeheure Zumutung – nicht nur gegenüber dem Staat und seinen Bürgern, auch gegenüber anderen Unternehmen. Es gibt nämlich viele Unternehmen in Deutschland, die sofort saniert wären und florieren würden, wenn sie ihre Schulden beim Staat abladen könnten. Oder wenn sie eine Kapitalspritze über einige Milliarden erhielten, in deren Genuss wie berichtet die Commerzbank mit 8,2 Milliarden gekommen ist.

Damals, zu Anfang des Jahres 2003, wurde der Vorschlag offiziell nicht weiter verfolgt, wahrscheinlich inoffiziell durch Ablagerung von Risiken bei der Industriekreditbank, deren Verluste 2008 wesentlich vom Bund übernommen wurden. Aber heute kommt der gleiche Vorschlag wieder auf den Tisch. Ackermann brachte ihn wieder ein. SpiegelOnline meldete am 16. Dezember 2008:

FAULE WERTPAPIERE
Ackermann fordert Bad Bank für Deutschland

Die Bilanzen deutscher Geldhäuser werden offenbar weiterhin durch wertlose Wertpapiere belastet. Um eine Abschreibungswelle zu vermeiden, fordert Deutsche-Bank-Chef Ackermann jetzt laut Presseberichten ein staatliches Institut, das die Giftanlagen übernehmen soll.

Vermutlich ist die Deutsche Bank, wie auch andere Institute, mit hohen Beträgen in hochriskanten Wett- und Spekulationsgeschäften engagiert. Bevor die Bank darunter leidet, dass diese unseriösen Geschäfte durch neue Bewertung der Ergebnisse in der Bilanz auftauchen müssen und damit publik werden, möchte Ackermann sie auf den Staat abladen. Er hat dabei den Rückhalt vermutlich aller Kreditinstitute, weil sich nahezu alle verzockt haben. Wir müssen davon ausgehen, dass auch diese Absicht von den Berliner Stellen wohlwollend begleitet wird.

Wie manch anderer Volkswirt auch habe ich mich bisher dem Argument gebeugt, ein Zusammenbruch von Banken würde die große Krise auslösen und müsse deshalb auch mit Zugeständnissen wie Rettungsschirmen, genauer: Milliarden Zahlungen und Bürgschaften an private Institute, verhindert werden. Ich hatte allerdings, wie oben schon formuliert, Zweifel, ob unser Finanzsystem zusammengebrochen wäre, wenn wir zum Beispiel die IKB hätten in den Konkurs gehen lassen. Auch bei der HRE habe ich Zweifel, ob es verantwortungsvoll war, öffentliches Geld in dieses private Institut zu stecken. Aber ich gestehe, dass die Abwägung nicht leicht ist.

Wenn allerdings auf uns Risiken in Größenordnungen zu kommen, die die schon bereitgestellten 500 Milliarden Euro überschreiten, dann werden die Zweifel größer. Denn eine solch hohe Belastung käme nicht nur einer Finanzkrise sondern einer Totalkrise der noch vorhandenen Rest-Demokratie gleich. Wenn nämlich, was die Folge wäre, mit Steuern und höheren Abgaben und niedrigeren Sozialleistungen die Spielschulden der Banken und Versicherungen in einer Höhe bezahlt werden müssen, die den jährlichen Bundeshaushalt (fast 300 Milliarden) zweimal oder gar dreimal oder viermal überschreiten, dann bringt diese Quantität eine neue Qualität. Wenn eine so hohe Belastung zu erwarten ist, dann muss das Prinzip der Rettungsschirme grundlegend überdacht und ein anderer Weg gesucht werden.

Dann wäre zu überlegen,

- mit elnem Teil des Geldes ein staatlich gefördertes und der Öffentlichkeit verpflichtetes Bankensystem aufzubauen. Die Basis könnten die

- Banken, die sich wenig verspekuliert haben und aufgefangen werden, bilden.

- Private Banken, die sich massiv vertan haben, zu retten, macht keinen Sinn, weil es zu teuer wird und falsche Anreize davon ausgehen.

Wegen der engen Verflechtung der Finanzindustrie mit der Politik und mit den Medien ist jede Korrektur des bisherigen Weges schwierig. Es ist aber gänzlich aussichtslos, diese Korrektur zu erreichen, wenn man nicht jetzt mit der Debatte beginnt. Die öffentliche Basis, die Stimmung für eine Änderung der Linie ist da. Die Menschen sind mehrheitlich der Zumutungen überdrüssig. Es kommt jetzt darauf an, diese Zumutungen und die notwendigen Lösungen zu formulieren und zu artikulieren. Wir müssen aufhören, die Ungeheuerlichkeiten hinzunehmen, die man uns bisher zumutet. Ich will auf ein paar wenige Beispiele hinweisen:

Eine erste Zumutung: Der gleiche Josef Ackermann, der Anfang des Jahres 2003 mit der Regierungsspitze darüber beraten hat, wie man die faulen Kredite der deutschen Banken in eine Bad Bank ausgliedern könnte, für die der Staat gerade steht, verkündete in etwa zur gleichen Zeit, 25% Kapitalrenditen wären angesagt. Er hat uns damit an der Nase herum geführt, sein eigenes Institut erreichte bei richtiger Bewertung der faulen Kredite offensichtlich diese Rendite nicht. Und obwohl es damals um einige Banken offensichtlich schon schlecht stand, wurden munter Milliarden an Boni und Vergütungen ausgezahlt.

Eine zweite Zumutung, diesmal international: zur gleichen Zeit, als die amerikanischen Investmentbanken den Rettungsschirm der amerikanischen Regierung in Anspruch nahmen und übrigens über die Insolvenz von Lehman Brothers auch die Vermögen deutscher Anleger entwertet wurden, haben die amerikanischen Investmentbanken einschließlich Lehman Brothers 70 Milliarden Dollar an Boni und anderen Vergütungen an ihre Investmentbanker bezahlt, allein die heute insolventen Lehman Brothers 6,12 Milliarden US-Dollar.

Eine dritte Zumutung, diesmal von der Finanzindustrie im Verein mit der Politik: Zum Vorsitzenden der so genannten Expertengruppe, die die deutschen Vorschläge für den Finanzgipfel ausarbeiten soll, wurde der Berater der größten Investmentbank Goldman Sachs, Issing, ernannt. Daraus kann kein Vorschlag werden, der den Interessen des Volkes entspricht.

Wenn wir so weitermachen wie bisher, nämlich großzügig Rettungsschirme aufspannen, ohne Gegenleistungen zu verlangen, dann werden – in der Sprache der Betriebswirte – völlig falsche Anreize ausgesandt. Denn die Botschaft lautet: es gibt keine Sanktionen, wer sich vertut, der wird vom Staat aufgefangen, ihr könnt munter weitermachen wie bisher.

Artikel-Adresse: http://www.nachdenkseiten.de/?p=3689

Schuldenbremse – eine Absage an eine aktive, zukunftsgerichtete Wirtschaftspolitik

29. Mai 2009 | Rubrik: Das kritische Tagebuch | Von Wolfgang Lieb

Der 29. Mai wird als ein schwarzer Tag in die Geschichte unseres Landes eingehen. Kurz nach den Lobgesängen auf das wirtschafts-politisch bisher neutrale Grundgesetz anlässlich des 60. Jahres-tages seiner Verkündung wird einer aktiven makroökonomischen Wirtschaftspolitik und einer nachhaltigen Finanzpolitik eine verfas-sungsrechtliche Barriere vorgeschoben. Die Chance, von diesem unverantwortbaren Irrweg wieder mit einer Zweidrittelmehrheit in Bundestag und Bundesrat abzukehren, dürfte sich politisch so bald nicht mehr ergeben – das wäre nur noch durch eine dramati-sche Notsituation denkbar, die hoffentlich nie eintreten möge. Die Hoffnung, dass der Bundesrat oder die zuständigen Gerichte diese Verfassungsänderung wegen ihres Eingriffs in die Finanzautonomie und damit in die Eigenstaatlichkeit der Länder stoppen, ist nur ge-ring.

Als Bürgerinnen und Bürger bleibt uns nur noch die Möglichkeit, die Kandidatinnen und Kandidaten für den künftigen Bundestag zur Rede zu stellen. Deswegen können wir Sie nur noch ermun-tern, sich mit Argumenten gegen die Schuldenbremse zu wappnen, und – auf welchem Wege auch immer – ihre Vertreterinnen und Vertreter für den Bundestag und die Länderparlamente damit zu konfrontieren.

Angeblich haben nur 19 Abgeordnete der SPD-Fraktion gegen den Gesetzentwurf gestimmt, auch die angeblich linke Andrea Nahles ist umgefallen. Die zuletzt geäußerten Bedenken des brandenbur-gischen Ministerpräsidenten Matthias Platzeck wurden ebenfalls beiseite gewischt. Zum Schluss ging es gar nicht mehr um die Sache, sondern einmal mehr nur noch um Gefolgschaft gegenüber der Parteiführung. In einer Schicksalsfrage für die Zukunft unseres Landes stand die Parteiräson vor Vernunft und Gewissen der Abgeordneten. Es ist ein Trauerspiel, wie unserer Verfassung ein primitives, weltweit unerprobtes und ausschließlich populistisches Konzept als Zwangsjacke für eine künftige aktive Wirtschaftspolitik übergestülpt wurde.

Auch der Protest der Gewerkschaften hat nichts bewirkt.

Das Ergebnis dieses verfassungsrechtlichen Richtungswechsels lässt sich jetzt schon prognostizieren: Die Schuldenbremse wird die Verschuldung nicht bremsen, sondern sie wird Konjunkturbelebungen immer wieder prozyklisch abwürgen und damit zu weniger Steuereinnahmen und zu mehr Schulden führen. Als einziger Ausweg bleiben weitere Privatisierungen von Volksvermögen und der Abbau öffentlicher Leistungen für Bildung, für Daseinsvorsorge und für soziale Absicherung. Es werden damit die Bildungschancen der künftigen Generationen eingeschränkt, Investitionen in die Zukunft blockiert und die Schwächsten der Gesellschaft zur Kasse gebeten; das wird schließlich zu einer noch größeren sozialen und ökonomischen Spaltung in unserem Land führen.

Artikel-Adresse: http://www.nachdenkseiten.de/?p=3974

Bekommen wir die Verschuldung überhaupt noch in den Griff?

26. Juni 2009 | Rubrik: Wirtschaftspolitik, Konjunktur etc. | Von Albrecht Müller

Viele Menschen sind angesichts der wachsenden Staatsverschuldung in Sorge und fragen, ob es überhaupt noch einmal möglich sein wird, diese Schulden abzubauen. Diese Sorgen sollte man ernst nehmen, auch dann, wenn das Thema erkennbar benutzt wird, um politische Entscheidungen gegen die Interessen der Mehrheit zu begründen – etwa um eine Mehrwertsteuererhöhung auf 25% durchzudrücken oder den Abbau sozialer Leistungen fortzusetzen. Ich will versuchen, einige eher zuversichtliche Antworten zum gesamten Fragenkomplex zu geben.

1. Ist es überhaupt möglich, die Schulden wieder abzubauen?

Leicht ist das nicht, aber es ist möglich, wenn richtige wirtschaftspolitische Entscheidungen getroffen werden. Die folgende Tabelle zeigt die Entwicklung des Staatsschuldenstandes im Verhältnis zum Bruttoinlandsprodukt in einigen Ländern zwischen 1991 und 2003 (sie stammt aus meinem Buch „Die Reformlüge – 40 Denkfehler, Mythen und Legenden, mit denen Politik und Wirtschaft Deutschland ruinieren"*).

In Belgien wurde in dieser Zeit der Staatsschuldenstand von maximal 138 auf 104 heruntergefahren; in Dänemark von 90,1 auf 49,5; in Großbritannien von 60,6 auf 42, in Finnland von maximal 66,5 im Jahr 1996 auf 47,2 im Jahr 2002; in Schweden von 84,6 im Jahre 1996 auf 59,7 im Jahre 2002; auch in den USA von 75,6 auf 62,5. In anderen Ländern stieg der Schuldenstand, in Japan, in Frankreich und in Deutschland. Inzwischen sieht unter dem Eindruck einer anderen Politik, wie in den USA mit George Bush zum Beispiel oder unter dem Eindruck der Fi-

Staatsschuldenstand im Verhältnis zum Bruttoinlandsprodukt (BIP) in vergleichbaren Ländern

	1991	1992	1993	1994	1995	1996	1997	1998	1999	2000	2001	2002	2003
AUT	57,5	57,2	61,8	64,7	69,2	69,1	64,7	63,7	67,5	66,8	67,3	67,6	69,7
BEL	130,9	132,8	138,1	135,8	133,9	130,5	124,8	119,5	114,8	109,6	108,5	105,4	104,9
D	38,8	41,8	47,4	47,9	57,1	60,3	61,8	63,2	61,2	60,5	60,2	62,4	65,1
DEN	71,8	76,0	90,1	83,6	79,5	76,8	73,4	70,7	61,1	54,3	53,8	51,9	49,5
ESP	49,9	52,4	63,5	68,2	73,8	81,4	80,8	81,4	75,6	72,4	68,4	65,9	59,4
FIN	25,1	45,1	58,3	60,8	65,8	66,5	64,8	61,1	56,2	53,5	51,5	47,2	51,5
FRA	40,3	44,7	51,6	55,3	62,9	66,5	68,2	70,4	66,2	65,4	65,0	67,1	71,2
GB	44,3	49,2	58,1	55,8	60,6	60,1	60,5	61,5	58,3	51,5	50,4	50,3	42,0
GRI	82,2	87,8	110,1	107,9	108,7	111,3	108,2	105,8	105,1	106,2	107,7	104,9	109,9
ITA	116,8	126,3	128,2	134,8	133,9	136,0	133,3	133,5	128,0	124,3	121,7	121,2	120,9
JP	64,5	68,4	74,3	79,3	86,6	93,9	99,9	111,2	124,9	133,0	141,5	147,2	157,5
NL	76,9	77,8	79,0	76,3	77,2	75,2	69,9	66,8	63,1	55,8	52,8	52,7	63,2
SWE	55,1	73,9	78,9	83,4	82,1	84,6	82,7	81,1	71,5	64,2	63,2	59,7	61,9
USA	71,4	74,0	75,6	74,8	74,2	73,5	70,8	67,6	64,5	58,8	58,9	61,0	62,5

Quelle: OECD (Hrsg.): Economic Outlook 2003, Paris 2003, S. 227.
Für die Werte des Jahres 2003 OECD (Hrsg.): Economic Outlook 2004, Volume 2, Paris 2004, S. 234.

* „Die Reformlüge" von Albrecht Müller, 2004, Droemer Verlag München

313

nanzkrise und der deshalb unternommenen Rettungsaktionen, die Welt anders aus. Der Staatsschuldenstand steigt.

Das ändert aber nichts an der Tatsache, dass man politische Gestaltungsmöglichkeiten hat.

2. Ob der Abbau von Staatsschulden gelingt, hängt zentral von der wirtschaftlichen Entwicklung ab – und dann auch noch von der Steuerpolitik und der Ausgabenpolitik

In Schweden, in den USA, in Großbritannien folgte die Verringerung der Staatsschulden in den neunziger Jahren erkennbar auf eine bewusst herbeigeführte ökonomische Erholung. In Schweden, in den USA, in Großbritannien, in den Niederlanden war der Abbau des Staatsschuldenstandes im Verhältnis zum BIP vor allem deshalb möglich, weil diese Volkswirtschaften unter dem Eindruck einer expansiven Geld- und Wirtschaftspolitik mehrere Jahre lang hohe Wachstumsraten um die 4% herum erreicht haben.

Selbst die kleine Verbesserung der Lage in Deutschland zwischen 1998 und dem Jahr 2001 – von 63,2 auf 60,2 – war eng korreliert mit dem damaligen kleinen Aufschwung. Und genauso war der Anstieg der Verschuldung danach eng verbunden mit dem Abbruch der konjunkturellen Entwicklung zwischen 2002 und 2005. Auf diesen Widersinn, dass nämlich die Sparpolitik des Hans Eichel genau das Gegenteil bewirkte, haben wir in den NachDenkSeiten auf der Basis einer Grafik aus „Machtwahn"* „Wie eine mittelmäßige Führungselite uns zugrunde richtet" schon mehrmals hingewiesen.

3. Die Darstellung der Abläufe und der Ursachen der Verschuldung in der öffentlichen Debatte ist oft lückenhaft und teilweise irreführend:

So wird in vielen Darstellungen der Hinweis auf die Bedeutung der deutschen Vereinigung weggelassen, oder es wird schlicht „vergessen", welch negative Wirkung die Steuersenkungen der Regierung Schröder für hohe Einkommen und Unternehmen für den Stand der Staatsverschuldung hatten. Heute wird oft gar

---

* „Machtwahn" von Albrecht Müller, 2009, Droemer Verlag München

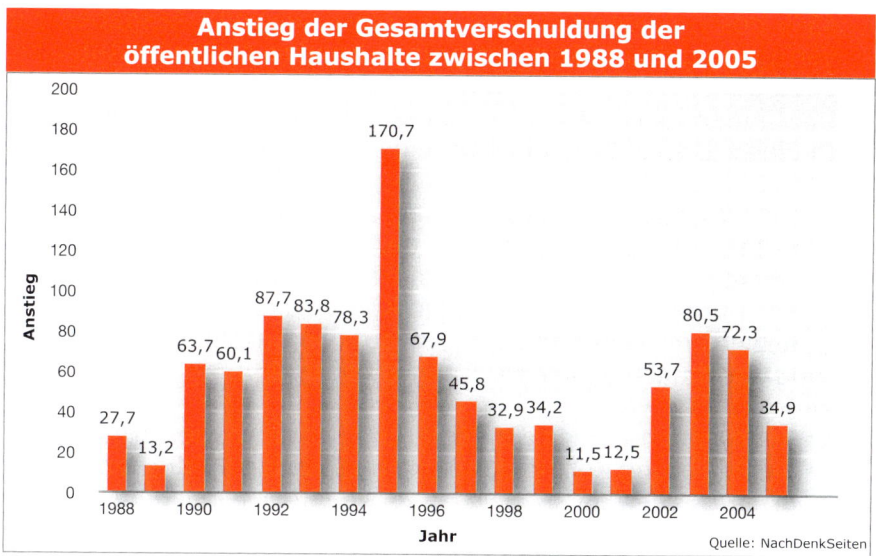

Anstieg der Gesamtverschuldung der öffentlichen Haushalte zwischen 1988 und 2005

Quelle: NachDenkSeiten

nicht erwähnt, welche Wirkung die Rettungsschirme und die dafür bereitgestellten Milliarden auf den Schuldenstand haben. Da ist viel davon die Rede, dass die Finanzkrise und die Wirtschaftskrise und die Konjunkturprogramme und die Zuschüsse zur Sozialversicherung eine höhere Verschuldung verursachen würden, dass auch die Zahlungen an die IKB, an die HRE, die Commerzbank und einige Landesbanken ihre Spuren im Schuldenstand hinterlassen haben, wird aus durchsichtigen Gründen „geschlabbert".

In der Frankfurter Rundschau erschien am 24.6. ein Beitrag mit dem Titel *„Kabinett beschließt den Schuldenrekord"*. In diesem Beitrag wurde mit Recht die Frage nach der politischen Gestaltungsmöglichkeit gestellt und dann auf Wolfgang Streeck, den Direktor am Max-Planck-Institut für Gesellschaftsforschung, hingewiesen: Schon vor der Finanzkrise seien der Politik durch die *„ererbten Verpflichtungen"* die Hände gebunden gewesen. So könne eine Regierung kaum die Kosten für den Schuldendienst, die Zuschüsse zur Sozialversicherung (vor allem Rente) und andere Sozialbudgets beeinflussen. Weiter hieß es: Rechne man diese der politischen Gestaltung praktisch entzogenen Ausgaben zusammen, so habe die sozial-liberale Koalition 1970 rund

43% des Bundeshaushaltes für selbst gewählte Ausgaben zur Verfügung gehabt. Beim rot-grünen Bündnis sei dieser Anteil bis 2005 auf unter 19% gesunken.

In dieser Darstellung ist leider einiges Wichtige nicht erwähnt:

- Die Regierung Schröder hat ihren Gestaltungsspielraum selbst eingeengt durch eine der größten Steuerreformen zu Gunsten der höheren Einkommen, Vermögen und vor allem der Unternehmen. Sie hat die Körperschaftsteuer massiv reduziert, die Gewinne beim Verkauf von Unternehmen und Unternehmensteilen steuerfrei gestellt usw.

- Außerdem hat auch die Regierung Schröder wie vorher schon die Regierung Kohl in den Jahren 1992 und 93 die Konjunktur in den Keller gefahren, damit die Steuereinnahmen weiter reduziert und vor allem den Zuschussbedarf für die sozialen Sicherungssysteme erhöht.

- Bei Streeck – jedenfalls nach Frankfurter Rundschau – wird auch die Reduzierung des Gestaltungsraums und die Erhöhung der Staatsverschuldung durch die Art der Vereinigung beider Teile Deutschlands nicht erwähnt.

4. Konsolidierung über Steuererhöhungen und wie?

Zurzeit wird von verschiedenen Seiten, unter anderem schon zum wiederholten Male vom Präsidenten des Deutschen Instituts für Wirtschaftsforschung, Klaus Zimmermann, die Erhöhung der Mehrwertsteuer auf 25% als Maßnahme zur Konsolidierung ins Gespräch gebracht. Das wäre aus vielerlei Gründen heute und auf absehbare Zeit der falsche Weg. Es wäre wie schon die letzte Mehrwertsteuererhöhung ein Beitrag zur Dämpfung der ohnehin schwachen Konjunktur; es würden vor allem die schwächeren Einkommen mehr belastet. Dass solche Vorschläge parallel zu Vorschlägen zur Steuersenkung im Bereich der Einkommen zur Sprache kommen, ist sachlich nicht zu verstehen.

Artikel-Adresse: http://www.nachdenkseiten.de/?p=4023

Tag für Tag Aufklärung
durch die Nach**Denk**Seiten.de

Machen Sie www.NachDenkSeiten.de zu Ihrer Startseite.

Sie finden dort Informationen, Argumente und Fakten zu den wichtigsten Streitthemen der Wirtschafts-, Gesellschafts- und Bildungspolitik. Wer sie regelmäßig liest, weiß mehr: über unsere kollabierende Hochschulpolitik etwa oder die Abgründe der wirtschaftspolitischen „Nicht-" Diskussion.

Die NachDenkSeiten wollen ihre Leserinnen und Leser nicht indoktrinieren, sondern einen Beitrag zur Meinungsvielfalt bieten. Diese Meinungsvielfalt ist bedroht durch den täglichen Medien-Mainstream, durch „Experten", Lobbyisten und politische Werbeagenturen. Die NachDenkSeiten wollen mithelfen, eine eigenständig denkende Gegenöffentlichkeit aufzubauen.

In den „Hinweisen des Tages" finden Sie eine schnelle Übersicht über interessante Artikel und Sendungen und über wissenschaftliche Studien oder Veröffentlichungen, die in der öffentlichen Diskussion zu kurz kommen.

Kai Ruhsert, Rogers Strassburg und Martin Betzwieser wählen in ihrer Freizeit die Hinweise und Tipps, die oft auf unsere Leser selbst zurückgehen, regelmäßig aus.

Im „Kritischen Tagebuch" finden Sie fast täglich neue Einträge der Herausgeber Albrecht Müller und Wolfgang Lieb und von Autorinnen und Autoren, die uns ihre Aufsätze ohne Honorar zur Verfügung stellen. In den Texten wird zu weiterführenden Informationen verlinkt.

Sie können die Artikel in den NachDenkSeiten bis zu unserem ersten Eintrag im November 2003 zurückverfolgen. Das meiste davon ist (leider) nicht veraltet.

Mit unserer Suchfunktion und den Rubriken in der linken Spalte können Sie schnell auf spezielle Themen zugreifen. Dort finden Sie auch alles, was Sie über die NachDenkSeiten wissen wollen.

Die NachDenkSeiten sind ein rein ehrenamtliches Projekt, es lebt von den Spenden an den gemeinnützigen Förderverein „Initiative zur Verbesserung der Qualität politischer Meinungsbildung e.V" (IQM).* Bannerwerbung haben wir bisher vermieden, die NachDenkSeiten sind also auf Ihre Unterstützung und Ihr Engagement angewiesen.

Die NachDenkSeiten können sich keine gekaufte Werbung leisten. Täglich über 50.000 Leserinnen und Leser und monatlich weit über 5 Millionen Zugriffe verdanken wir ausschließlich dem „Mundfunk" unserer Leserinnen und Leser.

Wenn Sie Sympathiewerbung für die NachDenkSeiten machen möchten, dann besuchen Sie den NachDenkSeiten-Laden. Der Reinerlös aus dem Verkauf kommt den NachDenkSeiten zugute.

Wenn Ihnen das Buch gefallen hat, dann empfehlen oder schenken Sie es weiter und weisen Sie Ihre Bekannten auf die NachDenkSeiten und die mit uns verbundenen Gesprächskreise hin.

Noch ist viel zu tun. Der Aufbau einer Gegenöffentlichkeit ist auf Ihr Engagement angewiesen.

„Mit dem Wissen wächst der Zweifel"

* **Spendenkonto für die NachDenkSeiten:**

Kontoinhaber:	IQM e.V. NachDenkSeiten BZA
Kontonummer:	121 47 05
BLZ:	548 913 00
Kreditinstitut:	VR Bank SÜW eG
IBAN:	DE76 548 913 00 000 121 4705
BIC-Code:	GENODE61BZA

Die Nach**Denk**Seiten ziehen Kreise

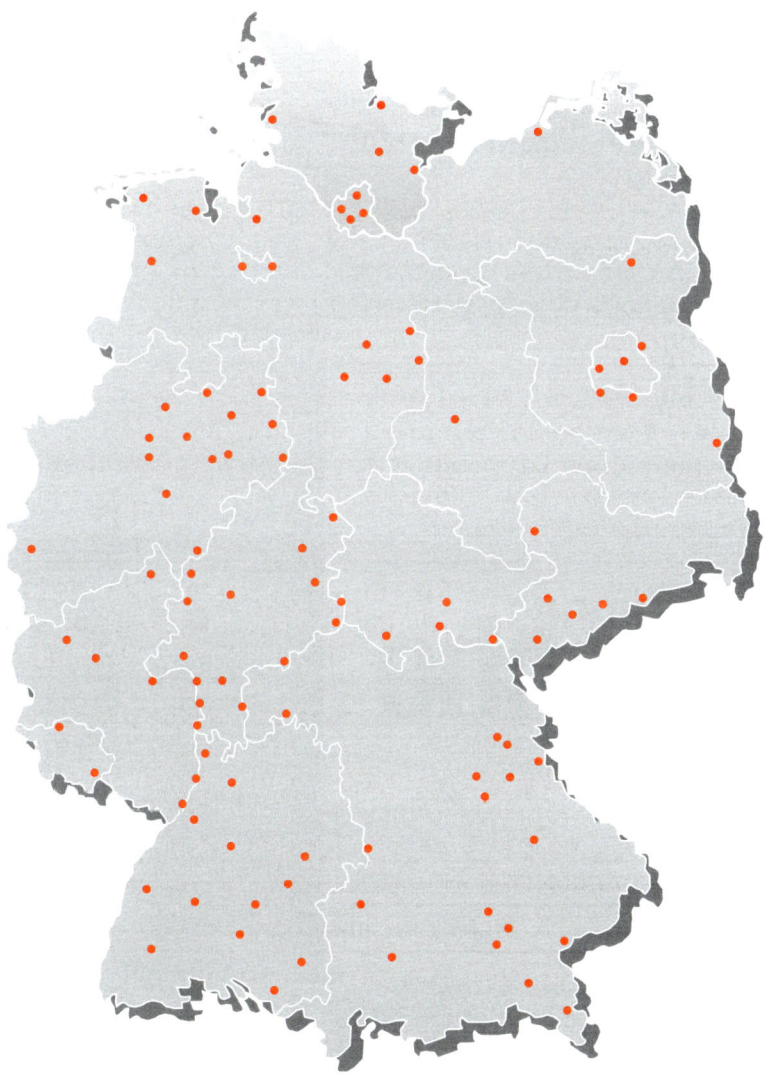

Seit Anfang 2009 bilden sich immer mehr kritische Gesprächskreise in vielen Regionen Deutschlands. Unser Aufruf zur Gründung solcher Gesprächskreise hat inzwischen über 110 Koordinatoren veranlasst, in ihren Regionen zu regelmäßigen oder unregelmäßigen kritischen Gesprächsrunden auf der inhaltlichen Basis der NachDenkSeiten einzuladen. Von Bad Segeberg in Schleswig-Holstein bis Konstanz am Bodensee, von Heinsberg an der holländischen bis Guben an der polnischen Grenze treffen sich Mitbürgerinnen und Mitbürger, um sich im kritischen Dialog eine eigene Meinung über die gesellschaftspolitischen Entwicklungen in unserem Land zu bilden und damit dem neoliberalen Einheitsbrei der Mehrheit unserer Medien entgegenzuwirken. Suchen Sie bei www.nachdenkseiten.de unter „Gesprächskreise" den Koordinator für Ihre Stadt/Region und nehmen Sie Kontakt auf.